高等院校经济学管理学系列教材

现代企业管理教程

——理论·方法·技能

(第四版)

黄顺春　郑延智　主编

上海财经大学出版社

图书在版编目(CIP)数据

现代企业管理教程:理论·方法·技能/黄顺春、郑延智主编.-4版.
—上海:上海财经大学出版社,2015.4
(高等院校经济学管理学系列教材)
ISBN 978-7-5642-2108-9/F·2108

Ⅰ.①现… Ⅱ.①黄…②郑… Ⅲ.①企业管理-高等学校-教材
Ⅳ.①F270

中国版本图书馆 CIP 数据核字(2015)第 021176 号

□ 责任编辑 吴晓群
□ 封面设计 张克瑶

XIANDAI QIYE GUANLI JIAOCHENG
现代企业管理教程
——理论·方法·技能
(第四版)
黄顺春 郑延智 主编

上海财经大学出版社出版发行
(上海市中山北一路 369 号 邮编 200083)
网 址:http://www.sufep.com
电子邮箱:webmaster @ sufep.com
全国新华书店经销
上海叶大印务发展有限公司印刷装订
2015 年 4 月第 4 版 2019 年 4 月第 5 次印刷

787mm×1092mm 1/16 21.5 印张 550 千字
印数:77 001—78 600 定价:39.00 元

前 言

本教材自2004年初版以来，得到了广大高校教师、学生和读者的厚爱，荣获中国大学版协优秀畅销书二等奖。2007年修订再版后，长时间名列当当网同类图书销量排行榜前列。同时，超过百所高校采用本教材。2011年我们结合许多高校教师提出的中肯意见和出版社的建议，对教材进行了重新编写，并将书名改为《现代企业管理教程——理论·方法·技能》。为更好地满足高等院校企业管理教育的需要，使之契合管理实践的现实发展，现对本教材进行第四次修订。

本次修订仍然坚持满足理工科学生和众多由技术岗位转向管理岗位的社会各界人士对基础的、系统的企业管理知识需求的定位，面向理工科院校本(专)科学生、MBA等各类研究生及企业管理人员等读者。在继续保持前两版提高针对性、增加企业经济学知识、突出实践导向等特点的基础上，坚持第三版的愿望：

(1)强化高校企业管理教育的技能训练。无论是管理教育的科学性还是艺术性都需要学生进行较多的管理技能训练，而这点恰恰是现在许多企业管理教材忽视的地方，因此本教材特别设计了技能训练问题，让学生能够在教师的引导下强化管理技能训练。

(2)增加企业管理方法的介绍。高校学生学习管理的弱项是缺乏管理实践经验，强项是能够较好地掌握许多管理方法，这些方法的掌握能够帮助学生更快地融入管理实践并得到迅速成长。因此本教材专门设计了现代企业管理方法篇，介绍现代企业管理的计划方法、决策方法、战略分析方法、预测方法等，以完善学生的管理知识。

(3)丰富内容，精炼文字。全书分为基础理论篇、管理职能篇、管理方法篇、管理专题篇共四篇十六章，使教材体系更完善且覆盖更多内容，同时为了控制篇幅，对全部文字作了精心提炼，旨在提高读者的阅读效率。

第四版的修订，一是增加了卓越绩效管理和政府质量奖的内容，卓越绩效管理和政府质量奖是世界大多数国家企业管理努力的方向和指南；二是突出了企业管理的针对性思维，体现为教程中大量的分类和比较，值得读者用心思考；三是调整了若干案例，新增了作者在质量奖评审及企业管理咨询中调研的案例。

限于编者的学识、水平，书中疏误之处，敬请广大专家和读者批评指正。

此次修订参考了国内外许多专家学者的成果，并得到了众多领导、同仁的关心支持，在此一并致谢！

参加这次修订的有主编黄顺春、郑延智，副主编周宇亮、李细建、邹玮，参编人员刘星成、宁敏静、高芳圆、朱蓝艳、盛夏、王倩妮、邹玮、黄良生、陈炳艺、孟应红等。全书由黄顺春通审定稿。

为了给使用本书作教材的教师提供方便，本教材配备了电子课件、备课建议及拓展阅读资料等，需要者请发邮件至 scxdqygl@163.com，我们将尽力满足您的需求。

编者

2015年3月

目　录

第三篇　现代企业管理方法

第四篇 现代企业管理专题

第一篇

现代企业管理基础理论

第一章

企业基础知识

• 关键词汇

企业家	企业资源	总产量	平均产量	边际产量	边际报酬递减规律	外显成本
隐含成本	机会成本	会计成本	增量成本	沉没成本	长期成本	短期成本
边际成本	总成本	平均成本	规模经济	学习曲线		

第一节　企业概述

一、企业的概念与特征

(一)企业的概念

企业是社会的基本经济细胞，也是现代社会中普遍存在的最具活力、最为复杂的组织。它为社会进步、国家富强乃至个人成长提供了一种很好的组织形式和活动方式。学习和研究现代企业管理必须对企业有全面的认识。

由于企业的复杂性及观察分析企业的视角不同，对企业的定义也是众说纷纭。

通常所说的企业，一般是指根据社会需要来组织和安排某种商品(包括物质产品和非物质产品)的生产、流通或服务等活动，进行自主经营、自负盈亏、自担风险、独立核算、具有法人资格的基本经济单位。

(二)企业的特征

相对其他社会组织，企业具有以下特征：

1. 企业是经济性组织

企业首先是一个从事生产经营活动的经济组织。它不同于政治、文化、军事、福利机构等其他组织，也不同于非组织的个人。它的基本目标是在市场上取得经济效益，即市场驱动企业该做什么，以及要做好什么。具体表现为企业是根据市场反映的需要来进行决策和活动的。对于企业来说，彰显经济性就是要以尽可能少的投入来获得尽可能多的回报，即实现企业利润的最大化。因此,追求经济效益是企业管理要树立的基本理念。

2. 企业是社会性组织

在现代社会中,企业是一个向社会全面开放的系统,是一个微社会,有其结构和运行规则,是无数社会组织中的一类。企业的产、供、销经济性活动也受到社会环境、政治环境等的制约和影响。企业从事生产、销售和其他服务性活动时,要和社区、上下游经营伙伴、工人等各方面打交道,协调好同各方面的关系才能获利。企业管理要解决的问题,不仅与经济效益有关,还与人和社会有关。用什么观念和方法对待人、对待社会,是企业管理必须回答的问题。

3. 企业是合法性组织

企业的合法性主要表现为三点:一是必须在政府管理部门登记注册,同时具有合法的、独立的经营条件,取得政府和法律的承认;二是具有独立的经济核算权,在银行设有账户,能够充分独立对外、自主经营、自负盈亏;三是企业经营须严格按照法律规定行使权利和履行义务。

4. 企业是一个自主经营系统

在市场经济条件下,企业既是市场内资本、土地、劳动力、技术等生产要素的提供者和购买者,又是各种消费品的生产者和消费者。为了面对市场内各种各样的需求、稍纵即逝的机会、优胜劣汰的竞争,企业对其经营要有充分的自主性,能够自主经营。

二、企业的目标与性质

(一)企业的目标

千千万万的人参与到企业经营活动中来,到底企业的目标是什么?

关于企业的目标,有利润最大化、股东财富最大化、管理者报酬最大化、每股盈余最大化、个人股东财富最大化、内部人报酬最大化、政治利益最大化等多种看法。企业为其生存和发展所做的种种努力,不仅要满足组织的目标,而且要满足范围更大的社会的需要和期待。因此,企业的目标包括两方面,即满足社会需要并获得利润,这反映了企业的社会与经济两方面的职能与责任,体现了企业的经济性和社会性,企业的目标是追求经济效益和社会效益的统一。

企业应当追求经济效益。效益是一个比利润更为宽泛的概念,反映的是企业的投入与产出关系。效益是利润、市场份额、企业市场价值三个量化指标的综合。企业必须通过生产经营活动实现一定的利润。所谓利润,是指通过销售产品而得到的收入在扣除了生产经营过程中的各种消耗以后的剩余。没有利润,企业就无法追加投资去扩大生产规模,企业职工的收入就不能保障,工作和生活条件就难以改善,经济效益也难以得到保证。

同时,企业应该具有社会效益。企业的任务与企业存在的社会理由有关,即社会为什么允许企业存在。企业是为生产和提供人们所需的某种物品而存在的,换句话说,社会之所以允许某个企业存在,是因为该企业提供了能够满足人们某种需要的物品。从外部来看,企业向国家纳税,在一定意义上可以认为是为了满足社会成员的共同需要。这就是我们通常所说的企业的社会责任,即企业为了所处社会的福利而必须履行的道义上的责任。企业必须同社会一起设法解决面临的社会问题。

满足社会需要还表现在企业必须通过自身规模的维持和不断扩大,保证并不断地增加能够提供的工作机会,以满足社会成员的就业需要。就业不仅为社会成员提供了谋生的手段,也为他们提供了释放体内能量、与人交往、获取责任和尊重的机会。另外,保护环境也正成为企业必须承担的社会责任。企业的生存与可持续发展无不与企业赖以生存的环境有关,保护环境就是保护企业的未来。

满足追求社会效益和经济效益两者并非相互排斥，而是互为条件、相互补充的。

首先，利润是企业满足社会需要程度的标志。一般来说，企业是通过增加销售数量或降低单位成本来获得高利润。而销售数量增加，意味着企业产品在市场上深受欢迎，说明通过企业产品的使用能够满足购买者的某种需要；单位成本降低，则说明企业生产单位产品所消耗的资源少，体现了企业能够用同样多的资源生产出更多的符合社会需要的产品。更重要的是，企业只有珍惜现有资源、保护环境、提供就业机会、关心社会福利等，才能赢得社会的认可，实现持续发展，获取更多利润。

其次，利润也是企业满足或继续满足及更好地满足社会需要的一个重要前提。没有利润，企业就难以追加投资，难以扩大经营规模。不能扩大再生产的规模，企业既不能提供更多的产品，也无法提供更多的就业机会以更好地满足社会需要。

再次，企业满足了社会需要，承担了相应的社会责任，自然能得到消费者和社会各方面的认可，从而赢得更多的利润。

（二）企业的性质

对企业的性质，由于认识的角度不同而有多种说法。

马克思主义认为：企业是劳动分工和协作的产物，是一种具有更高劳动生产效率、从事商品生产和交换的经济单位，营利是企业的基本目标。在资本主义社会，企业是资本家通过提供资本和雇佣工人，榨取剩余价值，获取利润的桥梁和手段。在社会主义市场经济条件下，企业是自主经营、自负盈亏、自我发展、自我约束的经济法人实体和市场竞争主体。

西方早期普遍接受企业是劳动分工的结果的观点。厄舍指出，企业是劳动分工日益复杂的结果……经济分工程度的增长需要一定的一体化力量，没有一体化力量，分工将导致混乱，而且正是因为在分工经济中存在一体化力量，企业形式才富有意义。

古典经济学认为，企业是追求利润最大化目标的理性经济人，它按照自身利益最大化原则和市场结构，决定自己的竞争行为，并通过获取充分的信息来安排自己的投入和产出水平，以及对环境的变化做出适当的反应。企业的本质特征就是按照利润最大化原则，利用一定的技术将土地、劳动、资本等要素投入转化为产出。

新制度经济学代表人物科斯认为：资源的配置有两种模式，即价格机制配置和企业家配置。价格机制配置是通过一系列市场交易来协调的，其运行是有成本的，如信息费用、谈判费用、履约费用等。而在企业内部，市场交易被取消，复杂的市场结构被企业家所取代，企业家指挥生产，通过企业这个组织并由企业家来整合资源，企业内部的组织费用（企业内部管理所需的费用支出）就会低于市场交易费用，企业是以市场交易的"内生化"来克服市场缺陷的，因此，企业的显著特征就是作为价格机制的替代物。新制度经济学的另一代表人物张五常认为，企业本质上是一种合约，是一种在内容和形式上都与市场不同的合约。实际生活中，人们通常根据交易对象和费用的区别在企业和市场之间选择不同的合约。

三、企业资源

管理的本质是合理配置资源。企业要达成自己的目标也要有相应的资源支持，因此，充分认识和全面把握企业的资源是做好企业管理工作的基本要求。

企业资源具有以下特点：

（1）企业资源必须能为企业的生产经营服务，即资源的运用有助于企业目标的达成。

(2)企业资源是稀缺的,没有稀缺性的东西无所谓配置,正因为企业资源是稀缺的,才要求企业的管理者运用科学的管理方法提高资源的利用效率。

(3)企业资源的用途是可以选择的,也就是说,企业资源的利用是有机会成本的,满足了某方面的用途就必须舍弃另一方面的用途,这就要求企业管理者有较高的整合资源的能力。

对企业资源的认识也有不同的看法。从最初的三分说(劳动力、资金、土地)、四分说(劳动力、资金、土地、管理)这些以农业经济为导向的资源分类,到后来大工业生产的五分说(人力、资金、原材料、机器设备、产销方法或技术)、六分说(人力、资金、原材料、机器设备、技术、时间),人们对企业资源的认识不断地深化。

现代人对企业资源的理解已经到了相当广泛的程度,凡是能转化为支持、帮助和优化企业竞争力的一切物质和非物质都被视为企业资源。具体而言,企业通常存在四种资源,即物质性的有形资源、非物质性的无形资源、有形与无形相统一的人力资源以及市场资源。

(一)物质性的有形资源

物质性的有形资源主要是指财务资源和实物资源,它们是企业经营管理活动的基础,一般都可以通过目前的会计方式来计算其价值。

1. 财务资源

财务资源是指企业物质要素和非物质要素的货币体现,具体表现为已经发生的能用会计方式记录在账的、能以货币计量的各种经济资源,主要是资金、债权和其他权利,既包括静态规模的大小,也包括动态周转状况,在一定程度上还包括企业获取和驾驭这些资源要素的能力和水平。财务资源是企业业务能力的经济基础,也是其他资源形成和发展的基础条件。

2. 实物资源

实物资源主要是指在使用过程中具有物质形态的固定资产,包括工厂车间、机器设备、工具器具、生产资料、土地、房屋等各种企业财产。它们是衡量一个企业实力大小的重要标志。

(二)非物质性的无形资源

非物质性的无形资源,主要包括时空资源、技术资源、信息资源、品牌资源、管理资源和文化资源等。相对于有形资源而言,无形资源看似无形,但它们却成为支撑企业发展的基础,能够为企业带来无可比拟的优势。

1. 时空资源

时空资源是指企业在市场上可以利用的、作为公共资源的经济时间和经济空间。经济时间从商品属性的角度可以分为使用价值时间和价值时间,从资本周转的角度可以分为生产时间和流通时间,从劳动时间的构成角度可以分为必要劳动时间和剩余劳动时间。空间资源(经济空间)是指人类劳动直接改造和利用的、承接现实经济要素运行的自然空间。经济空间从层次的角度可分为宏观经济空间和微观经济空间,从物质资料再生产的角度可分为生产空间、分配空间、交换空间和消费空间。

2. 技术资源

技术资源包括形成产品的直接技术和间接技术以及生产工艺技术、设备维修技术、财务管理技术、生产经营的管理技能,此外,技术资源还应包括市场活动的技能、信息收集和分析技术、市场营销方法、策划技能以及谈判推销技能等市场发展的技术。技术资源是将企业的资源要素转化为产出的关键。

3. 信息资源

信息资源是指客观世界和主观世界的一切事物的运动状态和变化方式及其内在含义和效

用价值。

4. 品牌资源

品牌资源就是由一系列表明企业或企业产品的身份的无形因素所组成的资源。

5. 管理资源

管理资源，由于管理是对企业资源进行有效整合以达到企业既定目标的动态创造性活动，它是企业众多资源效力发挥的整合剂，其本身也是企业一项非常重要的资源要素。管理与科技被喻为现代社会经济发展的两个轮子，直接影响乃至决定着企业资源整体效力发挥的水平。管理资源应包括企业管理制度、组织机构、管理策略三个方面。

(三)有形与无形相统一的人力资源

所谓人力资源，是指存在于企业组织系统内部和可利用的外部人员的总和，包括这些人的体力、智力、人际关系、心理特征以及其知识经验的总汇。人力资源既表现为一定的物质存在——人员的数量，同时更重要的是表现为这些员工内在的体力、智力、人际关系、知识经验和心理特征等无形物质，所以人力资源是有形与无形的统一资源，即人力资源是一种“物质的有形资源”与“非物质的无形资源”的统一体，人力资源是企业资源结构中最重要的关键资源，它是企业技术资源和信息资源的载体，是其他资源的操作者，决定着所有资源效力的发挥水平。

(四)市场资源

所谓市场资源，是指那些不为企业拥有或控制的，但是在市场中存在，通过企业管理者运用管理能力能够整合到企业经营中的资源。一般来说，市场资源主要包括关系资源即企业因为与顾客、政府、社区、金融机构等个人或组织之间良好的关系而获得可以利用的存在于企业外部的资源；杠杆资源即虽不属于企业所有，但企业可以通过定牌生产(Origin Entrusted Manufactre，又称 OEM 生产)、特许经营、加盟连锁、虚拟经营等方式为自己所用的资源；社会资源即社会中可供企业利用的，能为企业自身带来优势或经营帮助的事件或人物，特别是现实社会中的名人、名物和各种有影响的事件；历史文化资源即各种历史名人、历史故事和文化传说等广泛存在于社会之中的文化资源。

四、企业家

(一)企业家的含义

企业是企业家优化整合资源的结果，是企业的重要资源。有了优秀的企业家才会有优秀的企业，学习现代企业管理应该了解有关企业家的知识。

最早出现在法语中的“企业家”一词泛指从事冒险活动的人。萨伊认为，企业家是将劳动、资本、土地等要素组织起来进行生产，并对他所用的资本，所支付的工资、利息和租金，以及属于他自己的利润进行重新分配的人。马歇尔认为，企业家是那些把企业风险和管理看成自己在企业工艺生产中应尽本职的人，他们承担经营风险，集合所需要的生产要素，以自己的创造力、洞察力和统率力，发现市场机会，给生产过程指明方向，使生产要素组织化。彼得·德鲁克认为，企业家是谋求利润并为此承担风险的人，他们能开发新的市场，引导新的需求，创造新的顾客。综上所述，企业家可以理解为：致力于创办、发展企业，有能力整合企业资源、组织企业经营、维持企业运转、协调企业内外各种关系，且勇于承担风险、富有创新精神的人。

企业家可分为所有者型企业家和非所有者型企业家。发达国家经济的发展与其拥有许多杰出的企业家是分不开的,中国经济的发展需要有更多的优秀企业家的出现。

(二)优秀企业家的基本素质

一般认为,优秀企业家的素质包括以下几个方面:

1. 思想道德素质

在任何国家,优秀的企业家都必须具备良好的思想道德素质,高度的社会责任感及强烈的法制观念。只有如此,企业家才能有强烈的事业心,不断进取奋力拼搏的精神,才能正确处理好企业利益与国家利益、企业利益与个人利益、个人利益与股东利益等多方面的利益关系,才能管理好一个对社会、对国家有价值的企业。

2. 智力素质

现代市场经济和知识经济时代的企业家,必须具备丰富的文化知识、较高的学识水平和较深的专业知识。企业家在自己从事的行业中应该是"行家",对行业相关的特定产品、技术、竞争对手、市场、客户、各类组织及政府法律法规有清晰的了解,对企业内部的经营状况和组织结构有深入的洞察,既要有理论知识又要有实践经验。

3. 体能素质

健康的体魄和良好的心理素质是企业家应对企业管理挑战的物质保证。企业家所从事的企业管理活动是一项需要有大量脑力劳动和体力劳动投入的活动,特别是面对日益激烈的市场竞争,企业经营犹如逆水行舟,不进则退,没有好的体能素质是无法承担领导企业的重任的。

4. 能力素质

企业家的能力素质包括较强的思维能力、准确的决策能力、源源不断的创新能力、高超的组织能力、良好的处理协调关系的能力和敏锐的风险防范能力等方面。

思维能力是指企业家对事物的观察、判断和综合分析的能力。企业家必须对企业的经营环境有深刻的洞察力,能及时发现市场环境或企业内部的各种问题,并进行准确的分析和判断,寻找问题的原因及解决办法,采取相应对策和措施。

准确的决策能力要求企业家能从不同的角度、不同的方位、不同的立场来观察事物的表象,认识事物的本质,指出企业前进的方向。

创新能力是提高企业竞争力的核心和关键。优秀的企业家应具有丰富的想象力,能突破思维定式,不断根据企业经营的外部环境和内部情况提出新问题、新建议,在制度、管理、生产、产品营销、技术等方面进行符合企业实际的创新。

组织能力是企业家根据企业经营的需要,合理地配置企业的人力资源及其他资源,制定科学的组织结构和组织管理制度,提高组织工作效率的能力。

良好的处理协调关系的能力要求企业家善于协调企业与外部环境、企业内部不同部门和群体的关系,为企业的运行营造良好的人际关系的氛围。

面对日趋复杂、瞬息万变的企业经营环境,企业家应当有敏锐的风险防范意识和能力,这样才能确保企业平稳经营和健康发展。

第二节 企业的类型

相对于其他组织的管理,企业管理有其独特的科学方法、规律和艺术。企业是一类数量庞大、特点各异的组织集合,不同类型的企业要求管理者能针对具体情况采取相应的管理措施,因此,有必要了解企业的类型。

基于不同的标准，企业可以有多种分类：

(1)根据企业经营规模的不同，可将企业划分为大型企业、中型企业、小型企业，企业规模主要可以用企业的职工人数、固定资产原值、企业年销售额和利润额等指标衡量。

(2)根据企业资源密集度的不同，可将企业划分为劳动密集型企业、资金密集型企业、知识密集型企业。劳动密集型企业是指企业的单位劳动力使用技术装备等固定资产量少、生产经营成本中活劳动消耗所占比重大、资本有机构成低的企业。资金密集型企业是指单位产品所需投资较多，技术装备程度较高，用人较少的企业。知识密集型企业是指综合运用先进的、现代化的科学技术，企业的竞争力和盈利能力主要依靠企业中拥有各类专门知识的中高级科技人员和综合素质较高的员工的企业。从发达国家的经济发展过程来看，都有一个先从劳动密集型企业占主导地位向资金密集型企业占主导地位，再向知识密集型企业占主导地位演进的过程。

(3)根据企业在法律地位上的不同，可将企业划分为个体企业、合伙制企业、合作制企业、公司制企业等不同的类型。个体企业是由业主个人出资兴办，由业主自己直接所有和经营的企业，所以又称个人业主制企业或独资企业。合伙制企业是由两个或两个以上的当事人联合经营的企业，合伙人按照协议共同出资、合伙经营、共同分享企业所得，并对营业亏损共同承担完全责任。合作制企业是企业合作经济实体内的劳动者平等持股、合作经营，以股本和劳动共同分红为特征的企业。公司制企业又称公司，是按照较严格的法定程序成立，由数人出资举办、以盈利为目的的企业法人。现代社会公司的种类繁多，国际上划分公司的标准有两个：一是公司股东所负担的债务责任，二是公司是否将资本平均分为股份。按照这两个标准，公司制企业又可分为无限责任公司、有限责任公司、股份有限公司和两合公司。

下面从不同的组织模式、不同的国民经济部门等角度对不同类型企业的区分作介绍。

一、不同组织模式的企业

组织模式是法律上的结构和管理上的结构的统一，根据组织模式的不同可将企业分为单体组织模式企业和联合体组织模式企业。

(一)单体组织模式企业

单体组织模式企业是指单一企业法人的企业。根据我国相关法律规定，单体组织模式企业包括有限责任公司和股份有限公司两种模式。单体组织模式企业的情况前面已作介绍。

(二)联合体组织模式企业

现代企业的联合体组织模式企业是指独立法人企业的联合体。联合体企业组织的联结方式有契约型联结和资产纽带型联结两种。联合体企业组织与总公司及其分公司的联合组织有本质的不同，后者虽然可能是多个经营体分别注册经营，但实际上它们仍是一个企业，前者则是许多企业为了规避竞争风险、发展壮大而进行的某种联合经营的方式。

1. 契约型联合体企业组织

这是指联合企业为了某一共同目标或者某一时间内的共同利益，通过契约、合同等联结形式而相互联合起来的企业组织。联合企业组织中的各个企业仍然保持独立法人资格，彼此的管理和协调通过契约或合同进行，企业原则上都是平等的，不存在支配与被支配关系，单个企业要脱离联合体是很容易的，没有强硬的约束。

根据契约内容的不同，契约型联合体企业组织主要有卡特尔组织、辛迪加组织、连锁特许经营企业、联营企业、战略联盟公司等形式。

卡特尔组织是一种销售协定联合组织，其销售包括划分销售市场、确定商品产量或规定商品售价等，参加该组织的企业在生产上、商业上和法律上都是独立的。

辛迪加组织是企业间通过签订统一销售商品和采购原材料的协定而组成的联合组织，它的管理也是由联合体内选出的委员会负责，该联合组织实行统一经营，加入的企业丧失了商业上的独立性，因而更具垄断性。

连锁特许经营企业是商业企业和服务企业中，由享有较高声誉的大型公司同一些小的分散的企业签订合同，授予其经营自己的特色商品或服务项目的特许权，从而组成庞大的特许经营的连锁企业。参加连锁经营的企业经营同一商品或服务，使用同一标志，采用同一经营管理模式。这种联合组织的管理主要由提供特许经营权的大企业负责，它主要监督特许经营合同的执行情况，即加入连锁的企业是否在管理运营上达到了相应的要求。

联营企业是由在技术上、品牌上、产品上享有较高声誉的大企业联合一些中小企业组成的联合体。参加联营的企业各自独立生产销售，但它们生产相同的或配套的产品，销售相同的品牌。联营企业在管理上松散，主要由提供技术、品牌或产品的龙头企业负责协调管理。

战略联盟公司是较新的企业联合组织，它是指一大批为了完成某一特定任务，利用电子手段在短时间内迅速建立起合作关系而构成的网络式联盟组织。它具有组织灵活、技术先进的特点，目的在于充分利用市场机会，发挥各自优势，采用电子信息技术打破公司间的时空阻隔，共同开发一种或几种产品并迅速推向市场，以获取更多的经济利益。

2. 资产纽带型联合体企业组织

这是指联合体中的成员企业之间的联结纽带是资产，即一个企业持有或控制另一个企业的股份。它包括托拉斯、企业集团、跨国公司等形式。

托拉斯是由许多生产同类商品的企业或产品有密切关系的企业合并组成，它是从控制原材料供应和加工直至产品生产和销售的联合。

企业集团是由两个或两个以上企业以资产为纽带形成的有层次的企业联合组织，其中的成员企业都是企业法人，但企业集团本身不是法人。企业集团一般分为四个层次：第一层是核心层，通常由一个或几个大的企业构成，它们对集团中其他成员企业有控股或持股行为；第二层是紧密层，由核心层的控制子公司构成；第三层是半紧密层，由紧密层的子公司或核心层的控股公司构成；第四层是松散层，主要由与企业集团成员有或持股或协作等联系的企业组成。企业集团具有联合性、系统性、以资产为纽带、向心性、功能多样化、资源配置优化、经营多角化、规模大型化等特点。

跨国公司是指控制着一大群在不同国家的公司的总公司，它们能够使用共同的人才和物力资源，具有共同的战略目标。跨国公司的母公司所在国称为母公司的来源国或母国，子公司所在国称为东道国。母公司是在母国政府登记的法人母体，子公司受母公司控制和领导，其大部分股权或全部股权被母公司所控制并服从于母公司的全球战略，跨国公司的经营活动有相当大部分是在母公司同子公司之间进行，包括内部贸易、技术转让、代为销售等，内外配合综合运筹追求最大利益。

二、不同国民经济部门的企业

根据企业满足社会生产和生活的不同方面可以将企业划分为不同国民经济部门的企业，主要有农业企业、制造企业、流通企业、金融企业、交通运输企业、通信信息企业、建筑安装企业、房地产企业等。

（一）农业企业

现代农业企业是指从事农、林、牧、副、渔等生产经营活动的企业，主要以动植物和微生物作为劳动对象，以土地为基本生产资料，利用机械化、现代化的生产工具通过人工培育和饲养动植物，获取满足人们需要的产品。农业企业的基本经济特征是经济的再生产过程同自然的再生产过程交织在一起，因此农业生产受自然条件影响大，生产周期长，生产时间与劳动时间有极大差异，具有强烈的季节性和地区性。其生产具有生产周期长、加工种类多、贮藏作用大三个方面的特殊性。

（二）制造企业

制造企业通常被认为是以机器或机器体系作为劳动手段，采掘自然物质资源和对工业品及农产品原料进行加工的企业。

现代制造企业具有以下特点：大规模地采用机器或机器体系进行生产，并且系统地将科学技术应用于生产；以机器或机器体系代替手工操作，同类产品或同类工艺或同类零部件日益由分散生产趋于集中生产；生产过程具有高度的比例性和连续性。

（三）流通企业

流通企业是指专门从事商品交换或提供劳务等业务的经济实体。狭义的流通企业是除去金融企业之外的流通企业，即专门从事商品和劳务流通的商业贸易企业与服务企业。现代流通企业的基本经营方式主要有批发、零售、代购、代销、自销、展销及调拨等。

（四）金融企业

金融企业是指专门经营货币和信用业务的企业，其业务范围包括：吸收存款，发放贷款，发行有价证券，从事保险、投资、信托业务，发行信用流通工具，办理货币支付、转账结算、国内外汇兑，经营黄金、白银、外汇交易，提供咨询服务及其他金融服务等。

（五）交通运输企业

交通运输企业是指利用运输工具专门从事运输生产或直接为运输生产服务的企业，以汽车、火车、轮船、飞机、管道等各种运输工具实现货物或旅客位置的移动。交通运输企业的显著特点表现为运输生产是一种生产与销售同过程进行的活动，它靠提供劳务来满足社会需要，企业组织结构的设置、营运路线的开辟、班期安排、运力增减以及其他生产活动，都要从适应货物和旅客的流量、流网和流时以及如何方便货主、旅客的需要出发；运输企业人员分散，点多面广，除港口、车站装卸地固定外，作业区域范围较广，生产场地变动频繁，生产人员流动性大，作息时间长短不一，而且受气候等自然条件多方面的影响。

（六）通信信息企业

通信信息企业是指通过人力或现代电子信息技术，为社会提供信息传输服务的企业。主要包括传统的邮政、电信、移动、联通等企业，以及为上述企业提供技术支持、设备等的企业。通信信息企业具有以下特殊性：劳动对象（信息）由消费者提供，通信生产过程的作用只为改变其空间位置，而绝不能改变其内容；其经营产品不具有“实物”形态，只表现为一种空间场所变更过程；多数信息的传递过程要由两个及两个以上企业共同参与才能实现。随着信息技术进步发展，通信信息企业呈爆发式增长。

（七）建筑安装企业

建筑安装企业是指从事土木建筑和设备安装工程施工的企业，通常包括建筑公司、工程公司、建设公司等。建筑安装企业的产品，特别是建筑产品，其重要特点是：固定一地，不便移动；复杂多样，彼此各异，体形庞大，整体难分；经久耐用，使用期长。这些特点直接影响建筑安装企业的生产和管理，主要表现为：生产的流动性、生产的单件性、建筑生产周期长、露天和高空作业多，通过与建筑单位签订专门的建设合同，按照建设单位提供的设计图纸、施工说明和相应的概算和预算造价进行承包施工。

(八)房地产企业

房地产企业是指从事房地产综合开发、经营或中介服务等活动的经济体。房地产企业根据其主要经营内容和经营方式，可划分为：房地产开发企业、房地产租赁企业、物业管理企业以及房地产中介服务机构。

第三节　企业经济学初步

一、企业生产经济学

(一)生产函数概述

工业企业投入生产要素，通过转换过程生产出社会需要的产品和服务。企业能为社会提供的产品和服务的数量，取决于各种生产要素投入的数量及其组合方式。企业生产的过程就是从生产要素的投入到产品的产出过程。在一定技术条件下，生产要素的投入量与产品或服务的最大产出量之间存在着一定的依存关系。生产函数表明在充分使用全部投入条件下总投入与总产出的比例关系。

设 Q 表示产量，$x_1, x_2, \cdots, x_n$ 表示各种生产要素的投入量，则生产函数可表述为：

$$Q=f(x_1, x_2, \cdots, x_n)$$

生产函数表明：在一定技术条件下，某一时间内企业产品的最大产量取决于各种生产要素的投入量及其相互比例。这里的 $x_1, x_2, \cdots, x_n$ 表示多种生产要素，但经济学家一般关注劳动、土地、资本三种要素。

最著名的生产函数是柯布—道格拉斯生产函数。20 世纪 30 年代初，英国经济学家柯布和道格拉斯根据历史统计资料，研究了 1989～1922 年间美国资本和劳动这两类生产要素对总产量的影响，并得出这一时期美国的生产函数，故称为柯布—道格拉斯生产函数。其函数形式为：

$$Q=AL^{\alpha}K^{\beta}$$

式中：A 为由技术水平决定的系数；L 为劳动投入量；K 为资本投入量；α, β 为常数，且一般 $\alpha+\beta=1$。

(二)一种可变生产要素的生产函数

如果其他生产要素投入量不变，只有一种生产要素的投入量是可变的，就属于一种可变生产要素的生产问题。

1. 总产量、平均产量和边际产量

(1)总产量。总产量(TP)反映一个生产函数中某一生产要素投入量与最大产出量之间的关系。总产量与投入量之间的函数关系可用下式表示：

$$TP=f(x)$$

式中：P 为总产量；x 为生产要素投入量。

(2)平均产量。平均产量(AP)是指总产量与所使用的可变要素的投入量之商，其函数表达式为：

$$AP=\frac{TP(x)}{x}$$

(3)边际产量。边际产量是指在其他投入要素不变的情况下,单一可变投入要素增加一单位的投入量所带来的总产量的变化。若用 MP 表示边际产量,则:

$$MP=\frac{\Delta TP(x)}{\Delta x} \quad 或 \quad MP=\frac{\mathrm{d}TP(x)}{\mathrm{d}x}$$

2. 边际报酬递减规律

在其他条件不变的情况下,如果一种投入要素连续地等量增加,增加到一定产量后,所提供的产品的增量就会下降,即可变要素的边际产量会递减。这就是边际报酬递减规律。

边际报酬递减规律的内涵是:生产系统中要素之间存在合理的比例。随着可变要素投入量的增加,可变要素投入量与固定要素投入量之间的比例将发生变化。在可变要素投入量增加的最初阶段,相对于固定要素来说,可变要素投入过少,因此,随着可变要素投入量的增加,其边际产量递增,当可变要素与固定要素的配合比例达到最佳时,可变生产要素的边际产量达到最大值。如果再继续增加可变要素投入量,由于其他要素的数量是固定的,可变要素就相对过多,于是边际产量就必然递减。边际报酬递减规律是短期生产的一条基本规律。

边际报酬递减规律强调的是:在任何一种产品的短期生产中,随着一种可变要素投入量的增加,边际产量最终必然会呈现递减的特征。或者说,该规律提醒人们要看到边际产量递增阶段后必然会出现边际产量递减阶段。

3. 总产量、平均产量和边际产量之间的关系

总产量是指投入一定数量生产要素所获得的产出量的总和。平均产量是指平均每单位生产要素投入的产出量。边际产量是指增加一单位生产要素投入量所增加的产量。总产量、平均产量和边际产量之间的关系如下:

第一,在其他生产要素投入量不变的情况下,随着某一种生产要素投入量的增加,最初总产量、平均产量和边际产量均递增;但在增加到一定程度之后,它们就分别递减。所以,总产量曲线、平均产量曲线和边际产量曲线都是先上升后下降。这反映了边际收益递减规律。

第二,边际产量曲线与平均产量曲线相交于平均产量曲线的最高点。在相交前,平均产量是递增的,边际产量大于平均产量。在相交后,平均产量是递减的,边际产量小于平均产量。在相交时,平均产量达到最大,边际产量等于平均产量。

第三,当边际产量为零时,总产量达到最大。当边际产量为负数时,总产量就会绝对减少。

4. 一种可变要素的合理投入

分析一种可变要素的合理投入时,可根据产量的变化将生产过程划分为平均产量递增、平均产量递减和边际产量为负三个阶段。

第一阶段,可变要素投入的增加至平均产量达到最大值。在此阶段总产量和平均产量都是递增的,所以理性的生产者不会选择减少这一阶段的劳动投入量,而是会继续增加劳动投入量。

第二阶段,平均产量开始递减至边际产量为零。在此阶段,平均产量和边际产量都处于递减阶段,但总产量是增加的,且达到最大。

第三阶段,总产量开始递减,边际产量为负。在此阶段,总产量开始下降,所以理性的生产者不会选择增加这一阶段的劳动投入量,而是会减少劳动投入量。

综上所述,理性的生产者不会选择在第一阶段和第三阶段进行生产,而必然会选择在第二

阶段组织生产，即只有第二阶段才是可变要素投入的合理区域。但在这一区域内，生产者究竟投入多少可变要素及可生产多少，必须结合成本函数才能确定。参见图1—1。

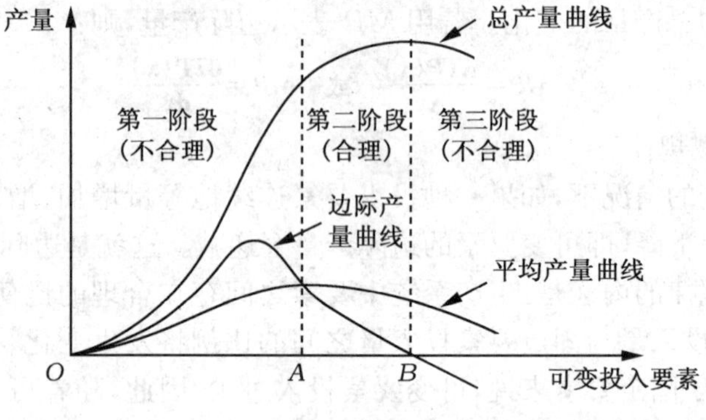

图1—1 可变要素投入的合理区域

（三）两种可变生产要素的最佳组合

企业生产需要多种生产要素。在经济学中通常把多种生产要素假设为两种，即劳动力和资本。这两种要素都是可变的。这里企业家必须思考的问题是：在保持成本一定的条件下，投入要素之间怎样组合，才能使产量最大？或在产量一定的条件下，投入要素怎样组合才能使成本最低？

1. 等产量曲线

等产量曲线是表示两种生产要素的不同数量的组合可以带来相等产量的一条曲线，或者说是表示某一固定数量的产品可以用所需要的两种生产要素的不同数量的组合生产出来的一条曲线。

根据表1—1可作出等产量曲线图（如图1—2所示）。

表1—1 两种生产要素的不同组合

组合方式	资本（K）	劳动（L）	产量（Q）
a	6	1	100
b	3	2	100
c	2	3	100
d	1	6	100

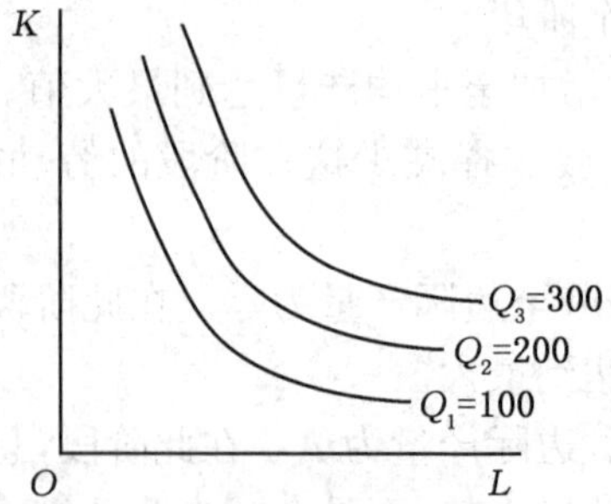

图1—2 等产量线

等产量线具有如下特征：

(1)等产量线是一条向右下方倾斜并凸向原点的曲线，其斜率为负值。

根据等产量线的含义，从等产量线上一点向下作一定数量的移动，如从 A 点到 B 点，产量不变，这就是说增加一种生产要素(劳动)所增加的产量恰恰弥补了因另一种生产要素(资本)投入的一些减少而损失的产量，即 $MP_L \cdot \Delta L = MP_K \cdot \Delta K$，一个增加，另一个必须减少，并且由于边际收益递减规律的作用，因而必然是一条向右下方倾斜且凸向原点的曲线。一种生产要素可以由另一种生产要素所代替而保持产量不变，经济学上称为边际技术替代率。

(2)在同一平面图上有无数条等产量线，并且在同一平面图上，任意两条等产量线不能相交。否则就互相矛盾，不合逻辑。

如图 1—2 所示，每一条等产量线代表一种产量水平。而且离原点越远的等产量线所代表的产量水平越高。如果说有两条等产量线相交于某一点，那么在这一点上就有相等的产量，显然这与不同等产量线代表不同产出水平相矛盾。

2. 等成本线

等成本线也称企业预算线，在生产者的成本与生产要素价格既定的条件下，生产者所能购买到的两种生产要素数量的最大组合构成等成本线(如图 1—3 所示)。

等成本线表明了厂商进行生产的限制条件，即其购买生产要素所花的钱不能大于或小于所拥有的货币成本。大于货币成本是无法实现的，而小于货币成本则无法实现产量最大化。

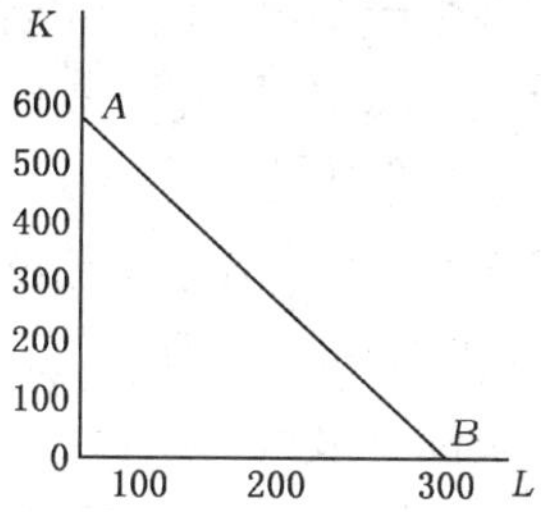

图 1—3　等成本线

在图 1—3 中，连接 AB 两点的直线就是等成本线。在等成本线上的任何一点都是在货币成本与生产要素价格既定的条件下，能购买到的劳动与资本的最大数量的组合。如果厂商的货币成本和生产要素价格改变了，则等成本线就会变动。如果生产者的货币成本变动(或者生产要素价格都变动)，则等成本线会平行移动。货币成本增加，等成本线向右上方平行移动；货币成本减少，等成本线向左下方平行移动(如图 1—4 所示)。

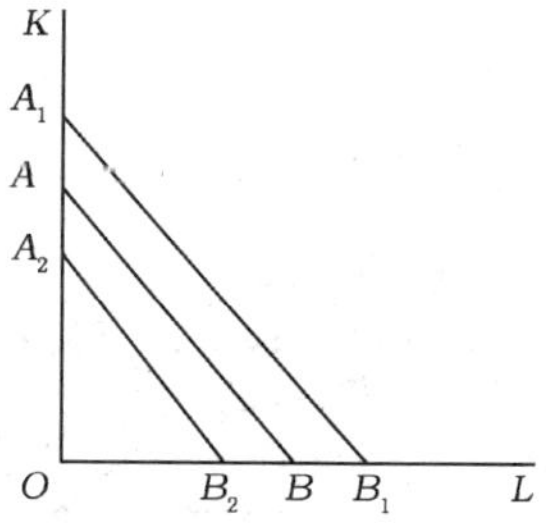

图 1—4　等成本线的位移

3. 生产要素的最佳组合

把等产量线与等成本线合在一个图上，那么，等成本线必定与无数条等产量线中的一条切于一点。在这个切点上就实现了生产要素的最佳组合(如图1—5所示)。

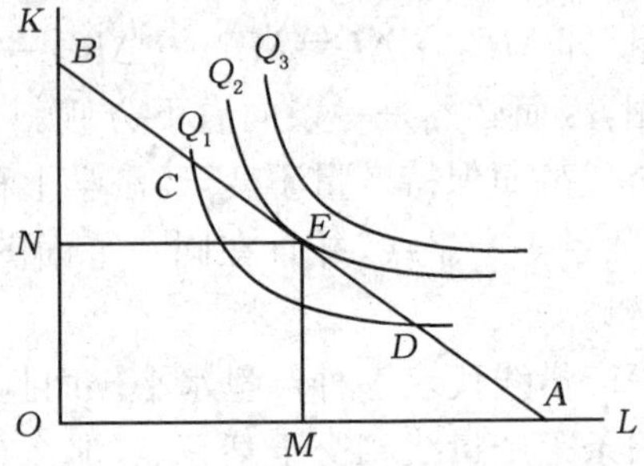

图1—5 生产要素的最佳组合

在图1—5中，三条等产量线，产量大小的顺序为$Q_1<Q_2<Q_3$。等成本线AB与Q_2相切于E，这时实现了生产要素的最佳组合。这就是说，在生产者货币成本与生产要素价格既定的条件下，OM的劳动与ON的资本组合，能实现利润的最大化，即既定产量下成本最小或既定成本下产量最大。

为什么只有在这个切点时才能实现生产要素的最佳组合呢？从图1—5可以看出，只有在这一点上所表示的劳动与资本的组合才能达到在货币成本和生产要素价格既定的条件下，产量最大。虽然等产量线Q_3所代表的产量水平最大，但等成本线AB同它既不相交又不相切，这说明达到Q_3产量水平的劳动与资本的数量组合在货币与生产要素价格既定的条件下是无法实现的。而等产量线Q_1虽然与等成本曲线AB有两个交点C和D，即在C点和D点上所购买的劳动与资本的数量也是货币成本与生产要素价格既定的条件下最大的组合，但$Q_1<Q_2$。即在C点和D点时劳动与资本的组合并不能达到利润的最大化。此外，等产量线Q_2除E点之外的其他各点在AB线之外，即所要求的劳动与资本的数量组合在收入与价格既定的条件下是无法实现的。

如果生产者的货币成本增加，则等成本线向右上方平行移动，不同的等成本线与不同的等产量线相切，形成不同的生产要素最佳组合点，将这些点连接在一起，就得出扩张线。即：如果投入要素的价格不变，技术不变，随着生产规模的扩大，投入要素最佳组合比例也会发生变化，这种变化的轨迹，称为生产扩展线(如图1—6所示)。当生产者沿着这条线扩大生产时，可以始终实现生产要素的最佳组合，从而使生产规模沿着最有利的方向扩大。

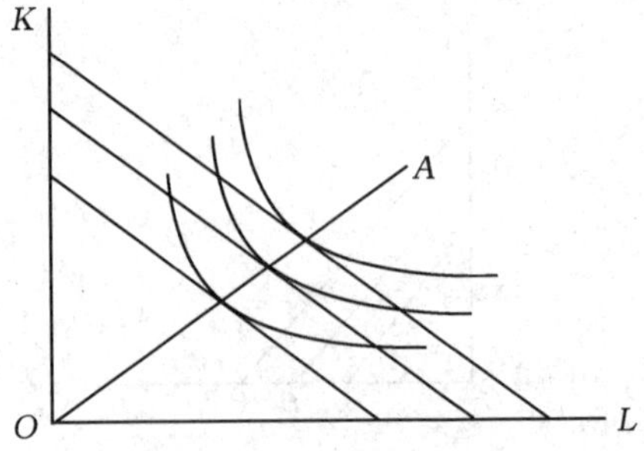

图1—6 生产扩展线

二、企业成本经济学

一般来说,成本是指购买某一件物品时所支付的价格。但是,如果一个企业购买原材料作为库存储备,待以后再用,那么,当企业实际使用这批原材料时,成本的概念就变得不那么简单了,特别是当企业购置固定设备后准备在以后各个时期以不同的使用率来使用时,成本的含义就变得更加复杂。成本概念的含义是十分丰富的,财务会计、管理会计、经济学中的成本都包含不同的内涵,对这些成本概念的理解和分析对管理工作十分重要。

(一)成本的分类

1. 外显成本和隐含成本

外显成本是指企业在生产过程中从外部购买或租用各种生产资源的实际开支,即企业在会计账簿上记录的各种成本。如企业支付的工人工资、设备的租金或购买费用、原材料的购买费用、债券利息、厂房租金等各项成本都属于外显成本,牵涉到企业的现金支出。

隐含成本是指企业在生产过程中所使用的自己拥有的各种生产资源的市场价值,即企业使用某种投入要素不需要对外付费,也就是说外显成本为零。然而从隐含成本的角度看,企业还是负担了成本,即占用的该要素若用在其他用途也可能获得的正常报酬。比如企业用自己的房屋开门市,虽然没有支付门店租金给别人,即没有产生外显成本,但如果将此房屋出租,企业将获得一笔租金,这笔租金就是隐含成本。

2. 机会成本和会计成本

机会成本是一个非常有名的成本概念。实际应用中,机会成本有许多名称,如替换成本、择一成本、经济成本等。经济学中的机会成本是指企业在多种选择面前,得到某一收益时所必须放弃的其他各种收益中价值最大的那笔收益。

会计成本是指企业在购买和租用资本要素以及雇用劳动要素时实际发生的支出。会计成本是一种外显成本,也是一种历史成本,在填报税单或向股东提供公司财务状况报告时,会计成本就是相关成本。而在企业制定经营管理决策时,机会成本就是相关成本。

3. 增量成本和沉没成本

增量成本是随企业决策变化而变动的成本,它不仅包括边际成本,即产量增加一单位时总成本的增加量,而且包括因决策变化而发生的任何方面的成本变化。例如,当企业引进一条新的生产线,或者开展一项新的广告宣传运动,或改变现行产品的生产体系等引起的总成本变动都属于增量成本。沉没成本则是不受某项决策影响的任何成本,即不管有关决策的行动方案如何变化,该项成本的数额都固定不变。有时沉没成本和可回收成本相对应,在已经发生的成本中,可以通过出售或出租方式加以回收的成本为可回收成本,而一旦支出就无法回收的成本为沉没成本。

沉没成本是企业面向未来决策的非相关成本,企业在进行面向未来的决策时不应拘泥于沉没成本。

4. 长期成本和短期成本

经济学中“长期”与“短期”不完全是纯粹的时间概念。“短期”是指这样一个时期:在这一时期中,企业的各种投入要素中至少有一种是固定不变的。而“长期”是指这样一个时期:在这一时期中,企业所有的投入要素都是可以变动的。应该注意到,由于各种行业的固定资产的经济寿命不同,设备的专门化程度不一样等因素,使得“短期”和“长期”的具体内涵对于各个具体行业来说是不一样的。一般地,固定资产的经济寿命越长,这个行业的“长期”也就越长;反之,则越短。设备的专门化程度越高，这个行业的“长期”也就越长；反之，则越短。在短期中，企业生产成本的变动规律就是短期成本函数，在长期中，企业生产成本的变动规律就是长期成本函数，企业在经营决策时要作相应考虑。

(二)企业的短期成本分析

1. 短期成本构成

短期成本分为固定成本(FC)和可变成本(VC)，相应地，也就有平均固定成本(AFC)、平均可变成本(AVC)和平均成本(AC)的区别。短期各种成本之间的关系有：

$$TC=VC+FC$$

$$AFC=\frac{FC}{Q}$$

$$AC=\frac{TC}{Q}=AFC+AVC$$

2. 短期总成本及其变动规律

短期总成本 TC = 固定成本 FC + 可变成本 VC

固定成本曲线 FC 是一条水平线，表明固定成本是一个既定的数量(如图 1－7 中的 40)，它不随产量的增减而改变。

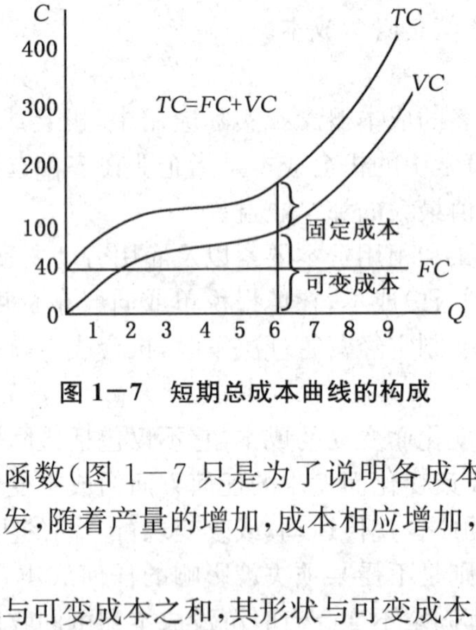

图 1－7 短期总成本曲线的构成

可变成本 VC 是产量的函数(图 1－7 只是为了说明各成本曲线的形状，具体成本函数略)，其变动规律是从原点出发，随着产量的增加，成本相应增加，其形状主要决定于边际成本率。

总成本 TC 是固定成本与可变成本之和，其形状与可变成本曲线一样，只不过是可变成本曲线向上平行移动一段相当于 FC 大小的距离，即总成本曲线与可变成本曲线在任一产量上的垂直距离都等于固定成本 FC，但 FC 不影响总成本曲线的斜率，因此，固定成本的大小与总成本曲线的形状无关，而只与总成本曲线的位置有关。总成本曲线也是产量的函数，其形状也取决于可变投入要素边际成本递增规律，也即边际收益递减规律。这一点与可变成本曲线是一致的，总成本的变动规律与可变成本相同。

3. 短期平均成本及其变动规律

平均成本(AC)是每单位产品的成本，它等于总成本 TC 除以产量所得之商，也等于平均固定成本与平均可变成本之和。即：

$$AC=\frac{TC}{Q} \quad 或 \quad AC=AFC+AVC$$

所以，AC 曲线也是一条二次曲线，可由 TC 曲线推导得出。TC 曲线上任一点与原点之连线的斜率即为该产量水平的平均成本。但也可由平均固定成本（AFC）和平均可变成本（AVC）相加而成。

平均固定成本（AFC）是每单位产品上分摊的固定成本，等于固定成本除以产量所得之商，即 $AFC=\frac{FC}{Q}$（图 1—8 中函数为 $AFC=\frac{40}{Q}$）。由此形成的 AFC 曲线是一条等轴双曲线，每一端无限趋近于纵轴或横轴。随着产量的增加，AFC 逐渐变小，即产量越大，分摊到单位产品上的固定成本越少。

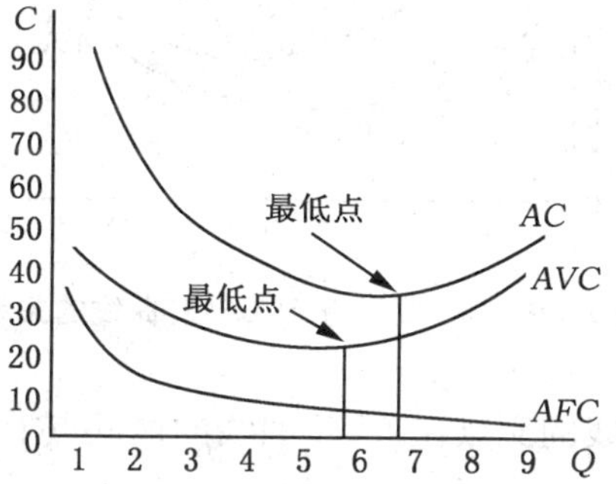

图 1—8 平均成本曲线的构成

平均可变成本（AVC）是每单位产品上分摊的可变成本，它等于可变成本除以产量所得之商。即 $AVC=VC/Q$。由于平均成本（AC）直接由平均固定成本（AFC）加平均可变成本（AVC）而形成。因而短期平均成本的变动规律也是由平均固定成本与平均可变成本决定的。AC 曲线的决定因素与 AVC 曲线相同。AC 曲线的位置在 AVC 曲线之上，两条曲线之间的垂直距离即为平均固定成本 AFC。由于 AFC 随产量增大而递减，因此，AC 曲线与 AVC 曲线垂直距离也随产量增大而渐趋缩小。AC 曲线的最低点与 AVC 曲线的最低点不在同一条垂直线上，前者在后者之后，这是因为 $AC=AVC+AFC$，AFC 是单调递减的，AVC 从最低点转而上升，当其增量少于 AFC 的减少量时，AC 仍呈下降趋势。

4. 边际成本和总成本、平均可变成本、平均成本的关系

边际成本是厂商每增加一单位产量所增加的总成本量，边际成本也是总成本对产量的导数或总成本曲线的斜率，即：

$$MC=\varphi'(Q)=\frac{dTC}{dQ}$$

由于短期中的固定成本并不随产量的变动而变动，所以边际成本实际上是针对可变成本而言的。边际成本的变动取决于可变成本，因为所增加的成本只是可变成本。用数学语言来说，固定成本是常数，在求导数时为零。它的变动规律是：MC 曲线也是呈“U”形，其递减部分对应投入要素的边际产量递增阶段，其最低点也是 TC 曲线上的拐点。在拐点的左侧，TC 曲线斜率递减，与之对应的 MC 曲线下降；在拐点的右侧，情况正好相反，于是拐点正好对应 MC 曲线的极小值点。

为了更突出和清楚起见，可画出这三条曲线，如图 1—9 所示。由于边际成本递增规律的作用，MC 曲线和 AVC 曲线、AC 曲线都呈“U”形，AVC 随着 MC 的下降而下降。当 AVC 在 MC 之上时，$AVC>MC$，且相距越来越远；而后 MC 由下降转而上升，但仍未到平均成本，

AVC 仍在 MC 之上，仍然是 $AVC>MC$，只是相距开始缩小；随着 AVC 的继续下降和 MC 的继续上升，AVC 和 MC 相交，$MC=AVC$，即短期边际成本等于平均可变成本；在此点之后，AVC 也由下降转而上升，同时，AVC 转而在 MC 之下，AVC 一直递增，$AVC<MC$，即边际成本大于平均可变成本。

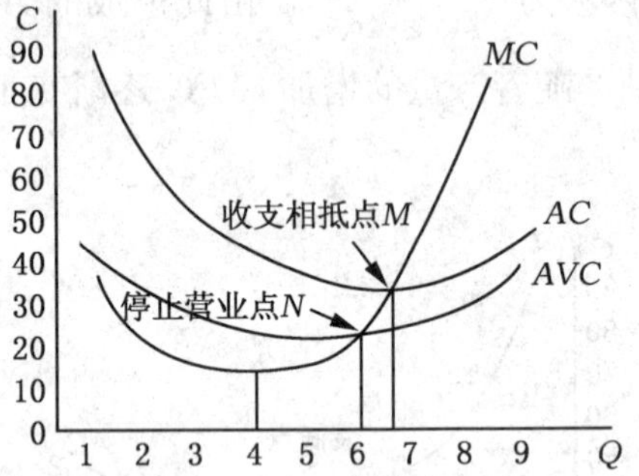

图 1－9　MC 曲线与 AC、AVC 曲线的关系

既然 MC 曲线与 AVC 曲线的交点在 AVC 曲线的最低点上，那么很明显，MC 曲线与 AC 曲线的交点也必定位于 AC 曲线的最低点上。因为 AC 曲线形状的决定因素与 AVC 曲线相同，AC 曲线只是在 AVC 曲线上加上平均固定成本 AFC。因此，短期边际成本与短期平均成本的关系和其与短期平均可变成本的关系相同。

图 1－9 表明，短期边际成本曲线 MC 与平均可变成本曲线 AVC 相交于 AVC 的最低点 N。在 N 点上，$MC=AVC$，即短期边际成本等于平均可变成本。在 N 点之左，AVC 在 MC 之上，AVC 一直递减，$AVC>MC$，即短期边际成本小于平均可变成本。在 N 点之右，AVC 在 MC 之下，AVC 一直递增，$AVC<MC$，即短期边际成本大于平均可变成本。

同样，短期边际成本曲线 MC 与短期平均成本曲线 AC 相交于 AC 的最低点 M。在 M 点上，$MC=AC$，即短期边际成本等于平均成本。在 M 点之左，AC 在 MC 之上，AC 一直递减，$AC>MC$，即短期边际成本小于平均成本。在 M 点之右，AC 在 MC 之下，AC 一直递增，$AC<MC$，即短期边际成本大于平均成本。

MC 与 AC 相交的 M 点，称为收支相抵点。这时价格为平均成本，平均成本等于边际成本，即：$P=MC=AC$，生产者的成本（包括正常利润在内）与收益相等。

MC 与 AVC 相交的 N 点，称为停止营业点。即在这一点上，价格只能弥补平均可变成本，这时所损失的是不生产也要支付的平均固定成本。如低于这一点，不能弥补可变成本，则生产者无论如何也不生产了。

（三）企业的长期成本分析

在了解短期成本后，还要进一步考察长期成本，并讨论短期成本曲线与长期成本曲线的关系。

1. 长期总成本

所谓长期，是指厂商能根据所要达到的产量来调整其全部生产要素的时期。因此，在长期中也就没有固定成本与可变成本之分，一切生产要素都是可以调整的，一切成本都是可变的。

长期总成本是长期中生产一定量产品所需要的成本总和。长期总成本随产量的变动而变动。没有产量时就没有总成本；随着产量的增加，总成本增加。在开始生产时，要投入大量生产要素，而产量少时，这些生产要素无法得到充分利用，因此，成本增加的比率大于产量增加的比率。当产量增加到一定程度后，生产要素开始得到充分利用，这时成本增加的比率小于产量增加的比率，规模经济效益显现。最后，由于规模收益递减，成本增加比率又大于产量增加的比率(如图1—10所示)。可见，长期总成本曲线LTC与可变成本曲线VC的形状是一致的。不同的是VC曲线形状是由于可变投入要素的边际收益率先递增后递减决定的，而在长期，由于所有投入要素都是可变的，因此，这里对应的不是要素边际收益率问题而是要素的规模报酬问题，LTC曲线是由规模报酬先递增后递减决定的。

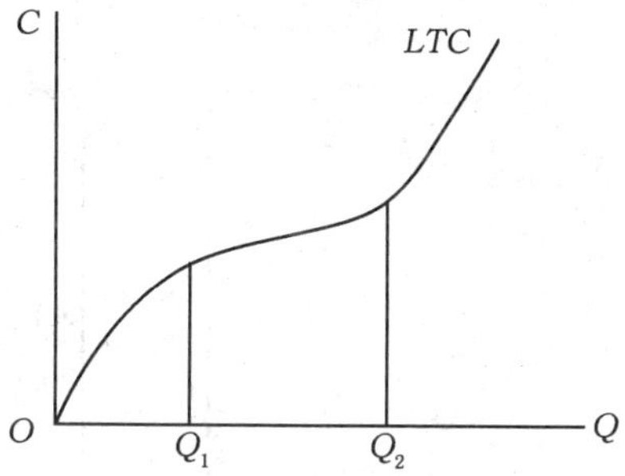

图1—10　长期总成本

长期总成本曲线是由无数条短期成本曲线的切线相连而成的。这是因为，若厂商可任意选择生产规模，那么对于某个事先确定的产量水平，厂商是要计算各种可供选择的工厂规模上的生产总成本，并选择总成本最小的那个规模。如图1—11所示，假定企业可以在三种不同的工厂规模中选择产量为OQ_1的规模，如工厂规模为STC_1，企业的总成本(注意，一旦确定了工厂规模，此处的总成本就是短期总成本)则为SQ_1；如工厂规模为STC_2，厂商的总成本为TQ_1；如工厂规模为STC_3，则总成本为UQ_1。厂商可用三种不同规模来生产同一产量OQ_1，但选择规模STC_1时总成本最低，S点位于LTC曲线上，是短期总成本曲线和长期总成本曲线的切点。从图形可见，若产量为Q_2，则应选择STC_2的生产规模，若产量为Q_3，则应选择STC_3的生产规模，所以，长期总成本曲线是一系列最低成本点的轨迹，它是由无数条短期成本曲线的切线连接而成的，正因为如此，长期总成本曲线又被称为短期总成本曲线的包络线。

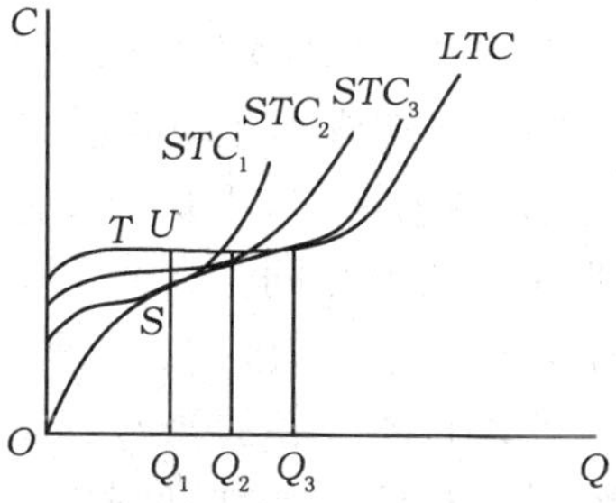

图1—11　长期总成本和短期总成本

2. 长期平均成本

(1)长期平均成本曲线的构成。长期平均成本是长期中平均每一单位产品的成本。它等于长期总成本LTC与产量Q之商，即：

$$LAC=\frac{LTC}{Q}$$

长期平均成本曲线与短期平均成本曲线的关系也和长期总成本曲线与短期总成本曲线关系一样，长期平均成本曲线是短期平均成本曲线的包络线。在图1－12(b)中，在被长期平均成本曲线所包络的无数条短期平均成本曲线中任选三条，分别记为SAC_1、SAC_2和SAC_3，这三条SAC线是和图1－12(a)中的三条STC曲线相对应的。从图中可以看到，STC与LTC的切点和SAC与LAC的切点在同一垂直线上，表示是在同一产量水平上，其原因是$AC=\frac{TC}{Q}$。

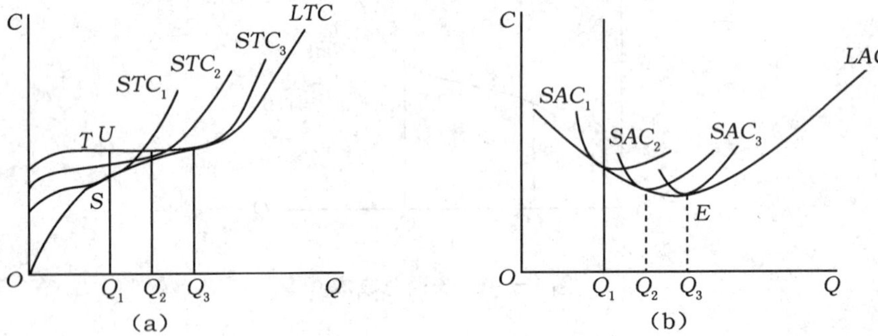

图1－12 短期平均成本和长期平均成本

三条短期成本曲线分别表示不同生产规模上平均成本的变化情况，越是往右，代表生产规模越大，每条SAC与LAC不相交但相切，并且只有一个切点，从而形成一条包络曲线。之所以这样，就是为求降低成本而选择生产规模的结果。生产者要根据产量的大小来决定生产规模，其目标是使平均成本达到最低。在产量为OQ_1时，要选择SAC_1这一规模，因为这时平均成本OC_1是最低的。依此类推，当产量为OQ_2时，则要选择SAC_2这一规模，这时平均成本OC_2是最低的；当产量为OQ_3时，则要选用SAC_3这一规模，这时平均成本OC_3是最低的；等等。

在长期，生产者按这条曲线制订计划，确定生产规模，因此，这条长期平均成本曲线又称计划曲线。

(2)长期平均成本曲线的特征。从图1－12(b)中可以看出，长期平均成本曲线LAC也是一条先降后升的"U"形曲线。这就说明，长期成本变动的规律也是随着产量的增加，先减少后增加，这也是由于随着产量的增加，规模收益递增，平均成本减少；以后随着产量的增加，出现收益递减，平均成本增加。这与短期平均成本相同。

长期平均成本曲线与短期平均成本曲线也有区别。长期平均成本曲线无论在下降时还是上升时都比较平坦，这说明在长期中平均成本无论是减少还是增加都变动较慢。这是由于在长期中全部生产要素可以随时调整，从规模收益递增到规模收益递减有一个较长的规模收益不变阶段，而在短期中，规模收益不变阶段很短，甚至没有。

(3)不同行业的长期平均成本。以上对长期平均成本的讨论都假设生产要素的价格是不变的。如果考虑生产要素价格的变动，则各行业长期平均成本变动的特点又有所不同。一般可以根据长期平均成本变动的情况把不同的行业分为三种情况：成本不变、成本递增、成本递减。

第一，成本不变的行业。这种行业中各厂商的长期平均成本不受整个行业产量变化的影响，无论产量如何变化，长期平均成本都是基本不变的。

形成这些行业成本不变的原因主要有两个：首先，这一行业在经济中所占的比重很小，也就是说，与其他行业相比，它是非常微小的。这样，它所需要的生产要素在全部生产要素中所占的比例也很小，从而它的产量的变化不会对生产要素的价格产生影响。因此，这一行业中各厂商的长期平均成本也就不会由于这一行业产量的变动而变动了。其次，这一行业所使用的生产要素的种类和数量与其他行业呈反方向变动。这样，它的产量的变动也就不会引起生产要素价格的变动，从而保持长期平均成本不变。具有成本不变的行业并不多见，一般是一些小商品生产或特殊行业。

第二，成本递增的行业。这种行业中各个厂商的长期平均成本要随整个行业产量的增加而增加。这种行业在经济中属于普遍的情况。

形成这些行业成本递增的原因是，由于生产要素是有限的，所以整个行业产量的增加就会使生产要素价格上升，从而引起各厂商的长期平均成本增加。这也就是以前所说的由于外部因素，一个行业扩大给一个厂商所带来的“外在不经济”。这种情况在以自然资源为主要生产要素的行业中更为突出。

第三，成本递减的行业。这种行业中各个厂商的长期平均成本要随整个行业产量的增加而减少。这也就是以前所说的规模经济中的外在经济。

形成这些行业成本递减的原因是，外在经济对这种行业特别重要。例如，在同一地区建立若干汽车制造厂，各厂商就会由于在交通、辅助服务等方面的节约而产生成本递减。但特别应该指出的是，这种成本递减的现象只是在一定时期内存在。在长期中，外在经济必然会变为外在不经济。因此，一个行业内的成本递减无法长期维持下去。

(四)规模经济和学习曲线

1. 规模经济

当企业能够以加倍的成本获得超过加倍的产出时，经济学上认为企业获得了规模经济；相反，如果企业投入加倍的成本只能获得低于加倍的产出，则存在规模不经济。长期平均成本曲线 LAC 的先下降后上升的“U”形可以反映规模经济变化信息：当平均成本随产量上升而下降时，存在规模经济；当平均成本随产量上升而上升时，存在规模不经济，平均成本曲线最底部即平均成本最小值对应的产量为有效规模产量。规模经济从成本角度反映了企业投入与产出的关系，而成本变动条件允许企业改变各种投入要素的比例，因此，规模经济在分析实际经济时有重要价值。

规模经济产生的原因主要有以下几个方面：

(1)专业化和劳动分工。专业化和劳动分工是密不可分的，企业达到一定规模就能够通过专业化和劳动分工采用专门的机械设备、雇用及训练专业的人才，进而提高效率。

(2)不可分性的要求。不可分性包括技术装备、销售、财务、研发等多方面的不可分性，也就是说，企业在这些方面规模大的投资往往与规模小的投资差不多。

(3)先进技术和生产组织的采用。规模大的企业有条件采用先进的工艺和技术装备，进而降低成本。

(4)学习的效果。大企业在规模扩大的情况下，员工所拥有的知识、技能能够得到更广泛的施展，从而降低企业学习成本。

(5)大量购买。通常情况下，大量购买能够获得更多优惠，相关费用如谈判、运输费用都会降低。

(6)储备的节约。企业正常经营要求储备一定数量的各种原材料和备用配件，这些原材料和备用配件储备的数量会随着企业拥有设备增多和生产规模扩大而减少。

2. 学习曲线

学习曲线又称经验曲线，是指单位产品生产时间及相应的学习成本同所生产的产品总数之间的关系。当人们重复同一工作时，会从自己的作业经历中获得更得心应手的技能和更多克服作业中困难的知识，提高作业效率。无论是个人还是组织都能够获得学习曲线带来的利益。

学习曲线产生的原因主要在于：(1)个人在作业过程中对工作越来越熟练时，速度得以加快，完成一定任务所需要的时间减少了；(2)经营管理者在生产组织方面更富有经验，对生产过程安排、生产资源配备、处理疑难问题等方面有更高效率；(3)当人们多次重复进行同一工作时，就有可能引进、采用更专业化的工具来提高效率；(4)企业在原材料获取方面可以积累优势以降低相应的成本。

思考与练习

1. 结合本章内容谈谈你对企业和企业家的理解。
2. 以你所知的一个企业为例，谈谈你对企业性质的理解。
3. 企业的资源丰富多样，请举例说明。
4. 请举例阐释下述概念：边际产量　边际报酬递减规律　隐含成本　机会成本　沉没成本　边际成本
5. 你想成为企业家吗？结合企业家的概念及素质要求对自己进行评估。

技能训练

1. 以小组为单位，收集 20～30 家现实生活中企业的资料，并按不同的标准对它们分类。
2. 比较每个小组所收集的企业的目标，并进行小组间的交流。
3. 走访一家企业并就企业家的素质问题同企业负责人进行交流。

案例讨论与分析

卓越绩效管理评价和政府质量奖

经过数十年改革开放，我国的经济社会面貌已经有了翻天覆地的变化，企业经营管理也已经走过追求数量扩张的阶段，转型升级进入追求企业经营质量的阶段。国外许多国家在此阶段都把评审、颁发“质量奖”作为推动企业提升经营质量的助力器。据中国质量新闻网报道，世界各国对质量的奖励方式主要是设立国家质量奖。目前，世界上已有 88 个国家和地区设立国家质量奖，如日本的爱德华・戴明质量奖、美国的马尔科姆・波多里奇国家质量奖、欧洲质量奖，等等。国外质量奖的设立具有很多共同的特点：一是均在政府的倡导或支持下设立；二是都有一个可依据的评价准则或标准，对质量管理理念的传播在引导企业提高质量管理水平方面发挥了重要作用；三是授奖的对象集中在制造业、服务业、医疗卫生业的组织和个人，大多数质量奖将中小企业列为奖励范围；四是各国设立质量奖的目的主要是对卓越绩效和最佳实践的总结和认可、沟通和分享最佳的实践经验、理解卓越绩效的要求、培育卓越组织、改进/促进质量和过程、增强竞争、提高质量管理意识等；五是质量奖的设立和实施为各国提高质量和促进生产力的发展发挥了重要作用。

我国的政府质量奖作为我国各级政府推进各地质量工作的重要形式近年来正在快速广泛开展。2001 年我国开始评审“全国质量奖”，2013年首届“中国质量奖”颁奖，其他还有各地评审的省长质量奖、市长质量奖和县(市、区)长质量奖。这些奖项构成我国的政府质量奖，其定义可简括为：我国各级政府对于在经营管理中追求卓越绩效、取得优异管理成绩的组织给予肯定和鼓励的奖项。我国的政府质量奖评审标准原则上都遵循《卓越绩效评价准则》(GB/T19580-2012)和《卓越绩效评价准则实施指南》(GB/T19579-2012)。该标准借鉴国内外卓越绩效管理的经验和做法，结合我国企业经营管理的实践，从领导、战略、顾客与市场、资源、过程管理、测量分析与改进以及结果七个方面明确了组织卓越绩效的评价要求。评审标准注重组织运营绩效、满足顾客需求、持续改进与创新的能力，以及外部环境变化时组织的应变能力和可持续发展能力。

可见，卓越绩效评价彰显了追求基业长青的企业和组织的10个管理经营理念：有前瞻性且强有力的领导、战略管理至上、科学合理组织配置资源、顾客和市场导向、持续学习改进、尊重员工和合作伙伴、标杆和竞争驱动、浓郁的创新气氛、全面多维测量、创造价值和水到渠成的理想经营结果。

政府质量奖评审的主要经济效益指标有20个：资产总额、主营业务收入、投资收益、营业外收入、利润总额、纳税总额、销售额、创汇总额、总资产贡献率、资本保值增值率、资产负债率、流动资产周转率、成本费用利润率、全员劳动生产率、总产值质量成本占有率、产品销售率、产品质量等级品率、质量损失率、新产品产值率、万元总产值综合能耗。

思考与讨论：

请查询你所在地近几年省长质量奖、市长质量奖或县(市、区)长质量奖获奖企业的名单，讨论这些企业在卓越绩效管理方面有哪些优点或不足。

第二章

管理导论

· 关键词汇

计划职能　组织职能　领导职能　控制职能　人际角色　资讯角色　决策角色
技术技能　人际关系技能　概念形成技能　分析诊断技能　能级管理原理
双因素理论需要层次理论　X 和 Y 理论

第一节　管理概述

一、管理的概念

管理意识和行为的出现是人类文明进步的重要阶梯，应该说，人类取得的每一项重大成就都有管理的功劳。在现代社会中，管理更是无处不在。作为现代社会的高素质人才必须具备管理学方面的知识。

从字面上理解，管理就是管辖和处理，它涉及的对象主要是人和事物。但是，从研究的角度来看，大家对究竟什么是管理，可以说是观点林立。

诺贝尔经济学奖获得者赫伯特·西蒙(Herburt Simon)认为："管理就是决策。"当代管理过程学派代表孔茨(Koontz)将管理定义为："管理是在正式组织起来的团体中，通过他人并同他人一起把事情办妥的艺术。"与此类似的提法有：管理就是通过他人完成工作。法国著名管理学家法约尔(Fayol)等人则认为：管理是所有的人类组织(不论是家庭、企业或政府)都有的一种活动，它由五个职能组成，即"管理，就是实行计划、组织、指挥、协调和控制"。

综合各种观点，我们把管理定义为：管理是管理者或管理机构在一定范围内，通过计划、组织、领导、控制等工作，对组织所拥有的资源(包括人、财、物、时空、信息等)进行合理配置和有效应用，以实现组织预定目标的过程。管理就是由一系列概念、原理、原则、方法、技术等构成的科学体系和实践过程。

这一定义有五层含义：第一，管理是一个过程，这个过程可以简单地描述为"管理问题的出现→管理计划的提出→管理资源的组织整合→管理进程的展开→管理进程的控制→管理目标的达成”；第二，管理的核心是达到目标，没有目标，组织的资源就没有效用，也就谈不上管理；第三，管理达到目标的手段是运用组织拥有的各种资源；第四，管理的本质是协调，追求资源整合后的合力；第五，管理是一项系统的动态活动，是由一系列相互联系的职能组成的系统活动，并要随着管理环境的变化做相应的调整。

二、管理的性质

（一）管理的二重性

管理的二重性是指管理的自然属性和社会属性。前者为与生产力和社会化大生产相联系的属性；后者为与生产关系和社会制度相联系的属性。

管理的自然属性是指管理作为保证社会化生产顺利进行的必要条件，是合理组织生产过程的一般要求。它是由生产力与社会化大生产所决定的。社会化的共同劳动需要管理，需要按照社会化大生产的要求合理地进行计划、组织、领导和控制。没有这种管理，不仅没法发挥由协作而发展的社会生产力，就连生产中物的要素和人的要素也会因缺乏管理而变得物不能尽其用、人不能尽其才，无法达到提高劳动生产率和经济效益的目的。

管理的社会属性是指管理总是在一定的生产关系下进行的，不同的社会制度，不同的历史阶段，不同的社会文化，都会使管理呈现出一定的差别，使管理具有特殊性和个性。管理的社会属性是社会生产关系的体现和反映，是由生产关系、社会制度所决定的。共同劳动过程是在一定的生产资料所有制形式下进行的。谁占有生产资料，谁就掌握管理权，并按照自己的利益和意志进行管理。因此，企业管理除了具有组织生产的职能外，还有维护生产关系的职能。

（二）管理是科学性、艺术性和文化因素的融合

管理既是科学又是艺术，而且是文化。管理作为一个活动过程，有其一系列基本客观规律和必须遵守的法则，它们反映了管理的科学性；管理的艺术性就是管理的实践性，是指灵活运用管理知识和技能的技巧和诀窍。此外，管理的主体是人，不同的人有不同的文化背景，他们在思想观念、行为方面差异很大。不同的企业经营背景不同，也会有不同的价值观和经营哲学、伦理思想，这一切均影响企业的活动，构成管理的文化因素。

管理的科学性是指管理是由一系列概念、原理、原则和方法构成的科学体系，有其内在的规律，因此管理理论对管理实践有很强的指导作用，它能解释实践、指导实践，并能帮助管理人员从过去的经验中汲取精华，找出在不同情况下的基本因果关系，并运用这种知识去解决新的问题。所以说管理是有规律可循的，管理知识是可以通过学习和传授而得到的。

管理的艺术性是指管理作为一项创造性的劳动，管理者的艺术创造是管理成功与否的关键。运用管理知识时有很大的技巧性、创造性、灵活性。管理科学不能完全取代管理经验和管理艺术。

管理学科与其他学科不同。比如，学会了数学分析，就能解微分方程；掌握了制图技术，就能画出机器。管理实践则不然，管理实践往往要面对巨大的复杂性和不确定性的挑战，很难用陈规戒律把它禁锢起来，它有很强的实践性。要成为一位成熟、合格的管理者，除了要掌握管理科学的基本知识外，更重要的是管理实践的长期锻炼，这有一个经验积累的过程。另外，管理工作的根本问题是人，人不同于自然物，如何处理人际关系，调动人的积极性，这里既有学问，也有艺术。就是处理同样一件事情，因时间、地点、人物的不同，也不能用相同的办法来解

决。管理者在实践中要结合经验来提高自己的管理技艺，有效的管理者能够很好地把握对下属表扬和批评的时机和场合，这样的工作技巧是无法量化的，只能从经验中或通过专门的训练来取得。

管理的科学性反映了纷繁复杂现象中的规律，强调了理论的指导作用。同时，理论的运用必须讲究艺术。科学理论需要创造性的艺术来指导实践。管理艺术又可以上升为理论，管理艺术也需要理论指导；管理是科学性和艺术性的有机统一。

说管理是一种文化，是指管理是作为一定社会组织或群体有意识、有目的的行为所不可缺少的，是人类实现利益、愿望、目的的有力工具。管理的每一种表现形式都和一定的社会形态相联系，都是某一特定时期经济基础的反映，并且体现出那个时代、那个地方的经济体制特点。管理不仅受时代的影响，而且受国情的制约。不同国家、不同民族文化背景不同，思维方式、行为方式、人际交往方式也是有所差异的，中、美、日、欧在文化背景、价值观念、对待人和社会的方式等方面存在很大差异，因此，其管理思想、管理手段也各有千秋。比如美国同日本的管理有很大区别，美国强调竞争、效率，注重个人奋斗，而日本由于受东方儒家思想的影响，更突出团队精神，注重管理系统内部人际关系的协调。

三、管理的职能

尽管不同行业、不同部门、不同性质的管理，其具体业务、方法和内容会大不相同，但它们所表现出来的管理职能却是一致的。管理职能体现在管理的过程之中，因此，对管理职能的研究有助于我们对管理的原理、方法作出一般性的概括，使它成为不同行业、不同部门、不同性质的各种管理的共同理论基础和框架。虽然不同管理理论学者和实际工作者分析问题的方法、角度及习惯不同，对管理过程的认识也有所不同，但一般都认为管理职能包括计划、组织、领导、控制四种。

(一)计划职能

计划是管理的首要职能。计划有多种形式，不同形式的计划其作用和范围也不同。计划工作表现为确立目标和明确达到目标的步骤和途径。它包括机会估量、目标建立、行动方案选择等内容。通过计划，管理者为企业设计行动蓝图，企业中的工作都是围绕着怎样实现这个蓝图而展开的。

(二)组织职能

组织工作是为了有效地达到计划所确定的目标，在企业中进行资源调配、部门划分、权力分配和工作协调等的过程。组织职能要解决四个基本问题：第一，确立为完成计划所需的工作；第二，把需完成的工作进行分类并建立相应的组织结构；第三，明确完成各项工作的人员及其责任；第四，把完成工作所需的相应权力授予有关人员。组织工作是计划工作的自然延伸，是把计划变成行动，并为计划的实现提供资源的保证。

(三)领导职能

领导工作是管理者运用权力施展影响、指导各类人员努力达到目标的过程。管理者要成为一个好的领导者，必须懂得如何激励和调动人的积极性，要了解个体和群体的行为规律和沟通方式、领导模式和领导理论。领导工作是管理活动中最困难、最富有挑战的工作。领导者要努力掌握领导艺术，提高自身的素质。

(四)控制职能

控制工作是用一定的标准检查实际工作情况，以保证工作结果符合计划要求的过程。控制工作包括确立标准、找出差距、纠正偏差等内容。任何企业为了保证有效地实现目标，都必须对企业人员和企业活动进行控制。控制是保证目标按计划实现所必不可少的管理职能。控制需要借助于定量的分析方法，更需要管理者的经验和灵感。

管理的上述四种职能是相互关联、不可分割的一个整体。通过计划职能，明确组织的目标与方向；通过组织职能，建立实现目标的手段；通过领导职能，把个人的工作与所要达到的集体目标协调一致；通过控制职能，检查计划的实施情况，保证计划的实现。

整合运用管理的四种职能，归根结底是为了实现组织的目标。

四、管理者

(一)管理者的含义

在任何组织中，所有的工作都可以分成两类：一是完成具体任务的工作，如工人制造零件、教师讲授课程、医生治疗疾病、秘书处理信件、会计核算成本等。这类工作被看成具体的业务或操作，是非管理性的工作。二是以指挥他人完成具体任务为特征的工作，如工厂中厂长、车间主任的工作，学校中校长、系主任的工作，机关里局长、处长、科长的工作，医院里院长的工作。他们虽然有时也完成某些具体工作，但更多的时间则是在制订工作计划，设计组织结构，安排人力、物力、财力，指导和协调并检查他人完成各项具体工作，这些工作就是管理性工作。从事管理性工作的人就是管理者。管理者是组织和利用各种资源去实现企业目标的指挥者、组织者。企业的管理人员可以按其所处的管理层次区分为高层管理人员、中层管理人员和基层管理人员，也可以按其所从事管理工作的领域及专业性质区分为综合管理者和职能管理者或专业管理者。

(二)管理者的角色

管理者在组织中相对于非管理者而言有其相应的角色定位。亨利·明茨伯格对管理者角色的研究被管理学界普遍地接受，他认为管理者在管理活动中扮演着10种不同的但高度相关的角色，这10种角色可分为三大类：人际角色、资讯角色、决策角色(见表2—1)。

表2—1　　明兹伯格的管理者角色

角色		说明	典型的行为
人际角色	头脸人物	组织的象征与代表性人物；具有义务去执行一些法定的或社交性的例行性任务	欢迎访问者；代表组织签署法律文件
	领导者	负责激励部属、用人、训练与提升部属绩效的任务	执行所有与部署有关的活动
	联络人	建立自己的外在人脉与沟通管道，以便获得协助与资讯	撰写感谢信函；执行其他涉外活动
资讯角色	监控者	寻求和搜集各种特殊消息(多半为即时的)以发展对组织与环境的全面了解，如组织内外情报中心	阅读期刊及报告；维持个人的人脉接触
	传播者	将由其他部属收到的资讯转达给组织成员——有些讯息是事实，有些则牵涉到解释与整合组织影响者的各种价值观	主持信息相关会议；打电话传达信息
	发言人	将组织的计划、政策、作为及结果传达给外界；对外代表本组织的产业专家	主持董事会；发布新闻给媒体

续表

角色		说明	典型的行为
决策角色	创业家	在组织及环境中查找机会及发起改进专案，以促进改变；负责某些专案的设计	安排战略与评估会议以发展新的方案
	困扰处理者	组织面临重要与未预期的困扰时，负责提出修正行动	安排战略与评估会议以处理困扰
	资源分配者	负责组织所有资源的分配——事实上制定或认可所有重要的组织决策	排定日程；要求授权；执行任何与部属工作的预算或设计相关的活动
	谈判者	在主要的谈判中代表组织	参与和工会组织的谈判

资料来源：Henry Mintzberg，The Nature of Managerial Work，New York：Harper &Row，1973，pp 92－93.

(三)管理者的基本技能和能力

一个管理者要想把计划、组织、领导和控制等管理职能付诸实践，要想在千变万化的环境中进行有效的管理，实现企业的目标，就必须使自己掌握必要的管理技能。这些管理技能主要包括以下四个方面：

1. 技术技能

技术技能主要是指管理者通晓和熟悉从事自己管理范围内所需的技术和方法，包括专业知识、专业的分析能力，以及熟练地使用某项专门训练所需要的工具和技能的能力。例如，工厂里的车间主任，要懂得生产工艺流程、有关操作机器设备方面的知识，要懂得各种操作技术，这样才能正确行使自己的职责。相对来说，管理层次越低的管理者，越需要具有技术技能，特别是基层管理者，技术技能尤为重要。因为他们大部分时间都是从事训练下属或回答下属工作中的问题，因此，他们必须知道如何去做，才能成为下属所尊重的上司，并实行有效管理。

2. 人际关系技能

人际关系技能是指管理者能对外与各种有关的人或组织进行联系、接触，实现沟通，赢得理解和支持；对内能了解下属，协调下属的行为，带领下属发挥合作精神的能力。技术技能关系到“物事”，人际关系技能关系到“人事”。一个人际关系技能出众的管理者，善于领会他人的语言和行为究竟表达什么意思，也善于通过自己的行为按照他人能接受的含义把自己的意见传达给他人。这种技能对各层次的管理者都具有同等重要的意义。在一般情况下，一个具有良好人际关系技能的管理者肯定要比其他同事更能取得管理工作的成功。

3. 概念形成技能

概念形成技能是指一个管理者进行抽象思考、形成概念的能力。现代企业处于复杂多变的环境中，管理者需要快速、敏捷地分清各种因素的相互联系、抓住问题的实质，并根据情形和问题果断地作出正确的决策。概念形成技能可以使管理者从全局考察企业活动，采取谋求整个企业全面利益的行动。这种技能的重要性对于高层管理者来说，比对基层和中层管理者更为突出。

4. 分析决断技能

成功的管理者必须具有分析决断的技能。管理者应根据企业内部各种现象来分析和研究问题的本质，并提出解决问题的方案。有分析决断能力的管理者，不仅可以使企业在顺利发展时看到隐患、及时处理，还可使企业在遇到挫折时，能及时发现、及时纠正，挽回损失。

但是，不同层次的管理者在这些方面的要求有所不同。例如，对高层管理者的技术技能要求就要比基层管理者低一些，而概念形成技能、分析决断技能，对高层管理者来说，要求就要高得多。管理者如何获得各种管理技能？国内外成功的管理者经验启示人们：管理技能的获得，主要是通过学校学习和在实践中的经验积累。

此外，研究者认为，管理者为取得管理成功需要具有以下能力：(1)领导能力，即影响别人完成任务的能力；(2)自我客观评价的能力，即实事求是地进行自我评价的能力；(3)分析思维能力，即解释和说明的能力；(4)行为适应能力，即为达到目的而改变个人行为的能力；(5)口头表达能力，即口头明白无误地表达思想的能力；(6)书面表达能力，即书面明白无误地表达思想的能力；(7)个人影响能力，即营造良好形象和帮助别人树立信心的能力；(8)承受压力的能力，即在紧张状态下完成任务的能力；(9)承受不确定性的能力，即在不确定情况下完成任务的能力。

第二节　企业管理

一、企业管理的概念

所谓企业管理，是指由企业管理人员或管理机构对企业的经营活动过程进行计划、组织、领导、控制，以提高经济效益、实现盈利目标的活动的总称。理解企业管理，应注意以下三点：

(1)企业管理的主体应该是企业的管理者和全体员工，没有他们的责任心、积极性和创造力，就没有企业管理。

(2)企业管理的客体对象是企业整个的生产经营活动，包括企业的人、财、物、产、供、销的计划、组织、领导和控制。

(3)企业管理的目的是通过充分利用企业的各种资源，协调企业的各项经营活动，达到企业设立的效益目标。

企业的生产经营活动包括两大部分：一是属于企业内部的活动，即以生产为中心的基本生产过程、辅助生产过程以及生产前的技术准备过程和生产后的服务过程，对这些过程的管理统称为生产管理；二是属于企业外部的活动，涉及社会经济的流通、分配、消费等过程，包括物资供应、产品销售、市场预测与市场调查、用户服务等，对这些过程的管理统称经营管理，它是生产管理的延伸。随着现代经营环境的变化发展，企业管理的职能逐渐由以生产为中心的生产型管理发展为以生产经营为中心的生产经营型管理。因此，企业管理的任务是：不仅要合理地组织企业内部的全部生产活动，而且还必须把企业作为整个社会经济系统的一个要素，按照客观经济规律，科学地组织企业的全部经营活动。

与其他组织管理相比，企业管理具有更强的经济性、更多的人本性，并且更追求创新性。

二、企业管理的基本原理

企业管理原理反映了企业管理的本质，体现了企业管理的基本运动规律，这些原理对掌握企业管理的基本规律、提高管理工作的科学性、帮助管理者迅速找到解决管理问题的途径和手段具有重要意义。

(一)系统管理原理

系统管理原理认为，企业是由相互作用和相互依赖的许多系统要素和子系统结合而成的、具有特定投入产出功能、处于一定环境之中的有机集合体，是一个复杂的社会系统。任何企业都体现了系统的基本特征，即集合性、层次性、相互性、目的性。管理就是为实现企业目的而对该系统的设计、构筑及运作过程。

系统管理原理要求企业管理者掌握好以下几个原则:(1)整体性原则,即强调系统要素之间及其相互关系要着眼整体进行协调,追求整体效果最优;(2)动态性原则,即认识到系统运动的实质就是物质、能量、信息的流动,具体到企业就是构成企业的人、财、物、信息等要素的流动,以及这些要素的有机结合所形成的活动过程;(3)开放性原则,即在强调现代企业具有内部自我调节和发展能力的同时又强调企业要同外部进行物质、能量和信息等方面的交换才能保持企业的活力;(4)综合性原则,即在管理企业时必须从它的要素、结构、功能、相互联系方式以及历史发展等方面进行综合的考察和分析。

(二)人本管理原理

人本管理是指企业应把人视为企业的主体和企业最重要的资源,员工参与是有效管理的关键。管理就是通过对有思想、有感情、有主动性与创造性的人进行激励、引导,调动和发挥其内在积极性,使企业员工的个人目标与组织目标完美结合、共同实现。人本管理原理要求企业管理者掌握人力资源开发原则、人际关系原则、民主管理原则、企业文化建设等原则。

(三)责任管理原理

企业管理是追求效率和效益的过程,在这个过程中,不同的管理环节和管理人员应合理分工,各司其职,自负责任,相互配合,协同促成组织目标的实现。

责任管理原理要求企业管理者掌握明确岗位职责的原则,职位设计和权限合理委托原则,奖惩公正、分明、及时原则。

(四)能级管理原理

能级是现代物理学的概念。能具有做功的本领,能量有大有小,把能量按大小排列,犹如梯级,就称为能级。在企业管理中,机构、人员、制度、方法等都有能量问题,能量大小不同,在管理中发挥的作用也不同。

能级管理原理是指根据系统、岗位、职责的要求,形成完整的、有层次的、尽责尽才的管理能级,以保证发挥最大的管理能量。

能级原理要求企业管理者把握以下几点:能级的确定必须保证组织结构的稳定性;不同能级应授予不同的权力和责任,给予不同的激励,使其责任、权力、利益与能级相对应;各类能级应当根据管理环境和管理任务的变化而动态地对应。

(五)权变管理原理

所谓权变,就是随机应变,即根据不同的情况和条件,灵活地区别对待和处理问题。权变理论认为,在企业管理中没有一成不变、普遍适用的"万能的"管理理论和方法。管理要根据企业所处的内部条件和外部环境来决定其管理思想和管理方法,即要按照不同的情景、不同的组织类型、不同的目标和价值,采取不同的管理思想和管理办法。

权变理论的基本思想是以管理环境为自变量,以企业管理为因变量,认为在环境与管理之间存在着一种函数关系,这种函数关系是指作为因变量的企业管理思想、管理方法和管理技术,应随着企业经营环境自变量的变化而变化,其目的是为了更有效地达到企业目标。这种函数关系可解释为"如果……就要……"的关系,即"如果"某种环境或情况发生,"就要"采用某种管理思想、方法和技术来更好地达到企业目标。

(六)动力管理原理

现代管理是以人为中心的管理,在管理系统和管理过程中,必须充分利用各种管理要素、环境、机制去创造激励人的各种动力,并有效发挥各种动力的推动作用。管理的动力系统主要由物质动力、精神动力、信息动力和工作动力组成。管理要能够综合协调地运用各种动力，并根据不同的环境、时间、条件和对象，有针对性、有侧重地选择不同的动力。

三、企业管理的基础工作

企业管理的基础工作是指为实现企业的经营目标、提高管理效率所做的包括提供资料依据、确定共同准则、准备基本手段和前提条件等的工作，它对企业实行科学管理、有效管理具有重要意义。一般来说，企业管理的基础工作包括标准化工作、定额工作、信息工作、规章制度工作等。

(一)标准化工作

标准是指为取得整体的最佳效果，依据科学技术和实践经验等的综合成果，在相关各方充分协商的基础上，对经济、技术和管理等活动中具有多样性、相关性特征的重复事物，以特定的程序和形式颁布的统一的规定。标准化工作是企业对有关标准进行制定、执行、监督等的管理工作，其目的是确保企业的各项标准得以有力落实。

标准按其性质不同可分为技术标准和管理标准两大类。

1. 技术标准

技术标准是对企业的生产对象、生产条件、生产方法以及包装储运等所制定的应该达到的规范，是企业管理的自然属性的反应和要求。技术标准复杂多样，按其内容的不同主要包括：

(1)基础标准。基础标准是指现代企业生产技术活动中最基本的、具有一般共性的规范面较广的标准。如为统一各专业的技术语言而制定的名词术语、符号代码等，它是企业制定其他各类标准的前提。

(2)产品标准。产品标准是为某一类(或某一种)产品的尺寸、主要性能参数、质量指标、检验方法、包装贮存、运输等方面所制定的规范。

(3)工艺标准。工艺标准是指根据企业的产品特点和生产情况，对产品的工艺要素、工艺流程和工艺文件等进行合理的统一和简化而形成的标准。

(4)装备标准。装备标准是指工、卡、量、刀具及其零部件等的标准，如国家或省(部)颁发的装备标准和企业装备标准。

(5)设备使用维修规程。设备使用维修规程是指设备在使用中和进行维护保养修理时所必须遵守的各项规程。它主要是关于设备的开动、停机、负荷、润滑、清扫、检查、修理及其他使用时的注意事项等。

(6)安全与环境保护标准。安全与环境保护标准是指企业运行过程中确保人身安全、环境不受污染等所执行的标准。

2. 管理标准

管理标准是对企业各项管理工作的业务内容、职责范围、工作程序、工作方法和必须达到的工作质量以及考核奖惩办法等所规定的规范。

(二)定额工作

定额是企业在一定生产技术组织条件下，对人力、物力、财力的消耗、占用、利用所应遵守和达到的标准。定额工作是围绕着企业各类技术经济定额的制定、执行、监督等所展开的工作。企业定额可分为以下几类：

1. 劳动定额

劳动定额是指在一定的生产技术组织条件下，为生产单位产品或完成一定产量的工作所必须消耗的劳动量的标准。它有工时定额和产量定额两种。

2. 设备定额

设备定额是指为了达到一定的技术经济效果而规定的设备利用程度或设备维修标准。它有设备的开工率、利用率、设备修理周期、设备修理复杂系数等指标。

3. 物资定额

物资定额是指企业各种物资的消耗定额和储备定额。消耗定额是指在一定的生产技术组织条件下,制造单位产品或完成单位工作量所必须消耗的物资数量标准,主要有原材料消耗定额、辅助材料消耗定额、燃料消耗定额、动力消耗定额等指标。储备定额是指在一定生产技术组织条件下,为完成一项生产任务,保证生产连续进行所必需的、经济合理的物资储备数量标准,有经常储备定额、保险储备定额等指标。

4. 流动资金定额

流动资金定额是指为保证企业生产经营活动正常进行所必需的、最低限度的资金数额。它包括在制品生产资金定额、产成品资金定额等指标。

5. 管理费用定额

管理费用定额是指对企业在管理方面所发生的各种费用的定额。它包括车间费用定额、全厂管理费用定额等指标。

(三)信息工作

企业管理中的信息是指技术经济信息,它是经过加工处理后对技术经济管理活动有影响的数据。信息工作主要是指企业生产经营及执行决策所必需的资料数据的收集、处理、贮存等管理工作。

(四)规章制度工作

企业的规章制度是企业对生产技术和经济活动所制定的各种规则、程序、章程和办法等的总称。规章制度工作是指企业围绕规章制度的制定、执行、监督等所展开的工作。企业的规章制度主要包括各种形式的责任制度和专项管理制度两类。

第三节 管理理论的演进

一、古典管理理论

尽管自人类社会出现以来,人们就经常进行管理实践,但是在几千年的历史发展中并没有出现比较系统的、可以称之为科学的管理理论。这一现状直到19世纪末才有改变。把管理作为一门科学来精心研究,是从弗雷德里克·泰勒(Frederick W. Taylor)所创建的科学管理开始的。

(一)科学管理

泰勒是科学管理的代表人物,代表著作有《计件工资制》、《工场管理》、《科学管理原理》、《科学管理》等。泰勒一生获得的专利近100种,因其对科学管理的重要贡献而被后人誉为“科学管理之父”。

科学管理的基本原理和主要观点包括:(1)管理的中心问题是提高劳动生产率;(2)提高劳动生产率,就必须挑选工人;(3)要使工人掌握标准化操作方法,使用标准化工具、机器和材料,并使作业环境标准化;(4)实行刺激性的工资报酬制度;(5)工人和雇主两方面来一次精神革命；(6)把计划职能(企业管理当局)与执行职能(工人和工头)分开，变原来的经验工作法为科学工作法；(7)实行职能工长制(实践中这点因多头领导没有推行，但对职能部门的建立和管理的专业化提供了参考)；(8)在组织机构和管理控制上实行例外原则。

泰勒科学管理的贡献体现在：提倡在管理中运用科学的方法和认真负责的科学实践精神；与同事一起创造和发展了一系列有助于提高生产效率的技术和方法，并且，这些技术和方法不仅在过去有用，而且是现代合理组织生产的基础。

科学管理也有一些缺陷和不足：某些看法的片面性，如将经济动机当作人们工作的唯一动机；过于重视技术因素，忽视了人群社会因素；仅重视解决个别具体工作的作业效率问题，而对将整个企业作为一个整体如何经营管理的问题重视不够。

(二)经营管理理论

经营管理理论的代表人物是亨利·法约尔(Henri Fayol)，他的管理理论主要体现在 1916 年出版的《工业管理》中，该著作在 1949 年前在欧美一直很流行。因其对管理的杰出贡献，法约尔被后人誉为“经营管理之父”。

法约尔的经营管理理论的主要内容及观点包括：

1. 六种经营活动理论

法约尔认为企业经营包括六种活动，即技术活动(生产、制造)，商业活动(采购、销售、交换)，财务活动(资金的筹措和运用)，会计活动(存货盘点、资产负债表的制作、成本核算和统计工作)，安全活动(设备和人员的保护)，管理活动(计划、组织、指挥、协调、控制)。法约尔也对经营和管理活动进行了区分。

2. 十四项管理原则

管理要遵循十四项原则，包括分工原则、责权原则、纪律、命令的统一、管理的统一、个人利益服从于共同目标、按劳付酬原则、集中原则、层次结构、有序原则、平等、专职人员稳定原则、主动性、合作精神。

法约尔同时指出，这些原则不是绝对的、不可变动的，应根据管理实践补充新的。“原则是柔性的并能根据需要来应用；要懂得如何应用这些原则，这是一种复杂的艺术，需要智能、经验、决策和匀称。”

3. 五个管理要素

法约尔将管理定义为五个主要要素：计划、组织、指挥、协调和控制。这五个要素实际上就是五种管理职能，这五种职能形成了一个完整的管理过程。所以后人将法约尔称为管理过程学派的开创人。

4. 进行管理教育和建立管理理论的必要性

法约尔特别强调管理教育的重要性，认为管理可以通过教育获得。他认为：管理是可以运用到一切事业中的一种独立的活动，随着一个人的提升，越来越需要管理理论，管理知识是可以传授的。

5. 管理过程和原则适用于一切组织

法约尔是以工矿企业最高管理者的身份自上而下地研究管理的。虽然他的管理理论是以企业为研究对象建立起来的，但他强调管理的一般性。他认为管理过程和原则不仅适用于一般工业管理组织，也适用于其他各种社会组织，如政府、军队、医院、教会等。

法约尔的管理思想同泰勒的管理思想都是古典管理理论的代表，两者最为重要的贡献之一是强调管理是一个独立的领域，必须加以独立研究、发展、改进，因而必须在学科上做出努力。他们的很多理论与原理、原则至今仍在应用,如金字塔形的层次结构、层次原理、统一命令、例外原则、授权、管理幅度、分部门管理等。

法约尔管理思想的系统性和理论性更强,他对管理五大要素的分析为管理科学提供了一套科学的理论构架。后人根据这种构架,建立了管理学并把它引入了课堂。20 世纪 50 年代中期,哈罗德·孔茨和西里尔·奥唐纳合著的《管理学》就采用五种职能框架,此后 20 年,该书成为销量最大的管理教科书,时至今日,最普及的管理教科书仍然是按照管理职能来组织内容。

(三)官僚模式的组织理论

官僚模式的组织理论是古典组织理论的又一重要组成部分,其创始人是马克斯·韦伯(Max Weber)。韦伯与泰勒和法约尔同时代,是近代社会学的奠基人,与泰勒和法约尔相比,韦伯主要是一名学者。他一生发表了许多论著,比较重要的有《一般经济史》、《社会和经济组织的理论》、《社会学论文集》以及《新教伦理和资本主义精神》等。其研究领域涉及了法律制度、宗教体系、政治组织和权力关系等多个方面,凡是他涉及的领域,他都提出了许多新的观点,促进了这些学科的形成和发展。他对经济、社会和管理思想的发展均有贡献。韦伯在管理思想上的主要贡献是提出了"理想的科层组织体系"的理论,被后人称为"组织理论之父"。

韦伯科层组织理论的主要内容包括:

1. 理想的科层组织体系

科层组织或科层制度,通常也被译为官僚组织、官僚政治。当然这里的官僚的意义与我们常用的官僚主义有不同的含义,它是指一种特定的组织结构形式,广泛地用于复杂的组织中,如大企业、政府机构、军事机构等。

韦伯指出,科层组织是依照下述规则来建立和组织运行的:(1)按行政方式控制的机构的目标所要求的日常活动是作为正式职责来分配的;(2)执行这种职责所需要的权力是按一种稳定的方式来授予的,并且由官员能控制的某种强制手段来严加限制;(3)对于正常而继续地履行职责和行使相应的权力的方法有所规定,只有按一般规定符合条件的人员才被雇用。按照这三个规则,便可在国家管理领域构建一种官僚(科层)组织体系的机关,在私营经济领域构建一种科层组织体系的企业。

2. 权力的类型

权力是统治社会或管理某个组织的基础。社会或组织与其构成部分的关系,主要不是通过契约关系或道德约束来维持的,而是通过权力的行使来凝聚的。韦伯把权力定义为一种引起服从的命令结构。为了保证权力的有效运用,统治者极力使之合法化。韦伯认为,被社会所接受的合法的权力有三种类型:传统型权力、个人魅力型权力、法理型权力。

韦伯认为,只有法理型权力才能成为科层组织的基础,因为这种权力具有下述特征:(1)为管理的连续性提供了基础。由于权力是赋予职务而不是个人的,因此权力的运用不会因领导人的更换而中断。(2)合理性。担任职务的人员是按照完成任务所需的能力来挑选的。(3)领导人可以借助法律手段来保证权力的行使。(4)所有权力都有明确的规定,而且是按照组织任务所必需的职能加以详细地划分的。

韦伯对组织管理理论的伟大贡献在于明确而系统地指出,理想的组织应以合理、合法的权力为基础,这样才能有效地维系组织的连续和目标的达成。

在中国几千年的历史里,各类组织内部基本是传统权力和超凡权力远远比法定权力更有影响,企业组织也不例外。这种脆弱的权力体系将直接影响企业长远、稳定的持续发展。因此,建立以法定权力为基础的企业内部权力体系将是众多企业的未来选择。

二、行为科学管理理论

行为科学学派是另一个重要的且基于完全不同学科基础的管理学派。行为科学学派是在人群关系理论的基础上发展起来的。它标志着“重视人”管理的开始，人这一原本被忽视的因素被提升到管理的重要地位加以研究。所谓行为科学，就是指利用许多学科的知识来研究人类行为的产生、发展和变化规律，以预测、控制和引导人的行为，达到充分发挥人的作用，调动人的积极性的目的。其研究的内容包括：人的本性和需要，行为动机，尤其是生产中的人际关系。研究人的行为需要有心理学、人类学、社会学等多学科的理论知识，因此，行为科学是一门涉及多学科的综合性科学。

行为科学的产生有其深刻的历史背景。泰勒倡导的科学管理广泛实行以后，企业爆发了一场革命，企业生产效率迅速提高。可是，富裕起来的工人越来越不满足于现状。以机器为重心，把工人视作机器的附属物，挫伤了工人的积极性。工人由于长期从事一种简单的、标准的操作，变得思维迟钝、智力衰退、创造力被窒息，对工作漠不关心。他们完全被动、机械地进行工作，其工作效率不仅难以持续提高，甚至有所下降。同时还出现了罢工和怠工，劳资矛盾日益尖锐。现实迫使管理者及其管理研究者去寻找新的管理良方。于是就将社会学、心理学引进企业管理领域，提出以调节人际关系、改善劳动条件等方法来提高劳动效率。这些研究使得人们开始把管理的注意力从生产现场的机器操作转向生产过程的人性面，从对人的经济性需要的注意转向对人的社会性需要的关心。其中比较著名的是“霍桑试验”。早期的行为科学被称为人际关系学，后被定名为行为科学。

（一）梅奥与霍桑试验

乔治·埃尔顿·梅奥(George Elton Mayo，1880～1949 年)参加了著名的霍桑试验，并据此于 1933 年出版了《工业文明的人性问题》。在书中，他总结了亲身参与并指导的霍桑试验及其他几个试验的初步成果，并阐述了其人群关系理论的主要思想，从而为提高生产效率开辟了新途径。1945 年，他又出版了《工业文明的社会问题》，进一步阐明他的观点。梅奥创立的工业人际关系学为后来的行为科学奠定了基础，开创了管理思想史上的另一个重要的里程碑——“社会人时代”。

霍桑试验是 1924～1932 年在美国芝加哥郊外的西方电器公司的霍桑工厂中进行的。霍桑工厂具有较完善的娱乐设施、医疗制度和养老金制度，但是工人们仍然有很强烈的不满情绪，生产效率很低。为了探究原因，1924 年 11 月美国国家研究委员会组织了一个包括多方面专家的研究小组进驻霍桑工厂，开始进行试验。研究小组在霍桑工厂进行了四个阶段的试验，为时 8 年，获得了大量的第一手资料，为人际关系理论的形成以及后来行为科学的发展打下了基础。

1. 梅奥人群关系理论的主要内容

其主要内容包括：强调工人是“社会人”而不是“经济人”；影响工人生产积极性的因素除了物质方面的因素还有社会和心理方面的因素；企业中存在非正式组织；作为管理者的一方，要充分认识到非正式组织的作用，协调各种关系，调动人们的积极性，提高劳动生产率；生产效率主要取决于职工的满意度，满意的工人才有效率；职工的满意度越高，其士气就越高，从而生产效率也就越高。

2. 梅奥人群关系理论的贡献

梅奥的人群关系理论为管理思想的发展开辟了新的领域，也为管理方法的变革指明了方向，引发了管理上的一系列改革，其中许多措施至今仍是管理者们所遵循的信条。这些管理措施大致可以归纳为以下六点：

（1）强调对管理者和监督者进行教育和训练，以改变他们对工人的态度和监督方式。

（2）提倡下级参与企业的各种决策，以此来改善人群关系，提高职工士气。否定采取解雇和人事考核制裁等强制性手段迫使职工服从的古典管理方法。

（3）加强意见沟通，允许职工对作业目标、作业标准和作业方法提出意见，鼓励上下级之间进行意见交流。

（4）建立面谈和调解制度，以消除不满和争端。

（5）改变衡量干部的标准。重视管理干部自身的人群关系以及协调人群关系的能力。

（6）重视、利用和倡导各种非正式组织。重视美化工作和宿舍环境，增加娱乐、运动、生活福利设施等。

3. 梅奥人群关系理论的不足

其不足主要体现在过分强调非正式组织的作用，过多地强调感情的作用，似乎职工的行动主要受感情和关系的支配，过分否定经济报酬、工作条件、外部监督、作业标准的影响。事实上，后面这些因素在人们行为中仍然起着重要的作用。

人际关系学派的主要局限是把处理好人际关系、提高职工“满意感”作为调动人们积极性的主要途径，忽略了以完成组织目标来调动人们的积极性。

（二）马斯洛的需要层次理论

1. 马斯洛需要层次理论的内容

行为科学认为，需要引起动机，动机支配行为。如果行为达到目标，某种需要就因得到了满足而消失。而另一种需要又会产生，引起新的动机，促使人们采取新的行为来满足新的需要。需要是人类行为的原动力，研究人类行为的客观规律，必须先研究人类的需要。人类的需要有哪些？美国心理学家马斯洛（A. H. Maslow）在《人类动机的理论》和《动机和人》等著作中，把人的需要分成五类，并按其重要性和发生的先后次序排列成由低到高的需要层次。

（1）生理需要。这是人类最原始、最低级也是最基本的需要。它包括衣、食、住、行、休息、婚育等。这些需要是人类生存的必要条件。管理中人的生理需要如果得不到起码的满足，就不可能有参与组织活动、履行组织职责的行为，生理需要是推动人们行为的最基础的动力。马斯洛说过，一个缺少食物、安全、爱情和尊重的人，他需要食物以解决饥饿将比其他需要更为强烈。

（2）安全需要。当人们的生理需要基本满足后，就希望满足安全方面的需要。这方面的需要包括生理安全也包括心理安全。人们希望没有失业、挨饿、生病、伤残、年老无依靠、意外事故以及不公正待遇等的担心，即职业安全、经济安全、劳动安全、环境安全、心理安全等。为了满足安全的需要，人们希望有固定收入、劳动保护、公费医疗、社会保险、社会救济、养老金、退休工资等。

（3）社会需要。社会需要又称社交需要、归属需要。人是社会人，当人的前两类需要基本满足后，社会需要就成为人们行动的强烈动力。社会需要包括渴望有所归属，即个人希望成为某一团体或群体的一员，并得到相互关心和照顾，没有孤独感；希望人们有来有往，如离群、隐居便会感到痛苦；希望伙伴之间、同事之间关系融洽，有友谊、忠诚、互助、团结、爱情等。社交需要比前两类需要更复杂，更难以捉摸。它与个人的性格、经历、教育、信仰、风俗习惯等有关。这种需要是通过人们相互接触，如访问、游戏、娱乐、聊天、共进午餐等而得到满足。如果这种需要得不到满足，就会影响人们的精神、情绪。

(4)尊重需要。尊重需要包括自尊需要和受他人尊敬需要两方面。自尊需要即有自尊心、自信心，对知识、能力、成就的自豪，对独立工作的信心等。这是一种对自己成熟的自我肯定。受人尊敬需要即希望自己有名誉、地位、威望、权力。这些都是社会给予一个人较高的评价，是一种荣誉感。地位与权力相联系，地位越高，权力越大。职务、工资、工龄也都决定于地位。有人想当领导就是地位、权力欲望的表达。尊重的需要是无止境的，很难完全满足。

(5)自我成就需要。自我成就需要又称自我实现需要，是最高层次的需要，这种需要是经过自己的努力，实现个人成名成家的欲望，实现个人的理想与抱负，实现自己对未来美好生活和工作的期望等。为了满足这种需要，人们会自觉地发挥自己的聪明才智、内在潜力而努力工作，甚至夜以继日、废寝忘食、不怕失败，直至成功。如科学家执着地发明创造，音乐家、美术家不倦地追求艺术，运动员挑战某项记录，等等。

以上五种需要构成需要阶梯，由基层走向高层，当低级需要获得基本满足后，高一级的需要就成为人们行动的激励因素。

2. 对马斯洛需要层次理论的评价

马斯洛的需要层次理论说明了需要与激励的一般关系。虽然没有提供人类激励的完整理解，但确确实实地提出了一个杰出思路。此理论多年来被广泛传播，引起管理者的重视并加以应用。企业管理者学习需要理论，利用目标去激励下属，了解下属的种种需要，把人们的合理需要同企业的目标结合起来，在满足下属人员合理需要的同时，实现企业的目标。

但是，马斯洛的需要层次理论也有一些不足。人的需要层次并非刚性结构，各层次间没有截然的界限。马斯洛没能给出各层次需要满足度的具体标准，也没有指出不同的人需求如何不同。应该说不同地区、不用年龄、不同职业、不同知识水平的人其需要会呈现差异。

(三)赫茨伯格的双因素理论

赫茨伯格(F. Herzberg)是美国匹茨堡心理学研究所的研究员。他在长期的研究中发现，人们不满意的因素，许多是与工作环境有关的；而人们满意的因素，又与工作本身相联系。因此，他认为影响人们工作中行为的因素有两种，即保健因素和激励因素。

所谓保健因素，就是使人们能维持现状，对工作起保健作用的因素。它主要指属于人们工作环境和工作关系方面的因素，如工作条件、生活条件、人际关系等。这些条件不到位，或低于职工可接受的水平，就会引起职工的不满；相反，当这些因素达到了人们可接受的水平时，可以消除人们的不满，但对调动人们的工作积极性作用不大。

所谓激励因素，就是对人们的积极性起调动作用的因素。它主要指属于人们工作本身和工作内容方面的因素。例如，工作成绩得到肯定，工作本身具有较大的责任性，使职工感到上级信任自己，有晋升、发展的可能性。

双因素理论与需要层次论有其相通之处，需要层次理论中的前三个基础层次需要相当于保健因素，后两个高级层次需要相当于激励因素。

根据双因素理论，管理中要注意保健因素，避免使职工产生不满，但更重要的是要发挥激励因素的作用，调动职工的积极性。

(四)麦格雷戈的X和Y理论

中国古代哲学已经有对人性的探讨，如荀子的“人之初，性本恶”和孟子的“人之初，性本善”。美国麻省理工学院心理学教授道格拉斯·麦格雷戈(Dougla Mcgregor)于1957年提出的X和Y理论开创了管理学上对人性假设的研究。1960年他的《企业的人性问题》对X和Y

理论做了进一步的说明。

1. X 理论

X 理论与荀子的“人之初，性本恶”的人性假设相似，它对人的看法是：(1)一般人的天性是好逸恶劳，尽可能躲避工作；(2)一般人宁愿服从，不愿负责，没有抱负，明哲保身；(3)对大多数人来说，必须强迫、控制，甚至处罚，才能使他们完成任务；(4)一般人容易受骗，容易受人煽动。

根据 X 人性假设，管理就要严格，要重视自上而下的支配，管理者的工作就是规定和告诉工人应该做什么、怎样做，并且监督他们，威胁他们，或用金钱刺激他们去做。传统管理奉行的就是 X 理论。在实践中，管理者逐渐认识到，当工人的需要主要停留在追求生理和安全的需要时，从 X 理论出发采取的管理措施是有效的。但当工人的一些基本需要得到满足之后，仍然实行传统的管理方式就行不通了。

2. Y 理论

Y 理论对人性的假设与 X 理论相反，这一理论的主要观点是：(1)一般人的天性并不是厌恶工作，他们对工作的喜恶取决于他们对工作的满足和对惩罚的理解；(2)怕负责任、没有抱负等并不是人的本性，在正常条件下，一般人不但勇于承担责任，而且还追求责任；(3)控制与惩罚不是实现组织目标的唯一手段，人们在执行工作中会自我指导或自我控制；(4)大多数人在工作中都能发挥较高的想象力和创造力。然而，在现代工业社会条件下，一般人的智力潜能只是部分地得到发挥。

Y 理论告诉管理者，要尊重和相信下属员工，要为他们提供工作和发展的条件和机会，要想办法激励和调动人们的工作积极性，使人的智力、才能得到充分的发挥，在满足个人需要和目标的同时完成组织目标。

从现代管理发展的趋势看，似乎 Y 理论更容易被大多数人接受，这样并不否认 X 理论的成立，在实际管理工作中，最佳选择是将两者结合起来，根据不同情况灵活运用。

三、现代管理理论

第二次世界大战以后，世界政治形势趋于稳定，许多国家都致力于发展本国经济，都在研究自己的管理理论。随着生产力的飞速发展，生产社会化程度日益提高，对管理的研究也就日益深入。发达国家将现代自然科学、技术科学的新成果，主要是各种先进的数学方法、电子计算机技术和通信技术等广泛地用于管理，形成了一系列的组织管理技术，把管理科学纳入科学化的轨道，管理科学因此发展到一个前所未有的水平。其间涌现了许多学派，产生了许多新的管理思想和管理理论，正如孔茨所描述的那样：管理理论进入了一个“丛林时代”。这里选择五大学派介绍如下。

(一)巴纳德的组织理论

巴纳德(Barnard)的代表作是《经理的职能》，该书详细地论述了其组织理论。

巴纳德强调组织是一个合作系统，“组织是二人或二人以上，用人类意识加以协调而成的活动或力量系统”。他认为在组织内管理者是最为重要的因素，只有依靠管理者的协调，才能维持一个“努力合作”的系统。巴纳德认为，组织不论大小，其存在和发展都必须具备三个条件：明确的目标、协作意愿、意见交流。要使组织存在和发展，不仅要包含三个基本要素，而且必须符合组织效力和组织效率这两个基本原则。组织效力是指组织实现其目标的能力或实现其目标的程度。组织效率是指组织在实现其目标的过程中满足其成员个人目标的能力和程度。组织效率就是组织的生存能力。管理人员的权威来自下级的认可，管理人员权威的大小和指挥权力的有无，取决于下级人员接受其命令的程度。他认为单凭职权发号施令是不足取的，更重要的是取得下级的同意、支持和合作。

巴纳德的观点对现代管理理论和实践起了重要作用。他指出，管理理论工作者应从系统整体角度，而不是片面地、割裂地去研究组织，从而为管理研究提出了新途径。巴纳德从心理学和社会学的角度来研究管理，用系统的社会观点来分析管理，这是他的独到之处，后人把他的主要观点归纳为社会系统学派。

（二）决策理论学派

决策理论学派是从社会系统学派发展而来的。它的代表人物是美国的卡内基—梅隆大学教授西蒙（H. A. Simon），其代表作为《管理决策新学科》。西蒙由于在决策理论方面的贡献而荣获 1978 年的诺贝尔经济学奖。

该学派认为管理的关键在于决策，因此，管理必须采用一套制定决策的科学方法，要研究科学的决策方法以及合理的决策程序。有人认为西蒙的大部分思想是现代企业经济学和管理科学的基础。

决策理论的主要论点有以下四个方面：

1. 决策是一个复杂的过程

人们常常认为决策是在瞬间即能完成的一种活动，是在关键时刻作出的决定。而决策理论学派认为这种看法太狭窄了，指出这种看法仅注意了决策的最后时刻，从而忽略了最后时刻之前的复杂的了解、调查、分析的过程，以及在此之后的评价过程。作为决策过程大体至少应分成四个阶段：提出制定决策的理由；尽可能找出所有可能的行动方案；在诸行动方案中进行抉择，选出最满意的方案；对该方案进行评价。这四个阶段都含有丰富的内容，并且各个阶段有可能相互交错，因此决策是一个反复的过程。

2. 决策分为程序化决策与非程序化决策

西蒙认为，根据决策的性质可以把决策分为程序化决策和非程序化决策。程序化决策是指反复出现和例行的决策。这种决策要解决的问题由于已出现多次，人们自然就会制定出一套程序来专门解决这种问题。非程序化决策是指那种从未出现过的，或者其确认的性质和结构还不很清楚或相当复杂的决策。程序化决策与非程序化决策的划分并不是严格的，随着环境的变化和决策者经验的增多，许多非程序化决策将转变为程序化决策。此外，解决这两类决策的方法一般也不相同。

3. 根据满意的行为准则决策

由于组织处于不断变动的外界环境影响之下，搜集到决策所需要的全部资料是困难的，而要列举出所有可能的行动方案就更加困难，况且人的知识和能力也是有限的，所以在制定决策时，很难求得最佳方案，同时即使能求出最佳方案，出于经济方面的考虑，人们也往往不会去追求它，而是根据令人满意的准则进行决策。具体地说，就是制定出一套令人满意的可行方案。

4. 组织设计的任务就是建立一种制定决策的人—机系统

计算机的广泛应用对管理工作和组织结构产生了重大影响，使得程序化决策的自动化程度越来越高，许多非程序化决策被程序化决策所替代，从而导致了企业中决策的重大变革。现代组织引入自动化技术，组织就变成了一个由人与计算机所共同组成的结合体。组织设计的任务就是要建立这种制定决策的人—机系统。

（三）权变管理理论

权变论是管理理论工作者提出的思维趋向。其代表人物是英国的伍德·沃德等人，代表作为《工业组织:理论和实践》。不同于传统学派提倡的普遍性管理理论,权变理论认为组织和组织成员的行为是复杂的、不断变化的,而环境的复杂性又给有效的管理带来了困难,例外情况越来越多。解决任何管理问题必须根据现实实际采用"具体分析"的方法。这个学派的理论以"弹性"为重心,认为世界永远处于"不确定性"中,因此,一切管理行为应视情况而定,管理者要有分辨能力,然后决定应对方案。

权变理论 20 世纪 70 年代曾在美国等地风行,同时也受到一些学者的批评。应该看到,管理偶然性的背后也有其必然性,特殊性包含了普遍性,只有了解了管理的一般规律性,才能在管理实践中游刃有余。

(四)经验主义学派

经验主义学派以向西方大企业的经理提供管理企业的成功经验和科学方法为目标。他们认为:管理科学应该从企业管理的实质出发,以大企业的管理经验为主要研究对象,将其概括和理论化,以便于向企业管理的实际工作者和研究人员传授。这个学派包括了许多管理学家、企业高级管理人员和咨询人员,其主要代表有彼得·德鲁克、戴明等。

德鲁克指出,作为企业主要管理者的经理,有两项别人无法替代的任务:

第一,经理必须创造一个"生产的统一体"。这个统一体的生产力要大于其组成部分的生产力之和。为此,经理要注意克服企业中所有的弱点,并使各种资源,特别是人力资源得到充分的发挥。为了使企业的各项活动能协调地进行,他必须考虑到作为整体的企业,又照顾到各个方面的特殊问题,因为这些特殊问题有时可能是决定性的。

第二,经理在制定每个决策或采取每个行动时,必须统筹考虑企业的长期利益和眼前利益。

根据德鲁克的分析,每个经理,不论他是否意识到,都在执行一些基本的、共同的职能。这些职能包括:(1)树立目标并决定为了达到这些目标要做些什么,然后把它传达给与目标的实现有关的人员。(2)进行组织工作。对组织活动划分成较小的项目,以便进行管理;据此选拔人员、建立组织机构,等等。(3)进行鼓励和沟通工作。经理要利用表扬、奖金、报酬、提拔等手段来鼓励人们做好工作,并通过信息沟通来协调整个企业的活动。(4)确定标准,对企业成果进行分析,对所有人员的工作情况进行评价。(5)使职工得到成长和发展。经理的工作将影响员工才能的发挥。此外,为了组织职工参与企业管理,必须充分调动员工的积极性。

(五)管理科学理论

所谓管理科学理论,实际上是泰勒的科学管理理论的继续和发展。管理科学理论强调管理的科学方法与手段,侧重管理问题的模型化和定量化分析,所以有人把管理科学学派称为管理学中的数量学派。其典型代表是美国的伯法(Buffa)等人,代表作为《现代生产管理》。他认为,管理就是应用数学模式、程序对企业管理的一些职能,如决策、计划、组织、控制作择优解答,并把电子计算机技术应用到管理中。

数量学派广泛采用和依靠各种数学模型与数学工具,广泛应用诸如规划论、排队论、对策论、库存论等,并借助于计算机采用有效的数学模型解决经营与管理中的复杂问题,为决策的数量分析提供了有效的方法与手段,并且它们已成为现代管理中不可缺少的有效手段和工具。但完全采用管理科学的定量方法来解决复杂环境下的企业问题是困难的。

综上所述,人们对企业管理理论的认识也是由低级走向高级,逐步走向深化的。管理理论的发展是人们不断进行管理创新的结果;同时,管理学的综合趋势正日益显现。

思考与练习

1. 你如何理解管理和企业管理的概念？
2. "管理既是科学又是艺术，而且是文化。"你赞成这种说法吗？为什么？
3. 企业管理的基础工作有哪些？结合你所了解的实际情况，你认为不同类型的企业在这些基础工作方面是否有所不同？
4. 简述管理理论发展的几个阶段。
5. 说说每日"三餐一宿"对管理的影响和意义。

技能训练

1. 按小组收集20～30家企业的资料并进行分析，找出企业的管理者。
2. 选择一个组织，进行一段时间的观察，分辨其中哪些是管理者，他们承担了哪些管理职能。
3. 以"假如我在你的位置我应该具备怎样的素质"为题，同现实中的一位管理者进行一次谈话。

案例讨论与分析

商学院院长和公司经理的一周安排

林强是东山大学商学院院长，他对某一周的活动是这样安排的：

星期一上午同副院长，各教研室、实验室主任碰头，商谈学院布置的加强教学质量管理活动的安排；

星期一下午参加学校的院长例会；

星期二上午给研究生上课，然后向有关人员传达院长例会精神；

星期二下午主持学院全体教职工会议；

星期三上午看望学院一位刚生小孩的老师；

星期三下午给本科生上课；

星期四上午应邀参加市里某项目的专家评审会；

星期四下午应约同某广告公司谈学院招生广告的制作发布事宜，然后抽空送小孩外出旅游；

星期五上午召集自己科研项目的参加者讨论课题研究；

星期五下午接待教师、学生来访。

张征汉是大地公司经理，公司现正做一个房地产开发项目，他对某一周的活动是这样安排的：

星期一上午召集公司各部门负责人开会，了解项目上一周运行情况，然后布置本周工作；

星期一下午到建设银行，同行长商谈公司所开发商品房的按揭贷款事宜，并同银行有关人员共进晚餐；

星期一晚上视察工地；

星期二上午到市工商局商谈公司所开发市场的招商管理事宜，并同工商局有关人员共进午餐；

星期二下午召见项目财务、工程管理人员，了解项目有关财务、工程进度方面的情况，然后陪女儿游泳；

星期二晚上到图书馆看新闻，查阅相关新颁法律规章；

星期三上午出席女儿学校的家长会，然后去看望一个老上级；

星期三下午接待市政府某领导来工地视察，陪同介绍完后设宴招待领导一行；

星期三晚上接待外地来访的大学同学；

星期四上午同工程队负责人交流意见，然后拜访若干招商对象；

星期四下午听取售楼部工作汇报，然后接待消防部门的检查人员；

星期四晚上审查上月度的财务报表和售楼部上报的本市房地产市场调研报告；

星期五上午，市工程质量监督部门来例行检查，设午宴招待；

星期五下午，到售楼部、工程部走访，然后上医院看病。

思考与讨论：

1. 用明茨伯格的管理者角色框架分析林强、张征汉的一周活动安排。
2. 林强、张征汉安排的活动中哪些不属于管理者的角色？
3. 林强、张征汉的活动安排各有什么不同特点？假如让你选择，你更愿意从事哪个人的活动？

第二篇

现代企业管理职能

第三章

企业组织管理

• 关键词汇

正式组织	非正式组织	组织结构	工作专门化
职能部门化	生产部门化	地区部门化	顾客部门化
授权	管理幅度	扁平型组织结构	锥型组织结构
直线制组织结构	职能制组织结构	直线参谋制	事业部制
模拟分权制	矩阵组织结构	学习型组织	

第一节　组织概述

一、组织要素及其特征

管理的主要任务之一就是构造组织，维护组织，使之不断发展、完善，更加富有成效。

所谓组织，就是指一群人为了实现某个共同目标联合起来协调行动的集合体。

(一)组织的要素

各种组织一般都包括下列构成要素：

1. 组织成员

任何组织都是一定数量的个人的集合体。任何个人，只要接受组织的目标，遵守组织规章，并提供组织所需的贡献，都可能成为组织的一员，参加组织的集体活动。

2. 组织目标

组织目标是不同组织成员的黏合剂。作为组织成员的个人，之所以愿意加入组织并与其他人协同行动，是因为他们需要实现某个依靠自身的力量无法实现的目标。管理者的一项非常重要的任务便是用组织目标凝聚组织成员。

3. 组织活动

为了实现共同的目标，组织成员必须从事某种活动。组织活动的内容是由组织目标的性质所决定的，由于能够实现同一目标的活动形式和内容是多样的，因此组织必须对不同的目标活动进行权衡、比较和选择。

4. 组织资源

任何活动的进行都需要有一定种类和数量的资源支撑。组织不仅是人的集合，而且是不同资源的集合。特定的组织是人与资源的特定结合。

5. 组织环境

组织总是存在于一定的社会中的，它在追求目标实现的活动中必然会与外部环境发生各种经济或非经济的联系。外部社会环境通过这种联系来影响组织的目标和活动，同时组织也通过这种联系，利用自己的活动去影响和改造外部环境。组织与其环境的交互作用是一个连续不断的过程。

（二）组织的特征

组织的特征主要体现在四个方面：(1)组织是有特定目的的机构；(2)组织的成果有益于组织外部；(3)组织需要管理；(4)组织具有相对独立性。

一般而言，人们认为组织具有若干功能：组织能够造成一种新的合力，有效的组织能够提高效率并尽快完成确定的目标。有效的组织必然是内部分工合理，职责明确，可以避免各环节之间、各部门之间互相推诿和扯皮，能够满足人们的心理需要。

二、正式组织与非正式组织

组织可根据不同的标准分类。例如，根据组织目标的不同，可以将组织分为互利组织、工商组织、服务组织、公益组织等；按组织规范程度及满足组织成员心理需要不同，可以将组织分为正式组织和非正式组织两类。

（一）正式组织

凡有正式结构的组织即为正式组织。它具有如下特征：有明确的组织目标；有正式设计的组织结构和组织功能；组织内有权威系统存在，上级可以指挥下级；讲求效率，注重协调人与人之间，部门与部门之间，人、财、物之间的关系，追求“整体大于部分之和”的效果；有明确的行为规范，借助于各种规章制度约束个人和组织行为，以求达到组织的同一性。

（二）非正式组织

非正式组织是没有通过官方批准、自然形成的一种无形组织。任何组织内部都不可避免地存在着非正式组织，因为正式组织的成员除了工作以外，还有许多个人的需求，要通过与其他成员之间的非正式交往来满足。非正式组织的主要特征有：(1)没有共同的目标，只有某种共同的利益、共同的观点；(2)没有正式的结构和规章制度，往往是基于相同的社会背景、类似的经历、共同的爱好或生活在邻近地区等因素形成的；(3)稳定性较差，成员的变动性较大；(4)有自然形成的领导人物；(5)成员间有较牢固的感情纽带和灵敏的沟通渠道，有自卫性和排外性，其成员间行为的相互影响是显著的。

正式组织与非正式组织的最大的区别是：正式组织以效率逻辑为行动标准，而非正式组织则以感情逻辑为行动标准。非正式组织对正式组织成员的情绪、干劲以及工作效率有很大的影响。

本章主要围绕正式组织展开讨论。

第二节 组织结构

一、组织结构合理化

组织结构就是由组织要素相互联结而成的结构模式，即组织的框架体系。建立健全企业组织机构是完成各项工作的保证。

组织结构合理化是有效管理的基础。同一个企业，同样的人员，同样的资源和技术，因为按不同方式组织，便会产生不同的效率。组织结构是组织根据其目标和规模而采用的各种组织管理形式的统称，一般可用组织系统图表示。

(一)组织的正式关系与职责关系——组织图加职位说明书

组织图是组织结构简化了的组织构架模型，它通过能表明组织的正式职位系统和联系网络的图表来描述一个组织的组织结构形式。职位说明书说明了各职位的职、责、权及职位之间的关系，有时还可附以组织手册加以详细的说明。

(二)分派任务和从事各种活动的方式

组织向各个部门或个人分派任务同组织结构有着十分密切的关系。不同的活动方式形成组织的专业化，即差异化。这种差异化又表现在垂直差异化和水平差异化。垂直差异化形成了组织的层级差，水平差异化界定了组织内横向部门的差别。两者合一即构成了一个组织的正式结构。

(三)组织内部的协调

为适应组织一体化的要求，使组织作为一个整体来行动，就需要对组织内各种活动和工作进行协调。研究和实践经验表明：组织活动和工作的差异化程度越大，专业化分工越细，组织协调就越重要。

(四)组织中的职权系统

从职位上看，在组织正式职位链中，职位越高，其具有的职权就越大。组织中职位的高低，形成了组织垂直方面的指挥链。企业组织的指挥系统设置是否合理，职、权、责是否合理，直接影响着组织能否有效地运作，对企业组织而言则影响其在市场上的盈利能力。

二、工作专门化

组织结构中最基本的一种形式就是工作专业化形式，即一个组织把它的总任务分成最小的有机联系的若干部分，并据此而形成专业化组织。随着人们对产品丰富的追求，企业规模的扩大，工作也就越来越专业化了。组织结构专业化的主要优点如下：有利于发挥个人的才能和智慧；有利于缩短工作时间；有利于使用专门的设备；能减少培训的费用。

虽然专业化能提高生产效率，但要适度，避免使工人过分地“机器化”或“零件化”以致工人对工作厌烦，甚至产生不满的情绪。

三、部门化

部门化就是把组织的工作分成若干权、责、利统一的单位或部门。部门化的划分是根据各项工作的职责和业务的异同来进行的。一般而言，一个组织管理层次最高级以下的各级都会进行部门化，每低一级又有进一步的部门划分。常见的部门化类型有职能部门化、生产部门化、地区部门化、顾客部门化和其他形式的部门化。

(一)职能部门化

职能部门化即以相同或类似的工作进行组织结构安排。例如,从事产品生产的属于操作或生产工人,归属生产部;从事市场销售和做广告的属于市场和销售人员,归属市场销售部。

实行职能部门化的优点是:(1)有利于对专业人员进行归口管理;(2)只要有熟悉本部门专业技术的人进行管理,就能更方便地对本部人员进行监督和指导;(3)能更好地解决专业人员的协调问题。其缺点是:(1)决策可能变得更集权化,从而影响决策速度;(2)专业部门的人员可能缺乏对整个组织的全局观念;(3)对涉及全局性的问题总是较难解决。例如,对于一个新产品的滞销,是因为生产上的问题,还是设计部门或市场营销部门的问题,往往会出现相互推诿的情况。

(二)生产部门化

生产部门化又称产品部门化,是根据生产产品的活动或产品的种类进行的组织结构安排,产品的种类以及产品制造过程中的环节是生产部门化的基础。生产部门化的优点是:(1)以某一种产品或以某一生产程序设立部门,有利于本部门内进行更好的协作;(2)可以提高决策的效率;(3)易于检查产品质量和监督职工。总之,生产部门化有利于提高产品质量,有利于进行财务核算。其缺点是:(1)因各部门的管理人员都把注意力集中在本部门的生产,因而对整个组织集体的关心就有所忽视;(2)容易导致行政管理队伍庞大、管理费用增加。

(三)地区部门化

地区部门化即按地理区域成立专门部门的组织结构安排。地区部门化能对本地区顾客和环境的变化作出迅速的反应并采取相应的有针对性的措施。但是,由于地区和人员分散,需要企业增加人事部门和控制系统方面的人员。

(四)顾客部门化

顾客部门化就是根据不同的顾客需要或不同的顾客群设立相应的部门的组织结构安排。例如,银行为了满足不同顾客的需要而设立各种存款和贷款部门。贷款部门又分农业贷款部、商业贷款部或消费品贷款部等。这样就大大方便了顾客,提高了为顾客服务的效率。

(五)其他形式的部门化

除了上述四种部门化形式以外,还有些公司采用时间部门化,例如,根据工作三班制设立各级部门,每一班都有专门的负责人。许多企事业组织,包括医院和航空公司等一般都采用时间部门化等。

有的单位还根据数字或英文字母等的顺序进行专门化。例如,大学注册就常采用字母分类归档法,对档案、图书、医疗卡等都可采用这种形式。

四、职权与职责

(一)职权

职权和权力两个词经常混淆。职权是与职务相伴而生的,它是由于职务而产生的命令、指挥、处置的权力,即组织赋予的合法的职责和权力。权力则是支配人或团体的力量。

正像组织规模的扩大必然带来部门化一样,组织的扩大也必然带来建立组织内职权分配的问题。如果一个总经理任命某一个人代表他负责销售工作,这个被任命的人除了分担总经理的一部分工作之外,还负有总经理赋予他的某些职责和权力,如销售产品、调配销售人员、协调价格等方面的权力。关于有关销售的问题,他就有权自行作出决定,尽管有时要同别人商量,包括同总经理商量,得到总经理的同意,但他肯定拥有自己单独进行决策的权力,即拥有组织赋予的权威性，有自己行使权力的范围。

(二)授权问题

授权是组织内较高一级的领导或组织通过某种形式或程序把一部分工作的责任、职权交给某一个人或某一下级组织。

授权的最基本原因在于使组织更高级别的领导人能更集中精力处理好组织的更多的重要工作。通过由同事或下属分担其一部分工作，可以减轻其工作负担和因工作带来的烦恼。此外，一些专业人员也可能比总负责人更能处理一些特殊的问题。一般来说，通过专门训练的专业人员，可能对计算机程序，或某一特殊的生产线，或某地区的工作环境更熟悉了解，因而处理这些问题时，就可能比总负责人更有针对性。同时，通过授权可以发现并培养人才，为下属人员的提升打基础；而下属人员通过参与决策和解决问题，可以更全面地了解全局的工作，提高自己的管理才能。

上级对下级的授权并不是一件容易的事情。有许多原因会造成上级领导不愿意对自己的同事或下级授权，这些原因主要有以下三条：

(1)可能因为最高级或较上一级领导人本身工作组织能力差，无法事先制订计划、方案，因此就不知道给下级授什么权、如何进行授权。

(2)担心别人或下属会比自己干得更好，或担心别人或下级比自己能力强，干得出色而影响自己现有的地位和未来的晋升。

(3)对别人或下级人员不信任、不放心。

上述原因导致一些领导不愿放权。同样，有些人或有些下级人员不敢或不愿接受上级的授权，这方面的原因主要有：

(1)担心干不好工作而受到上级的训斥或惩罚。

(2)不愿承担风险，希望由上级制定有关的决策，自己只是照着干。

(3)认为即使多做工作也不会带来更多回报。

解决授权过程中所有的问题是不容易的。问题的关键在于：上级领导必须充分认识到给下级授权的重要性，同时应积极鼓励自己的同事或下级努力发挥聪明才智，积极工作，在工作中做出更大成绩来。应乐于看到别人能力的发挥和工作成绩的提高，而不应看作是对自己晋升的威胁。在充分认识授权的重要性的同时，还要充分相信别人和下级人员，要满腔热情地支持他们去工作。而被授权的人也要清楚了解自己的责任、权利和义务，要为组织的发展尽自己最大的努力，作出最大的贡献。

授权的时候，应该授予相称的职责。也就是一个人得到某种“权力”，也要承担相应的“责任”。授权不授责只会给滥用职权制造机会，同时没有人应当对他不拥有权力的事负责。

(三)分权问题

分权是授权的一种形式。分权就是一个组织向它下属各级组织进行系统地授权。

分权的对立面是集权。集权就是一切权力都由某一最高级领导人(如总经理)或某一上级负责人掌握与控制。

一个组织选择集权型还是分权型的组织结构，主要考虑以下几点：(1)外部环境因素。组织周围的环境越动荡、越复杂，它采用分权式的可能性就越大。(2)组织自身的历史。一个组织总倾向于沿袭自己以前的做法。(3)决策问题的性质。决策的难度和危险性越大，组织越倾向于集权的形式。(4)下级领导人的能力。

到目前为止，尚没有理论能明确地告诉人们采用集权还是分权形式更易取得成功。就美国来说，许多成功的公司都是采用分权形式的，如通用电气公司和通用汽车公司。但是，也有不少公司是采用集权形式而成功的，如麦当劳公司。即使是在同一环境中的两个相同行业的公司，也可能采用不同的权力形式而同样取得成功的，如杜邦公司和麦道公司。

五、管理幅度

(一)管理幅度的概念

所谓管理幅度，就是指某一特定的管理人员直接有效管辖的下属人员数量。管理幅度之所以重要，是因为它在很大程度上决定了组织的层次和管理人员的数目。假定所有条件一样，管理幅度更宽、更大，设计的组织就更有效率。

假设有两个组织，它们的作业人员都约为 4 100 人(如图 3—1 所示)。如果一个组织的管理幅度各层次统一为 4，另一个组织的管理幅度各层次统一为 8，则管理幅度大的可以减少两个层次，大约精简 800 名管理人员。

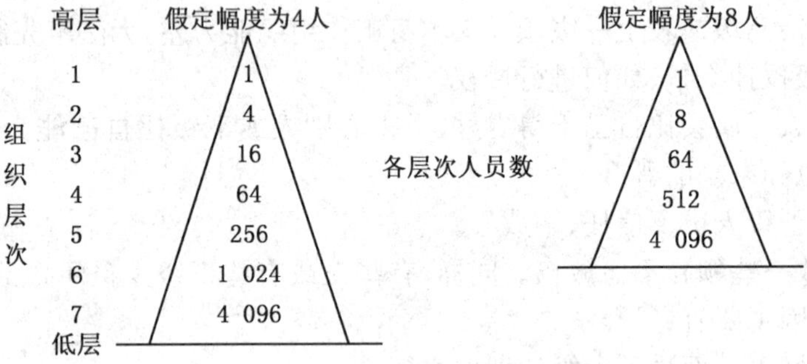

图 3—1　管理幅度对比

一个组织的最理想的管理幅度是多大呢？这个问题一直是管理者和研究人员极感兴趣的研究课题。经济学家拉尔夫·C. 戴维斯在他的《高层管理基本原则》中提出：管理幅度有较低级管理人员的管理幅度与高中级管理人员的管理幅度之分；低级管理人员的管理幅度可达 30 人，而高中级管理人员的管理幅度一般应限制在 3～9 人(或 3～9 个下属部门)。厄威克则认为，中高级管理人员的管理幅度绝不能超过 6 个下属部门。

决定组织结构形态的是管理幅度。要确定理想的管理幅度，就要先了解管理幅度的变化给组织结构带来的影响，以便根据不同的组织环境选择适合本组织具体实际的最理想的管理幅度。

(二)管理幅度、管理层次与组织结构的基本形态

管理层次受组织规模和管理幅度的影响。它与组织规模成正比，组织规模越大，包括的成员越多，则管理层次越多；在组织规模已定的条件下，它与管理幅度成反比，主管直接控制的下属越多，管理层次越少；相反，管理幅度缩小，则管理层次增加。

管理层次与管理幅度的反比关系决定了两种基本的管理组织结构形态：扁平结构形态和锥型结构形态。有的组织采用扩大管理幅度和减少管理级数的扁平组织结构；有的组织则采用缩小管理幅度和增加管理级数的锥型结构。

锥型结构是指在一定的组织规模条件下，管理幅度较小、管理层次较多的一种组织结构。较小的管理幅度可以使上级对下级进行更具体的指导和更严密的监督，也可以给有能力的下

级提供更多的晋升提拔的机会，同时可以使每位主管仔细地研究从每个下属那儿得到的有限信息，并对每个下属进行详尽的指导。但是，级别层次过多，将给企业管理带来较多的消极影响：各级管理人员多，管理费用就会增大（一般来说管理人员的工资较高）；信息情报从基层传递到高层的速度会更慢，而且每次传递都被各层主管加入了许多自己的理解和认识，增大了信息在传递过程中失真的可能性；不同管理层相互推诿责任、相互指责，以致效率降低；同时，过多的管理层次可能使各层主管感到自己在组织中的地位相对渺小，从而影响积极性的发挥；此外，也往往容易使计划的控制工作复杂化。

扁平结构是指在一定的组织规模条件下，管理幅度较大、管理层次较少的一种组织结构。其优点和局限性正好与锥型结构相反。

随着现代信息技术及人本身的发展，越来越多的组织都在推进扁平化管理。

（三）影响管理幅度的因素

在某一特定的情况下，管理幅度多大合适呢？这取决于以下几个因素：

（1）管理者的能力强弱。如果管理者受过良好的教育、经验丰富、能力强，他就可以直接领导更多的下属人员。同样，如果下属人员受到的教育较好、能力较强，就用不着上级给予过多的监督指导。因此，管理者及其下属能力越强，管理幅度就可更大些。

（2）下属人员的集中与分散程度。下属人员分散，管理幅度就应小些；下属人员集中，管理幅度就可以大些。

（3）监督性工作的多少。具体的监督性工作多，则管理幅度可放宽。一些管理人员大多数时间花在非直接性的监督工作上，即放在制订计划等工作上，其管理幅度就应调窄。

（4）工作本身的性质。凡是要求领导和下属相互直接联系的工作多，管理幅度就应越小。

（5）工作的标准化程度。如果工作的综合的标准化程度越高，其管理幅度就可更大。

当然，还会有其他方面的因素影响组织的管理幅度的确定。总之，组织的领导在决定管理幅度时，都应根据具体的情况、具体的因素来权衡选择理想的管理幅度。

六、组织结构设计的原则

（一）统一目标原则

任何一个组织的存在都是由它特定的目标决定的。每一个组织及其每一个部分，都应当与其特定的任务、目标有关系。组织的调整、增加、合并或取消都应以是否有助于实现目标作为衡量标准。统一目标原则要求进行组织设计时，应当明确组织的发展方向、经营战略等，这些是组织设计的前提。要认真分析为了保证组织目标的实现而必须办的“事”，设置怎样的机构和职能才能办好这些事，然后以事为中心，因事建机构、设职务、配人员。

（二）分工协作原则

分工就是按照管理的专业化程度和工作效率的要求把组织的任务、目标分解成各个层次、各个部门以及各个人的任务和目标，明确各个层次、各个部门乃至各个人应当做的工作以及完成工作的手段、方式和方法。

协作是与分工相联系的概念，它是指明确部门与部门之间以及部门内部的协调关系与配合方法。组织作为一个系统是一个有机整体，各个部门都是其子系统，任何部门不可能脱离其他部门单独运行，而必须经常与其他部门相互协调，在实现本部门目标的同时保证整个组织目标的实现。

进行组织设计时，要同时考虑分工和协作两方面的问题。一般来说，分工越细，专业化水平越高，责任越明确，效率也越高。但也容易出现机构增多、协调困难、协调工作量增加等问题。分工粗，则机构可精简，协调工作量少，易于培养多面手，但是，专业化水平和效率比较低，容易产生推脱责任的现象。具体设计组织机构时，要视组织内外环境来定。

(三)命令统一原则

命令统一原则，就是要求组织各个岗位必须服从上级管理机构的命令和指挥，而且强调只能服从一个上级管理机构的命令和指挥，保证命令和指挥的统一，避免多头领导和多头指挥。

命令统一原则，要求各级管理机构必须实行领导人负责制，下级领导对上级领导负责，副职对正职负责，一般干部对本部门的直接领导负责，以避免出现分散指挥和无人负责的现象。在一般情况下，各级管理机构都不应该越级指挥。各级领导都要把握集权和分权的度。

(四)管理幅度原则

一个管理者应该根据具体情况确定适当的管理幅度(具体内容参见上文)。

(五)责、权、利相对应原则

在明确授权的同时，相应地委以责任，权与责应该对等，并享有相应的利益。这就是企业管理中普遍实行的责、权、利相结合的原则。这个原则要求职务要实在、责任要明确、权力要恰当、利益要合理。

(六)适当授权原则

组织日益庞大，业务活动日益复杂，专业分工日益精细，职责权力过分集中不能适应组织发展的需要，实行授权就成为必需的趋势。授权是领导将部分事情的决定权由高层移至低层。领导者可以把职权授予下级，但责任不可下推。适当的授权，可以把领导者从日常事务中解脱出来，集中精力抓大事；也有利于调动下级人员的积极性，发挥下级领导者的聪明才智。接受权力的下级要对授予自己权力的领导负责。

(七)效率原则

组织结构的运行应在达到目标的同时，花费最少的成本。高效的组织结构应当是组织目标明确，内部协调良好，办事不拖拉、扯皮，用最少的组织资源去完成组织任务，等等。现代管理的一个基本要求就是组织高效化。

企业组织效率的重要性推动越来越多的管理研究者和实践人员关注这方面的研究和探索。有的从资源系统入手对组织效率进行研究(资源系统方法)，强调资源对组织效率的影响；有的从组织目标实现的程度去研究组织的效率(目标—效率方法)，强调生产任务的完成和目标的实现；有的从职工个人与组织之间的关系角度来研究组织的效率(职能—效率方法)，认为高效率的组织应是注重减少职工与组织间的矛盾，使职工情绪稳定并对组织感到满意，还有的从对组织起关键作用的团体入手来研究组织效率(关键团体策略)，指出关键团体一般包括顾客、原料供应者、资金提供者、组织内人员以及组织所涉及的其他人，如果一个组织能满足这些人的要求，这个组织将会是有效率的组织。

组织效率模式多种多样，管理者要结合组织的实际情况选择适合的能提高组织效率的模式。

(八)弹性原则

传统的组织理论强调组织结构明确、稳定和角色的不可替换性。而近代的组织理论则强调为了适应环境的变化、提高竞争能力和效率，组织应具有弹性。所谓具有弹性，是指组织的部门结构、人员的职责和职位都应因时、因境、因任务而变动，以便保证知识与职权的结合，保证集权与分权的均衡。弹性组织结构原则包括部门结构和职位具有弹性。

第三节 企业组织结构的模式

企业的发展及其领导体制的演变，导致企业组织结构的形式也出现相应的发展变化。迄今为止，企业组织结构的主要形式有：直线制、职能制、直线—职能制、事业部制、模拟分权制、矩阵制等。

一、直线制

直线制是一种最早期也是最简单的组织形式。它的特点是企业各级行政单位从上到下实行垂直领导，下属部门只接受一个上级的指令，各级主管人员对所属单位的一切问题负责。企业最高层不另设职能机构（可设职能人员协助主管人员工作），一切管理职能基本上由行政主管自己执行。其结构如图 3—2 所示。

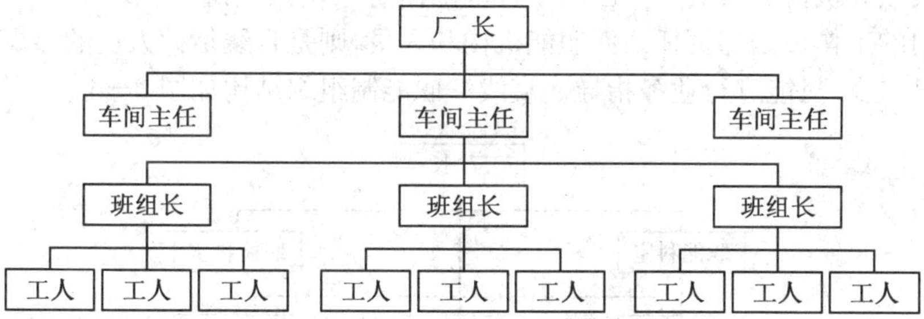

图 3—2 直线制组织结构

直线制组织结构的优点是：结构比较简单，责任分明，命令统一。其缺点是：行政负责人应通晓多种知识和技能，并能亲自处理各种业务。这在业务比较复杂、企业规模比较大的情况下，把所有管理职能都集中到最高主管一人身上，显然是不妥的。因此，直线制只适用于规模较小、生产技术比较简单的企业，对生产技术和经营管理比较复杂的企业并不适宜。

二、职能制

职能制组织结构，是指各级行政单位除主管负责人外，还相应地设立一些职能机构。如在厂长下面设立职能机构和人员，协助厂长从事职能管理工作。这种结构要求行政主管把相应的管理职责和权力交给相关的职能机构，各职能机构就有权在自己业务范围内向下级行政单位发号施令。因此，下级行政负责人除了接受上级行政主管人指挥外，还必须接受上级各职能机构的领导。其结构如图 3—3 所示。

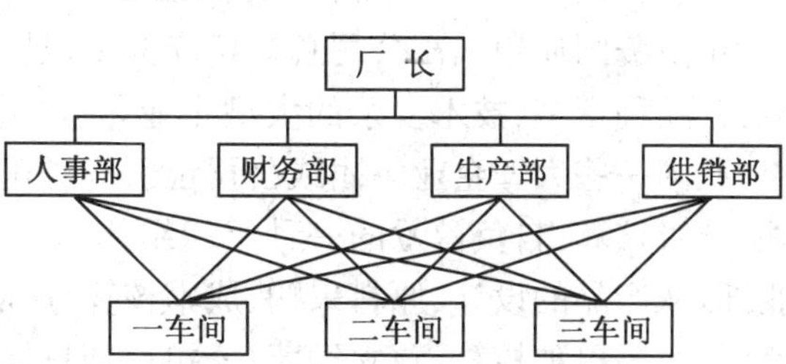

图 3—3 职能制组织结构

职能制的优点是:能适应现代化工业企业生产技术比较复杂、管理工作分工比较精细的特点;能充分发挥职能机构的专业管理作用,减轻直线领导人员的工作负担。其缺点是:妨碍了必要的集中领导和统一指挥,形成多头领导;不利于建立和健全各级行政负责人和职能科室的责任制,在中间管理层往往会出现“有功大家抢、有过大家推”的现象;另外,在上级行政领导和职能机构的指导和命令发生矛盾时,下级就无所适从,影响工作的正常进行,容易造成纪律松弛、生产管理秩序混乱。由于这种组织结构形式的缺陷明显,现代企业一般都不采用职能制。

三、直线—职能制

直线—职能制,也叫生产区域制或直线参谋制。它是在直线制和职能制的基础上,取长补短,吸取两种形式的优点而建立起来的。目前,绝大多数企业都采用这种组织结构形式。这种组织结构形式是把企业管理机构和人员分为两类:一类是直线领导机构和人员,按命令统一原则在组织各级行使指挥权;另一类是职能机构和人员,按专业化原则,从事组织的各项职能管理工作。直线领导机构和人员在自己的职责范围内有一定的决定权和对所属下级的指挥权,并对自己部门的工作负全部责任。而职能机构和人员,则是直线指挥人员的参谋,不能对工作部门直接发号施令,只能进行业务指导。直线—职能制组织结构如图 3—4 所示。

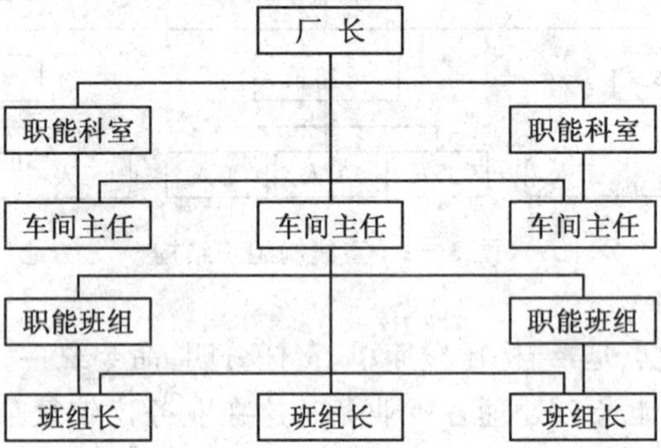

图 3—4 直线—职能制组织结构

直线—职能制的优点是:既保证了企业管理体系的集中统一,又可以在各级行政负责人的领导下,充分发挥各专业管理机构的作用。其缺点是:职能部门之间的协作和配合难度较大,职能部门的许多工作要直接向上层领导报告请示才能处理,这一方面加重了上层领导的工作负担,另一方面也造成办事效率低下。为了克服这些缺点,可以设立各种综合委员会,或建立各种会议制度,以协调各方面的工作,起到沟通作用,帮助高层领导出谋划策。

四、事业部制

事业部制最早于 1924 年由美国通用汽车公司总裁斯隆提出,是一种高度集权下的分权管理体制。它适用于规模庞大、品种繁多、技术复杂的大型企业,是国外较大的联合公司所采用的一种组织形式。近几年,我国一些大型企业集团或公司也引进了这种组织结构形式。

事业部制是分级管理、分级核算、自负盈亏的一种组织结构形式,即一个公司按地区或按产品类别分成若干个事业部,从产品的设计、原料采购、成本核算、产品制造,一直到产品销售,均由事业部及所属工厂负责,实行单独核算、独立经营,公司总部只保留人事决策、预算控制和监督大权,并通过利润等指标对事业部进行控制。还有的事业部则按区域来划分。这里就产品事业部和区域事业部做些简介。

(一)产品事业部

产品事业部制又称产品部门化,是指按照产品或产品系列组织业务活动。这在经营多品种产品的大型企业显得日益重要。产品部门化主要是以企业所生产的产品为基础,将生产某一产品有关的活动,完全置于同一产品部门内,再在产品部门内细分职能部门,进行该产品的生产工作。这种结构形态,在设计中往往将一些共用的职能集中并由上级委派以辅导各产品部门,做到资源共享。其组织结构见图 3-5。

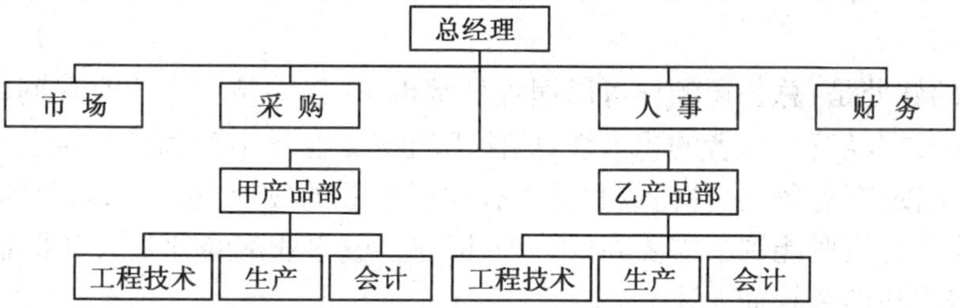

图 3-5 产品部门化(事业部)结构

产品部门化的优点是:(1)有利于采用专业化设备,并能使个人的技术和专业化知识得到最大限度的发挥;(2)每一个产品部都是一个利润中心,部门经理承担利润责任,这有利于总经理评价各部门的业绩;(3)在同一产品部门内有关的职能活动协调比较容易,比完全采用职能部门管理更有弹性;(4)容易适应企业的扩张与业务多元化要求。

产品部门化的缺点是:(1)需要更多的具有全面管理才能的人才,而这类人才往往不易得到;(2)每一个产品分部都有一定的独立权力,高层管理人员有时会难以控制;(3)对总部的各职能部门,如人事、财务等,产品分部往往不会善加利用,以至总部一些服务职能不能得到充分发挥。

(二)区域事业部

区域事业部又称区域部门化。对于在地理上分散的企业来说,按地区划分部门是一种比较普遍的方法。其原则是把某个地区或区域内的业务工作集中起来,委派一位经理主管。按地区划分部门,特别适用于规模大的公司,尤其是跨国公司。这种组织结构形态在设计上往往设有中央服务部门,如采购、人事、财务、广告等,向各区域提供专业性的服务(如图 3-6 所示)。

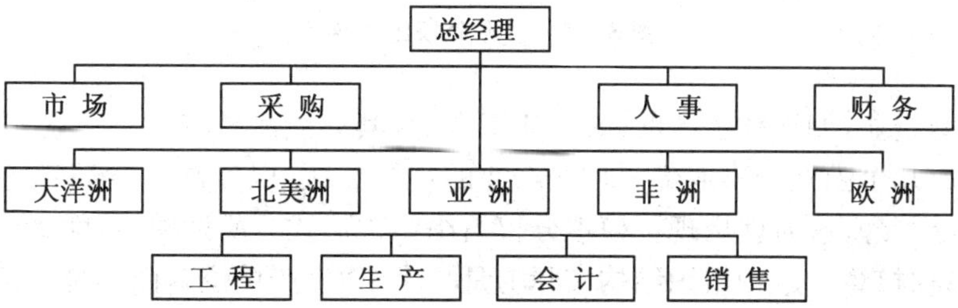

图 3-6 区域部门(事业部)结构

区域部门化的优点是:(1)责任到区域,每一个区域都是一个利润中心,每一区域部门的主管都要负责该地区的业务盈亏；(2)放权到区域，每一个区域有其特殊的市场需求及所面对的问题，总部放手让区域人员处理，会比较妥善务实；(3)有利于地区内部协调；(4)对区域内顾客比较了解，有利于服务与沟通；(5)每一个区域主管，都要担负一切管理职能的活动，这对培养通才型管理人员有好处。

区域部门化的不足是：(1)随着地区的增加，需要更多具有全面管理能力的人员，而这类人员往往不易得到；(2)每一个区域都是一个相对独立的单位，加上时间、空间上的限制，总部难以控制；(3)由于总部与各区域是天各一方，事关全局性的工作难以协调展开。

总体来说，事业部必须具有三个基本要素：相对独立的市场、相对独立的利益、相对独立的自主权。

事业部制的好处是：总公司领导可以摆脱日常事务，集中精力考虑全局问题；事业部实行独立核算，更能发挥经营管理者的积极性，更便于组织专业化生产和实现企业的内部协作；各事业部之间有比较、有竞争，这种比较和竞争有利于企业的发展；事业部内部的供、产、销之间容易协调，不像在直线职能制下需要高层管理部门过问；事业部经理要从事业部整体来考虑问题，这有利于培养和训练管理人才。

事业部制的缺点是：公司与事业部的职能机构可能重叠，造成管理人员浪费；事业部实行独立核算，各事业部只考虑自身的利益，影响事业部之间的协作，部门之间的业务联系与沟通往往被经济关系所替代，甚至连总部的职能机构为事业部提供决策咨询服务时，也要事业部支付咨询服务费。

五、模拟分权制

模拟分权制是一种介于直线职能制和事业部制之间的组织结构形式，其组织结构如图 3－7所示。

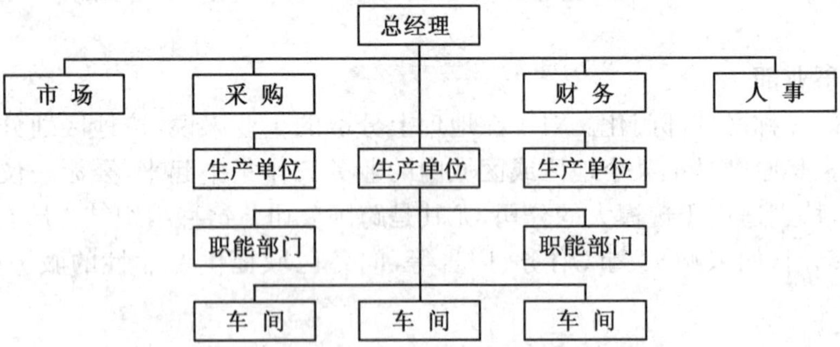

图 3－7 模拟分权组织结构

有许多大型企业，如连续生产的钢铁、化工企业，其产品品种或生产工艺过程决定其组织结构难以分解成几个独立的事业部。加之企业的规模庞大，以致高层管理者感到采用其他组织形态都不容易管理，这时就出现了模拟分权组织结构形式。所谓模拟，就是要模拟事业部制的独立经营、单独核算。这种组织结构实际上是一个个“生产单位”，而不是真正的事业部。这些生产单位有自己的职能机构，享有尽可能大的自主权，负有“模拟性”的盈亏责任，目的是要调动它们的生产经营积极性，达到改善企业生产经营管理的目的。需要指出的是，由于生产上的连续性，很难将各生产单位截然分开，以连续生产的石油化工企业为例，甲单位生产出来的

“产品”直接就成为乙单位生产的原料，这当中无需停顿和中转。因此，它们之间的经济核算只能依据企业内部的价格，而不是市场价格来进行，也就是说，这些生产单位没有自己独立的外部市场，这也是与事业部的差别所在。

模拟分权制的优点除了能调动各生产单位的积极性外，还有助于解决企业规模过大不易管理的问题。高层管理人员将部分权力分给生产单位，减少了自己的行政事务，从而便于把精力集中于战略管理。其缺点是，不易为模拟的生产单位明确任务，造成考核上的困难；各生产单位领导人不易了解企业的全貌，在信息沟通和决策权力方面也存在着明显的不足。

六、矩阵制

在组织结构上，既有按职能划分的垂直领导系统，又有按产品（项目）划分的横向领导关系，这种结构即矩阵组织结构，如图 3—8 所示。

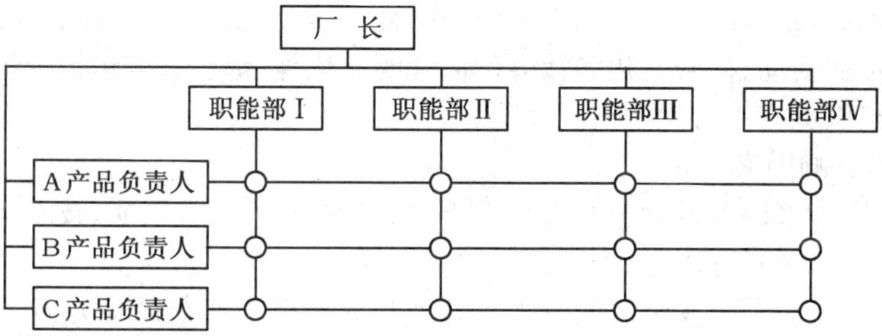

图 3—8　矩阵组织结构

矩阵制组织是为了改进直线—职能制横向联系差、缺乏弹性的缺点而设计的一种组织结构形式。它的特点表现在围绕某项专门任务成立跨职能部门的专门机构。例如，组成一个专门的产品（项目）小组去从事新产品开发工作，在研究、设计、试验、制造各个不同阶段，由有关部门派人参加，力图做到条块结合，以协调各有关部门的活动，保证任务的完成。这种组织结构形式是固定的，人员却是变动的，需要谁，谁就来，任务完成后就解散，有关人员回原单位工作。因此，这种组织结构形成非常适用于横向协作和攻关项目。

矩阵结构的优点是：机动、灵活，可随项目的开发或结束进行组织或解散；由于这种结构是根据项目进行组织的，任务清楚，目的明确，各方面有专长的人都是有备而来。因此，在新的工作小组里，能沟通、融合，能把自己的工作同整体工作联系在一起，为攻克难关、解决问题而献计献策，由于从各方面抽调来的人员有荣誉感，责任感也更强，激发了工作热情，促进了项目的更好完成；它还加强了不同部门之间的配合和信息交流，克服了直线职能结构中各部门互相脱节的现象。

矩阵结构的缺点是：项目负责人的责任大于权力，因为参加项目的成员都来自不同部门，隶属关系仍在原单位，只是为“会战”而来，所以项目负责人对他们管理困难，没有足够的激励手段与惩治手段，这种人员上的双重管理是矩阵结构的先天缺陷；由于项目组成人员来自各个不同部门，当任务完成以后，仍要回原单位，因而容易产生临时观念，对工作有一定的影响。

矩阵结构适用于一些重大攻关项目。企业可用来完成涉及面广的、临时性的、复杂的重大工程项目或管理改革任务。它特别适用于以开发与实验项目为主的单位，如科学研究尤其是应用性研究单位等。

第四节 组织的变革与学习型组织

一、组织变革的原因及阻力

任何一个组织要想在社会中生存和发展,都必须随着社会环境的变化而与时俱进。管理者应经常对组织结构进行分析,作出相应的组织变革决策。

(一)组织变革的原因

1. 外部环境影响因素

从市场角度看,新产品、新服务的出现,老产品的提价或削价等,都会引发竞争对手作出相应反应,从而影响着组织外部环境的变化。从制度角度看,国家重要官员的变动、方针政策的调整,也会对组织运行造成影响。从技术方面看,当代科学技术发展日新月异,新技术、新材料、新工艺层出不穷,带给组织变革强大的压力。此外,经济的繁荣与萧条、物价的涨跌、生活费用的波动、投资的变动、社会文化和社会价值观的变化等,都会影响组织变革。因此,组织结构不适时变革,组织就有被时代淘汰的危险。

2. 内部环境影响因素

组织内部也有许多因素推动组织进行变革,如组织目标、人员素质、技术水平、个人价值观念、权力结构系统,以及管理水平、人际关系的变化等。

在什么情况下组织需要变革?西方组织管理学家对组织变革的征兆做了相当多的研究,认为当组织内部出现下列情况之一时,就表明该组织需要改变:(1)决策的形成过于缓慢或时常作出错误的决策,以致常常坐失良机;(2)组织沟通不良,造成不协调、人事纠纷等严重后果;(3)组织的主要功能已无效率或得不到正常的发挥;(4)组织缺乏创新,致使组织停滞不前。

(二)组织变革的阻力

组织内外环境的变化要求管理者推动组织变革,但很多时候管理者推动组织变革的努力会遭受来自各方面的阻力。概括地说,阻力主要来自个人和组织两大方面。

任何组织变革都不可避免地会涉及对个人的影响,它对个人提出观念更新、技能转变、利益调整、平衡打破等多方面的要求。个人的工作职位、职权、职责、工作的具体内容也都会发生不同程度的变化。由于变革往往意味着增强组织的活力、推动组织的前进,使组织中的个人对前途抱有新希望,因此,大多数人都是拥护和欢迎变革的。但是变革势必触及组织成员个人原有的观念、利益、专业、规范、传统、习惯等,尤其是组织内中下层的成员,由于对组织发展的目标、重要性、紧迫性缺乏充分的了解和准备,因此在心理上和行为上会产生抵触,从而形成对组织变革的阻力。

而组织中有的中上层成员则可能因为变革会触动自己的既得利益而抵制变革。组织自身有时为了追求稳定,也可能会打着"稳定是压倒一切的"旗帜给组织变革带来阻力。

管理者即使面临变革的各种阻力,也不应放弃自己变革的主张,而应积极地采用各种策略去克服反对变革的各种阻力。克服阻力的方法有:(1)说服并动员尽可能多的人参与变革;(2)通过教育和加强沟通,争取更多的来自各方面的支持;(3)采取逐步展开的方式变革;(4)对变革的有利因素和不利因素进行认真的分析。

二、学习型组织的产生

自20世纪80年代以来,科技发展高新化、信息传递高速化、商业竞争全球化的出现,使企业的内外环境发生了急剧的变化，面对信息浪潮的冲击和知识经济的挑战，变革传统企业组织的构想得到越来越多的管理专家和企业界人士的认同，其中被誉为“朝向二十一世纪的管理圣经”的学习型理论和实践——《第五项修炼》是其中的杰出代表。它指出，现在全世界的管理和思维方法正在酝酿着一个新趋势，那就是“学习型组织”企业的诞生。

所谓学习型组织，从本质而言，就是能在学习上保持持久的优势并有持续创新能力去不断开创未来的企业组织。因为未来唯一持久的优势，就是“有能力比你的竞争对手学习得更快”。学习型组织是知识经济的产物。真正出色的企业，将是能够设法使企业层级人员全心投入，并有能力不断学习的组织。

学习型组织的产生主要基于两方面的变化：企业经营管理观念的转变以及企业经营管理方式和手段的变化。

(一)企业经营管理观念的转变

1. 从产品竞争观到能力竞争观的转变

在工业经济时代，正确细分市场、合理选择目标市场是企业经营的第一步。企业的竞争优势主要体现为具体产品在生产过程、内在性能、品牌形象、营销策略、分销渠道、售后服务等方面的优势。这种竞争观称为产品竞争观，其存在的主要前提是产品市场和消费市场的稳定性比较高。

在知识经济时代，由于经济、技术发展迅速，竞争日益加剧，市场快速变化，消费者越发变得难以捉摸。企业将自己的技术、组织、管理、市场开发能力整合成独特的经营能力，并使自己迅速适应不断变化的市场环境，拥有保持长期市场优势的能力。这是一种长期的、动态的产品优势，这种竞争观称为能力竞争观。

2. 从权威等级链导向到以价值流为导向的组织设计思路

权威等级链是一种高度等级化、高度集权化和高度正规化的组织结构。组织成员有固定的职责，组织之间有严格的等级关系、正规化的沟通渠道。这种组织结构的稳定性和可预见性高，但缺乏弹性，个性和个人的判断被降低到了最低程度，从而使组织对外界的变化逐渐迟钝。当企业处于信息高速发展时代时，各种因素的变化令人目不暇接，当信息只能通过层次复杂的权威等级链传送时，反应速度必然大打折扣，尤其是置身于知识经济时代，个人作为知识的携带者和知识价值的实现者，更是难以在固定的组织结构中有更大的作为。知识经济要求企业应该成为对外界变化能够做出灵敏反应的、柔性的、有学习能力的有机体，权威等级链这种组织结构显然不能适应知识经济时代企业发展的需要，企业组织结构必须创新，构建以价值流为导向的组织结构，它强调组织的价值创造和价值增值功能。

3. 从强调个体竞争到强调团队精神的转变

在工业经济时代，大多数员工处于被动完成上级指派任务的地位，为了提高任务完成的圆满程度，为了获得个人业绩的领先地位和有限的升迁机会，员工间经常出现不合作行为，个人竞争成为企业内部文化的主流。

而在知识经济时代，为了适应快速变化的市场环境，企业的不同职能部门和业务部门逐渐融合，企业内部的层级界限、职能界限、业务界限越来越模糊，企业内部任务的划分很难明确到个人，而只能笼统地划分到项目小组。目标的相对模糊和员工间的彼此依赖，是项目小组的主要特征。为了完成项目小组的任务，小组成员必须弱化自身在职位和职能上的差别，强调企业和项目小组共同目标的协作和配合，集体荣誉和成就感成为员工追求的主要目标。代表这种企业内部人际关系的文化称作团队精神。

4. 从以物为本到以人为本的转变

在工业经济时代，企业生产财富的主要手段是资金、土地、能源；而在知识经济时代，知识和信息正在取代资本和能源，成为生产财富的主要手段，掌握知识和信息的员工也成为管理的重点。同时，企业任务随着环境变化也在不断加以调整，企业在较长时期内的任务职能在较高的层次上以较为广泛笼统的形式存在。具体的工作任务和个人所从事的工作必须由项目组及其成员在具体工作中加以确定和调整。为了实现动态的企业目标，企业管理必须转移到以人员管理为中心，实现从以物为本到以人为本的转变。

5. 从推崇各自为战到强调伙伴关系的转变

伙伴关系是指对双方都有利的合作性安排。与一般的合作关系相比，伙伴关系具有长期性、人际性等特征。在知识经济时代，技术发展越来越快，技术门类也越来越多，任何单个企业想同时拥有各种技术或将这些技术升级换代十分困难。因此，能否和其他企业建立伙伴关系、知识联盟，获得和培育所需的核心能力便成为影响企业竞争成败的一个重要因素。另外，技术和市场需要的快速变化，使得企业能否将产品以最低成本、最快速度转移到目标顾客手中，成为企业竞争成败的另一重要因素。在分销上建立稳定、可靠、高效的伙伴关系正是解决这一问题的有效手段。

(二)企业经营管理方式和手段的变化

1. 越来越多的企业传统运作被虚拟运作替代

虚拟是指事物看似存在，使用时也像真实存在，但实际上并不存在的状况。企业虚拟运作是企业看似拥有某些设备和资源，使用时也像自己拥有这些设备和资源，但实际上企业并不真正拥有它们，进入网络时代之后，企业和外界之间通过功能强大的互联网络紧密地联系起来，使企业的虚拟运作成为可能。企业虚拟运作主要有以下几种形式：虚拟董事会、虚拟办公、虚拟科研机构。

2. 从串行工程到并行工程，从传统制造到敏捷制造

传统的产品设计过程是一个串行工程。开发一个新产品往往需要一个很长的周期，因为许多问题要到样机的试验阶段，甚至是新产品适销阶段才会暴露。1986 年，美国企业并行工程师运用新的知识，在当代计算机技术的支持下，对产品设计及其相关过程(包括制造过程和支持过程)进行并行的、一体化的设计，这种系统化的工作模式就是并行工程。

全球性的激烈竞争使得市场变化太快，以致企业的自我调整变化的速度跟不上市场变化的速度。一种新的生产模式——敏捷制造模式出现了。敏捷制造模式从全新的角度，既适应市场的激烈竞争，又适应市场的迅速变化，甚至是不可预测的变化，全面、系统地审视传统企业的创新思维，充分考虑了运用当代最新技术成就，是一种以快速适应市场变化为目的的模式。

3. CIMS 工程的产生

CIMS(Computer Integrated Manufacturing System，计算机制造集成系统)是当今跨自动化技术领域和管理领域的一门重要的前沿学科和技术。CIMS 将是 21 世纪占主导地位的新型生产方式，它的应用与推广必将引发工业生产上的一场大革命。目前，世界各国都将 CIMS 当作发展本国科技和生产的战略措施加以推进。

三、学习型企业的特征及构建

在学习型企业中，人们通过学习不断得到创造未来的能力，培养全新、前瞻、开阔的思维方法，全力实现共同的愿望，并且终身学习和共同学习。学习模式可分为单项式、双项式和反思式。单项式学习是一种企业日常技术、生产和经营活动的基本学习类型，它通常发生于对市场

变化情况和竞争对手压力的响应。双项式学习是组织在渐进或根本性创新时期，或者两个组织合并时期，一个组织的价值观、行为规范被另一个组织成功地接纳的过程中发生的学习。反思式学习则表现为组织反思以往是怎样学习的以及学习中的不足，从而进一步寻求更好的学习方法，包括有意识的学习、怎样学习以及努力寻找提高单项式和双项式学习效率的途径的学习方式。学习模式也可分为适应型、发展型、过渡型、创造型学习模式。适应型学习模式是通过引进技术进行模仿创新、消化吸收，以期降低技术开发风险和市场开发风险的学习模式。发展型学习模式是在适应型学习模式的基础上，为使引进的技术得到更充分的应用，企业积累更多的知识、技能和经验，加强自身的研究开发，结合企业自身的技术情况、消费者需求情况，通过逐渐创新，逐步提高所用技术最初的性能标准，使企业的技术体系沿既定的技术轨道有所发展的学习模式。过渡型学习模式是在企业完成对引进技术的消化吸收，并在原有基础上改革、创新之后，已形成一定的技术发展能力的同时，面对世界技术的新发展，为避免陷入落后的境地而进行学习的学习模式。创造型学习模式是企业想在激烈的竞争中夺取制高点，跨入国际产业的技术前沿，而进行的创造型学习，它以全新型发明或采用新技术为突破点，进行一系列积极的根本性的系统重构，积极地对环境进行反应。总之，学习型企业改变了传统的办公方式、组织结构、工作时间安排和报酬分配制度，有着鲜明的特征。

（一）学习型企业的特征

1. 员工与企业共同发展

在学习型企业中，员工的学习是企业发展的需要，员工知识结构和技术结构的改进和提高是企业整体综合能力提高的重要内容；对于员工而言，不断地学习、不断地吸收新知识也是个人发展的需要。教育部门成为企业的核心；对各层人员提出了更高的要求，如魅力型领导、作为教练的中层管理者、具有知识和适应能力的员工。

2. 扁平式内部结构

学习型企业的组织结构是扁平式的，从最上面的决策层至最下面的操作层，中间间隔层次较少，能够形成一个互相学习、互相思考、协调合作的群体，进而产生巨大的创造力。企业组织结构向扁平式演变体现在七个方面：(1)从非熟练工人到知识工作者；(2)从重复工作到创新；(3)从个人工作到团队工作；(4)从经理权力到顾客权力；(5)从自上而下的协调到同事协调；(6)从职能分工到以项目为基础；(7)从掌握单一技能到掌握多种技能。与扁平式组织结构相适应的灵活多变的工作方式有弹性工作时间和流动性工作地点。

3. 业绩报酬制度

在学习型企业中，通过管理变革，追求员工和企业所有者达到共同繁荣，将双方的注意力由盈利的分配转到如何增加盈利上来。业绩工资制的做法大多是通过年薪制、股份制来实现的。企业留住人才的办法是将员工的智力转变为企业一定的股份，让员工凭自己的才干和创新能力获得更多的收益，以加强归属感和向心力，从而使企业和员工实现双赢，因此，业绩报酬和智力入股普遍增多。

（二）学习型企业的构建

构建学习型企业，管理者必须加强“五项修炼”，同时必须解决好如何管理学习型组织学习的客体（即知识）、如何管理学习的主体（即企业员工）、如何管理知识的交流和使用场所（即企业组织）等几个关键问题。

1. 加强“五项修炼”

为了避免发生“学习智障”，学习型企业要加强“五项修炼”，即建立共同愿景、自我超越、团体学习、改善心智模式、系统思考。

2. 对知识进行管理

对企业的知识进行管理,就要在企业的内部建设知识库,组建起知识共享、知识流通、知识开发的体系,同时与其他组织结成知识联盟。要建设企业知识库,把企业现有的知识分门别类,进行加工和提炼,从而使企业知识系统化,形成企业有系统的、不断发展的知识资产,以促进企业知识共享、知识流通、知识开发。

3. 对人力资源进行管理

对人力资源进行管理包括对员工进行职业培训和终身教育,持续激励员工不断创新。

4. 对企业组织进行管理

要用扁平化组织结构来代替垂直型组织结构:(1)减少组织层次和压缩组织规模;(2)建立伙伴关系性质的新型雇主—雇员合约;(3)建立企业中间机构;(4)重视能力型组织和多面手员工的培养。要用流程再设计来压缩时间成本,建立交叉功能小组。交叉功能小组有两类:一类是流动性的,它是为了短期开发或解决某些问题而组织起来的,一旦任务完成,小组即自动解体;另一类是较为稳定的,除小组的一些成员会流动外,小组本身是稳定的。这种交叉功能小组是一种柔性组织,可消除应变能力差、反应迟钝的现象,从而对外部市场变化做出灵活的反应。

思考与练习

1. 组织的构成要素有哪些?
2. 何谓管理幅度?影响管理幅度的因素有哪些?
3. 组织结构有哪些形式?它们各有哪些优缺点?
4. 管理者可采用哪些方式进行部门化?
5. 组织设计的原则主要有哪些?
6. 分析组织变革的原因,说明组织变革的阻力和动力。

技能训练

1. 分析自己小组所收集的20~30家企业的组织结构,并在班级内交流。
2. 分析自己所处某个组织的结构是否合理?如需要变革,应如何变革?
3. 以小组为单位成立模拟公司,设计公司的组织结构,并向大家介绍自己所设计的组织结构及理由。

案例讨论与分析

公司实行事业部制的讨论

建强通讯仪器公司原是军工企业,为适应市场经济的竞争,在继续进行军用品生产的同时,加大民用品的开发与生产,并获得了成功。现该公司共有军用通讯设备、电话机、电话交换设备、小型计算器、VCD机等五大产品系列,企业资产总值2亿元,职工5 600人。企业三十多年来一直采用直线职能制组织机构模式,共设有21个职能科室,各职能部门分别负责一部分管理业务。5个副厂长分别负责生产、销售、技术、财务和人事等工作,并相应分管若干个职能科室。

随着体制改革的深入,民用品的市场竞争日益激烈,企业领导人越来越感到原有组织形式已经不能适应生产经营的需要。为了增强企业的竞争能力,使企业的组织结构更好地适应市场竞争的需要,公司经过分析研究,决定把企业的组织结构由原来的直线—职能制改为事业部制,以产品为中心成立事业部,每个事业部是一个利润中心，在总公司的领导下，实行独立核算，自负盈亏。因此，公司制定了一个事业部组织机构方案，如下图所示。

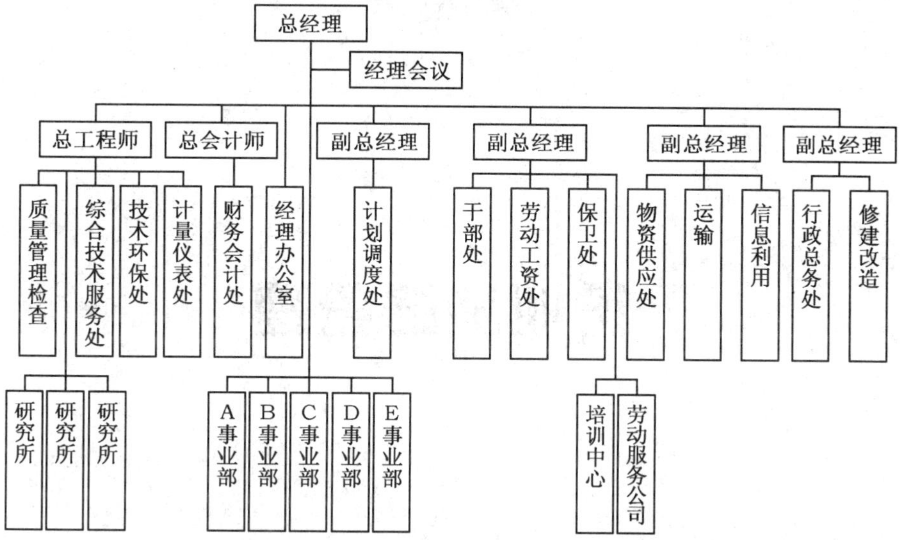

公司建立事业部组织机构的方案

在有关人员参加的组织机构改组讨论会上，大家对成立事业部所需解决和可能出现的问题发表了各自的意见。以下是会上提出的几个问题：

(1)如何处理好军用品和民用品的关系？生产军用品的任务带有一定的计划指令性，且订货时有时无、时紧时松，军用品的利润也低于民用品。原来全公司统一核算，矛盾尚不突出，若实行事业部制，军用品事业部显然处于不利地位。

(2)关于事业部的职权问题，即：究竟应授予事业部经理多大的权限，才能使其在不改变企业的经营方针、经营结构的前提下充分发挥其聪明才智，使该事业部取得最大的经济效益？有人认为，公司技术力量虽然比较雄厚，但管理人员少且素质低，因而，事业部经理开始时的权限不应过大，也不必让事业部经理承担过大的压力，应让其通过锻炼逐步成为有较强能力的管理人才，然后再赋予较大的管理权限和责任。还有人认为，事业部的经理必须拥有较大的经营自主权，且各事业部实行独立核算、自负盈亏，这样才能促使事业部去搞好工作。同时通过给事业部以更多的自主权限，才能使企业最高领导层摆脱日常行政事务，成为强有力的决策机构，而且还有利于调动事业部经理搞好生产经营活动的积极性和主动性。否则，组织机构的改革意义不大。

(3)关于事业部间的横向联系。以前各部门之间不存在竞争，所以也不存在很大的矛盾，如果实行事业部制，各事业部出于自己利益的考虑，就可能影响各事业部之间的协作，如军用品和民用品之间的生产协作就会发生困难。而且各事业部之间由于经营方法不同，其效益也不同，彼此间的不平衡和不协调就会出现。对此，有人认为，这种不协调可由总公司通过计划或财务手段来协调，也有人认为可以通过市场竞争去协调，不必诉诸行政手段。

(4)关于人员问题。该公司现有的中层以上管理人员占全厂人员的3%，而实行事业部制必然会相应地增加管理人员，并且公司有一定能力和水平的管理人员又很少，这是一个矛盾。同时，由于实行事业部制，对员工管理来说，有了明确的责任界限，利于绩效考核，能够更好地调动员工的积极性，推动事业部内部的劳动生产率提高，结果将会出现一部分多余的生产人员，这部分人如何合理安排也是一个问题。而且，由于各种产品的利润率高低相差较大，不同事业部之间的利益差别就会加大。原来是全厂平衡，一旦实行事业部制，由于利益差别，一部分人的积极性可能会受影响。

思考与讨论：

你认为建强公司是维持直线—职能制组织结构好，还是改成事业部制组织结构好？为什么？你认为应如何看待实行事业部制组织结构后可能出现的利益差距问题？

第四章

企业战略管理

关键词汇

长期目标　短期目标　企业使命　企业愿景　行业竞争结构　行业生命周期
企业素质　通用竞争战略　成本领先战略　别具一格战略　集中一点战略

第一节　企业战略管理的概念、特征与程序

一、企业战略管理的概念

“战略”在希腊文中的含义为：“将军指挥军队的艺术。”《辞海》将其定义为：“军事名词。对战争全局的谋划和指挥。它依据敌我双方的军事、政治、经济、地理等因素，照顾战争全局的各方面，规定军事力量的准备和运用。”

一般认为，最早将战略与企业经营管理紧密联系在一起的是美国经济学家安索夫，他于1965年在其著作《企业战略论》中指出，企业战略是企业在综合对企业内外环境认识的基础上决定干什么以及怎么干。随后“战略”一词被广泛应用于社会经济、文化、教育和科技等领域。

企业战略管理是企业在市场经济条件下，综合外部环境和内部条件，为应对竞争、追求可持续发展，确定企业使命，对企业的发展目标，以及达到目标的途径和手段的总体谋划。

战略管理的5P理论认为，战略是关于企业未来发展的计划(Plan)，是企业过去发展历程所沉淀的一种模式(Pattern)，是企业的产业定位(Position)，是经营企业的观念(Perspective)，是企业在竞争中采用的一种计谋(Ploy)。

当今全球企业界普遍把制定和实施企业战略作为首要课题。许多公司的经理每年都要用40％～48％的时间去研究企业战略，他们认为“最占用时间，最为重要、最为困难的就是制定战略规划”，正如美国通用电气公司原董事长威尔逊所说：“我整天没有做几件事，但有一件做不完的工作，那就是规划未来。”

二、企业战略管理的特征

(一)全局性

战略管理并不拘泥于企业某一事业部或某一职能部门的重要性,而是通过制定企业的使命、目标和整体运营思路来协调企业各部门的表现,从而使它们为实现企业使命、目标贡献价值。全局性表现在三个方面:(1)既要紧盯外部环境,也要关注内部条件,必须与本企业整体利益相一致,是指导企业及其各部门一切活动的总纲;(2)必须与国家经济、科技、社会发展趋势相协调;(3)必须与全球经济一体化趋势相适应。

(二)未来性

企业战略管理着眼于企业整体长远利益最大化,要对本行业及社会经济的未来有相当准确的认识。它要求企业家具有前瞻的眼光,不盲目追赶潮流,努力打造属于企业自己的蓝海,因此,战略管理的某些决策可能在短期内为许多人所难以理解,但市场的胜利者往往是对未来有智慧决断、善于战略谋划的企业。

(三)竞争性

企业经营战略既是企业在动荡的市场竞争中如何与竞争对手抗衡的行动指南,也是企业应对来自企业内外多方面冲击、压力、威胁和困难的总纲领,具有明显的竞争性。

(四)相对稳定性

企业战略管理是一个关于企业活动的动态系统,它要面对企业内外环境和条件的变化所带来的挑战,但其着眼于企业发展的宏图大略,不能朝令夕改,要有相对的稳定性,有的企业战略目标的达成甚至要经过几任领导者的努力才能实现。

(五)高层性

经营战略规定的是企业总体的长远目标、发展方向和重点、前进道路及所采取的基本行动方针、重大措施和基本步骤,都是原则性的、概括性的规定,虽然它也需要企业不同层次管理者和全体员工的参与和支持,但其主体应该是企业高层管理人员,它们能够统观企业全局,了解企业的全面情况,而且更重要的是它们具有对战略实施所需资源进行分配的权力。

三、企业战略管理中常用的几个概念

企业使命:企业在社会进步、经济发展等方面所承担的责任和担当的角色,是社会接受企业存在的理由。它是企业一切活动的出发点,是企业界定经营领域、树立经营思想、制定战略的依据。

企业价值观:企业解决如何在外部生存以及企业内部如何共同生活的哲学,是企业对内外部的一种辩证式的哲学思考,它决定了企业对于各种事物的偏好,构成对企业全部行为的一种根本指导。其根本问题是企业中人与物、人与经济规律的关系问题。

企业愿景:管理层对企业未来发展总方向和蓝图的集中体现,具体可表达为企业上下的努力要使自身成为怎样的企业。

长期目标:规定企业执行其使命时所预期的成果,此成果的时间跨度通常超出会计年度。

短期目标:日常工作中的执行性目标,其时限常在1年以内,是实现长期目标的工具。

四、企业战略管理的程序

企业战略管理的程序如图4—1所示。

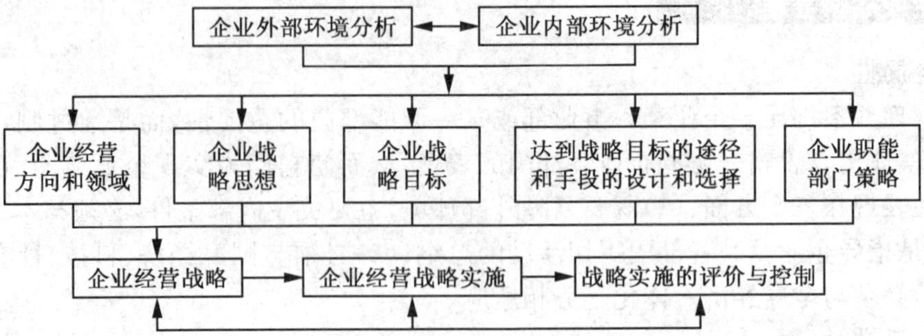

图 4—1 制定企业经营战略的程序

第二节 战略环境分析

孙子曰:“知己知彼,百战不殆。”企业战略管理的关键是环境分析,它包括五个层次:宏观环境分析、中观环境分析、微观环境分析、国际环境分析和内部环境分析。前四个部分称为外部环境。它存在于企业之外,是对企业的生存和发展产生重大影响的各种因素的总和。它是企业生存与发展的土壤,并强烈影响企业经营特色的形成。一般来说,外部环境是企业所无法控制的,企业对其研究的目的是为了更好地适应外部环境,以制定相应的经营战略,正所谓“物竞天择,适者生存”。同时,在外部环境面前,企业也不是完全无能为力地被动接受,企业可以通过自身努力去影响和促进外部环境的某些方面往有利于企业的方向发展变化。

一、企业宏观环境分析

企业宏观环境主要有国家政治、法律、经济、科技、社会、文化等要素,这些要素对企业的经营活动产生直接或间接的影响,因此,在进行战略管理时必须对这些要素作深入分析。具体内容参见第十三章第一节。

二、企业中观环境分析

企业中观环境分析即行业分析,这是发达国家一些优秀企业的经营者最为重视的环境分析部分,因为相对于宏观环境和微观环境来说,中观环境是通过企业的自身努力,对其实施影响和引导的可变性最大的一个方面,一旦在这个方面能够游刃有余,往往会达到事半功倍的效果。企业的战略管理对此应有充分关注。

所谓行业,是指按企业生产的产品或服务的性质、特点,以及它们在国民经济中所起作用的不同而划分形成的企业类别。行业的划分通常根据产品的经济用途来分类,如建筑材料工业、食品工业等,或按使用材料或工艺过程来分类,如橡胶工业、金属加工工业、冶金工业、纺织工业等。

(一)行业竞争结构分析

行业竞争结构分析也称波特五力分析模型,它强调任何生存于某行业中的企业,都要面临或承受来自于五个方面的竞争压力,这五种基本的竞争力量是:新进入者的威胁、行业中现有企业间的竞争、替代品或服务的威胁以及供应者和用户。行业竞争结构如图 4—2 所示。这五种力量的现状、消长趋势及其综合强度决定了行业竞争的激烈程度和行业的获利能力，进而决定了企业所在行业环境的性质。

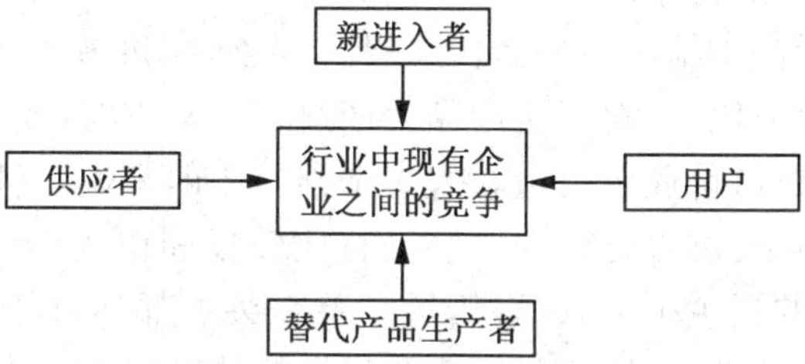

图 4—2　行业竞争结构

1. 新进入者的威胁

新进入者可以是一个新办企业，或者是一个采用多角化经营的、原来从事其他行业的企业。这个新进入者给本行业带来了新的生产能力，并将瓜分一定的市场份额。该新进入者进入可能性的大小取决于进入新行业所面临的障碍及其进入新行业后原有企业的反应强烈程度。进入障碍主要有规模经济、产品差异、资本要求、转手成本、分配渠道控制、不受规模支配的成本劣势及政府政策等。

2. 替代品压力

替代品是指那些与本行业现有产品具有相同或相仿功能的产品，如洗衣粉可以部分代替肥皂，圆珠笔可以部分代替钢笔。替代品通过规定某个行业内的厂商可能获利的最高限价来限制该行业的潜在收益，若替代品具有较强的优势，它对现有产品的压力就大，就会使本行业的企业在竞争中处于被动地位。一般而言，替代品价格越低、质量越好、用户转换成本越低，其所能产生的竞争压力就越强；而这种来自替代品生产者的竞争压力的强度，可以通过考察替代品销售增长率、替代品厂家生产能力与盈利扩张情况来加以描述。

3. 来自用户压力

用户通过迫使价格下跌与行业竞争，期望获得价格更低廉、质量更好、提供更多服务的行业产品，在完全损害行业获利能力的情况下摆布竞争者们彼此作对。每个行业的主要用户集团的这种讨价还价能力取决于其市场状况的许多特征以及在与其总的业务活动相比较下从某行业进货的相对重要性。具有如下特征的购买者可能具有较强的讨价还价力量：购买者的总数较少，而每个购买者的购买量较大，占了卖方销售量的很大比例；卖方行业由大量相对来说规模较小的企业所组成；购买者所购买的基本上是一种标准化产品，同时向多个卖主购买产品在经济上也完全可行；购买者有能力实现后向一体化，而卖主不可能前向　体化。

4. 行业中现有企业的竞争

行业内如果有为数众多的、势均力敌的、形形色色的竞争者，且大家都面临着高固定成本、高储存成本、转手成本缺乏等问题，那么行业内企业的盈利能力就会受到很大的制约。一般来说，出现下述情况将意味着行业中现有企业之间竞争的加剧，这就是：行业进入障碍较低，势均力敌竞争对手较多，竞争参与者范围广泛；市场趋于成熟，产品需求增长缓慢；竞争者企图采用降价等手段促销；竞争者提供几乎相同的产品或服务，用户转换成本很低等。

5. 供应者压力

供应者在一定条件下有可能提高原材料或其他供应品价格或降低供应品质量或二者双管齐下，以谋取更多的利润，从而制约行业内企业的盈利空间。供方主要通过其提高投入要素价格与降低单位价值质量的能力，来影响行业中现有企业的盈利能力与产品竞争力。供方力量的强弱主要取决于他们所提供给买主的是什么投入要素，当供方所提供的投入要素其价值构成了买主产品总成本的较大比例、对买主产品生产过程非常重要，或者严重影响买主产品的质量时，供方对于买主的潜在讨价还价力量就大大增强。一般来说，当供方具有如下特征时会具有比较强大的讨价还价力量：供方行业为一些具有比较稳固市场地位而不受市场剧烈竞争困扰的企业所控制，其产品的买主很多，以至于每一单个买主都不可能成为供方的重要客户；供方各企业的产品各具有一定特色，以至于买主难以转换或转换成本太高，或者很难找到可与供方企业产品相竞争的替代品；供方能够方便地实行前向联合或一体化，而买主难以进行后向联合或一体化。

(二)行业生命周期分析

行业生命周期是指从行业出现到行业完全退出市场所经历的时间过程，主要包括四个发展阶段：幼稚期、成长期、成熟期、衰退期(如图 4—3 所示)。

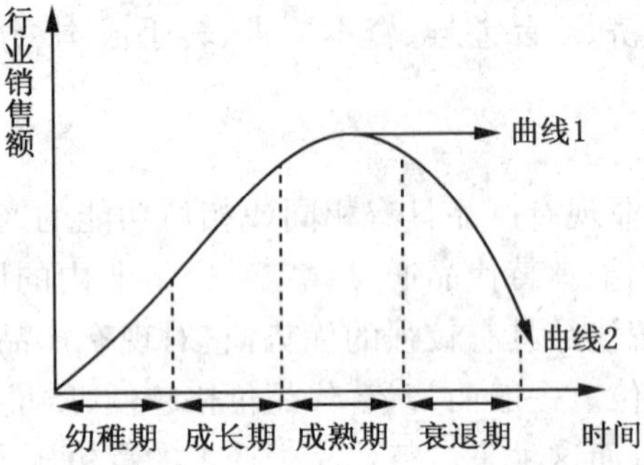

图 4—3 行业生命周期发展阶段

行业生命周期曲线的形状由社会对该行业产品的需求状况决定，行业生命周期不同于产品生命周期，某一产品寿命虽已终结，但它所属行业的生命可能还在延续。行业生命周期曲线一般忽略了具体产品型号、质量规格等差异，例如钢铁行业，忽略了普通钢、低合金钢、高合金钢等不同钢种化学成分的差异，该曲线反映的是行业发展的变化趋势。

由图 4—3 可以看出，在成熟期前期所有行业的发展轨迹差别不大，都呈 S 形曲线；而在成熟期大致可分为两种类型：一种是行业长期处于成熟期，形成长期稳定型行业(如曲线 1 所示)，另一种是行业较快进入衰退期，从而形成迅速衰退行业(如曲线 2 所示)。

企业制定战略时要识别企业所在行业处于其生命周期的哪个阶段，行业处于不同的生命周期阶段，企业战略也会有很大的不同(见表 4—1)。

必须指出的是，有些企业往往难以识别行业的生命周期及其变化趋势。一个行业在导入阶段和成长阶段时，企业往往看不出它的前景或因技术制约而抓不住该行业的早期发展机会，待技术已公开，行业一片兴旺繁荣时，企业才缓缓进入，而这时的市场已被其他企业占领，因此企业的决策者应有高度的市场敏感性。

表 4—1 行业生命周期不同阶段比较

企业内外部环境分析 \ 行业生命周期	导入阶段	成长阶段	成熟阶段	衰退阶段
买主及买主行为	高收入购买者,买主惰性,必须说服买主试用购买产品	扩大的买主集团,消费者质量要求不一	大型市场,市场饱和,续购,在厂商之间挑选	客户都是产品的老主顾
产品与产品变化	低劣质量,许多不同的产品品种,没有标准,设计经常改变,基本产品设计	产品具有技术与性能上的差异,竞争产品的改进,优良质量	优质,较产品差异,标准化,更多的年度式样的轻微变化	无产品差异,产品质量参差不一
市场营销	广告、销售活动激烈,撇脂价格策略,市场营销成本高	广告活动多,非技术性产品的广告及销售	市场细分化,扩充产品种类,努力延长寿命周期,服务更重要	广告及销售活动及其他市场营销活动少
制造与销售分配	短期生产过程,技术没有完全成熟	生产能力不足,转向大批量生产	某种程度的生产能力过剩,最优生产能力,劳动技能要求降低,稳定技术的长期经营	大量的生产能力过剩,大批量的生产
竞争	极少数企业参与竞争	众多的竞争者,大量合并及意外事件	价格竞争,实力不足者被淘汰,私有厂商增加	退出行业者增多,较少的竞争者
风险	风险大	增长掩盖了风险但风险仍然存在	周期性上升	风险反而不重要
毛利与利润	高利润	最高利润	价格下跌,利润下降	低价格与低毛利

(三)行业的社会经济地位分析

一般来说,行业的产值、利税、吸纳劳动力数量等指标在国民经济中所占比重越大,行业现状及未来对国民经济整体的影响越大,市场综合竞争能力越强,行业地位也越重要。运用行业产品的收入弹性系数能够比较综合地反映行业在社会经济中的地位。其公式如下:

$$某行业产品的收入弹性系数=\frac{某行业产品的需求增长率}{人均国民收入增长率}$$

如果这个比值大于1,说明该行业在产业结构中能占较大份额,有发展潜力,地位重要;若比值小于1,则说明人们的收入虽在增加,但对该行业的产品需求反而在减少,说明这个行业地位下降,前景不妙。

(四)行业内企业规模结构分析

行业内的企业规模结构通常有两种类型:一是悬殊型,行业的进入壁垒较高,大企业实力雄厚,在行业中占绝对领导地位,其他小企业根本无力与其竞争,这种行业内竞争比较缓和;二是均衡型,资金、技术等壁垒都不高,行业内所有企业的规模与实力相当,行业内竞争激烈。

(五)行业内市场结构分析

行业内市场结构分析主要分析行业的市场供求状况,具体有供过于求、供求平衡、供不应求三种情况。一般来说,对供不应求的市场,进入者大量涌入,企业应注意如何形成优势;对供求平衡的市场,企业应注意如何在激烈的竞争中巩固优势;对供大于求的市场,企业应考虑如何先人一步,寻机取得相对竞争优势或退出该行业。

(六)社会环境对行业发展限制的分析

一个行业在发展过程中,可能会受到某些环境因素的限制(如化工、制药、水泥、造纸行业),应当防止由于企业的生产经营而对空气、森林、水源、地貌等自然环境的污染。

三、企业微观环境分析

企业微观环境是指与企业的人、财、物、供、产、销、技术、信息、时间等直接发生关系的客观环境,这是决定企业生存与发展的基本环境。

(一)顾客分析

顾客是企业产品和服务的购买者,包括企业产品或服务的用户和中间商。企业与顾客的关系通常表现为服务与被服务、购买与销售、选择与被选择、争夺与被争夺的关系。因此,要对顾客进行分析,了解顾客的需求内容、趋势及特点,顾客的消费心理、消费习惯及层次等,既要努力去满足顾客的需求,又要积极引导需求、开拓新市场。

(二)供应者分析

供应者是指为本企业提供生产经营活动要素来源的单位。供应者的基本要求是与企业建立稳定合理的交易关系并取得合理利润。

(三)竞争者分析

竞争者是指与本企业争夺市场和资源的对手。他们生产与本企业相同或相似的产品以争夺市场;或使用与本企业相同的资源,从而形成资源竞争关系。从不同角度可以把竞争者分为直接竞争者与间接竞争者、现实竞争者与潜在竞争者等。企业与竞争者的关系有以下三种:

一是相互争夺资源与市场的关系。竞争双方争抢市场和人才、技术、资金、信息资源,都企图获得更大市场份额和更多资源,还积极争夺潜在的市场和新资源。谁占有了市场与资源,谁就有了长远发展的良好条件与基础。

二是相互削弱对方竞争能力的关系,这是一种破坏对方经营能力和对方努力维护其经营能力的关系。为对付这种竞争,企业应全面了解和研究竞争对手的长处和短处,了解对手的经营思想、经营战略、经营计划、经营特点及作用,从而明确本企业的竞争地位及相对优势,为本企业制定战略提供环境分析依据。

三是与竞争对手相互妥协的制衡关系。有时竞争双方若开展激烈竞争会造成两败俱伤的结果,企图削弱对方壮大自己也有困难,此时为了维护自己的竞争地位与竞争者通过谈判在某些方面达成协议、进行合作,从合作中双方都得益,这是一种较为理想的协作型竞争关系。

(四)同盟者分析

在企业经营中,对同盟者分析是十分重要的。从不同角度看,可将同盟者分为基本同盟者与临时同盟者、直接同盟者与间接同盟者、现实同盟者与潜在同盟者、长期同盟者与短期同盟者等。随着环境条件的变化,同盟者的立场与态度行为及同盟程度都可能发生改变,甚至成为竞争者。因此,企业应对各类同盟者的状况、发展趋势及特点进行分析。

(五)其他环境因素分析

企业应对运输部门、外贸部门、上级业务主管部门、财政税务部门等进行分析,与企业所在社区的机构如派出所、新闻媒体等部门的关系也要处理好,否则会给企业正常生产经营活动带来不利影响。

四、企业国际环境分析

(一)当前国际环境的特点

1. 全球信息化

全球信息化为全球经济一体化提供了技术支持,1996 年 7 个发达国家和 32 个发展中国家的科技部长在南非开会,提出全球信息社会化正在加速形成。它共有 5 个特点:(1)互联性。世界互联网及各种内部网络发展使得各国经济发展相互依存、相互渗透。(2)整合性。信息的整合会产生生产力突破,并推动生产力发展。(3)敏捷性。信息是以光速传输的,这极大地提高了信息传递的速度和时间利用率。(4)虚拟化。一方面信息化使世界空间缩小,世界成了地球村,另一方面又使空间变大,多媒体空间出现,使虚拟商店、虚拟市场、虚拟银行等也相应出现。(5)组织扁平化。即由于信息化使企业组织再次集权,中间管理层功能减退,生产者与消费者之间的距离缩短,界限模糊,消费者与生产者可以相互合作。

2. 全球经济一体化

全球经济一体化最突出的特点是国际跨国公司的发展,由于跨国公司的飞速发展,世界各国、企业、管理者之间的距离越来越近,关系越来越密切,从而形成了相互依赖、相互促进、相互制约的复杂关系。

3. 国际上企业之间的兼并和联合形成高潮

由于竞争的需要,国际上许多大公司联合兼并已成为一个趋势,如美国波音公司与麦道飞机公司联合,以及美国埃克森石油公司与美孚石油公司联合等。

4. 知识经济的崛起

知识经济以高技术产业为支柱,以智力资源为依托,一般体现为三个特点:(1)经济的可持续化。与传统经济不同,知识经济是为了保持环境、利用高新技术来开发目前尚不能利用的自然资源。(2)资产投入无形化。传统工业中资金、设备等有形资源起决定作用,而知识经济中是知识、智力的投入起决定作用,虽然知识经济也需要资金投入,但若没有信息、知识、智力的投入,则经济发展会受制约,甚至会停滞不前。(3)决策知识化。知识经济的决策和管理必须知识化。决策者除了要用自己的脑袋决策,还要借助于电脑和外脑。

(二)当前国际环境下企业管理的特点

1. 重视整体社会目标

企业不仅追求经济利益,也重视对社会进步所承担的责任。

2. 重视精神激励

传统工业重视精神激励,但更重视物质激励,而信息化和知识经济尤其重视精神激励,不仅要给予员工表扬,更重要的是要赋予更大的责任和权力,使被管理者发挥自己的主动性、创造性、自觉性,实现自己的人生价值。

3. 重视知识和人才

传统工业以物质资源和资本管理为中心,知识经济则要以人为中心,重视知识和人才,对企业内外的专家的作用更为重视,企业成为学习型组织,发挥着知识和团队的整合效应。

4. 重视企业文化建设

传统工业经济的管理重视规章制度建设,而现代企业组织重视企业文化建设,用共同的价值观凝聚全体员工。

5. 重视领导方式的转变

传统工业经济往往管理过度而领导不足，现代领导方式要求企业每个成员都有参与领导的机会，要通过各种方式提高员工的学习能力。未来的领导是集体领导，是集中公众智慧，统一公众行为的领导。领导必须发挥其模范及专长示范作用，充分施展个人的人格力量，带动大家和企业前进。

五、企业内部环境分析

不断变化的外部环境可能给企业带来潜在机会，但是，企业只有具备了能够利用这种机会的内部条件，潜在机会才有可能变为现实。企业内部环境分析包括企业素质分析、企业活力分析及企业经济效益综合分析。

(一)企业素质分析

企业素质是指构成企业各要素的质量及其相互结合的本质特征，它决定企业生产经营活动的整体功能。企业素质是一个“质”的概念，考察一个企业的好坏与否，主要不是看它的规模大小或职工人数的多少，而是看这个企业的整体素质，既要看它各个要素的质量，更主要的是看各个要素之间的内在联系和相互结合、相互制约的整体功能。企业素质是个动态概念，企业应不断提升自身素质，使之为实现提高企业经济效益目标服务。

企业素质内容包括三个方面：企业技术素质、企业管理素质和企业员工素质。企业技术素质是企业素质的基础，主要包括劳动对象素质，即原材料、半成品、产成品的质量与水平；劳动手段素质，即企业设备、工具装备及工艺水平。企业管理素质是企业素质的主导，是技术素质得以发展的保证，它包括企业的领导体制、组织结构、企业基础管理水平及管理方法、管理手段、管理制度水平、企业经营决策能力、企业文化及经营战略。企业员工素质是指企业所有人员的政治、文化、技术、身体、心态、作风等方面的内容。

上述三个方面形成企业的素质结构。可见，企业素质是由各个因素以某种确定的方式构成的，其中有些因素之间存在相互包容的关系，如图4—4所示。

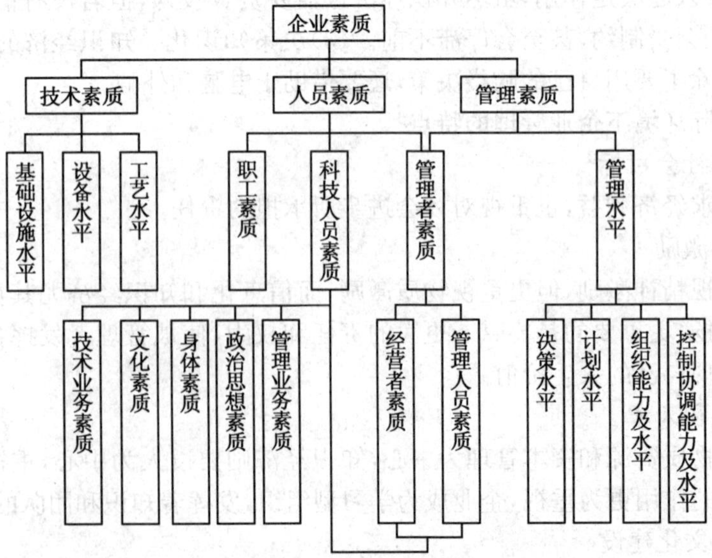

图4—4 企业素质结构

(二)企业活力分析

企业活力是指企业作为有机体通过自身的素质和能力在与外界环境交互作用的良性循环中所呈现的自我发展的旺盛生命力状态。

企业活力可以用企业凝聚力、适应能力、生长能力、竞争能力、获利能力来表示,如图4—5所示。

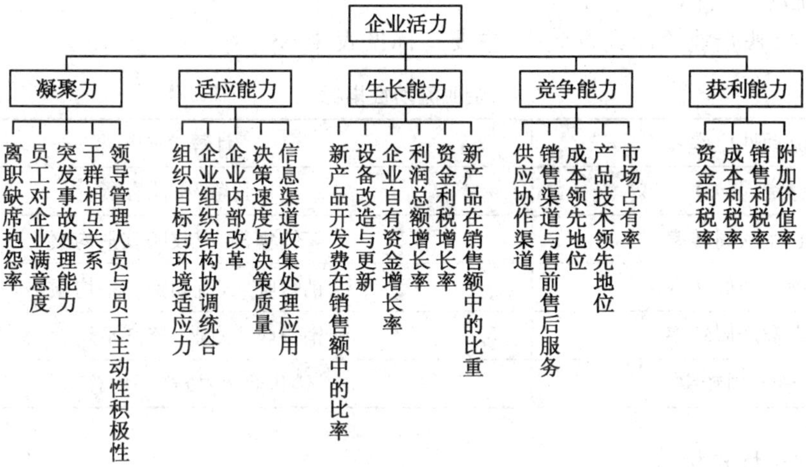

图4—5 企业活力外显特征

企业获利能力是企业赖以生存的最基本的要求,是企业竞争能力、生长能力、适应能力和凝聚力的综合体现,是企业活力的结果。企业竞争能力是企业生存本能的体现,如同人有了运动才有活力一样,企业只有竞争才会有活力,才会有压力,才会充分发挥潜力,才会使企业增强自我积累、自我改造、自我发展、自我约束的能力,竞争是经济规律的要求,凡是能在社会竞争环境中生存的企业必然是有活力的企业,否则就会被淘汰。企业生长能力是企业在竞争中生存的前提条件,企业的生存必须建立在内涵扩大再生产的基础之上,否则企业将会失去生存的能力。企业适应能力是企业对外界环境的应变能力,它主要是通过企业经营管理的改善来实现的,企业要根据市场和外界环境进行生产调整,调整得越及时、越顺利,应变能力就越强。企业凝聚力是以企业职工对企业的态度来表现的,凝聚力强弱关系到企业职工积极性和创造性以及企业整体功能的发挥。

(三)企业经济效益综合分析

战略管理一般应从企业收益性、流动性、安全性、成长性、生产性五个方面对企业进行经济效益分析,故称为经济效益五性分析。

1. 企业收益性指标

该类指标反映企业一定时期的收益及获利能力,主要指标见表4—2。

表4—2　　企业收益性指标

收益性比率	计算公式
所有者总资产报酬率	税后净利润/资产平均总额
所有者权益报酬率	税后净利润/所有者权益

续表

收益性比率	计算公式
销售毛利率	销售毛利/销售收入
销售净利润率	税后净利润/销售收入

2. 企业流动性指标

该类指标反映企业资产经营效率，主要指标见表4—3。

表4—3　企业流动性指标

流动性比率	计算公式
存货周转率	销售额/平均存货
应收账款周转率	年销售额/应收账款平均额
流动资产周转率	销售收入/流动资产平均额
固定资产周转率	销售收入/固定资产平均额
总资产周转率	销售收入/资产平均总额

3. 企业安全性指标

该类指标反映企业资金调度的安全性及对债权人的保障程度，主要指标见表4—4。

表4—4　企业安全性指标

安全性比率	计算公式
流动比率	流动资产/流动负债
速动比率	(流动资产—库存)/流动负债
负债比率	负债总额/资产总额
股东权益比率	股东权益/资产总额
负债与股东权益比率	负债总额/股东权益
收益利息倍数	利税前收益/利息费用

4. 企业成长性指标

该类指标从量和质的角度反映企业的发展情况及趋势，主要指标见表4—5。

表4—5　企业成长性指标

成长性比率	计算公式
销售收入增长率	本期销售收入/前期销售收入
税前利润增长率	本期税前利润/前期税前利润
固定资产增长率	本期固定资产/前期固定资产
总资产增长率	本期总资产/前期总资产
产品成本降低率	本期产品成本/前期(可比)产品成本

5. 企业生产性指标

该类指标反映企业在一定时期内人均生产经营能力、生产经营水平和生产成果的分配问题，主要指标见表 4－6。

表 4－6 企业生产性指标

生产性比率	计算公式
人均销售收入	销售收入/平均职工人数
人均净利润	净利润/平均职工人数
人均资产总额	资产总额/平均职工人数
人均工资	工资总数/平均职工人数

6. 企业经济效益雷达图分析

如果将企业经济效益五性分析的结果绘制在一张图上，企业管理者就能更综合、更直观地判定企业经济效益的整体状况，找出优势和不足，以利于发挥经营管理的优势，改进经营管理的不足，这种分析方法称为经济效益雷达图分析，所绘之图称为经济效益雷达图（如图 4－6 所示）。

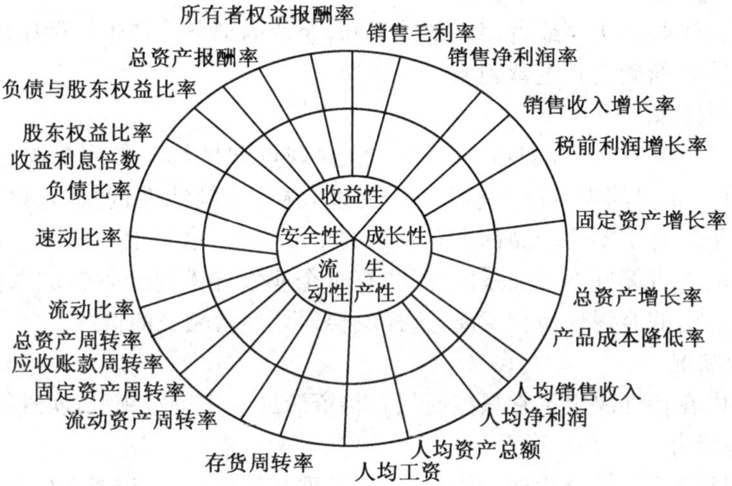

图 4－6 企业经济效益雷达图

雷达图的绘制方法是：先画出三个同心圆，内圆代表同行业经济效益平均水平的 1/2 值（或最坏情况），中圆代表同行业平均水平，外圆代表同行业平均水平的 1.5 倍（或最好情况）。把这三个同心圆分成五个区域（扇形），分别代表企业经济效益五性。从圆心开始，以放射线的形式分别画出相应的经营比率线。在雷达图上把企业在一个会计年度各种经营比率标示出来，相互连接成一个多边形，若企业某项指标位于中间圆以内，就说明该项指标低于行业平均水平，应分析原因找出解决方法。若某项指标接近或超出最大圆，应该发扬和保持；若某项指标接近或低于最小圆，那就说明该项指标恶劣，应努力加以改善。多边形整体接近外圆或内圆，表明企业从整体看处于强势或弱势，前者经营素质优良，后者经营素质低劣。

第三节 通用竞争战略

一、经营战略概论

(一)经营领域的选择

科学地界定企业经营领域对企业的战略管理意义非常重大。它有助于确保企业内部各部门、各层次人员对企业生产经营方向形成一致的认识。只有认识一致,才能协调行动,它也是企业经济地获取和有效地配置资源的根据和要求。经营方向的确定便于形成共同语言和企业文化,吸引志同道合的人才。经营领域一经确定,就应保持相对稳定,致力于企业稳定地发展壮大,并建立起自己的竞争优势。

企业经营领域的确定主要受以下五种因素的影响:

1. 企业的历史

每个企业都有在一定经营领域内实现自己目标、方针和取得成就的历史。选择新的经营领域,企业必须考虑和尊重自己历史形成的特征,对于过去经营非常成功的企业,尤其应根据自己的历史特征来确定自己的经营领域。

2. 企业内外环境状况

当外部环境提供某种机会或者存在某种威胁,企业内部条件产生某种比较优势或劣势时,企业就可能改变或重新确定其经营领域。

3. 企业领导人偏好

每个企业领导人都有自己的观点和见解,这些观点和见解会影响企业经营领域的选择。例如,四川长虹在很长时间内专注于彩电这个主业,春兰稳健地推行"多元化"政策,而海尔在家电领域中则几乎所有重要的产品都占有一定的市场份额,这恐怕与三家公司的决策者对市场的见解和个人的决策偏好不无关系。当然,有时企业领导人对经营领域选择的主观偏好和愿望经常与企业经营的客观环境相背离,这样就会误导经营领域的选择。

4. 企业资源状况

企业资源的内在特性决定了它只能或只宜将资源配置于特定领域,实现特定经营目标。

5. 企业管理能力

企业各项职能管理及综合管理的能力越强,管理基础越好,就越能在较宽的经营领域里实现自己的目标;反之就只能实现范围狭窄的目标。

(二)确定企业经营领域的原则

1. 市场导向与产品导向相结合的原则

从企业战略的层面看,任何企业的产品都是短暂的、易过时的,企业经营过程本质上是一个满足顾客需求的过程,因为顾客群及其基本需求都是永恒的。因此,企业在确定经营领域时应树立市场导向,摒弃产品导向。表4-7比较了若干企业产品导向和市场导向这两种不同经营领域定义之间的差异。

从表4-7可以看出,产品导向的经营领域定义是具体的、刻板的、缺乏适应性的,而市场导向的经营领域定义则是抽象的、灵活的、富有弹性和适应性的,它反映了企业和市场不断互动的本质属性。"顾客规定企业"是企业市场导向确定经营战略的基础,任何一家企业都必须科学回答三个问题:谁是你的顾客?顾客在哪里?顾客购买什么?

表 4—7　　产品导向和市场导向的比较

公　司	产品导向经营领域定义	市场导向经营领域定义
化妆品公司	生产化妆品	出售希望和美丽
复印机公司	生产复印机	帮助改进办公效率
化肥厂	出售化肥	帮助提高农业生产力
石油公司	出售石油	提供能源
电影厂	生产电影片	经营娱乐
空调厂	生产空调器	为家庭及工作地点提供舒适的环境温度

2. 行业发展规律原则

从行业生命周期角度看，企业选择经营领域要力求选择“朝阳行业”，尽量不选择“夕阳行业”。要选择行业产品收入弹性系数大于1.0的行业，即尽量选择那些在国家产业结构中所占份额较高、发展空间较大、地位较为重要的行业。要注意行业的进入壁垒(即行业进入障碍)及行业中大企业的垄断程度，要了解整个行业的市场容量有多大。

3. 符合国家、地方产业政策的原则

企业要选择那些符合国家、地方产业政策的行业，不符合各地产业政策的行业将得不到地方政府的支持。

4. 关联性的原则

企业要尽量选择与本企业在市场上或技术上有关联的行业，尽量少选择那些与自己毫无关联的行业进行经营，以减少风险，充分发挥本企业优势的原则。企业要尽量找到最能发挥本企业优势的领域，而不要选择自己陌生的行业。

二、企业战略目标

对于企业战略目标的内容，不同学者在不同著作中有不同的概括。总括起来，可将企业战略目标的内容大致归纳为以下13个方面：

(1)盈利能力，包括权益报酬率、资产报酬率、每股收益、销售利润等指标。

(2)市场竞争地位，包括市场占有率、相对市场占有率、销售量或销售额的增长率等指标。

(3)生产效率，包括投入产出比率、单位成本、人均产量、自动化程度等指标。

(4)产品结构，包括产品线、新产品开发数、新产品销售收入比重等指标。

(5)财务目标，包括资本结构、资本规模、新增股本、资产增值率等指标。

(6)企业建设与发展，包括年产量增长速度、经济效益提高速度、生产规模扩张、生产自动化、管理自动化等指标。

(7)物质设施，包括工作面积、固定费用或生产量等指标。

(8)组织结构与活动，包括将实行的变革或将承担的项目等指标。

(9)顾客服务，常以交货期或顾客不满意程度来表示。

(10)研究与创新，包括开发与创新项目数、研究费占销售额的百分比，新获专利数、技术人员比例等指标。

(11)人力资源开发,包括培训人员数、培训费用、学历及职称结构的改善、人员流动率、缺勤率、迟到率、人均劳动产出率等指标。

(12)员工福利水平,包括人均工资、人均资金、福利项目等指标。

(13)企业社会责任,包括防治污染、环保投资、提供就业机会、合理利用资源、捐助公益事业等方面的量化指标。

实践中,每个企业应依据自己的实际情况确定战略目标的具体内容。

三、通用的竞争战略

竞争优势是一切战略的核心,企业要在市场竞争中获取竞争优势,就必须在战略上确定争取哪一种竞争优势和在什么范围内争取竞争优势。研究认为,供企业选择的通用竞争战略有三种:成本领先、别具一格和集中一点。

(一)成本领先战略

成本领先战略是指企业决定成为所在产业中实行低成本生产的厂家,成本优势的来源因产业结构不同而有所差异,包括追求规模经济、专利技术、原材料的优惠待遇和其他因素等。

成本领先战略的成功取决于企业日复一日地实施战略的技能,它是艰苦工作和持之以恒地重视成本工作的结果。企业降低成本的能力有所不同,甚至当它们具有相似的规模、相似的累计产量或相似的政策指导时也是如此,因此,成本领先战略需要企业有很好的管理。

下述方面容易导致企业成本领先战略的失败:集中于生产活动的成本,别无他顾;忽视采购,忽视间接的小规模的活动;对成本驱动因素的错误认识;不能很好地利用各种能降低成本的联系;成本降低中的相互矛盾。

(二)别具一格战略

别具一格战略是指企业在客户广泛重视的某些方面力求在本产业中独树一帜。它从其产业里挑选出为许多客户所重视的一个或数个特质,把自己置于别出心裁的地位以满足这些需求,从而得到溢价的回报。

别具一格的手段因产业不同而异。它可以建立在产品本身的基础上,也可以以产品销售的交货系统、营销做法及其范围广泛的其他种种因素为基础,价值链中的任何一种活动都能够为企业实现别具一格发挥作用。

下述方面容易导致企业别具一格战略的失败:无意义的别具一格;过分的别具一格;溢价太高;不了解别具一格的价值;只重视产品而忽视整条价值链;不能正确地认识买方市场。

(三)集中一点战略

集中一点战略是企业以在一个产业内狭窄的竞争范围内进行选择为基础,选择一个产业里的一个部分或一些细分市场,使其战略适合于为这部分市场服务而不顾及其他,企业通过完善适合其目标市场的战略,谋求在它并不拥有全面竞争优势的目标市场上取得优势。它有两种形式:着眼于在其目标市场上取得成本优势的为成本集中,着眼于在其目标市场上取得别具一格形象的为别具一格集中。

表4—8比较了三种通用竞争战略的不同之处。

表 4—8　三种通用竞争战略比较

通用战略	企业所需的技能和财力	对企业经营管理的要求
成本领先战略	持续的资本投入和取得资本的途径;加工工艺技能;认真的劳动监督;设计容易制造的产品;低成本分配系统	严格的成本控制;经常而又详尽的控制报告;结构严密的组织和责任;以满足严格的定量目标为基础的刺激
别具一格战略	强有力的市场营销能力;产品工艺设计;创造性的眼光;强有力的基础研究能力;企业在质量或技术方面的声誉;行业内的长期传统或吸收其他企业技能的独特组合方式;来自分配渠道的强有力的合作	在研究与发展、产品开发和市场营销功能方面强有力的协调;用主观衡量和刺激替代定量化的衡量;吸引高技能劳动力、科学家或有创造能力的人才
集中一点战略	针对特定战略目标的上述政策结合	针对特定战略目标的上述政策结合

第四节　企业经营战略的实施与控制

一、企业经营战略的实施

在企业经营战略实践中,较常见的战略实施模式有五种:指挥型、变革型、合作型、文化型、增长型。这里主要介绍前两种。

(一)指挥型战略实施模式

指挥型战略实施模式就是企业总经理在各部门下属的调研论证基础上统筹考虑制定一个最佳的战略,向企业高层管理人员宣布企业战略,然后要求下层管理人员去执行。其运用的约束条件是:总经理要有较高的权威;战略制定者与战略执行者的目标比较一致;战略对企业现行运行系统不会构成威胁;企业组织结构一般都是高度集权式的体制;企业环境稳定,能够集中大量信息,资源较宽裕;企业需要配备一定数量的、具有全局眼光的规划人员来协调各事业部的计划,使其更加符合企业的总体要求。这种模式局限性在于:它把战略制定者与执行者分开,高层管理者制定战略,强迫下层管理者执行战略,这样,下层管理者将缺少执行战略的动力和创造精神,甚至会拒绝执行战略。

(二)变革型战略实施模式

变革型战略实施模式就是企业总经理在其他方面的帮助下对企业进行一系列变革,如建立新的组织结构、新的信息系统,变更人事,甚至兼并或合并经营范围,采用激励手段和控制系统以促进战略的实施。企业领导者往往采用三种方法来推进战略成功:利用新的组织机构和参谋人员向全体员工传达战略优先考虑的重点,从而把企业的注意力集中于战略重点所需要的领域;建立企业的战略规划系统、效益评价系统及控制系统,采用各项激励政策以便支持战略的实施;充分调动企业内部各部分人员的积极性,争取各部分人员对战略的支持,以此来保证企业战略的实施。

二、企业经营战略的控制

在企业战略实施过程中必须进行合理的控制,控制的方式主要有:

(一)事前控制

在实施战略之前,要设计好正确有效的战略计划,该计划要得到企业高层领导人的批准后才能执行，其中有关重大的经营活动必须经过企业领导人的批准同意才能开始实施，经过批准的内容往往就成为考核经营活动绩效的控制标准，这种控制多用于重大问题的控制，如任命重要的人员、重大合同的签订、购置大型设备等。

（二）事后控制

这种控制方式发生在企业经营活动之后，要把战略活动的结果与控制标准相比较，其重点是要明确战略控制的程序和标准，把日常的控制工作交由职能部门人员去做，在战略计划部分实施后，将实施结果与原计划标准相比较，由企业职能部门及各事业部门定期将战略实施结果向高层领导报告，由领导者决定是否要采取修正措施。

（三）随时控制

随时控制又称过程控制。企业高层领导者若要控制企业战略实施中关键性的过程及全过程，就得随时采取控制措施，纠正实施中产生的偏差，引导企业沿着战略的方向进行经营，尤其要要对关键性的战略措施进行随时控制。

（四）财务控制

这种控制覆盖面广，是用途极广的非常重要的控制方式，包括预算控制及各种财务指标的控制。

（五）生产控制

生产控制是对产品品种、数量、质量、成本、交货期及服务等方面进行控制，可分为产前控制、过程控制及产后控制等。

（六）销售规模控制

销售规模太小会影响经济效益，而太大则占用资金过多，也影响经济效益，因此，要对销售规模进行控制。

（七）质量控制

质量控制包括对企业工作质量和产品质量的控制。工作质量不仅包括生产工作的质量，还包括领导工作、设计工作、信息工作等一系列非生产工作的质量，因此质量控制范围包括生产过程和非生产的其他一切过程的控制，质量控制是动态的，着眼于事前和未来的质量控制。

（八）成本控制

通过成本控制，可以使各项费用降到最低水平，达到提高经济效益的目的。成本控制不仅包括对生产、销售、设计、储备等有形费用的控制，而且还包括对会议、领导、时间等无形费用的控制。在成本控制中要确定各种费用的开支范围、开支标准并严格执行，要事先进行成本预算等工作。成本控制的难点在于企业中的非独立核算部门缺乏成本意识。

现实中，企业战略控制是多种方式的综合。

思考与练习

1. 结合现实中的例子阐述行业竞争结构模型。

2. 三种通用竞争战略各适合什么样的企业？

3. 企业内部条件分析一般从哪几个方面着手进行？为什么企业内部条件分析要借助于外部专家进行较好？

4. 经营战略的选择要注意哪些问题？

技能训练

1. 请对自己未来的3～5年作一个规划。
2. 分析自己小组所收集的20～30家企业所处的行业情况并进行班级交流。
3. 为自己小组模拟设立公司，为公司设计竞争战略并就该战略的根据及内容进行班级交流。

案例讨论与分析

紫光公司的战略管理

紫光公司(以下简称紫光)在开发和生产激光设备方面处于国内领先地位，现有员工600人，其中300人是生产人员，100多名研发和设计人员，其余是工程、销售、市场和管理人员。该公司主要生产两类光电产品：电子数字计算器和激光器。该公司主要通过直属销售团队和代理商来销售产品，现有遍布全国的3家分支机构和11家代理商。

随着经济的发展，紫光要保持在业内的领先优势必须达到更高的要求：市场变化快，要求企业透明度更高；市场竞争加剧，要求企业反应更快；市场对企业创新能力要求越来越高；投资者对企业的利润要求定位较高。紫光在两年半前采购了财务通软件，主要用于财务管理。在新的竞争要求下，原有的财务通已明显不能支持紫光的战略发展。具体表现为：客户数量在增加，满意度却在下降，导致客户流失率增加；生产效率不高、周期长；库存资金占用大；企业对市场变化反应慢；手工操作、信息传递不及时、不准确；管理方式陈旧，不适应企业长远发展要求。

面对这一现状，紫光管理层提出："将带领紫光实现信息化。"同时将紫光的战略目标确定为："不断推出新的技术与产品，创造最佳的股东回报率和实现当年销售收入增长50%。"

确定这一战略后，公司CEO(首席执行官)迅速组建了公司内信息化委员会，并对公司的现状进行了全面的调研和评估：销售总监常常抱怨销售预测不准确，而生产总监则指责临时订单较多，以致公司很难在事前对营运状况和盈利收入作出预测。计划预算方面，生产总监只制订月计划，且从不进行计划调整和修订；而财务总监也反映预算变化大，难以反馈。监控方面，公司几乎从上到下一致反映缺乏有效的监控保障，CEO称难以及时监控，销售总监抱怨几天后才知道销售现状如何，CIO(首席信息官)则指出财务与业务没有实现一体化。

(1)实现战略目标成功的关键因素是：提升数据分析和决策支持能力；扩大销售渠道，增强销售能力；加强预算控制；改进生产工艺，提升产能；降低库存，提高库存周转率；降低成本，准时交货；提高内部沟通效率；开发新产品，缩短新产品上市时间。

(2)战略方案以企业绩效管理(BPM)为核心，从财务、客户、内部流程、学习与成长四个维度来衡量，紧密连接企业管理的三个层次：战略管理层、管理控制层、业务操作层。

战略管理层：公司根据发展愿景和内外竞争因素，制定战略目标，确定战略执行途径并将目标逐层分解，落实到行动方案，从管理控制层与业务运作层的战略执行过程中获取实时反馈信息，从而优化战略。

管理控制层：将行动方案转化为计划预算，对绩效运作过程进行实时监控，根据分析报告，调整行动方案。

业务操作层：借助ERP/ERPⅡ系统，执行具体的业务操作，并产生绩效评估的实际业务信息。

根据这一思路，紫光构建了面向多层次的战略企业管理应用架构：

第一层是面向紫光业务操作人员的业务运营管理层——包含财务管理、物流、制造、客户关系管理、人力资源、办公自动化等，实现包括预算监控等在内的具体业务监控。业务操作人员在ERP、CRM、SCM等业务运营管理系统上进行相关的业务处理，监控业务结果，并进行相应的处理。

第二层是面向紫光管理控制人员的商业智能层——进行全面的商业分析与优化功能，包括财务分析、物流分析、制造分析、人力资源分析以及客户关系管理分析等，要求中层管理者贯彻执行企业战略，并对战略执行情况实时监控，以便采取相应的措施。

第三层是面向紫光战略管理人员的战略企业管理层——通过提供企业战略管理和战略规划的各种工具与方法，来实现目标管理、业务规划、预算管理、管理监控、业务合并、投资者关系管理等功能，要求高层进行战略制定、战略监控和优化。

(3)战略目标的有效分解与执行。公司利用战略地图有效地分解战略对象，建立起关键成功因素的因果关系。为实现战略目标“创造最佳的股东回报率和实现当年销售收入增长50%”，需要做到以下几点：

第一，财务方面实现税后股东利润率达到15%、税后利润率达到10%、销售收入增长50%、提高设备产能、提高存货周转率、加强预算控制、降低成本。

第二，客户方面实现扩大代理商规模近150%、增加市场占有率、提高客户满意度(24小时内上门服务)和忠诚度(老客户的保留)。

第三，内部流程上要保持技术领先地位、改进生产方式和营销方式、提高内部沟通渠道畅通、加强与供应商沟通、减少重复采购、具体流程重新再造。

第四，学习与成长方面要明确部门及员工的绩效目标、提升企业整体客户意识、创建具有进取精神的环境、提高员工满意度、集成信息系统、提升信息分析能力。

在战略目标分解后，公司要严格按照“目标—量度—指标—计划”，将关键绩效指标转化为行动方案。

在执行的过程中进行实时绩效监控。从业务交易系统中实时获取关键绩效指标的实际值，与战略目标值相比较后，分析二者之间的差异，便于企业管理者实时掌握企业的运营状况。借助各种管理监控工具，指导业务人员采取相应的处理措施，保证部门和个人的行动与战略目标始终一致。

企业战略管理信息化方案在紫光实施后取得了显著成效：通过投资回报率分析，紫光一次性总投资成本为655万元，每年投资回报率达到40.2%，约3年可以收回投资。当年即实现了增长50%的战略目标。

思考与讨论：

结合战略管理基本理论，你认为紫光公司的战略管理有哪些可取之处？

第五章

企业市场营销管理

• 关键词汇

市场　市场营销　需要　需求　产品　价值　扩展型购买决策　有限型购买决策　名义型购买决策　组织市场　市场细分　密集单一市场　有选择的专门化　产品专门化　市场专门化　目标市场　市场定位　核心产品　形式产品　期望产品　附加产品　潜在产品　产品组合　产品生命周期　快速掠取　缓慢掠取　快速渗透　缓慢渗透　成本导向定价　竞争导向定价　顾客导向定价

第一节　市场营销概述

一、市场

理解市场可以有不同的角度，如作为场所的市场是指商品交换的固定场所或商品交换的空间或领域；作为活动的市场是指能适用于超过自给自足的所有交换形式；作为机制的市场，就是保罗·A·萨缪尔森所说的"市场是一种通过把买者和卖者汇集在一起交换物品的机制"，是"一种物品的买者和卖者的相互作用，以决定价格和产量的机制"。作为制度的市场，即新制度经济学主张的市场是具有社会性质的复杂交换过程，是人们之间自由交易、自愿约定的契约形成过程，在此意义上，市场也就意味着制约交换的一种规则、一种制度。作为关系的市场，马克思主义经典理论认为，市场是"商品所有者的全部相互关系的总和"，包括使用价值和交换价值的关系、商品和货币的关系、买者和卖者的关系、生产者和消费者的关系等。在企业管理中，我们主要从市场营销的视角理解市场，市场是由一切有特定需求或欲望并且愿意和可能从事交换来使需求和欲望得到满足的潜在顾客，是人口、购买力、购买欲望和可供商品四要素的组合。

基于不同的视角可对市场作不同的分类，如长期市场与短期市场（季节市场）、国内市场与国际市场、商品市场与要素市场、显性市场与隐性市场、成熟市场（传统市场）与新兴市场、有形市场与无形市场、买方市场与卖方市场、竞争性市场与垄断性市场、现货市场与期货市场（延期市场)等。

二、市场营销

(一)市场营销的含义

Marketing 在中国的翻译有“销售学”、“市场学”、“行销学”、“市务学”、“市场营销学”等,反映出我国学界和企业界对市场营销概念认识的变化。菲利普·科特勒(Philip Kotler)认为:“市场营销是个人和群体通过创造并同他人交换产品和价值以满足需求和欲望的一种社会和管理过程。”这个定义包含了一系列相互联系的概念,如图 5—1 所示。

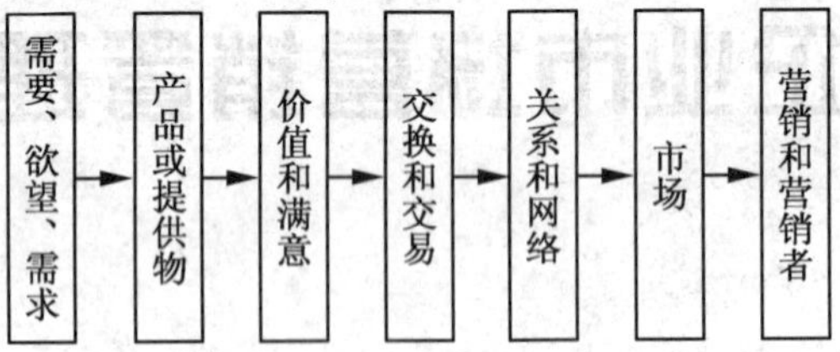

图 5—1 市场营销包含的概念

(二)市场营销的相关概念

1. 需要、欲望和需求

人们之所以会通过市场进行交换,是因为要满足自己的需要和欲望。需要是指消费者生理及心理所感受到的没有明确指向的没有得到满足的状态,它只论个体而不论其他,如要什么,如何要,等等。例如,饿了要充饥,至于用面条还是米饭,是自己做还是买等都不论。当这种要求一旦有明确指向时,需要就变成了欲望。营销者应当研究人的欲望,特别是有购买能力的人的欲望,它构成对企业产品的需求。需求是指对有能力购买并且愿意购买的某个具体产品的欲望,它应视为在具体时间、具体条件、具体环境的约束下需要的特定体现。它在关注“要”的同时还得强调与“要”相关的诸多方面,如是否有相应的资源支撑。需要与需求的关系是一般与特殊的关系,如人的生理有保暖的需要,但对企业而言可以提供羽绒衣、棉衣、皮衣等不同的产品满足不同消费者的保暖需求。

2. 产品或提供物

不同的产品或服务满足同一需求的程度不同,并且需要购买者付出的代价也不同,有竞争力的产品或服务总是能在适当的环境以适当的方式和适当的要价提供给购买者。市场营销要求有科学的产品设计、价格设计、渠道设计、促销设计等。

3. 价值和满意

消费者认为自己的付出应换来自己想得到的东西,如果企业的产品对消费者有价值,并且认为获得的代价在自己的期望值内,消费者就会感到满意,感到满意的消费者有可能成为企业的忠诚顾客,不断地为企业带来各种收益,企业因此才能在激烈的竞争中生存和发展。

4. 交换和交易

交换是市场营销的核心概念:交换是一个过程,如果双方正在洽谈并逐渐达成协议,称为在交换中。如果双方通过谈判达成协议,交易便发生。交易是交换的基本组成部分,交易是指买卖双方价值的交换,它是以货币为媒介的,而交换不一定以货币为媒介,它可以是物物交换。交易的要素包括交易的对象、条件、时间、地点和制度。

5. 市场、关系和网络

市场是一系列交换关系的总和，也是交换发生的平台。现代营销非常重视同有关环节建立良好的关系，精明能干的市场营销者都会重视同顾客、分销商等建立长期、信任和互利的关系，建立相应的网络。关系营销可以减少交易费用和时间，最好的交易是使协商成为惯例。

三、市场营销管理

市场营销管理是指为创造达到个人和机构目标的交换而规划和实施理念、产品和服务的构思、定价、分销和促销的过程。市场营销管理是一个过程，包括分析、规划、执行和控制。营销管理内容包含分析市场机会、选择目标市场、策划营销战略、设计营销方案、实施营销努力等，它既与企业的营销理念有关又与企业的产品和服务等有关。市场营销管理的基础是交换，本质是需求管理。在企业中，无论是高层领导还是基层领导甚至员工个体，都必须具有市场营销的理念及知识，只有这样企业才能参与市场竞争。

第二节　市场营销分析

一、市场营销调研

市场营销调研是指运用科学的方法系统地、客观地辨别、收集、分析和传递有关市场营销活动各方面的信息，为企业营销管理者制定有效的市场营销决策提供重要的依据，它是对市场营销活动全过程的分析和研究。

市场营销调研从识别市场机会和问题、制定营销决策到评估营销活动的效果，涉及企业市场营销活动的各个方面。其主要内容包括：市场需求和变化趋势的调研、购买动机的调研、产品调研、价格调研、分销调研、广告调研、市场竞争调研和宏观环境调研等。

(一)市场营销调研的类型

根据研究的问题、目的、性质和形式的不同，市场营销调研一般分为四种类型：(1)探测性调研，用于探询企业所要研究问题的一般性质；(2)描述性调研，通过详细的调查和分析，对市场营销活动的某个方面进行客观的描述；(3)因果关系调研，旨在找出营销过程中关联变量与营销效果之间的因果关系；(4)预测性调研，是企业为了推断和测量市场的未来变化而进行的研究。

(二)市场营销调研的步骤

一般而言，根据调研活动中各项工作的自然顺序和逻辑关系，市场营销调研包括以下三个阶段：

1. 准备阶段

准备阶段的主要任务是界定研究主题、选择研究目标、形成研究假设并确定需要获得的信息。

2. 设计阶段

研究设计是指导调研工作顺利执行的详细蓝图，主要内容包括确定资料的来源和收集方法、收集资料的工具、样本计划以及调研经费预算和时间进度安排等。

3. 执行阶段

执行阶段就是要把调研计划付诸实施。此阶段主要包括实地调查即收集资料，然后对资料进行处理、分析和解释，最后提交调研报告。

表 5—1 调研计划内容

资料来源	第一手资料、第二手资料
调研方法	观察法(人工观察、非人工观察)、询问法、实验法
调研工具	调查表、机械工具
抽样计划	抽样范围、抽样程序
接触方式	电话、邮寄、网络、面谈

二、市场需求分析

市场需求可以认为是一个产品在一定的地理区域和一定的时期内、一定的营销环境和企业的营销努力下，由特定的顾客群体愿意购买的总数量。它是一个在一组条件下的函数，也被称为市场需求函数。需求与行业营销费用有一定的相关性。基本销售量(称为市场最低量或市场容量)是不需要任何营销促进费用也会发生的市场销售量。高水平的行业营销费用会产生报酬率先递增后递减的较高水平的需求。但当营销费用超过一定的限度后，就不再影响需求的扩张，因此，可对市场需求假设一个上限，并称为市场潜量。

市场最低量和市场潜量之间的差距，表示了全部的营销需求敏感性。

企业需求是企业对自己通过营销努力能达到的市场需求份额的估计。其方程式为：

$$Q_i = s_i Q$$

式中，Q_i 为企业 i 的需求；s_i 为企业 i 的市场份额；Q 为市场总需求。可见，企业的市场需求是行业总的需求和企业的市场份额相互作用的结果。

三、市场营销信息系统

菲利普·科特勒将市场营销信息系统(Marketing Information System，MIS)定义为：由人、机器和程序组成，并为营销决策者收集、挑选、分析、评估和分配所需要的及时、准确的信息，以使营销分析、计划、执行和控制具有科学性和准确性。

营销信息系统的构成如图 5—2 所示。营销管理者为了实施其分析、计划、执行和控制的责任(见图 5—2 最左边的方框)，需要对营销环境进行信息开发(见最右边的方框)。营销信息系统的作用是评估管理者的信息需要，收集所需要的信息，为营销管理者适时分配信息。所需信息的处理通过企业内部报告、营销情报、营销调研和营销决策支持分析四个方面进行。

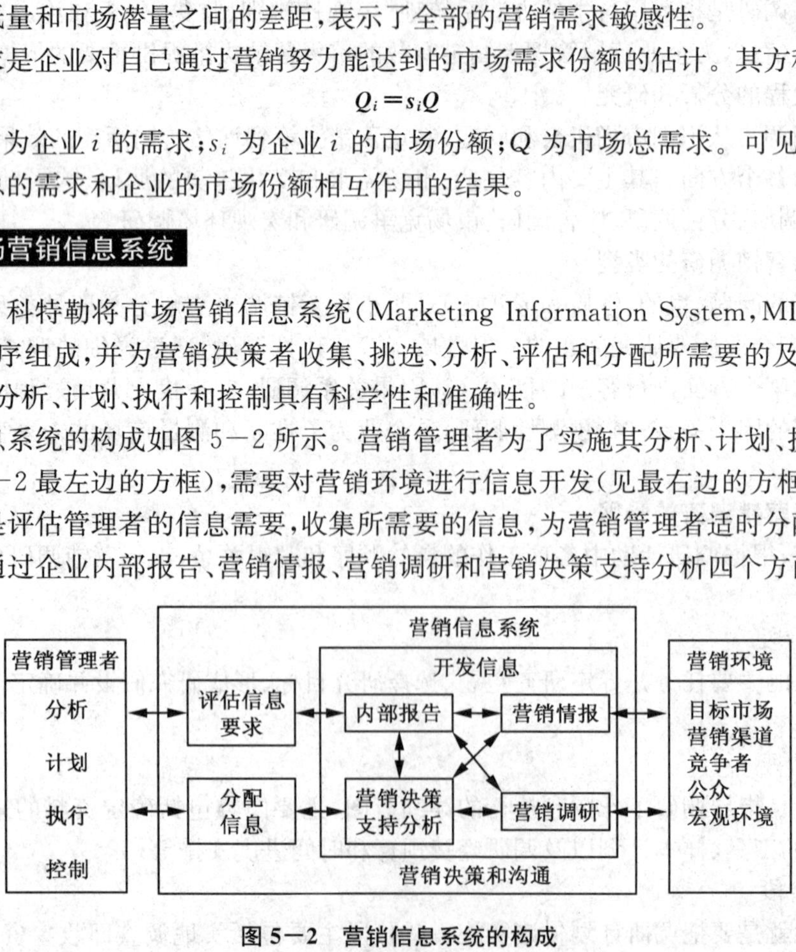

图 5—2 营销信息系统的构成

(一)内部报告系统

内部报告系统,也称内部会计系统,是企业营销管理者常用的最基本的信息系统。其主要功能是向营销管理人员及时提供有关订货数量、销售额、产品成本、存货水平、现金余额、应收账款、应付账款等各种反映企业经营状况的信息。

(二)营销情报系统

营销情报系统是指市场营销管理人员用以获得日常的有关企业外部营销环境发展趋势的恰当信息的一整套程序和来源。它的任务是利用各种方法收集、侦察和提供企业营销环境最新发展的信息。

(三)营销调研系统

营销调研系统的任务是系统客观地识别、收集、分析和传递有关市场营销活动各方面的信息,提出与企业所面临的特定的营销问题有关的研究报告,以帮助营销管理者制定有效的营销决策。

(四)营销决策支持分析系统

营销决策支持系统也称营销管理科学系统,它通过对复杂现象的统计分析,建立数学模型,帮助营销管理者分析复杂的市场营销问题,作出最佳的市场营销决策。

第三节 购买行为分析

对购买行为进行合理正确的分析是市场营销活动取得成功的基础,购买行为分析主要包括消费者购买行为分析和组织市场购买行为分析。

一、消费者购买行为分析

(一)消费者市场的概念

消费者市场是指个人和家庭为满足生活需要而购买消费品和服务的市场,它是企业提供的产品和服务的最终市场。在消费者市场,企业通过各种营销手段和营销工具同成千上万、各具特性的消费者发生价值交换行为,得到消费者的认可,满足消费者的需求,获取利润。消费者市场具有需求的广泛性、无限扩展性、复杂多变性、可诱导性、分散性和购买的非专业性等特点。

营销人员在制定针对消费者市场的营销策略前要先回答下述七个问题,这样才能使自己的营销活动有更清晰的目标、更强的针对性。

(1)消费者市场由谁构成?(who)	购买者(occupants)
(2)消费者购买什么?(what)	购买对象(objects)
(3)消费者为何购买?(why)	购买目的(objectives)
(4)消费者的购买活动有谁参与?(who)	购买组织(organizations)
(5)消费者怎样购买?(how)	购买方式(operations)
(6)消费者何时购买?(when)	购买时间(occasions)
(7)消费者何地购买?(where)	购买地点(outlets)

(二)影响消费者购买行为的主要因素

1. 消费者的资源

消费者的资源有经济资源和时间资源。

影响消费者购买的经济资源包括个人或家庭的收入、财富和消费信贷。

个人或家庭的收入作为购买力的主要来源是决定消费者购买行为的关键因素。一般认为，收入由工资、奖金、津贴、红利和利息等构成，营销人员在衡量消费者收入水平时还应注意区分名义收入与实际收入的差异和变化。名义收入就是人们以货币形式获得的收入，实际收入则是在考虑通货膨胀和种种非货币收入因素之后所测算的收入。

收入不同，消费者的需求结构也不同。恩格尔定律表明：随着家庭收入的增加，食物支出在整个家庭支出中的比重逐步下降，而用于住房、教育、健康、休闲等方面支出的比重增加。除收入会影响消费者的购买外，财产及信贷对消费者的购买也有影响。

即使有钱若没有时间，消费者也无法消费，因此，营销人员必须关注消费者的时间问题。传统上人们将个体的全部时间分为工作、休闲两部分，现在人们将个体的全部时间分成工作、非自由处置时间、休闲三部分。吃饭、睡觉、家务、个人护理及其他负有道义责任的事务所占用的时间为非自由处置时间，营销人员必须了解消费者如何确定安排自己的时间组合，在产品、服务的提供方面，有针对性地设计消耗时间的产品和节约时间的产品。

由于自由处置时间或休闲时间的减少，消费者要求在有限的休闲时间里获得更大的满足和快乐，营销者能否满足消费者的类似要求是个挑战性课题。

当消费者希望通过压缩非自由处置时间来获取更多的休闲时间时，企业就应通过提供节省时间的产品与服务来帮助消费者达到目的。

2. 文化因素

文化是指人类在生活实践中建立起来的价值观念、道德规范和其他有意义的象征的综合体。狭义的文化是指社会的意识形态及与之相适应的制度和结构。文化对消费者行为的影响主要基于文化的习得性、动态性、差异性和无形性。

大多数时间，文化对消费者行为的影响和诱导如同一只看不见的手，就是说，消费者自己有时也并不十分清楚自己的某一消费行为是如何受文化影响的，如年纪大的人认为勤俭节约、谨慎消费是非常自然的事，而受西方文化影响的年轻一代却不这么看，这就要求营销者深入地研究不同文化对不同消费者可能会有的不同影响。

文化因素影响消费者购买行为还有一个方面就是社会阶层。社会阶层是指由具有相同或类似社会地位的社会成员组成的相对持久的群体，有人根据职业、收入来源、教育水平、价值观和居住区域等方面的不同划分社会阶层，有人则根据对组织资源、经济资源和文化资源的占有情况不同划分社会阶层。在社会生活中具有较高社会地位的人，通过展示其相应社会地位的消费活动来同其他阶层的人相区别。同一阶层的人交往，身心放松、心理地位平等，而不同社会阶层的人交往，要么感到拘谨不安，要么漫不经心。营销者应认识到这一点，在产品设计、促销沟通上都可作相应的安排。

3. 社会因素

社会因素包括相关群体、家庭、身份角色三个方面。

相关群体又称参考群体，它是指一种实际存在的或想象存在的，可作为个体判断事物的依据和榜样的群体。每个人在社会上都会受到相关群体的影响。根据个体的成员资格和群体对个体态度、行为的正面或负面影响，可将相关群体区分为成员群体、渴望群体、拒绝群体和回避群体。

相关群体对消费者的影响表现在规范性影响、信息性影响、价值表现性影响。

家庭是指以婚姻关系、血缘关系和收养关系为纽带而结成有共同生活的社会基本单位。

家庭具有经济功能、情感交流功能、赡养与抚养功能、教育功能及家庭成员的社会化功能，不同的家庭对消费行为有不同的影响。研究者认为存在四种不同的家庭购买决策模式，即妻子主导型、丈夫主导型、自主主导型、联合型，不同的决策模式在问题的识别、信息的搜寻、评价、款项的支付、使用权的分配甚至消费品的处置等方面都有所不同。

身份和角色是个体在不同的场合，周围的人对其有不同的期望的现象，同一个人，在不同的场合是以不同的身份角色出现的，他的经历必须满足其周围的人对某种角色的要求，身份角色不仅可通过个体的内质体现，更多的可通过个体的消费来体现。营销人员将自己的产品或服务塑造成某种身份角色的符号性标志，将会吸引更多的目标顾客。

4. 个人因素

个人因素对消费行为的影响包括生理因素、职业与受教育程度、经济条件、个性及生活方式等。

生理因素是指个体的年龄、性别、体征（高矮胖瘦）、健康状况等生理特征。生理特征对产品款式、购物场所、购买时间有影响。

职业与受教育程度的不同既导致个体对自我看法的不同，也影响社会对个体的看法和期望。从事不同的职业及受过不同教育程度的个体会表现出明显差异的消费行为。

个性是指决定和折射个体如何对环境（消费环境）做出反应的内在心理特征。消费者的个性会影响消费者的生活方式，如拘谨、保守性格的消费者不能适应刺激性、大量户外活动的生活方式。所谓生活方式是指个体在成长过程中，在与社会诸因素交互作用下表现出来的活动、兴趣和态度模式。营销者可以通过研究消费者的生活方式来更好地理解和细分市场。

5. 心理因素

心理是人脑对于外界刺激的反应方式与反应过程，个体的心理不同，体现出的消费行为模式也不同。影响消费的心理因素包括动机、知觉、学习、态度等方面。

动机被认为是推动个体采取行动的内在驱动力，消费者常见的购买动机有求实动机、求廉动机、求安全动机、求新动机、求美动机、求名动机、模仿动机、好癖动机、求速动机等。

知觉是人脑对刺激物各种属性和各个部分的整体反应，是对感觉信息加工和解释的过程，消费者的知觉过程包括展露、注意、理解三个相互联系的阶段。营销者在和消费者沟通的过程中要使消费者对自己的产品或服务有较好的知觉。

学习对消费的影响是指消费者在消费的过程中因经验而产生的行为或行为潜能的比较持久的变化。从消费者的角度看，学习可以帮助消费者获得购买信息，触发消费，并对产品服务消费态度及对购买进行评价。

态度是消费者对某一事物或观念所持有的正面或反面的认识上的评价、情感上的感受和行为上的倾向。态度有助于消费者更加有效地适应动态的购买环境，使之不必对每一新事物或新的产品、新的营销手段都以新的方式做出解释和反应。

（三）消费者购买决策分析

消费者是积极、主动的问题解决者。消费者先意识到问题的存在，然后收集信息，在此基础上对各种备选品进行评价、比较和筛选，最后作出购买决定。根据消费者在购买过程中介入程度的不同，可将消费者的购买决策分成扩展型购买决策、有限型购买决策和名义型购买决策（如图5—3所示）。

三种不同购买决策类型的差别体现在：购买决策所经历的阶段及各阶段消费者介入的程度存在差别；消费者重复选择同一品牌的概率不同；消费者花在信息搜寻上的时间不等。

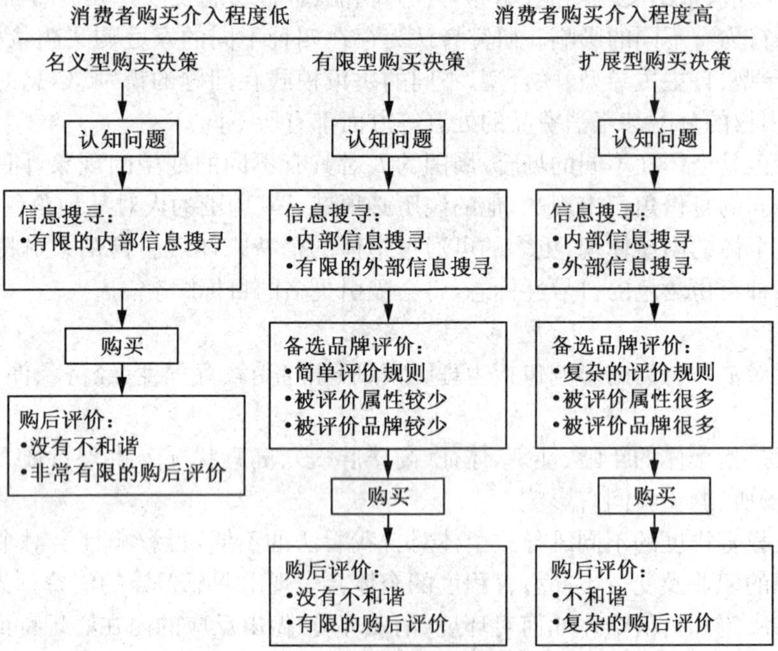

图 5—3　决策类型与消费者购买介入程度

二、组织市场购买行为分析

组织市场包括面对企业的市场和面对政府及非营利机构的市场，是与消费者市场相对的一类市场。组织市场的购买具有购买者少、购买数量大且集中、供需双方关系稳定、追求派生性需求满足、需求弹性小且波动大、专业人员购买，以及影响购买的人多等特点。

组织市场包括生产者市场、中间商市场、政府市场、非营利性组织市场四类。

（一）生产者市场购买行为分析

生产者市场是指购买产品或服务用于制造其他产品或服务，然后销售或租赁给他人以获取利润的单位和个人。组成生产者市场的产业涉及工业、农业、林业、渔业、采矿业、建筑业、运输业、通信业、公共事业、银行业、金融业、保险业和服务业等。

研究生产者市场首先要了解生产者组织购买的类型，其次要了解谁参与了生产者组织的购买决策，然后要明白影响采购决策的主要因素有哪些，最后要具体分析购买过程的各个阶段。

生产者购买的复杂程度和采购决策项目的多少取决于购买的类型。一般来说，生产者组织购买的类型有直接的重购、修订的重购和新购三种，生产组织的购买是追求经济效益最大化的理性购买。

（二）中间商市场购买行为分析

中间商是指处于生产者和消费间之间专事商品流通的组织。中间商市场也称转卖者市场，中间商是购买产品或服务用于转售或租赁并藉此获取利益的购买者，一般包括批发商和零售商。

中间商的购买决策主要有以下几项：(1)选择购买商品的编配组合；(2)选择供应商；(3)选

择购买的时间和数量；(4)选择购买条件。

(三)政府市场购买行为分析

政府市场是政府为了执行行政职能所购买或租赁产品及服务而构成的市场，政府采购的范围相当广泛，主要有基础设施、通信、交通、军事、办公品、劳保福利品及各种劳务服务等，政府市场的购买多以维持政府运转、维护国家安全、保证社会平稳、保证社会公平正义、促进社会发展等目的为购买导向。

影响政府购买行为的主要因素有社会公众的监督、国际国内政治形势的影响、自然因素的影响。政府市场购买方式有日常采购、议价选购、招标购买。

(四)非营利性组织市场购买行为分析

非营利性组织市场也称社会公共机构，其运作不以营利为目的，是指非营利性组织为了维持机构正常运作和履行职能而采购商品或服务所构成的市场。非营利组织主要包括进行群体交流的非营利性组织和提供社会服务的非营利性组织两类。

非营利性组织的购买有两种倾向：一种倾向于同政府购买模式相近，另一种倾向于同中间商组织购买模式相近。营销者要善于甄别各个非营利性组织的购买特点，具体情况要具体分析。

第四节　企业市场营销战略

一、市场细分战略

在对市场需求进行测量和预测的基础上，实行市场细分化(Segmenting)、目标化(Targeting)和定位(Positioning)，即实行 STP 营销，是企业营销战略的核心，是决定营销成败的关键。

(一)市场细分的含义

市场细分就是指按照消费者欲望与需求及购买习惯等方面的差异，把整体市场划分为若干个具有共同特征的子市场的过程，它又被称为市场分隔、市场区隔化。分属于同一细分市场的消费者，他们的欲望和需求相对雷同；分属于不同细分市场的消费者对同一产品的欲望和需求存在着明显的差别。其理论基础是消费需求的绝对差异性和相对同质性，必须指出细分市场不是根据产品品种、产品系列来进行的，而是从营销对象的角度进行划分的。

(二)市场细分的依据

1. 消费者市场细分的依据

一种产品的整体市场之所以可以细分，是由于消费者或用户的需求存在差异性。反映消费者需求差异的变量有很多，实践中，企业一般是组合运用若干变量来细分市场，而不是单一采用某一变量。概括起来，细分消费者市场的变量主要有四类，即地理变量、人口变量、心理变量和行为变量。

(1)按照消费者所处的地理位置、自然环境来细分市场。比如，根据国家、地区、城市规模、气候、人口密度、地形地貌等方面的差异将整体市场分为不同的小市场。地理变数之所以作为市场细分的依据，是因为处在不同地理环境下的消费者对于同一类产品往往有不同的需求与偏好，他们对企业采取的营销战略与措施会有不同的反应。

(2)按人口统计变量，如年龄、性别、家庭规模、家庭生命周期、收入、职业、受教育程度、宗教、种族、国籍等为基础细分市场。消费者需求、偏好与人口统计变量有着很密切的关系，比如，只有收入水平很高的消费者才可能成为高档服装、名贵化妆品、高级珠宝等的经常买主。人口统计变量比较容易衡量，有关数据相对容易获取，由此企业会经常以它作为市场细分的依据。

(3)根据购买者所处的社会阶层、生活方式、个性特点等心理因素细分市场。不同社会阶层的成员会在价值观、兴趣爱好和行为方式等方面存在较大的差异，生活方式和个性的不同也会对个体产生较大的影响。深入的社会阶层、生活方式及个体特点分析将有助于营销者对市场细分有更深刻的认识。

(4)根据购买者对产品的了解程度、态度、使用情况及反应等将它们划分成不同的群体。许多人认为，行为变数能更直接地反映消费者的需求差异，因而成为市场细分的最佳起点。按行为变量细分，市场主要包括：①购买时机。根据消费者提出需求、购买和使用产品的不同时机细分市场。②追求利益。根据消费者购买某种产品解决问题的不同细分市场。③使用者状况。根据顾客是否使用和使用程度细分市场(通常可分为经常购买者、首次购买者、潜在购买者和非购买者)。④使用数量。根据消费者使用某一产品的数量大小细分市场(通常可分为大量使用者、中度使用者和轻度使用者)。⑤品牌忠诚程度。根据消费者对产品的忠诚程度细分市场。有些消费者经常变换品牌，有些消费者则在较长时期内专注于某一个或少数几个品牌。⑥购买的准备阶段。根据消费者购买前所做的准备多少、是否充分细分市场。⑦态度。根据市场顾客对产品的热心及关注程度细分市场(不同消费者对同一产品的态度可能有很大差异，如有的持肯定态度，有的持否定态度，还有的则处于既不肯定也不否定的无所谓态度)。

2. 生产者市场细分的依据

许多用来细分消费者市场的标准同样可用于细分生产者市场。如根据地理、追求的利益和使用率等变量加以细分。但由于生产者与消费者在购买动机与行为上的差别，生产者市场还可有如下一些细分市场标准：

(1)用户规模。生产者市场中，有的用户购买量很大，有的购买量很小。企业应当根据用户规模的大小来细分市场，并因此采用不同的营销组合方案。比如，对于大客户，宜于直接联系，直接供应，在价格、信用等方面给予更多优惠；而对众多的小客户，则宜于使产品进入商业渠道，由批发商或零售商去组织供应。

(2)产品的最终用途。根据产品的最终用途不同作为生产者市场细分标准之一。工业品用户购买产品，一般都是供再加工之用，对所购产品通常都有特定的要求。企业可根据用户要求，将要求大体相同的用户集合成群，并据此设计出不同的营销战略组合。

(三)市场细分的原则与方法

1. 市场细分的原则

一般而言，有效的市场细分应遵循以下基本原则：

(1)可衡量性。它是指细分的市场是可以识别和衡量的，亦即细分出来的市场不仅范围明确，而且对其容量大小也能大致做出判断。

(2)可区分性。它是指不同的细分市场的特征可清楚地加以区分。比如，女性化妆品市场可依据年龄特征和肌肤类型等变量加以区分。

(3)可进入性。它是指细分出来的市场应是企业营销活动能够抵达的，亦即企业通过努力能够使产品进入并对顾客施加影响的市场。

(4)可营利性。即细分出来的市场，其容量或规模要大到足以使企业获利。如果细分市场的规模、容量太小且细分工作繁琐，成本耗费大，获利小，就不值得去细分。

企业在运用细分标准进行市场细分时必须注意以下问题：第一，市场细分的标准是动态的，随着社会生产力及市场状况的变化而不断变化；第二，不同的企业在市场细分时应采用不同的标准，因为各企业的生产技术条件、资源、财力和营销的产品也不同；第三，企业在进行市场细分时，既可采用一项标准即单一变量因素细分，也可采用多个变量因素组合或系列变量因素细分。

2. 市场细分的方法

(1)单一变量因素法。这种方法就是根据影响消费者需求的某一个重要因素进行市场细分。如服装企业，按年龄细分市场，可分为童装、少年装、青年装、中年装、中老年装和老年装；若按气候的不同，可分为春装、夏装、秋装和冬装。

(2)多个变量因素组合法。这种方法就是根据影响消费者需求的两种或两种以上的因素进行市场细分。如生产者市场的锅炉生产厂，主要根据企业规模的大小、用户的地理位置、产品的最终用途及潜在市场规模来细分市场。

(3)系列变量因素法。这种方法就是根据企业经营的特点并按照影响消费者需求的诸因素，由粗到细地进行市场细分。这种方法可使目标市场更加明确而具体，有利于企业更好地制定相应的市场营销战略。如自行车市场，可按地理位置(城市、郊区、农村、山区)、性别(男、女)、年龄(儿童、青年、中年、中老年)、收入(高、中、低)、职业(工人、农民、学生、职员)、购买动机(求新、求美、求价廉物美、求坚实耐用)等变量因素来细分市场。

二、市场选择战略

(一)选择目标市场

目标市场就是企业决定要进入的细分市场，是企业在市场细分的基础上根据自身的资源条件和竞争优势打算满足的具有某一需求的顾客群体。企业在选择目标市场时有五种可供考虑的市场覆盖模式。

1. 密集单一市场

密集单一市场是企业选择一个细分市场集中营销。企业通过密集营销，更加了解该细分市场的需求，并树立了特别的声誉，因此可在该细分市场建立巩固的市场地位，密集市场营销风险较大。个别细分市场可能出现不景气的情况，或者某个竞争者决定进入同一个细分市场。由于这些原因，许多企业宁愿在若干个细分市场分散营销。

2. 有选择的专门化

采用此法选择若干个细分市场，其中每个细分市场在客观上都有吸引力，并且符合企业的目标和资源状况。但在各细分市场之间很少有或者根本没有任何联系，然而每个细分市场都有可能盈利。这种多细分市场目标优于单细分市场目标，因为它可以分散企业的风险，即使某个细分市场失去吸引力，企业仍可继续在其他细分市场获取利润。

3. 产品专门化

企业集中生产一种产品，向各类顾客销售这种产品。企业通过这种战略，在某个产品方面树立起很高的声誉。如果产品被一种全新的技术代替，就会发生危机。

4. 市场专门化

市场专门化是指专门为满足某个顾客群体的各种需求而服务。企业专门为这个顾客群体服务，而获得良好的声誉，并成为这个顾客群体所需各种新产品的销售代理商。但如果这个顾客群体突然削减经费，它们就会减少从企业购买产品的数量，从而使企业产生危机。

5. 完全市场覆盖

完全市场覆盖是指企业想用各种产品满足各种顾客群体的需求。只有大企业才能采用完全市场覆盖战略,如可口可乐公司的饮料市场。

(二)目标市场战略

1. 无差异市场营销战略

无差异市场营销战略是指企业将产品的整个市场视为一个目标市场,用单一的营销战略开拓市场,即用一种产品和一套营销方案吸引尽可能多的购买者。无差异营销战略只考虑消费者或用户在需求上的共同点,而不关心他们在需求上的差异性。

无差异营销的最大优点是成本的经济性。生产单一产品可以减少生产与储运成本;无差异的广告宣传和促销活动可以节省促销费用;不搞市场细分可以减少企业在市场调研、产品开发、制定各种营销组合方案等方面的营销投入。这种战略对于需求广泛、市场同质性高且能大量生产、大量销售的产品比较合适。

对于大多数产品,无差异市场营销战略并不一定合适。消费者需求千差万别且不断变化,一种产品长期为所有消费者和用户所接受非常罕见。当众多企业如法炮制,都采用这一战略时,会造成市场竞争异常激烈,同时在一些小的细分市场上消费者需求得不到满足,这对企业和消费者都是不利的。采用无差异市场营销策略易于受到竞争企业的攻击。当其他企业针对不同细分市场提供更有特色的产品和服务时,采用无差异战略的企业可能会发现自己的市场正在遭到蚕食但又无法有效地予以反击。

2. 差异性市场营销战略

差异性市场营销战略是将整体市场划分为若干细分市场,针对每一细分市场制定一套独立的营销方案。

差异性营销战略的优点是小批量、多品种,生产机动灵活,针对性强,使消费者需求更好地得到满足,由此促进产品销售。另外,由于企业是在多个细分市场上经营,一定程度上可以减少经营风险;一旦企业在几个细分市场上获得成功,就有助于提高企业的形象及提高市场占有率。

差异性营销战略的局限性如下:由于产品品种多,管理和存货成本将增加;由于企业必须针对不同的细分市场制订独立的营销计划,从而会增加企业在市场调研、促销和渠道管理等方面的营销成本,可能使企业的资源配置不能有效集中,顾此失彼,甚至在企业内部出现彼此争夺资源的现象,使“拳头”产品难以形成优势。

3. 集中性市场营销战略

实行差异性营销战略和无差异营销战略,企业都是以整体市场作为营销目标,试图满足所有消费者在某一方面的需要。集中性营销战略则是集中力量进入一个或少数几个细分市场,实行专业化生产和销售。这时企业不是追求在一个大市场角逐,而是力求在一个或几个子市场占有较大份额。

集中性营销战略的指导思想是:与其四处出击收效甚微,不如突破一点取得成功,这一战略特别适合于资源力量有限的中小企业。中小企业由于受财力、技术等方面要素制约,在整体市场可能无力与大企业抗衡,如果集中资源优势在大企业尚未顾及或尚未建立绝对优势的某个或某几个细分市场进行竞争,成功的可能性更大。

集中性营销战略的局限性如下:市场区域相对较小,企业发展受到限制;潜伏着较大的经营风险,一旦目标市场突然发生变化,如消费者偏好发生变化,或强大竞争对手的进入,或新的更有吸引力的替代品的出现等,都可能使企业因没有回旋余地而陷入困境。

4. 影响目标市场战略选择的因素

(1)企业资源或实力。当企业生产、技术、营销、财务等方面实力很强时，可以考虑采用差异性或无差异市场营销战略；当企业资源有限，实力不强时，采用集中性营销战略效果会更好。

(2)产品的同质性。在消费者眼里，不同企业生产的产品的相似程度不同。相似程度高，则同质性高；反之，则同质性低。对于大米、食盐、钢铁等产品，尽管每种产品因产地和生产企业的不同会有些品质差别，但消费者可能并不十分看重，此时，竞争将主要集中在价格上。这样的产品适合采用无差异营销战略。对于服装、化妆品、汽车等产品，由于在型号、式样、规格等方面存在较大差别，产品选择性强，同质性较低，因而更适合于采用差异性或集中性营销战略。

(3)产品所处生命周期的不同阶段。产品处于投入期，同类竞争品不多，竞争不激烈，企业可采用无差异营销战略。当产品进入成长期或成熟期，同类产品增多，竞争日益激烈，为确立竞争优势，企业可考虑采用差异性营销战略。当产品步入衰退期，为保持市场地位，延长产品生命周期，全力对付竞争者，可考虑采用集中性营销战略。

(4)市场同质性。它是指各细分市场顾客需求、购买行为等方面的相似程度。市场同质性高，意味着各细分市场相似程度高，不同顾客对同一营销方案的反应大致相同，此时，企业可考虑采取无差异营销战略；反之，则适宜采用差异性或集中性营销战略。

(5)竞争者的市场营销战略。企业选择目标市场战略时，一定要充分考虑竞争者尤其是主要竞争对手的营销战略。如果竞争对手采用差异性营销战略，企业应采用差异性或集中性营销战略与之抗衡；若竞争者采用无差异战略，则企业可采用无差异或差异性战略与之对抗。

三、市场定位战略

(一)市场定位的含义

所谓市场定位，就是指企业根据目标市场上同类产品竞争状况，针对顾客对该类产品某些特征或属性的重视程度，为本企业产品塑造强有力的、与众不同的鲜明个性，并将其形象生动地传递给顾客，使其在目标顾客心目中占有独特位置的行为。“位”是产品在消费者感觉中所处的地位，是一个抽象的心理位置概念。市场定位的实质是将本企业与其他企业区分开来，通过自己的产品优势及特色吸引顾客。

正确的市场定位是企业赢取市场竞争优势的利器，为获得竞争优势而进行的目标市场定位要求企业做好寻求市场差异化工作和寻找产品独特卖点工作。差异化包括产品的差异化、服务的差异化、渠道的差异化、人员的差异化和形象的差异化。必须指出的是，市场定位中所指的差异化不是从生产者角度出发单纯追求差异，而是在对市场分析和细分化的基础上，寻求建立某种自我特色，因而它是现代市场营销观念的体现。

(二)市场定位的选择

市场定位是一种竞争性定位，它反映市场竞争各方的关系，是为企业有效参与市场竞争服务的。定位方式不同，竞争态势也不同。下面介绍三种主要的定位方式：

1. 避强定位

这是一种避开强有力的竞争对手进行市场定位的方式。企业不与对手直接对抗，而将自己置于某个市场“空隙”，发展目前市场上没有的特色产品，开拓新的市场领域。这种定位的优点是：能够迅速地在市场上站稳脚跟，并在消费者心中尽快树立起一定形象。由于这种定位方式市场风险较小，成功率较高，常常为多数企业所采用。

2. 对抗性定位

这是一种与在市场上居支配地位的竞争对手“对着干”的定位方式，即企业选择与竞争对手重合的市场位置，争取同样的目标顾客，彼此在产品、价格、分销、供给等方面少有差别。在世界饮料市场上，作为后起的“百事可乐”进入市场时，就采用过这种方式，“你是可乐，我也是可乐”，与可口可乐展开面对面的较量。实行对抗性定位，企业必须做到知己知彼，应该了解市场上是否可以容纳两个或两个以上的竞争者，自己是否拥有比竞争者更多的资源和能力，是不是可以比竞争对手做得更好。否则，对抗性定位可能会成为一种非常危险的战术，将企业引入歧途。当然，也有些企业认为这是一种更能激发自己奋发向上的定位尝试，一旦成功就能取得巨大的市场份额。

3. 重新定位

重新定位通常是指对那些销路少、市场反应差的产品进行二次定位。初次定位后，随着时间的推移，新的竞争者进入市场，选择与本企业相近的市场位置，致使本企业原来的市场占有率下降；或者，由于顾客需求偏好发生转移，原来喜欢本企业产品的人转而喜欢其他企业的产品，因而市场对本企业产品的需求减少。在这些情况下，企业就需要对其产品进行重新定位。所以，一般来讲，重新定位是企业为了摆脱经营困境，寻求重新获得竞争力和增长的手段。不过，重新定位也可作为一种战术策略，并不一定是因为陷入了困境，相反，可能是由于发现新的产品市场机会引起的。

(三)市场定位的步骤

企业要实施正确、有效的定位，往往需要遵循一定的定位步骤。

1. 确定定位层次

决定定位层次是定位的第一步。决定定位层次就是要明确所要定位的客体，即明确这个客体是行业、公司、产品组合，还是特定的产品或服务。

2. 识别重要属性

定位的第二步是识别影响目标市场顾客购买决策的重要因素。这些因素就是所要定位的客体应该或者必须具备的属性，或者是目标市场顾客具有的某些重要的共同特征。

3. 绘制定位图

在识别出了重要属性之后，就要绘制定位图，并在定位图上标示本企业和竞争者所处的位置。一般都使用二维图(如图5－4所示)。如果存在一系列重要属性，则可以通过统计程序将其简化为能代表顾客选择偏好的最主要的二维变量。定位图选择的二维变量，既可以是客观属性，也可以是主观属性，也可以将二者结合起来。但无论是选择主观属性，还是客观属性，都必须是“重要属性”。

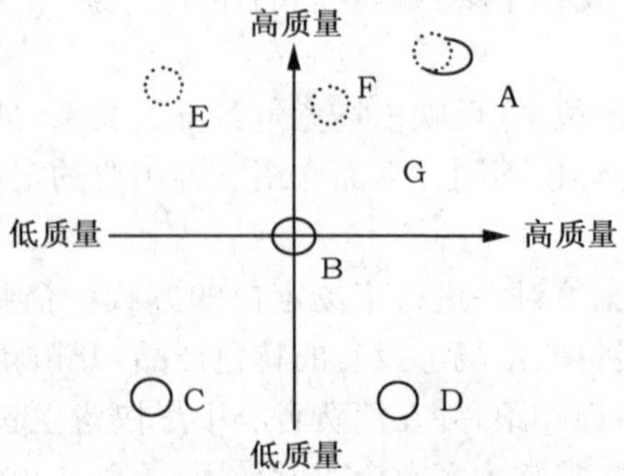

图5－4 市场定位

4. 评估定位选择

一般有三种定位选择：一是强化现有位置，避免正面打击冲突。例如，美国艾飞斯在广告中声称“艾飞斯在租车行业中只是第二位，那么为什么租我们的车？我们更加努力呀！”二是寻找市场空隙，获取先占优势。这个战略是指发现市场中未被竞争者占领的利润，并为之采取相应的营销策略。三是给竞争者重新定位。即当竞争者占据了它不该占有的市场位置时，让顾客认清对手“不实”或“虚假”的一面，从而使竞争对手为自己让出它现有的位置。

5. 执行定位

定位最终需要通过各种沟通手段如广告、员工的着装、行为举止以及服务的态度、质量等传递出去，并为顾客所认同。实践中，企业期望的位置经常会与实际传递的位置不一致。这往往是企业紊乱的营销战略所造成的。事实上，成功的定位取决于协调一致、整体的内部和外部营销策略。

第五节　产品、价格、分销、促销策略

一、产品策略

(一)产品的整体概念与产品组合

1. 产品的整体概念

产品是指能提供给市场以引起人们注意、获得、使用或消费，从而满足某种欲望或需求的一切东西。以往学术界曾用三个层次来表述产品整体概念，即核心产品、形式产品和附加产品(延伸产品)。现代产品观念表明，产品的内涵已从有形物品扩大到服务、人员、地点、组织和观念等；产品的外延也从其核心产品向形式产品、期望产品、附加产品和潜在产品拓展(如图 5—5所示)。

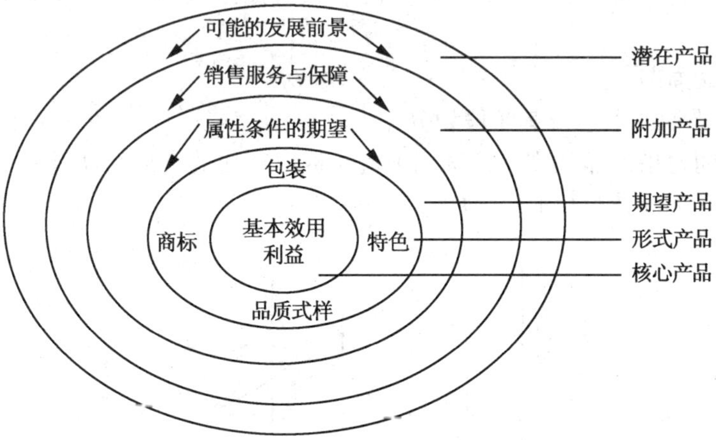

图 5—5　产品整体概念的五个层次

(1)核心产品。核心产品是指向消费者提供产品的基本效用和利益，也是消费者真正要购买的利益和服务。消费者购买某种产品并非是为了拥有该产品实体，而是为了获得能满足自身某种需要的效用和利益。如洗衣机的核心利益体现在它能让消费者方便、省力、省时地清洗

衣物。

(2)形式产品。产品的核心功能需要依附一定的实体来实现,产品实体称为形式产品,即产品的基本形式,主要包括产品的品质、式样、特征、商标(品牌)及包装。

(3)期望产品。期望产品是消费者购买产品时期望的一整套属性和条件,如对于购买洗衣机的人来说,期望该机器能省时省力地清洗衣物,同时不损坏衣物,洗衣时噪音小,方便进排水,外形美观,使用安全可靠等。

(4)附加产品。附加产品是指产品包含的附加服务和利益,主要包括运送、安装、调试、维修、产品保证、技术人员培训等。附加产品来源于对消费者需求的综合性和多层次性的深入研究,要求营销人员必须正视消费者的整体消费体系,但同时必须注意因附加产品的增加而增加的成本是否能为消费者所接受。

(5)潜在产品。潜在产品预示着该产品最终可能的所有增加和溢出的利益。

现代企业产品概念外延的不断拓展源于消费者需求的复杂化和竞争的白热化。在产品的核心功能趋同的情况下,谁能更快、更多、更好地满足消费者的复杂利益整合的需要,谁就能拥有更多的消费者,占有更大的市场份额,取得竞争优势。

2. 产品组合及其相关概念

产品组合又称产品搭配,是卖方出售的产品线及产品项目的组合,即企业的业务经营范围。产品线是指产品组合中的某一产品大类,是密切相关的一组产品,这些产品以类似的方式发挥功能或销售给同类顾客群,或通过同一类型的渠道销售出去,或同属于一个价格幅度。产品项目是指产品线中不同品种、规格、质量和价格的特定产品。

产品组合可以用宽度、长度、深度和相关性四个变数来说明。产品组合的宽度是指企业拥有几条不同的产品线。产品组合的长度是指企业产品组合里的产品项目总数。产品组合的深度是指企业产品线上的每个产品项目可供顾客选择的种类。产品组合的相关性是指不同产品线在用途、生产技术、销售渠道或其他方面相似的程度。

产品组合决策有扩大产品组合、缩减产品组合、产品线延伸(向下延伸、向上延伸、双向延伸)等。

(二)产品生命周期

1. 产品生命周期的概念及其阶段划分

产品生命周期是指产品从进入市场到被淘汰退出市场的全部运动过程。典型的产品销售历史表现为一条S形曲线(见图5—6)。

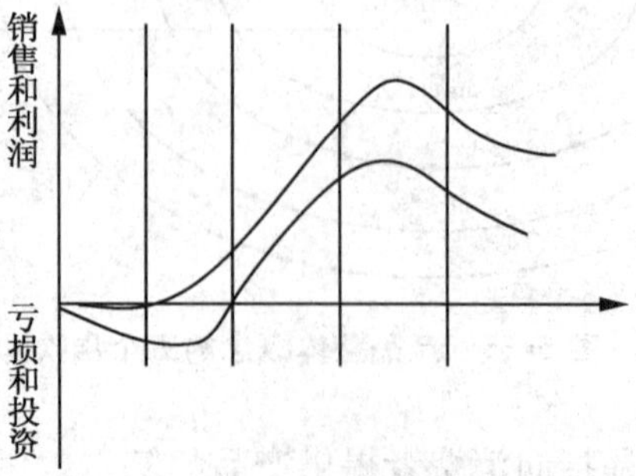

图5—6 产品生命周期各阶段的销售和利润

产品生命周期可分为四个阶段，即导入期、成长期、成熟期和衰退期。

(1)导入期，是指产品引入市场、销售缓慢成长的时期。这一阶段因为企业要支付产品引入市场所发生的巨额费用，致使利润几乎不存在。

(2)成长期，即产品被市场迅速接受和利润增加较快的时期。

(3)成熟期，即产品已被大多数的潜在购买者所接受而造成的销售成长减慢的时期。这时企业为了对抗竞争，维持产品的地位，要增加营销费用，从而利润稳定或下降。

(4)衰退期，是指销售下降的趋势增强和利润不断下降的时期。

需要指出的是，一个产品种类(如酒)、一种产品形式(如白酒)、一种亚产品形式(如伏特加)或一个品牌(如斯米尔诺夫)的产品生命周期可能各不相同。一般来说，产品种类具有最长的生命周期。许多产品种类的销售在成熟阶段是无限期的，产品形式比产品种类更能准确地体现典型的产品生命周期的历史。例如，手动打字机经历了产品生命周期的导入期、成长期、成熟期和衰退期；而当前的电动打字机正在重演被电子打字机取代的相似历史。品牌化的产品可以有短的或长的产品生命周期。并非所有的产品都呈S形曲线产品生命周期。

2. 产品生命周期各阶段的营销策略

(1)导入期的营销策略。根据产品导入期的特点，企业在推出一种新产品时，营销人员可为各个营销变量，诸如价格、促销、分销和产品质量分别设立高、低两种水平进行营销策略组合选择。当只考虑价格和促销时，有四种战略可以选择。

①快速掠取战略。这是以高价格和高促销水平的营销策略推出新产品。企业采用高价格是为了在每单位销售中尽可能获取更多的毛利。同时，企业花费巨额促销费用是旨在向市场说明虽然该产品定价水平高，但是物有所值，从而销售更多的产品。高水平的促销活动加快了市场渗透率。快速掠取战略的市场假设是：潜在市场的大部分人还没有意识到该产品；知道它的人渴望得到该产品并有能力照价付款；企业面临着潜在的竞争并想建立品牌偏好。

②缓慢掠取战略。这是以高价格和低促销水平方式推出新产品。高价格是为了从每单位销售中获得尽可能多的毛利；而推行低水平促销是为了减少每单位销售中的支出，从而获取更多纯利。缓慢掠取战略的市场假设是：市场的规模营销费用对销量增大影响不大；大多数的潜在顾客已知晓这种产品；购买者愿出高价；潜在对手的竞争并不迫在眼前。

③快速渗透战略。这是以低价格和高促销水平的方式推出新产品。这一战略期望能给企业带来最快速的市场渗透和最高的市场份额。快速渗透战略的市场假设是：市场规模很大；市场对该产品不知晓；大多数购买者对价格敏感；潜在竞争很强烈，随着生产规模的扩大和制造经验的积累，企业的单位制造成本会下降。

④缓慢渗透战略。这是以低价格和低促销费用推出新产品。这样企业可降低其促销成本以实现较多的净利润。缓慢渗透战略的市场假设是：市场需求对价格弹性很高，而对促销弹性很小；市场规模大；市场上该产品的知名度较高；市场对价格相当敏感；有一些潜在的竞争。

(2)成长期的营销策略。成长阶段的标志是销售迅速增长。早期采用者喜欢该产品，随后大量消费者开始追随。由于大规模的生产和利润的吸引，新的竞争者进入市场。它们引入新的产品特点，导致分销网点数目增加。在需求迅速增长的同时，产品价格维持不变或略有下降。企业维持同等的促销费用或把水平稍微提高，以应付竞争和继续培育市场。销售高速上升使促销费用对销售额的比率不断下降。这一阶段内，随着促销成本被大量的销售额所分摊，利润增加，同时，由于“经验曲线”的影响，产品单位制造成本比价格下降得快。在成长阶段，企业为了尽可能长时间地维持市场成长可采取下列做法：改进产品质量和增加新产品的特色和式样；增加新样式和侧翼产品；进入新的细分市场；扩大分销覆盖面并进入新的分销渠道；从产品知觉广告转向产品偏好广告；适时降低价格，以吸引对下一层次价格敏感的顾客。企业因此将会大大加强其竞争地位。但是，这些改进措施会增加成本。企业在成长阶段要决定究竟选择高市场占有份额，还是选择当前高利润。如果把大量的资金用在产品改进、促销和分销上，它就能获得一个优势地位，但要放弃获得最大的当前利润，对此企业应有希望在下一阶段得到补偿。

(3)成熟期的营销策略。产品销售到达某一点后将放慢步伐，并进入相对成熟阶段。此阶段仍可分成三个时期：第一个时期是成长中的成熟，未来的销售依赖于人口增长和需求更新；第二个时期是稳定中的成熟，由于市场的饱和，产品销售稳定；第三个时期是衰退中的成熟。此时，销售的绝对水平开始下降，顾客也开始转向其他的产品和替代品。针对上述情况，营销人员应该系统地考虑市场、产品和营销组合，推出改进战略，包括：①市场改进。可通过不同方法来增加品牌使用者的数量或增加用户使用量。②产品改进，如质量改进战略、特色改进战略、式样改进战略。③营销组合改进，如价格、分销、广告、销售促进、人员推销、服务等方面的改进。

(4)衰退期的营销策略。大多数产品的形式和品牌最终会衰退。销售衰退的原因有很多，其中包括技术进步、消费者口味的改变、国内外竞争的加剧。所有这些都会导致生产能力过剩、削价竞争增加和利润被侵蚀。当销售和利润衰退时，有些企业退出了市场，留下来的企业可能会减少产品供应量。它们也可能从较小的细分市场和较弱的贸易渠道中退出，也可能削减促销预算和进一步降低价格。企业在衰退期有许多任务和决策：识别疲软产品、改变营销战略和放弃。

(三)品牌、商标与包装策略

1. 品牌与商标的基本概念

品牌是用以识别某个销售者或某群销售者的产品或服务，并使之与竞争对手的产品或服务区别开来的商业名称及其标志，通常由文字、标记、符号、图案和颜色等要素或这些要素的组合构成。品牌是一个集合概念，它包括品牌名称和品牌标志两部分。品牌名称是指品牌中可以用语言称呼的部分，也称“品名”；品牌标志也称“品标”，是指品牌中可以被认出、易于记忆但不能用言语表达的部分，通常由图案、符号或特殊颜色等构成。

品牌的实质代表着卖方对交付给买方的产品特征、利益和服务的一贯性的承诺，久负盛名的品牌就是优质的保证。同时，品牌还蕴涵着丰富市场信息的复杂符号，包括属性、利益、价值、文化、个性、使用者等。

商标是一个专门的法律术语。品牌或品牌的一部分在政府有关部门依法注册后，就称为商标。商标受法律的保护，注册者享有专用权，它是企业的一项重要的无形资产。

2. 品牌决策

品牌决策主要包括如下内容：

(1)品牌化决策，即决定企业要不要品牌。品牌在带来利益的同时，建立、维持、保护品牌也要付出巨大成本，如包装费、广告费、标签费和法律保护费等。因此，企业可视不同产品及市场选择是否需要品牌。

(2)品牌归属决策，即品牌归谁所有和由谁负责。产品的生产者有三种选择：一是企业决定使用本企业(制造商)的品牌；二是使用中间商品牌；三是两种品牌同时兼用。

(3)品牌统分决策，即决定企业的所有产品都使用同一种品牌、每个产品使用不同的品牌、采用分类品牌、个别品牌加企业名称（企业决定其不同类别的产品分别采取不同的品牌名称，且在品牌名称之前冠以企业名称）、品牌延伸决策（将一个现有的品牌名称使用到一个新类别的产品上）、多品牌决策（在相同产品类别中引进多个品牌）。选择时考虑的因素主要有品牌投入、效益、风险等。

二、价格策略

价格是企业产品或服务的价值表现。它是市场营销组合因素中十分敏感而又难以控制的因素，它直接关系着市场对产品的接受程度，影响着市场需求和企业利润的多少，涉及生产者、经营者、消费者等各方面的利益。因此，定价策略是企业营销组合中一个重要的组成部分。

（一）影响定价的因素

1. 产品成本

对企业的定价来说，成本是一个关键因素。一般而言，企业产品定价以成本为最低界限，产品价格只有高于成本，企业才能补偿生产经营上的耗费，从而获得一定盈利。当然，也有在一段时期个别产品的价格低于成本的情况。企业定价时，不应将成本孤立地对待，要与影响价格的其他因素结合起来考虑。

2. 市场需求

产品价格除受成本影响外，还受市场需求的影响。即受商品供给与需求的相互关系的影响。当商品的市场需求大于供给时，价格可高一些；当商品的市场需求小于供给时，价格应低一些。反过来，价格变动影响市场需求量，从而影响销售量，进而影响企业目标的实现。因此，企业制定价格就必须了解价格变动对市场需求的影响程度。反映这种影响程度的一个指标就是商品的价格需求弹性系数，即指由于价格的相对变动而引起的需求相对变动的程度。

3. 竞争因素

市场竞争限制了企业定价的自由度，竞争程度不同，企业定价策略也会有所不同。竞争的强度对企业的价格策略有重要影响，竞争激烈将倾向于抑制企业定高价，反之亦然，竞争的强度主要取决于产品制作技术的难易、是否有专利保护、供求形势以及具体的竞争格局等。企业要了解竞争对手的价格策略以及竞争对手的实力，分析本企业在竞争中的地位。

4. 其他因素

除了上述各因素外，影响定价的因素还包括政府或行业组织的干预、消费者习惯和心理、企业或产品的形象等。

（二）定价的一般方法

定价方法是企业在特定的定价目标指导下，依据对成本、需求及竞争等状况的研究，运用价格决策理论，对产品价格进行计算的具体方法。定价方法主要包括成本导向、需求导向和竞争导向三种类型。

1. 成本导向定价法

以产品单位成本为基本依据，再加上预期利润来确定价格的成本导向定价法，是企业最常用、最基本的定价方法。成本导向定价法又可细分为成本加成定价法、盈亏平衡定价法等几种具体的定价方法。

（1）成本加成定价法，即企业把所有为生产某种产品而发生的费用均计入成本的范围，计算出单位产品的变动成本，合理分摊相应的固定成本，再按一定的目标利润率来决定价格。其计算公式为：

$$单位产品价格=单位产品成本\times(1+目标利润率)$$

其中，目标利润率又称成本加成率，加成就是一定比率的利润。

采用成本加成定价法，确定合理的成本加成率是一个关键问题，必须考虑市场环境、行业特点等多种因素。某一行业的某一产品在特定市场以相同的价格出售时，成本低的企业能够获得较高的利润率，并且在进行价格竞争时可以拥有更大的回旋空间。

成本加成定价法一般在租赁业、建筑业、服务业、科研项目投资以及批发零售企业中得到广泛的应用。即使不用这种方法定价，许多企业也多把用此法制定的价格作为参考价格。

(2)盈亏平衡定价法，即在销量既定的条件下，企业产品的价格必须达到一定的水平才能做到盈亏平衡、收支相抵。既定的销量就称为盈亏平衡点，这种制定价格的方法就称为盈亏平衡定价法。

科学地预测销量和已知固定成本、变动成本是盈亏平衡定价的前提。此方法确定价格的公式为：

$$盈亏平衡点价格(P)=\frac{固定总成本(FC)}{销量(Q)}+单位变动成本(VC)$$

以盈亏平衡点确定价格只能使企业的生产耗费得以补偿，而不能得到收益。因此，在实际中均将盈亏平衡点价格作为价格的最低限度，通常在加上单位产品目标利润后才作为最终市场价格。有时，为了开展价格竞争或应付供过于求的市场格局，企业采用这种定价方式以取得市场竞争的主动权。

从本质上说，成本导向定价法是一种卖方定价导向。它忽视了市场需求、竞争和价格水平的变化。此外，运用这一方法制定的价格均是建立在对销量主观预测的基础上，从而降低了价格制定的科学性。因此，在采用成本导向定价法时，还需要充分考虑需求和竞争状况，以确定最终的市场价格水平。

2. 需求导向定价法

根据市场需求状况和消费者对产品的感觉差异来确定价格的方法称为需求导向定价法。其特点是灵活有效地运用价格差异，对平均成本相同的同一产品，价格随市场需求的变化而变化，不与成本因素发生直接关系。需求导向定价法主要包括理解价值定价法和逆向定价法。

(1)理解价值定价法。所谓“理解价值”，也称“感受价值”、“认知价值”，是指消费者对某种商品价值的主观评判。理解价值定价法是指企业以消费者对商品价值的理解度为定价依据，运用各种营销策略和手段，影响消费者对商品价值的认知，形成对企业有利的价值观念，再根据商品在消费者心目中的价值来制定价格。

理解价值定价法的关键和难点是获得消费者对有关商品价值理解的准确资料。企业如果过高估计消费者的理解价值，其价格就可能过高，难以达到应有的销量；反之，若企业低估了消费者的理解价值，其定价就可能低于应有水平，使企业收入减少。因此，企业必须通过广泛的市场调研，了解消费者的需求偏好，根据产品的性能、用途、质量、品牌、服务等要素，判定消费者对商品的理解价值，制定商品的初始价格。然后，在初始价格条件下，预测可能的销量，分析目标成本和销售收入，在比较成本与收入、销量与价格的基础上，确定该定价方案的可行性，并制定最终价格。

(2)逆向定价法。这种定价方法主要不是考虑产品成本，而是重点考虑需求状况。依据消费者能够接受的最终销售价格，逆向推算出中间商的批发价格和生产企业的出厂价格。逆向定价法的特点是：价格能反映市场需求情况，有利于加强与中间商的良好关系，保证中间商的正常利润，使产品迅速向市场渗透，并可根据市场供求情况及时调整，定价比较灵活。

3. 竞争导向定价法

竞争导向定价法是指企业通过研究竞争对手的生产条件、服务状况、价格水平等因素，依据自身的竞争实力，参考成本和供求状况来确定商品价格。其特点是：价格与商品成本和需求不发生直接关系，即使商品成本或市场需求发生变化，只要竞争者的价格未变，就应维持原价；反之，虽然成本或需求都没有变动，但竞争者的价格变动了，则应该相应地调整商品价格。当然，为实现企业的定价目标和总体经营战略目标，谋求企业的生存或发展，企业可以在其他营销手段的配合下，将价格定得高于或低于竞争者的价格，并不一定要求和竞争对手的产品价格完全保持一致。竞争导向定价主要包括以下几种方法：

(1)随行就市定价法。就是将本企业某产品价格保持在市场平均价格水平上，利用这样的价格来获得平均报酬的定价法。

采用随行就市定价法，最重要的就是确定目前的"行市"。在实践中，"行市"的形成有两种途径：第一种途径是在完全竞争的环境里，各个企业都无权决定价格，通过对市场的无数次试探，相互之间取得一种默契而将价格保持在一定的水准上；第二种途径是在垄断竞争的市场条件下，某一部门或行业的少数几个大企业首先定价，其他企业参考定价或追随定价。

(2)密封投标定价法。许多大宗商品、原材料、成套设备和建筑工程项目的交易以及征召经营协作单位、出租出售小型企业等，往往采用发包人招标、承包人投标的方式来选择承包者，确定最终承包价格。一般来说，招标方只有一个，处于相对垄断地位，而投标方有多个，处于相互竞争地位。标的物的价格由参与投标的各个企业在相互独立的条件下来确定。这样一种竞争性的定价方法就称为密封投标定价法。在招标投标方式下，投标价格是企业能否中标的关键性因素。高价格固然能带来较高的利润，但中标机会却相对减少；反之，低价格低利润，虽然中标机会大，但其机会成本可能更大。

(三)定价的基本战术

1. 新产品定价

有专利保护的新产品的定价可采用撇脂定价法和渗透定价法。

(1)撇脂定价法。在新产品上市之初，将价格定得较高，在短期内获取厚利，尽快收回投资。就像从牛奶中撇取所含的奶油一样，取其精华，称为"撇脂定价法"。

这种方法适合需求弹性较小的细分市场，其优点是：新产品上市，顾客对其无理性认识，利用较高价格可以提高身价，适应顾客求新心理，有助于开拓市场；主动性大，产品进入成熟期后，价格可分阶段逐步下降，有利于吸引新的购买者；价格高，限制需求量过于迅速增加，使其与生产能力相适应。其不足之处是：获利大很快会招来竞争者，不利于扩大市场，同时会迫使价格下降，好景不长。

(2)渗透定价法。在新产品投放市场时，价格定得尽可能低一些，其目的是获得最高销售量和最大市场占有率。

当新产品没有显著特色、竞争激烈、需求弹性较大时宜采用渗透定价法。其优点是：产品能较迅速地为市场所接受，从而打开销路，增加产量，使成本随规模扩大而下降；低价薄利，使竞争者望而却步、减缓竞争，获得一定的市场优势。

对于企业来说，是采取撇脂定价还是渗透定价，需要综合考虑市场需求、竞争、供给、市场潜力、价格弹性、产品特性、企业发展战略等因素。

2. 心理定价

心理定价是根据消费者的消费心理定价，有尾数定价、整数定价及声望定价。尾数定价是适应消费者购买心理的一种取舍，使消费者产生一种“价廉”、“定价精准”、“诚实”的错觉，比定为1元更能引起消费者的积极反应，促进销售。相反，整数定价使消费者产生一种感觉，迎合消费者“便宜无好货，好货不便宜”的心理。声望定价可以达到提高产品形象，用价格表明其名贵，彰显购买者地位的目的。

3. 折扣定价

大多数企业通常都酌情调整其基本价格，以鼓励顾客及早付清货款、大量购买或增加淡季购买。这种价格调整称为价格折扣或折让。主要形式有：现金折扣，是对及时付清账款的购买者的一种价格折扣；数量折扣，是给那些大量购买某种产品的顾客的一种折扣，以鼓励顾客购买更多的货物；功能折扣，也称贸易折扣，是制造商给予中间商的一种额外折扣，使中间商可以获得低于目录价格的价格；季节折扣，是企业鼓励顾客淡季购买的一种减让；推广津贴，是为扩大产品销路，生产企业向中间商提供促销津贴。

4. 差别定价

差别定价也称价格歧视，是指企业按照两种或两种以上不反映成本费用比例差异的价格销售某种产品或劳务。企业往往根据不同顾客、不同时间和场所来调整产品价格，即对同一产品或劳务定出两种或多种价格，但这种差别不反映成本的变化。其具体差别有：顾客群差别、花色品种差别、式样差别、部位差别、时间差别等。实行歧视定价的前提条件是：市场必须是可细分的且各个细分市场的需求强度是不同的；商品不可能转手倒卖；高价市场上不可能有竞争者削价竞销；不违法；不引起顾客反感。

三、分销策略

(一)分销渠道的概念与类型

1. 分销渠道的概念

分销渠道是指产品或服务从生产者向消费者移动时取得这种产品或劳务的所有权或帮助转移其所有权的所有企业和个人。它主要包括商人中间商、代理中间商以及处于渠道起点和终点的生产者与消费者。产品通过交换发生价值形式运动，使产品从一个所有者转移到另一个所有者，直至消费者手中，这称为商流；伴随着商流，还有产品实体的空间移动，称为物流。商流与物流相结合，使产品从生产者到达消费者手中，便是分销渠道或分配途径。

2. 分销渠道的类型

按流通环节的多少，可将分销渠道划分为直接渠道与间接渠道，间接渠道又分为短渠道与长渠道(如图5—7所示)。

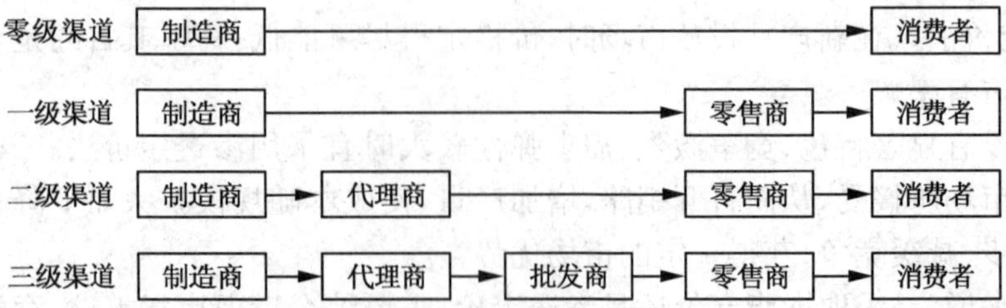

图5—7 不同流通环节的营销渠道

(1)直接渠道与间接渠道。直接渠道是指生产企业不通过中间商环节,直接将产品销售给消费者。直接渠道是工业品分销的主要类型。间接渠道是指生产企业通过中间商环节把产品传送到消费者手中。间接渠道是消费品分销的主要类型。

(2)长渠道与短渠道。分销渠道的长短一般是按通过流通环节的多少来划分,具体包括以下四层:零级渠道,即"制造商→消费者";一级渠道,即"制造商→零售商→消费者";二级渠道,即"制造商→批发商→零售商→消费者",或者是"制造商→代理商→零售商→消费者",多见于消费品分销;三级渠道,即"制造商→代理商→批发商→零售商→消费者"。可见,零级渠道最短,三级渠道最长。

(3)宽渠道与窄渠道。渠道的宽窄取决于渠道的每个环节上同一类型中间商数目的多少。企业使用的同类中间商多,产品在市场上的分销面广,称为宽渠道。如一般的日用消费品(毛巾、牙刷、开水瓶等),由多家批发商经销,又转卖给更多的零售商,能大量接触消费者,大批量地销售产品。企业使用的同类中间商少,分销渠道窄,称为窄渠道。它一般适用于专业性强的产品,或贵重耐用消费品,由一家中间商统包,几家经销。它使生产企业容易控制分销,但市场分销面受到限制。

(4)单渠道和多渠道。当企业全部产品都由自己直接所设门市部销售,或全部交给批发商经销,称之为单渠道。多渠道则可能是在本地区采用直接渠道,在外地则采用间接渠道;在有些地区独家经销,在另一些地区多家分销。

(二)分销渠道的设计与选择

1. 影响分销渠道选择的因素

企业在选择分销渠道时,要综合考虑市场、产品、企业实力、政府法规、消费者、竞争等影响因素。如果目标市场范围大、目标顾客分散,则渠道较长。如果产品易毁或易腐、单价高、体积大而重,或者技术性复杂需要安装及维修服务,则多选直接或较短的渠道。企业实力和管理能力强,可建立自己的分销网络,实行直接销售。消费者购买数量少、次数多,可采用长渠道。市场竞争不激烈,可采用同竞争者类似的分销渠道;反之,则采用与竞争者不同的分销渠道。

中间商的数目也是重要的影响因素。按中间商数目的不同,可采取密集分销、选择性分销和独家分销。密集分销是指生产企业同时选择较多的经销代理商销售产品。一般来说,日用品多采用密集分销形式。工业品中的一般原材料、小工具和标准件等也可用密集分销形式。选择性分销是指在同一目标市场上,选择一个以上的中间商销售企业产品,而不是选择所有愿意经销本企业产品的所有中间商,这有利于提高企业经营效益。一般来说,消费品中的选购品和特殊品,以及工业品中的零配件,宜采用选择分销形式。独家分销是指企业在某一目标市场,在一定时间内,只选择一个中间商销售本企业的产品,双方签订合同,规定中间商不得经营竞争者的产品,制造商则只对选定的经销商供货,一般来说,独家分销形式适用于消费品中的家用电器,工业品中的专用机械设备,这种形式有利于双方协作,以便更好地控制市场。

渠道评估的标准有三个,即经济性、可控性和适应性,其中最重要的是经济性标准。

2. 批发商与零售商

(1)批发商的概念与类型。批发商是指供转售、进一步加工或变化商业用途而销售商品的各种交易活动。批发商包括商人批发商、经纪人和代理商、制造商和零售商的分部或营业所以及采购办事处等类型。批发商是独立企业,对其所经营的商品拥有所有权,也称作中间商、分销商,或者配售商,还可以对其进一步细分为完全服务批发商和有限服务批发商;经纪人和代理商不拥有商品所有权,其主要功能就是促进买卖,获得销售佣金。代理商有几种类型,即制造代理商、销售代理商、采购代理商、佣金商(或称商行)等;销售分部和营业所是指制造商开设自己的销售分部和营业所。采购办事处的作用与采购经纪人和代理商的作用相似,却是买方组织的组成部分。

(2)零售商的概念与类型。零售商是指将商品直接销售给最终消费者的销售商,处于商品流通的最终阶段。零售商的基本任务是直接为最终消费者服务。零售商可按不同标准进行分类:①按经营商品范围,可分为专业商店和百货商店;②按商品售价,可分为廉价商店、仓库商店和样品图册展览室;③按有无店铺,零售业可分为邮购和电话订购零售业、挨户访问推销零售业、购买服务、自动售货、电子销售等;④按是否连锁,可分为连锁商店和非连锁商店。连锁商店是指由一家大型商店控制的,许多家经营相同或相似业务的分店共同形成的商业销售网。其主要特征是:总店集中采购,分店联购分销。它已成为一种主要的商业零售企业的组织形式。连锁主要有正规连锁、自愿连锁和特许连锁等形式。

四、促销策略

(一)促销与促销组合

1. 促销的概念

促销是促进产品销售的简称,是企业通过人员和非人员的方式,沟通企业与消费者之间的信息,引发、刺激消费者的购买欲望和兴趣,使其产生购买行为的活动。促销本质上是一种通知、说服和沟通活动。

2. 促销组合及其基本策略

促销组合是指履行营销沟通过程的各个要素的选择、搭配及其运用。促销组合的要素包括广告、人员推销、销售促进和公共关系。

按促销组合构成的不同,可将促销分为以人员推销为主的促销策略和以广告为主的促销策略;按促销活动运作方向的不同,可将促销分为推式促销策略和拉式促销策略。推式促销策略也称从上而下式策略,是以人员推销为主,辅之以对中间商的销售促进,兼顾消费者的销售促进,从而把商品推向市场的促销策略。其目的是说服中间商与消费者购买企业产品,并层层渗透,最后使产品到达消费者手中。拉式促销策略也称从下而上式策略,是以广告促销为主,通过新创意、高投入、大规模的广告轰炸,直接诱发消费者的购买欲望,由消费者向零售商、零售商向批发商、批发商向制造商求购,推动产品销售。

(二)人员推销策略

1. 人员推销的概念及形式

人员推销是指企业通过派出推销人员与一个或一个以上的潜在购买者交谈,作口头陈述,以推销商品,促进和扩大销售。人员推销可以采取建立自己的销售队伍、使用专业合同推销人员和雇用兼职的售点推销员这三种形式。

2. 人员推销的任务及其工作步骤

推销人员的任务是探寻市场、传递信息、销售产品、收集情报和开展售前、售中、售后服务。推销人员的工作一般包括以下内容:寻找顾客、事前准备、约见、接近、面谈、成交和售后跟踪。

3. 推销人员的管理

推销人员的管理一般包括推销人员的甄选、培训、组织和业绩评估。

(三)广告策略

1. 广告的概念及作用

广告原意作“诱导”、“注意”解。市场营销学中探讨的广告是指法人、公民和其他经济组织为推销商品、服务或观念，通过各种媒介和形式向公众发布有关信息的行为。大众传播媒介刊播的经济信息和各种服务信息，报道商品、服务的经营者、提供者，凡收取费用或报酬的，均视为广告。

从市场层面看，广告是传播市场商品信息的主要工具。具有传播商品信息功能的工具或渠道很多，最主要的就是广告信息渠道；从企业层面看，广告是企业竞争的有力武器，企业可以通过广告争取市场份额、树立企业文化、影响企业经营的相关因素、获取更多支持等；从消费层面看，广告可以引导消费、刺激消费，甚至创造需求；广告还起着美化环境、丰富生活的作用。

2. 广告决策的内容

企业广告决策一般包括五项内容：确定广告目标、制定广告预算、决定广告信息、选择广告媒介、评估广告效果。

(1)确立广告目标。广告目标是指在一个特定时期对特定受众所要完成的特定的传播任务。一般来说，广告目标可分为三种类型：通知型、说服型和提醒型。通知型广告主要用于一种新产品的入市阶段，通过广告树立品牌，推出新产品；说服型广告的目的是培养消费者对某种品牌产品的积极态度，从而引发消费者在同类商品中选择；提醒型广告是在产品进入旺销后起到保持消费者对该种产品的记忆和连续购买的作用。

(2)制定广告预算。广告费用预算可有以下四种不同的选择方案：销售百分比法、目标任务法、竞争对抗法和倾力投掷法。

(3)决定广告信息。这是决定在广告中说什么和通过什么表现形式说，包括设计广告内容和进行广告的创意制作。

(4)选择广告媒介。广告媒介的种类很多，主要有印刷品广告、电子媒体广告、户外广告、邮寄广告、POP(Point of Purchasing Advertising，售点广告，即售货点和购物场所等的广告)等，企业应根据各类媒介的特点选择适当的媒介。选择广告媒介时，一般应考虑产品、消费者媒体习惯、销售范围、广告媒体的知名度和影响力、企业经济承受能力等因素。

(5)广告效果评估。广告效果评估是指运用科学的方法来鉴定广告活动的效益。广告效益包括广告的经济效益、广告的心理效益和广告的社会效益。

(6)广告效果的测定方法有很多种，可按不同的标准分类。如按具体操作工具的不同，可分为统计法、实验法、历史法、评分法、邮寄法、问答法、机械法、采访法和媒体组合法等许多具体操作手段。

(四)公共关系策略

1. 公共关系的概念及职能

公共关系是指企业在从事市场营销活动的过程中正确处理企业与社会公众的关系，促进公众对企业的认识、理解及支持，达到树立良好企业形象，从而促进产品销售的一种活动。“公共关系”简称“公关”或PR(Public Relations)。公共关系作为一门经营管理的艺术，其职能主要体现在信息收集、咨询建议、信息沟通等方面。

2. 公共关系的方式

公共关系的方式主要有：新闻报道、产品宣传、参与或举办各种公益活动、游说、咨询协商、编写书面材料、处理顾客抱怨(如进行“危机公关”)、开展各项活动(如周年庆祝活动、艺术展览会、拍卖会和义演晚会等)。

(五)营业推广策略

1. 营业推广的概念

营业推广又称销售促进,是指企业运用各种短期诱因鼓励消费者和中间商购买、经销或代理企业产品或服务的促销活动。它是不同于人员推销、广告和公共关系的销售活动,旨在激发消费者购买和促进经销商的效率。

2. 营业推广的形式

营业推广的形式多种多样,每一个企业需要根据具体营业推广形式的特点、促销目标、目标市场的类型及市场环境等因素选择合适的形式。营业推广的主要形式有针对消费者的营业推广,如赠送、优惠券、廉价包装、有奖销售、现场示范、展销等;针对中间商的营业推广,如批发回扣、推广津贴、销售竞赛、参加交易会或博览会、工商联营等;针对销售人员的营业推广,如销售竞赛、免费提供人员培训、技术指导等。

思考与练习

1. 辨析概念:需要、需求。
2. 以某消费品为例对消费者行为进行分析。
3. 企业目标市场营销战略有哪些不同的选择?
4. 企业产品、价格、渠道、促销策略各有哪些?

技能训练

1. 选择你所在城市的一条街道,观察不同商家在营销方面的不同做法。
2. 利用节假日,实际经销一种商品,并将经销体会作一次小组交流。
3. 分析自己小组所收集的 20～30 家企业的营销组合。
4. 为自己小组所设立的模拟公司设计营销组合策略,并进行班级交流。

案例讨论与分析

营销“组合拳”助力章贡王“洞藏原浆”闯市场

一、危局

2009 年,国家白酒百强企业——江西章贡酒业迁入新厂,虽然花园式的厂房以及扩大了数倍的产能预示着更美好的发展未来,但这一年章贡人其实过得不轻松。一方面,新厂的软硬件管理都必须进行适当的调整,日常运作进入了磨合期;另一方面,市场竞争越演越烈,知名品牌泸州老窖、洋河蓝色经典、水井坊、四特等纷纷对章贡酒业的根据地市场赣州加大了营销力度,新产品一个接一个上,促销力度越来越大,品牌宣传也空前强化,电视广告、户外大牌、车身广告等不断密集轰炸,消费者目不暇接,几乎可以用“烧钱”来形容。更糟糕的是,市场上这时出现了章贡产品有质量问题的谣言,这个谣言的出现及传播在当时特定的社会环境中对企业经营构成了巨大冲击,因为 2008 年是中国食品安全信用严重受挫的一年,从乳品行业的三聚氰胺事件开始向其他食品行业迅速漫延,消费者对食品安全问题极其敏感,特别是在竞争对手的恶意助推下,消费者抱着“宁可信其有,不可信其无”的态度来对待一切风闻。

内部挑战、外部抑压,2009 年章贡产品销售形势非常严峻,尽管章贡酒业营销人采取了种种对策,才稳住了市场,但保持了多年的高速销售增长还是在这一年受阻了,甚至连根据地市场占有率第一的位置都非常危险,更谈不上要在省内其他地市有所突破了。

如何应对危局？如何直面竞争夺回市场？如何使企业经营重新进入良好的增长通道，实现省内新突破？这些是企业 2010 年营销计划的核心，也是企业营销战略要解决的关键问题。

二、定位

面对困难，为了制定针对性的方案，章贡酒业组织了一次拉网式市场调研，广泛收集江西市场主要白酒品牌在产品、价格、渠道、促销等各个方面的数据，开展了一次次从基层到高层、从局部市场到全局市场的分析、研讨，最后得出几项结论：第一，同竞争对手相比，章贡酒业产品线档次偏低、吨酒价位较行业平均水平偏低。第二，赣州市乃至整个江西省白酒市场格局 100～300 元价格带呈现明显优质利基。第三，章贡酒业在 100～300 元价格档次的老产品未能形成系列化，在传播上缺少打动消费者的诉求，在价格设计上几近透明不便市场操作，总之是既没有品牌拉力，也没有渠道推力，销量难以进一步提升。第四，章贡酒业忠实消费者及优质客户资源呼唤章贡酒业 100～300 元档次新产品的诞生。

思路渐渐聚焦，推出一个新品系势在必行！

围绕产品新品系的推出，公司成立了由营销公司总经理牵头，研发、产品设计、市场部、销售部等相关部门组成的联合开发小组。

价格定位：联合开发小组经过一次次的制定方案、研讨、修订，最终，确定推出以 138 元、268 元为主推的新章贡王系列。同时，为了满足高端消费需求及拉升品牌形象，上延终端售价 428 元、888 元的产品。

酒体定位：为了摸清目标消费者的口感，研发人员带着样酒一个个市场地跑，进行消费者盲评，采集了几千个样本，最终选定了原浆酒体。

产品命名：在产品命名上，联合开发小组发现，“原浆”是近几年白酒消费者普遍认可的优质酒的符号，但单纯以原浆为名，不足以体现章贡王原浆独特的卖点。联合开发小组将章贡酒业的品牌资产进行了一遍细致的梳理，一致认为公司的洞藏酒库是在江西省内独一无二的，山洞藏酒具有得天独厚的优势，于是“洞藏原浆”的名字呼之而出，这是江西省内首个以洞藏概念推出的新品。

方向确定后，包装设计、生产筹备、上市方案制定等各项工作齐头并进。在产品正式入市前一个月，品牌宣传、招商、营销人员培训等工作全面展开。2010 年 9 月，经过长达 6 个月准备的“洞藏原浆”章贡王系列隆重推出。

三、“组合拳”

区别于以往的新品上市，这次，章贡酒业打的是“组合拳”。

首先，在品牌传播上，章贡酒业一改以往的低调作风，构建了空中地面交织、软硬广告结合的“洞藏原浆”传播网，在江西省电视台及赣州电视台投放了黄金时段广告，在主要的报纸上投放“洞藏原浆”系列软文，在高速公路选择性地投入广告牌，对目标市场，做到一县一牌，而且均要求是最佳位置。制作了一大批终端宣传物料，在产品铺市时，做到宣传跟着产品走，单店的宣传品至少有三种以上，这大大缩短了消费者建立对“洞藏原浆”认知的时间，产品的知名度快速提升。同时，章贡酒业还大力推广工业旅游项目，把一批批的消费者请到公司，参观生产线，亲身体验山洞藏酒的魅力。

其次，在渠道策略上，招商时明确了各项软硬件指标，不符合条件的，宁缺勿滥。如三不招原则：光有钱没有魄力做市场的坚决不招，只知道做流通不做终端的坚决不招，没有优质消费者资源的坚决不招。要求每个县级办事处必须物色不少于三名备选客户，供公司选择。对于最终确定的经销商，拟定了一系列的操作标准，并定期考核，在上市 1 年内，每月召开洞藏经销商座谈会，分享经验、解决经销商在推广中遇到的问题，对于“跑偏了”的策略进行及时纠正，使经销商能坚决贯彻“洞藏原浆”的各项推广策略。在具体的渠道运作上，强调运用核心终端、核心消费者、面上传播三级共振的市场效应加速市场启动效率。以酒店这个核心终端作为第一主推渠道强势推广，同时打造核心商超、名烟名酒店渠道，借此渠道对“洞藏原浆”开展全面的形象展示和价格告知；利用公司和经销商的人脉资源，以各种品鉴会的方式，启动团购市场，以意见领袖的自主消费带动餐饮终端的即饮消费市场。

再次，在促销上，把握不易变现的原则，针对消费者为主、针对终端为铺开展了一波接一波的形式多样的活动，促使洞藏原浆更多的开瓶消费，巩固消费者对洞藏原浆章贡王口感的认同。在产品完成市场导入后，2011 年开展了“百年章贡 · 红动江西”，2012 年开展了“淘金总动员”的消费者主题活动，进一步提高了洞藏原浆的消费者忠诚度。

最后,组织保障措施坚强有力。为了配合章贡王洞藏原浆的推广策略,公司设立了团购部,专门开展消费者品鉴及公关团购业务。同时,针对各办事处设立了洞藏原浆专项过程考核指标及销量考核指标,每月评比,奖优罚劣,使一线营销人员都将新品的推广高度重视,确保了各项政策的落实。

通过这几记“组合拳”,章贡王“洞藏原浆”上市1年,销售突破5 000万元;第二年,销售过亿。与此同时,通过章贡王“洞藏原浆”的顺利推广,章贡酒业建立了新的团购渠道,改善了原来主要为中低档产品售卖的现状,提升了章贡产品的溢价能力,挤压了竞争对手,夺取了销量。特别重要的是,章贡王品牌形象因此迈提升至一个新的高度。

(本案例由江西章贡酒业营销总经理黄晓华提供)

思考与讨论:

运用市场营销管理理论,你认为章贡酒业推出“洞藏原浆”章贡王系列的“组合拳”中各招之间有何内在联系?

第六章

企业生产运作管理

• 关键词汇

生产运作	订货控制	投料控制	生产进度控制
库存控制	成本费用控制	制造性生产	连续性生产
离散性生产	备货型生产	订货型生产	大量生产
成批生产	单件生产	负荷距离法	因素赋值法
盈亏平衡分析法	间歇生产	流水线生产重复生产	项目制造
成组技术	生产计划	生产间隔期	经济批量法
精益生产	准时生产方式	并行工程	敏捷制造
计算机集成制造系统	大规模定制	5S 活动	PDCA 循环
质量管理体系	排列图	因果分析图	质量体系认证

第一节　生产运作管理概述

一、生产运作管理的概念、内容与目标

(一)生产运作管理的概念

生产运作管理通常也称为作业管理,是一个企业组织生产物品或提供服务所需的生产资源的管理。这些生产资源包括五个"P":人员(People)、工厂(Plants)、零件(Parts)、制程(Processes)、规划与控制系统(Planning and Control Systems)。人员指参与生产的劳动者,工厂指制造产品的实际工厂或服务部门,零件指生产系统中的原料(或在服务业中的供应品),制程指完成生产所采用的设备和步骤,而规划和控制系统指管理与运作这个作业功能及其环境系统所使用的方法和信息。它是一个企业将它的输入转化为输出的过程。过去,生产几乎完全集中在制造业,强调的是工厂使用的方法和技术,所以一提到"生产"就会使人想到工厂、机器和装配线。近年来,服务业的兴起,使得生产的概念得到延伸和扩展,生产的概念及方法

被应用到制造业以外的许多活动中，如医疗、娱乐、银行、零售、教育、运输及政府等服务诸领域。因此，生产运作概念的延伸被大家所接受。

(二)生产运作管理的内容

生产运作管理是对生产运作系统的设计、运行与维护过程的管理，包括对生产运作活动进行计划、组织与控制。

1. 生产运作系统的设计

生产运作系统的设计包括产品或服务的选择和设计、生产运作设施的定点选择、设施布置和工作设计等。生产运作系统的设计一般在设施建造阶段进行。但是，在生产运作系统的生命周期内，不可避免地要对生产运作系统进行更新，包括扩建新设施或对设施进行调整和重新布置，因此，其间也会遇到生产运作系统设计问题。

2. 生产运作系统的运行

生产运作系统的运行主要涉及生产计划、组织与控制三个方面。计划方面要解决生产什么、生产多少和何时生产的问题。组织方面要解决如何合理组织生产要素，使有限的资源得到充分而合理的利用的问题。生产要素包括劳动者、劳动资料、劳动对象和信息等，它们的不同组织和配置，构成了不同的组织生产的方式。控制方面要解决保证按计划完成任务的问题，主要包括接受订货控制、投料控制、生产进度控制、库存控制和成本费用控制等。

(三)生产运作管理的目标

生产运作管理的目标是高效、灵活、准时、清洁地生产合格产品和提供满意服务。高效是指以尽可能少的资源(人、财、物、时间、空间)投入，迅速生产并提供产品和服务。灵活是指很快地适应市场的变化和用户的特定要求，生产个性化的产品和提供个性化的服务。准时是指在用户需要的时间、按用户需要的数量、在用户需要的地点提供用户所需的产品、服务。清洁是指产品在生产过程、使用过程中对环境没有污染和破坏，对废弃产品也能够清洁地处理。合格产品和满意服务是指满足顾客对产品和服务在质量方面的要求。

二、生产运作的类型

生产运作一般分成制造性生产和服务性生产两大类，每一大类又可根据不同的标准作进一步的细分。

(一)制造性生产

制造性生产是通过物理和(或)化学作用将有形输入转化为有形输出的过程。它又可作进一步分类：

1. 根据工艺过程的特点分类

根据工艺过程的特点，可以把制造性生产分成连续性生产与离散性生产两种。

连续性生产是物料均匀、连续地按一定工艺顺序运动，在运动中不断改变形态和性能，最后形成产品的生产，又称作流程式生产，如冶金、化工、炼油等的生产过程。

离散性生产是指物料离散地按一定工艺顺序运动，在运动中不断改变形态和性能，最后形成产品的生产，如轧钢和汽车制造。轧钢是用一种原材料轧制成多个产品(板材、型材、管材)；汽车制造是用多种零件组装成一种产品。像汽车制造这样的离散性生产又称作加工装配式生产。

由于流程式生产与加工装配式生产在产品市场特征、生产设备、原材料等方面有着不同的特点，导致生产管理的特点也不同。对流程式生产来说，生产设施地理集中，生产过程自动化程度高，只要设备体系运行正常，工艺参数得到控制，就能正常生产合格产品，生产过程中的协作与协调任务也少。相反，加工装配式生产设施的地理位置分散，零件加工、装配可以在不同地区甚至在不同国家进行。由于零件种类繁多，加工工艺多样化，又涉及多种多样的加工单位、工人和设备，导致生产过程中协作关系复杂，计划、组织、协调任务相当繁重，生产管理大大复杂化。因此，生产管理研究的重点一直放在加工装配式生产上。

2. 根据产品需求特性分类

根据产品需求特性，可把制造性生产分成备货型生产（Make-to-Stock，MTS）与订货型生产（Make-to-Order，MTO）两种。

备货型生产是指在没有接到用户订单时，根据市场需求调查、预测的结果，按已有的标准产品或产品系列进行生产，以满足市场的需求。如轴承、紧固件等的生产，属于备货型生产。

订货型生产是指按用户订单来设计、制造和销售产品。用户可能对产品提出各种各样的要求，经过协商、谈判，以合同形式确认对产品质量、数量和交货期的要求，然后组织设计和制造。如锅炉、船舶等产品的生产，属于订货型生产。

备货型生产与订货型生产在产品规格、产品预测、价格和交货期确定、设备的要求等方面有较大区别。

3. 根据生产的稳定性和重复性分类

根据生产的稳定性和重复性，可把制造性生产分成大量生产、成批生产和单件生产三种（参见表6—1）。

表6—1 三种不同生产类型的生产管理特点

生产类型项目	大量生产	成批生产	单件生产
品种	少	较多	很多
产量	大	中	小
设备	专用	部分通用	通用
工作地专业化程度	高	不高	低
劳动生产率	高	较高	低
生产计划安排	精确	比较细致	粗略
生产过程管理	简单	较复杂	复杂
成本	低	中	高
追求目标	连续性	均衡性	柔性
生产周期	短	长短不一	长

大量生产的特点是产品稳定、品种少、产量大，每个工作地固定执行一道工序或少数几道工序，工作地专业化程度高，普遍采用高效率的专用设备和专用工具，有利于组织流水生产。大量生产的产品通常都是通用产品。这种类型的生产组织较为简单，但计划安排要非常精确。

成批生产的特点是产品品种相对稳定，品种稍多，每一品种的产量较大，工作地是成批地和定期地轮番生产若干种产品或零件，工作地专业化程度不高，当一批产品制造完毕后改制造另一批产品时，往往需要重新调整设备和工艺装备。成批生产又可分为大批生产、中批生产和小批生产。

单件生产的特点是品种繁多，每种仅生产一台，生产的重复程度低、稳定性差，所需设备需具有较高的柔性，生产计划和生产过程的控制比较复杂。

(二)服务性生产

服务性生产的基本特征是提供劳务，而不是制造有形产品。但是，不制造有形产品不等于不提供有形产品。

1. 服务性生产的分类

(1)按照是否提供有形产品，可将服务性生产分成纯劳务性生产和一般劳务性生产。前者如咨询、法律辩护、指导和讲课。后者如批发、零售、运输、图书馆书刊借阅等。

(2)按顾客是否参与，可将服务性生产分成顾客参与的服务生产和顾客不参与的服务生产。前者如理发、旅游、客运等。后者如修理、洗衣、邮政、货运等。顾客参与的服务运作管理较为复杂。

(3)按专业化程度，可将服务性生产分成单件小批生产与大量大批生产。医生看病，可看作单件小批生产，因为每个病人的病情不同，处置方法也不同；而学生体检，所有学生的体检内容都一致，可以看作是大量大批生产。

2. 服务性生产的特点

与制造性生产相比，服务性生产有以下几个特点：(1)服务性生产的生产率难以测定；(2)服务性生产的质量标准难以建立；(3)与顾客接触是服务性生产的一个重要内容，但这种接触往往导致效率降低；(4)纯服务性生产不能通过库存来调节。

第二节 生产运作系统布局

一、工厂设施选址的影响因素及程序

设施选址(Facility Location)就是确定在何处建厂或建立服务设施。设施选址影响企业投资收益、产品或服务的成本以及生产效率，而且设施投资较多，一旦建成就难以更改。因此，设施选址影响企业的经济效益，关系到企业的命运，需慎重决策。一般在新建企业或改建、扩建企业时，都需要考虑设施选址问题。工厂是指生产运作过程得以进行的硬件环境，通常是由工厂、办公楼、车间、设备和仓库等物质实体所构成。工厂选址包括两个层次的问题：一是选位，即选择什么地区(区域)设置工厂，沿海还是内地，南方还是北方等，甚至包括国内还是国外；二是定址，地区选定以后，具体选择在该地区的什么位置设置工厂，即在已选定的地区内选定一片土地作为工厂的具体位置。选址要坚持费用原则、集聚人才原则、长远发展原则等。

(一)影响选址决策的因素

对于一个特定的企业，选址决策目标取决于该企业的类型。制造业企业的选址决策主要是为了追求成本最小化，而服务业企业的选址决策一般追求收益最大化。因此，制造业设施的选址与服务业设施的选址所考虑的影响因素及侧重点不同。一般制造业选址需要考虑以下几方面的因素：劳动力条件、原材料供应条件、产品销售条件、交通运输条件、地理条件、基础设施条件、气候条件、生活条件、环境保护条件等。

选址需考虑的其他因素还有：对于跨地区、跨国选址，应考虑国家政治局面的稳定性，以及不同文化背景和习俗对管理方式的影响；选址应为企业的未来发展留有余地，以便企业扩展；建分厂应靠近原有工厂，便于管理，但需注意对劳动力需求的自相竞争；考虑取得土地的可能性及地价；考虑各地税金的种类、总数不同；等等。

对于服务业，进行选址决策的重点应在于确定销售量和收入的多少，其影响因素通常有客流量、顾客质量、交通条件、与邻近店的关系以及场地环境、店面可见度等。客流量是评价店址的首要标准。服务业的店址一般选在客流量大的地区，以保证有足够的营业额。其次是考虑顾客质量，即考虑所在地区顾客收入水平、生活习惯，以确定潜在顾客。再次是考虑交通条件。便利的交通或停车场方便顾客前往，同时也便于企业组织运输货品。与邻近店的关系也很重要，与经营有关品种的店或竞争对手邻近，有时可以吸引顾客。另外，店址附近环境也影响顾客的多少。

（二）选址决策的一般程序

生产运作系统选址具体包括以下步骤：确定选址总体目标；收集新建（或扩建）设施各方面与选址有关的资料，如企业规模、生产能力、工艺流程、运输要求、“三废”处理等；识别选址的重要因素，如劳动力、市场或原材料等因素；根据选址总体目标地区的资料，确定候选的目标地区；收集各候选目标地区的资料，确定可供选择的具体地点；采用选址方法，对备选具体地点进行评价；确定具体地点。

二、选址方法

（一）负荷距离法

负荷距离法就是一种单一工厂选址的方法。单一工厂选址是指独立地选择一个新的工厂地点，其生产与运作不受企业现有工厂网络的影响。

负荷距离法具体为在若干个候选方案中，选定一个目标方案，它可以使总负荷（货物、人或其他）移动的距离最小。

（二）因素赋值法

对选址涉及的多方面因素及其重要程度赋值，计算各方案的总分，选择分值最高者为最优方案。其具体步骤为：列出影响选址的因素；赋予每个因素权重，以反映它在目前选址中的相对重要程度；确定每个因素记分的取值范围，如从 5 到 1 表示很好到不好；请有关专家对每个候选厂址评分；计算每个方案的得分。总得分 $=\sum$（每个因素评分×权重），选择总分数最高者为最优方案。

（三）盈亏平衡分析法

盈亏平衡分析法是厂房选址的一种基本方法，也称生产成本比较分析法。这种方法基于以下假设：可供选择的各个方案均能满足厂址选择的基本要求，但各方案的投资额不同，投产以后原材料、燃料和动力等变动成本不同。生产经营中总成本（TC）分为固定成本（FC）和变动成本（VC）。固定成本不随产量的变化而变化，如企业管理费、办公费、机器和厂房投资。变动成本随产量的变化而变化，如原材料费。这样可利用损益平衡分析法的原理，以投产后生产成本的高低作为比较的标准。

（四）线性规划法

对于一些大型企业，如啤酒公司、食品公司、运输公司和石油化学公司等，通常拥有多个生产厂、多个仓储地点和销售地点，其选址决策属于多点布局问题，通常采用线性规划法解决。

其原则是追求总生产成本和运输成本最低。数学模型为：

$$\text{目标函数}\sum_{i=1}^{n}c_iX_i+\sum_{i=1}^{n}\sum_{j=1}^{m}D_{ij}x_{ij}=\min,\text{约束条件}\begin{cases}\sum_{i=1}^{n}x_{ij}=R_j\\ \sum_{j=1}^{m}x_{ij}=X_j\\ \sum_{j=1}^{m}R_j=\sum_{i=1}^{n}X_i\end{cases}\quad(i=1,2,3,\cdots,n\quad j=1,2,3,\cdots,m)$$

式中，X_i 为第 i 家工厂的单位成本；x_{ij} 为第 i 家工厂运往目标市场 j 的产品数量；R_j 为目标市场 j 的需求量；D_{ij} 为第 i 家工厂向目标市场 j 运输单位产品的运费及其他流通费用。

如各候选工厂的生产成本相同，则可得：

$$\text{目标函数}\sum_{i=1}^{n}\sum_{j=1}^{m}D_{ij}x_{ij}=\min,\text{约束条件}\begin{cases}\sum_{i=1}^{n}x_{ij}=R_j\\ \sum_{j=1}^{m}x_{ij}=x_i\end{cases}$$

(五)重心法

重心法是一种布置单个设施的方法，这种方法要考虑现有设施之间的距离和要运输的货物量。它经常用于中间仓库或分销仓库的选择。它假设运入成本和运出成本相等，不考虑在不满载情况下增加的特殊运输费用。首先要在坐标系中标出各个地点的位置，目的在于确定各点的相对距离。坐标系可以随便建立。在选址中，经常采用经度和纬度建立坐标。其次，根据各点在坐标系中的横纵坐标值求出运输成本最低的坐标位置 x 和 y，重心法使用的公式是：

$$C_x=\frac{\sum D_{ix}V_i}{\sum V_i}\qquad C_y=\frac{\sum D_{iy}V_i}{\sum V_i}$$

式中，C_i 为重心的 x 坐标；C_y 为重心的 y 坐标；D_{ix} 为第 i 个地点的 x 坐标；D_{iy} 为第 i 个地点的 y 坐标；V_i 为运到第 i 个地点或从第 i 个地点运出的货物量。最后，选择求出的重心点坐标值对应的地点作为布置工厂的地点。

【例 6—1】 某一汽车制造公司在三个工厂(工厂 A、工厂 B、工厂 C)生产汽车。最近管理人员决定，建仓库 D 为三个工厂提供零部件，各工厂相对位置如图 6—1 所示，各工厂对零部件的需求量如表 6—2 所示。问：在何处建仓库 D 成本最低？

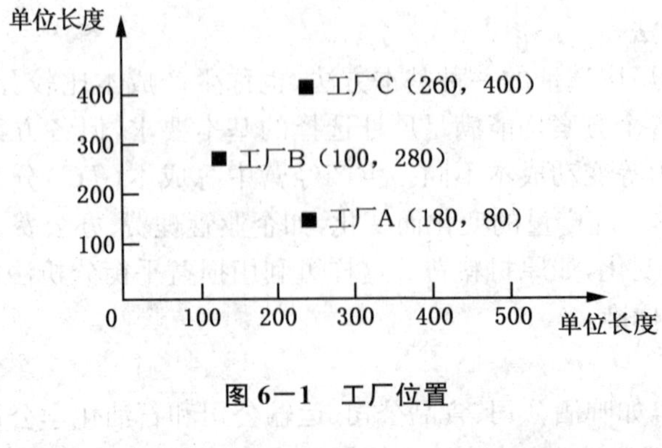

图 6—1 工厂位置

表 6-2 每家工厂的年需求量

工　厂	年需求量(件)
A	5 500
B	6 500
C	8 000

解：假设运输量与运输成本存在线性关系，已知

$d_{1x}=180$　　$d_{1y}=80$　　$v_1=5\ 500$

$d_{2x}=100$　　$d_{2y}=280$　　$v_2=6\ 500$

$d_{3x}=260$　　$d_{3y}=400$　　$v_3=8\ 000$

利用公式，得

$$C_x=\frac{\sum d_{ix}V_i}{\sum V_i}=\frac{(180\times 5\ 500)+(100\times 6\ 500)+(260\times 8\ 000)}{(5\ 500+6\ 500+800)}=186$$

$$Cy=\frac{\sum d_{iy}V_i}{\sum V_i}=\frac{(80\times 5\ 500)+(280\times 6\ 500)+(400\times 8\ 000)}{(5\ 500+6\ 500+8\ 000)}=273$$

仓库 D 的位置为(186,273)，根据图 6—1 中的坐标即可确定具体地理位置。

三、设施布置

设施布置(Facility Layout)就是将企业内各种物质设施在空间上进行合理安排和有效的组合，形成一定的空间形式，从而使企业获得最大效益。其优劣直接影响整个系统的生产效率、生产能力、生产进度、生产成本、安全运行。优秀的布局设计要有利于以最小的成本、最短的时间和最好的质量将原材料生产出成品，并且降低库存；并使操作者、管理者都能获得操作上、安全上、生理上、心理上的满足感。为达到此目标，应遵循以下原则：整体综合规划原则、移动距离最小原则、流动通畅原则、立体空间原则、安全满意原则、柔性原则等。实际工作中，设施布置应根据企业实际情况以及发展需要，有所侧重地考虑上述原则。

设施布置的基本类型包括以下四种：

(一)工艺专业化原则布置

工艺专业化原则布置(Process Layout)即按生产工艺特征安排生产单位或设备的布置方式。在这种布置方式下，相似的生产单位或设备被放在一起。这时主要考虑采用何种方法布置各个不同生产单位或设备，使物流合理，达到预期的目标要求。

(二)对象专业化原则布置

对象专业化原则布置(Product Layout)即按产品(或服务)制造(或提供)的工艺流程安排生产单位或设备的布置方式。在这种布置下，生产单位或设备是按照某一种或某几种(但这几种产品的加工路线基本类似)产品的加工路线或加工顺序排列的。典型的这种设备布置是流水线或生产线，如汽车厂的装配线的布置。这种布置方法使产品(或服务)过程在空间上紧密衔接，运输距离缩短，减少了在制品，节约了生产面积，易于管理；但对品种变换的适应能力差。它适合于大批量、连续的生产。这时主要考虑如何使每一单元的操作时间都大致相等，即考虑装配线或生产线平衡问题，以提高输出效率。

(三)混合布置

混合布置(Hybrid Layout)即将上述两种布置结合,在一个生产单位内既有对象专业化原则布置,又有工艺专业化原则布置。实际上这种布置是最常见的。在许多企业,产品有一定的批量,但不足以大到形成单一的生产线;但系列产品常常有加工类似性,又有可能使单件生产下完全"无序"的设施布置在某种程度上"有序",因此,采取前两种布置方式的结合。混合布置有多种形式,例如,零部件生产采取对象专业化原则布置,装配车间采取对象专业化原则布置,等等。柔性生产系统、成组生产单元也可看作是一种混合布置。

(四)固定布置

固定布置(Fixed Layout)就是将要加工的对象固定在一个位置,生产设备移动到要加工的产品处,而不是产品移动到加工设备处。这种布置方法比较特殊,通常只限于体积和重量都非常大、不易移动的产品,且通常只能以单件或极小批量生产的产品,如船舶、重型机床、建筑物、电影外景的拍摄等。这种布置通常是没有其他选择余地的。

第三节 生产过程组织

一、生产过程的基本概念

广义的生产过程是指从生产准备开始到产品制造出来为止的全部过程;狭义的生产过程是指从原材料投入开始到产品制造出来为止的全部过程,包括工艺过程、检验过程、运输过程、等待停歇过程和自然过程。

常见的生产过程主要包括四类:(1)基本生产过程,是指对构成产品实体的劳动对象直接进行工业加工的过程;(2)辅助生产过程,是指为保证基本生产过程的正常进行而从事的各种辅助生产活动的过程;(3)生产技术准备过程,是指企业正式生产前所进行的一系列生产技术上的准备工作过程,包括产品设计、工艺设计等;(4)生产服务过程,是指为保证生产活动顺利进行而提供的各种服务性工作。企业的基本生产过程和辅助生产过程是企业主要生产过程,由若干相互联系的工艺阶段组成,工艺阶段是按照使用的生产手段的不同和工艺加工性质的差异而划分的局部生产过程,它由若干个工序组成,工序是指一个工人或一组工人在同一工作地上对同一劳动对象进行连续加工的生产环节。

二、组织生产过程的原则和基本要求

(一)组织生产过程的原则

为了提高效率,现代化大生产必须遵循分工原则,实行专业化生产。组织生产过程的原则主要有两个:工艺专业化原则与对象专业化原则。

(二)组织生产过程的基本要求

1. 保持生产过程的连续性

生产过程的连续性是指物料处于不停的运动之中,且流程尽可能短,它包括空间上的连续性与时间上的连续性。空间上的连续性要求生产过程各个环节在空间布置上合理紧凑,使物料的流程尽可能短,没有迂回往返现象。时间上的连续性是指物料在生产过程的各个环节的运动,自始至终处于连续状态,没有或少有不必要的停顿与等待现象。

2. 保持生产过程的平行性

生产过程的平行性是指物料在生产过程中实行平行交叉作业。平行作业是指相同的零件同时在数台相同的设备上加工。交叉作业是指一批零件在上道工序还未加工完时，就将已完成的部分零件转到下道工序加工。平行交叉作业可以大大缩短产品的生产周期。

3. 保持生产过程的比例性

生产过程的比例性是指生产过程各环节的生产能力要保持适合产品制造的比例关系。

4. 保持生产过程的均衡性

生产过程的均衡性是指产品从投料到完工能按计划均衡地进行，能够在相等的时间间隔内完成大体相等的工作量。

5. 保持生产过程的准时性

生产过程的准时性是指生产过程的各阶段、各工序都按后续阶段和工序的需要生产。即在需要的时间，按需要的数量，生产所需要的零部件。准时性将企业与用户紧密联系起来。只有各工序都准时生产，才能准时向用户提供所需数量的产品。

准时性是市场经济对生产过程提出的要求。从市场角度来审视，连续性、平行性、比例性与均衡性只有与市场经济的准时性联系才有意义。

三、生产类型

(一)生产类型的概念

企业生产类型是影响生产过程组织的主要因素，也是设计企业生产系统首先应确定的重要问题。企业的产品结构、生产方法、设备条件、生产规模和专业化程度等方面都有各自的特点，这些特点都直接影响企业的生产组织过程。企业生产类型是按照工业企业生产过程的专业化程度所做的分类，或者说，生产类型是生产过程的类型。

(二)不同生产类型的比较

影响企业生产类型的因素较多，为了便于研究，需按一定的标志，将企业划分为不同的生产类型，并根据各生产类型的特点来确定相应的生产组织形式和计划管理方法。

根据生产的产品品种及其数量关系来划分，通常有三种生产类型，即大量生产、成批生产、单件生产。这三种生产类型的技术经济分析(即特点)如表6—3所示。

表6—3　三种生产类型的技术经济分析

特点＼生产类型	单件生产	成批生产	大量生产
产品品种	多、不稳	较多、较稳定	少、稳定
产量	单件或少量	较多	大
工作地专业化程度	基本不重复	定期轮番	重复生产
机械设备	万能设备	部分专用设备	多数专用设备
工艺装备	通用	部分专用设备	专用设备
劳动分工	粗	一定分工	分工细
工人技术水平	多面手	专业操作较多	专业操作
效率	低	中	高
生产周期	长	中	短
成本	高	中	低
适应性	强	较差	差
更换品种	易	一般	难

(三)零件在加工过程中的移动方式

研究生产过程的目的是为了在空间上和时间上合理地组织生产过程,提高劳动生产率,缩短生产周期,加速资金周转,降低产品成本。采用对象专业化的空间组织形式和平行移动的时间组织方式是生产过程组织的重要原则。零件在加工过程中有顺序移动、平行移动和平行顺序移动三种典型的移动方式。

顺序移动方式是指一批零件在上道工序全部加工完毕后才整批地转移到下道工序继续加工。

平行移动方式是指每个零件在前道工序加工完毕后,立即转移到后道工序去继续加工,形成前后工序交叉作业。顺序移动方式零件运输次数少,设备利用充分,管理简单,但加工周期长;平行移动方式加工周期短,但运输频繁,设备空闲时间多而零碎,不便利用。

平行顺序移动方式综合了前两者的优点。它要求每道工序连续进行加工时又要求各道工序尽可能平行地加工。其具体做法是:当前道工序单件工时小于后道工序单件工时时,零件按平行移动方式转移;当前道工序单件工时大于或等于后道工序单件工时时,以前道工序最后一个零件的完工时间为基准,往前推移批量数减 1 个零件作为零件在后道工序的开始加工时间。

以上三种移动方式各有优缺点,它们之间的比较如表 6—4 所示。

表 6—4 零件的三种移动方式比较

移动方式比较项目	平行移动	平行顺序移动	顺序移动
生产周期	短	中	长
运输次数	多	中	少
设备利用	差	好	好
组织管理	中	复杂	简单

在实际生产中,选择零件的移动方式需要考虑零件的大小、零件加工时间的长短、批量的大小以及生产单位专业化的形式,如表 6—5 所示。

表 6—5 选择移动方式应考虑的因素

移动方式比较项目	零件尺寸	加工时间	批量大小	专业化形式
平行移动	大	长	大	对象专业化
平行顺序移动	小	长	大	对象专业化
顺序移动	小	短	小	工艺专业化

四、生产过程组织形式与制造策略

(一)生产过程组织形式

常见的生产过程组织形式有间歇生产、流水线生产、重复生产、项目制造、成组技术。

1. 间歇生产

间歇生产通常按客户要求进行生产,产品的品种多,需求变化大。为应对客户需求的变化,生产工序被设计成可以处理不同的产品,通常采用通用设备。瓶颈工作中心随着产品品种及产量的不同而不断变化。

在间歇生产环境下，必须识别每个工作中心的人力分配、管理提前期，制定派工单，化解管理瓶颈。通常采用无限负荷的能力计划方法。

2. 流水线生产

流水线生产是指劳动对象按一定的工艺路线和统一的生产速度，连续不断地通过各工作地，顺次地进行加工并生产产品（零件）的一种生产组织形式。其特征如下：工作地专业化程度高，即专业性；生产具有明显的节奏，按节拍进行生产，即节奏性；劳动对象流水般地在工序间移动，生产过程高度连续，即连续性；各工序工作地（设备）数量与各工件单件加工时间的比值相一致，即一致性；工艺过程是封闭的，即封闭性；工作地按工艺顺序排列成链索形式，劳动对象在工序间单向移动，即顺序性。组织流水线生产的条件是：产品结构和工艺要相对稳定；产量要足够大；工艺能同期化；生产空间容纳得下。

3. 重复生产

重复生产企业提供有限范围的标准产品，详细计划过程中的问题在重复生产中能够被简化。它是一种生产大批量标准化产品的生产类型。此时，生产商可能需要负责整个产品系列的原料，并且在生产线上跟踪和记录原料的使用情况。

4. 项目制造

项目制造是为满足客户的特定需求而面向订单设计的生产类型。其产品大多是根据客户要求定制的，且其生产的对象具有产品结构复杂，生产周期长，对资源计划、能力均衡、成本控制与交货期控制要求很高等特点。项目制造多用于大型的、单一项目的生产。整个生产过程涉及高度的柔性和设计变更管理。在项目制造中，项目活动网络图代替简单的作业排序。

5. 成组技术

成组技术也称群组技术，它是一种先进的生产与管理技术。它把企业生产的各种产品和零件，按结构、工艺上的相似性原则进行分类编组，并以“组”为对象组织和管理生产。所以说，成组技术是一种基于相似性原理的合理组织生产技术准备和产品生产过程方法。现在成组技术与数控技术相结合，已成为制造技术向柔性自动化、全能制造系统等先进生产技术发展的手段。成组技术的内容有：(1)依照一定的分类系统进行零件的编码和划分零件组；(2)根据零件组的划分情况，建立成组生产单元或成组流水线；(3)按照零件的分类编码进行产品设计和零件选用。成组技术具有以下优点：能够简化生产技术准备工作；增加生产同类型零件的批量，有利于采用先进的加工方法，从而提高生产效率；缩短生产周期；提高产品质量，降低产品成本；简化生产管理工作。

（二）制造策略

不同的生产过程组织形式会采用不同的制造策略。常见的制造策略有以下四种：

(1)按单设计（ETO）。这意味着客户的产品规格要求独一无二的工程设计和重大的定制，提前期包括审核、设计、采购、生产。

(2)按单生产（MTO）。这意味着制造商接到客户订单后才开始生产，几乎没有设计时间，保持原材料库存。例如，高价值的最终产品。其优点是：生产商的库存最小。

(3)按单装配（ATO）。这意味着制造商库存标准组件，按照客户订单装配成产品。例如，个人电脑、汽车。其优点是：相对于按单生产，提前期缩短，对于最终产品的变化保持柔性。

(4)按库存生产（MTS）。这意味着供应商生产产品，从库存销售给客户。例如，日用品、标准产品。其优点是：交付提前期短，形成经济规模，优化产能的利用率。

生产供应商可以使用上述四种策略以减少交付提前期。

第四节 生产计划与生产作业计划

一、生产计划

(一)生产计划的含义

生产计划是企业为了生产出符合市场需要和顾客要求的产品,确定什么时候生产、在哪个车间生产以及如何生产等事项的活动和过程。它是根据销售计划制订的,又是企业制订物资供应计划、设备管理计划和生产作业计划的主要依据。

(二)生产计划的分类

企业的生产计划分为长期生产计划、中期生产计划和短期生产作业计划。长期生产计划的主要任务是进行产品决策、生产能力决策,以及确立何种竞争优势的决策。中期生产计划的任务是在正确预测市场需求的基础上,充分利用现有资源和生产能力,尽可能均衡地组织生产活动和合理地控制库存水平以尽可能满足市场需求和获取利润。短期生产作业计划的任务是直接依据顾客的订单,合理地安排生产活动的每一个细节,使之紧密衔接,以确保按顾客要求的质量、数量和交货期交货。

按照我国企业的习惯,将中期生产计划简称为生产计划,将短期生产作业计划简称为生产作业计划。

(三)生产计划的内容

生产计划工作的主要内容包括:调查和预测社会对产品的需求、核定企业的生产能力、确定目标、制定策略、选择计划方法、正确制订生产计划/库存计划/生产进度计划和计划工作程序、计划的实施与控制。生产计划的主要指标有产品品种指标、产品质量指标、产品产量、产值指标和出产期。

编制生产计划要围绕企业的经营目标,遵循以销定产原则,合理安排企业在计划年度内生产的品种、质量、产量、产值和产品的出产期限等指标。年度经营计划内各项专业计划既互相支持又互相制约。编制生产计划时受企业的销售能力及市场占有率、新产品开发速度和各项生产技术准备工作的进度、本企业的生产能力和外部的生产协作条件、劳动力资源、物资供应、动力生产与供应等影响。而生产计划又是编制劳动工资计划、物资供应计划、辅助生产计划、成本计划、财务计划的重要依据。生产计划的实施需要有企业技术改造计划、设备更新改造计划和技术组织措施计划的支持和保证。

(四)生产计划的编制步骤

1. 调查研究,收集资料

制订生产计划之前,要对企业经营环境进行调查研究,充分收集各方面的信息资料,其主要内容包括:国内外市场信息资料、预测,上期产品销售量,上期合同执行情况及成品库存量,上期计划的完成情况,企业的生产能力,原材料及能源供应情况,品种定额资料,成本与售价。

2. 确定生产计划指标,进行综合平衡

确定生产计划指标是制订生产计划的中心内容。其内容包括:产值指标的选优和确定;产品出产进度的合理安排;各个产品的合理搭配生产;将企业的生产指标分解为各个分厂、车间的生产指标等工作。

3. 安排产品出产进度

将全年的总产量指标按品种、规格和数量安排到各季、各月，制订出产品出产进度计划，以便合理分配并指导企业的生产活动。

二、生产作业计划

（一）生产作业计划工作的任务和内容

生产作业计划是企业生产计划的延续和具体化，是为实施生产计划和组织企业日常生产活动而编制的执行性计划。它是把生产计划规定的任务一项一项地具体分配到每个生产单位、每个工作中心和每个操作工人，规定他们在月、周、日以至每一轮班中的具体任务，也就是规定生产什么、在哪里生产、生产多少和在什么时候生产（或产出）。因此，制订生产作业计划是一项十分细致和十分艰巨的工作。

生产作业计划工作包括制定期量标准、生产作业准备的督促与检查、生产调度、在制品管理、生产作业统计与分析、生产作业计划执行情况的考核，等等。

（二）期量标准

编制生产作业计划需要科学的依据，这个依据就是加工对象（产品、部件、零件）在生产数量和生产期限方面所规定的标准，即期量标准。

1. 批量和生产间隔期

批量是一次投入或产出的相同产品（或零件）的数量。生产间隔期是指相邻两批产品（或零件）投入或出产的时间间隔。

$$\text{批量}=\text{生产间隔期}\times\text{平均日产量}$$

$$\text{平均日产量}=\frac{\text{计划期产量}}{\text{计划期工作日数}}$$

批量与生产间隔确定得合理与否，对生产的经济效益有着直接影响。企业应根据实际情况，权衡利弊，合理地确定批量和生产间隔期。确定批量和生产间隔期的方法主要有经济批量法和以期定量法。以期定量法的基本原理是，先将零件按复杂程度、工艺特点、价值大小等因素分类，然后主要是凭经验确定各类零件的生产间隔期。价值大的间隔期短，价值小的间隔期长。它的优点是简便易行，灵活性大，容易保证零件的成套性和生产的均衡性。缺点是经济效果较差。

经济批量法是从使生产费用中与批量有关的费用最小的观点出发制定批量的。

2. 生产周期

产品的生产周期是指产品从原材料投入生产开始一直到成品出产为止的全部日历时间（或工作日数）。产品的生产周期由各个零部件的生产周期组成。因此，确定产品的生产周期一般分两个步骤进行：首先根据生产流程，确定零部件在各个工艺分阶段上的生产周期；然后在此基础上确定产品的生产周期。

3. 在制品定额

在制品是指从原材料投入到成品入库为止，处于生产过程中所有尚未完工的毛坯、零件、部件和产品的总称。一定数量的在制品，是保证生产不断进行的必要条件。但在制品过多，又会使工作场所拥挤，流动资金占用过多，保管费用增加。因此，必须确保生产衔接所必需的最低限度的在制品储备，这个储备量标准就称为在制品定额。

4. 生产提前期

生产提前期是指制品在各工艺阶段投入或出产的日期应比成品产出日期提前的时间。它是以成品出产日期为起点，按反工艺顺序计算出各工艺阶段的生产提前期和投入提前期。当相邻车间的批量相等时，生产提前期、生产周期和保险期的关系如图6－2所示。

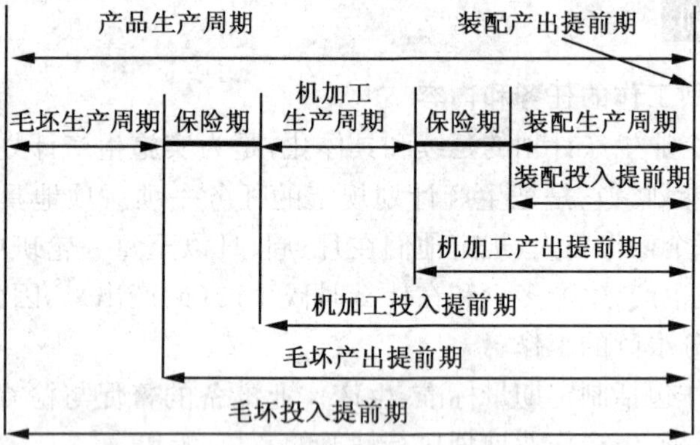

图6－2　提前期、生产周期和保险期的关系

(三)生产作业计划的编制方法

生产作业计划的编制方法，根据企业的生产类型、规模大小、生产单位的组织形式等情况的不同而有所不同，主要有在制品定额法、提前期法和生产周期法等。

1. 在制品定额法

采用在制品定额法来规定车间生产任务，是从成品出产的最后一个车间开始，按照反工艺顺序连续计算，依次确定各车间的投入量和出产量。在制品定额法适用于大批量生产的企业。最后车间的出产量不需用公式计算，它与车间半成品外销量都是根据生产计划任务来规定的。车间计划废品量是按计划规定允许的废品率来计算的。其具体计算公式为：

某车间出产量＝后续车间投入量＋本车间半成品外销量＋(库存半成品定额－库存半成品期初预计存量)

某车间投入量＝该车间出产量＋本车间可能发生的废品量＋(车间在制品定额－车间期初预计在制品存量)

2. 提前期法

提前期法又称提前期累计编号法，是将预先制定的提前期转化为提前量，据此确定各车间在计划期应达到的投入和出产累计号数，然后减去各车间在上期已投入和出产的累计号数，得出各车间本计划期应完成的投放量和出产量。累计号数是从年初或开始生产某种产品起计算的，按产品出产(投入)的先后顺序给产品编的连续累计号数。一般成批生产企业生产作业计划采用生产提前期法。其计算公式为：

某车间出产(或投入)累计号数＝成品生产累计号数＋该车间出产(或投入)提前期定额×最后车间平均日产量

计划期车间出产(或投入)量＝计划期末出产(或投入)的累计编号－计划期初出产(或投入)累计编号

3. 生产周期法

生产周期法是根据预先制定的产品生产周期标准和各项订货的交货日期要求来规定各车间投入、出产任务的方法。

运用生产周期法规定各车间生产任务，是以交货期为起点，根据产品在各个工艺阶段的生产周期和生产提前期，按反工艺过程的顺序来编制生产任务进度表，依次推算出各车间投入和出产数量与期限。它适用于根据订货组织生产的单件小批生产企业。

第五节　新型生产管理方式

随着科学技术的快速发展，市场需求不断变化，人们生活水平不断提高，生产管理的新思想、新理论和新方法不断提出，与此同时，运筹学、系统工程、计算机等科技新成果的产生和发展，又推动了生产管理理论和方法的发展。

一、精益生产

(一)精益生产的概念与目标

精益生产(Lean Production)是美国麻省理工学院国际汽车项目组的研究者在研究了以丰田汽车公司为代表的日本汽车工业的生产方式之后提出的。它是在生产的各个层面上，采用能完成多种作业的工人和通用性强、自动化程度高的机器，以持续改进为基础，通过实施准时化生产，不断减少库存、消除一切浪费，降低成本的一种生产方式。丰田生产方式是精益生产的核心。丰田生产方式又称为准时生产方式(Just In Time，JIT)。

精益生产的基本目标是消除生产过程中的一切浪费，提高效率、降低成本。精益生产把只增加成本，不创造价值的一切要素和活动定义为浪费，主要包括：(1)过量生产带来的浪费；(2)窝工造成的浪费；(3)搬运的浪费；(4)库存的浪费；(5)加工过程的浪费；(6)运作的浪费；(7)不良品的浪费。精益生产采取有效的措施从消除超过最低需要量的人、设备和原材料库存开始，逐步消灭浪费。追求的目标是废品量最低(零废品)、库存量最低(零库存)、更换作业时间最短(时间为零)、搬运量最低、生产提前期最短和批量最小。精益生产的最终目标是增强企业的竞争力，提高盈利水平。

(二)精益生产的体系

并行工程的产品开发、准时化生产和快捷稳定的供应链是精益生产的三大支柱，多功能团队的持续改进活动是精益生产的基础。

1. 并行工程的产品开发

精益生产采用并行工程(Concurrent Engineering)的方式开发新产品，以缩短开发周期，减少开发成本。并行工程以设计人员、工艺人员、生产人员、市场销售人员和检测人员等组成的跨部门、多学科的开发团队为主体，集成地、并行地设计产品及其相关的各种过程。开发团队按照并行工程的做法，同时考虑产品设计、工艺、制造等上、下游各种要素的要求，进行平行交叉设计。通过实时信息交换，及早发现并协同解决设计阶段的错误，使产品具有良好的可制造性、可装配性、可检测性、可生产性、可使用性和可维修性，实现设计一次成功，达到缩短开发周期、降低产品成本和提高产品质量的目的。

2. 准时化生产

准时化生产是指企业生产系统的各个环节、工序只在需要的时候，按需要的数量生产出所需要的产品。精益生产认为生产系统中的库存本身就是一种浪费，同时还掩盖了各种管理不善的问题，使之长期得不到解决，引发一系列的浪费和不良后果。因此，必须采取技术的、管理的措施彻底消除库存。准时化生产通过“减少库存—暴露问题—解决问题—减少库存”的循环过程不断地消除各种浪费。

实现准时化生产的重要手段是看板控制系统。这种控制系统利用一种称之为“看板”的卡片传递生产信息，对生产全过程进行控制，实现适时适量生产。与传统的“推动式”生产系统不同，看板控制下的生产系统是一种“拉动式”生产系统。它变工序间的“送货”为“取货”，即改变传统生产过程中上游车间、工序把加工完的零件送到下游车间、工序的做法，采取下游车间、工序在需要的时候，按需要的数量到上游车间、工序取零件的方式组织生产。上游车间、工序根据需要进行生产。整个生产过程是以需求为牵引力的拉动过程，实施按需生产。

3. 快捷稳定的供应链

精益生产要实现产销之间的及时对接，消除成品库存；在物料供应方面实施准时采购，消除物料库存。因此，快捷稳定的供应链是精益生产的一大支柱，同时也是实现准时化生产不可缺少的条件。例如，精益生产的先驱丰田汽车公司建立了由 314 家销售商和 4 333 个专营店组成的覆盖整个日本的销售网，并用信息网把销售商、专营店、企业三者联系起来，及时获得汽车市场的各种信息和销售商的订货信息，按订单组织生产，实现产销之间的准时协调。销售商和专营店利用信息网互通有无，调剂余缺，减少库存，提高服务水平。与供应商建立长期合作、共同发展的互利共生关系。通过向供应商提供生产技术与管理方面的援助和指导，帮助供应商建立准时生产体制，保证适时适量地获得所需的物料，并使供应商受益。

4. 持续改进

以质量管理小组、设备管理小组等团队为主体，以生产现场为核心的持续改进是实现精益生产的基础。在精益生产中，看板控制的准时生产过程不断暴露出生产系统中存在的各种问题。团队以这些问题为对象开展改进活动，通过持续的改进，消除生产系统中任何形式的浪费，达到提高效率、降低成本的目的。以生产现场为核心的改进活动的内容主要包括手动作业、机器设备、材料和易耗品的利用方法等。

（三）实现精益生产的原则和条件

为了达到降低成本的基本目标，JIT 生产方式应该坚持三个原则，即适时适量生产、弹性配置作业人数、雇员保证，并且要具备以下条件：

1. 生产线的 U 形布置

以多能工人为基础的生产线能根据产量的变化灵活地分配作业任务，增减作业者，达到充分利用人力资源的目的。培养多能工人是采用 U 形生产线、实行一人多机作业所不可缺少的条件。

2. 以作业标准化为基础组织多机看管作业

通过作业标准化合理确定每个作业者所看管的设备和作业程序，并实现各作业者间的作业同期化。

3. 组织混流生产

在生产平准化的基础上组织多品种混流生产。所谓生产平准化，是在同一生产线上，按照一定的投入顺序，相间地生产多种产品，并实现产量、工时的均衡。生产平准化通过确定和优化产品的投入顺序平抑负荷，是组织多品种混流生产的关键环节。这样可使产量变化降低到最低水平，有效地减少因产量变化带来的生产能力等方面的各种浪费；实现按销售的速度、品种、数量、交货期组织生产，对市场需求的变化迅速做出反应。

4. 缩短更换作业时间

更换作业时间是生产系统从生产一种产品转换为生产另一种产品时，从模具、工夹具的准备、卸装、调整等直到生产出第一件合格品为止所用的全部时间。缩短更换作业时间是缩短生产提前期、减少在制品库存、组织混流生产、小批量生产的条件，尤其对于铸造、冲压等不得不进行批量生产的环节更是如此。更换作业分为内更换作业（只有停机才能进行的更换作业）、外更换作业（不停机就能进行的更换作业）和调整作业（为了生产出合格产品，在更换作业中、后所做的调整和检查工作）。在一般情况下，调整作业时间约占总更换作业时间的 50%～

70%,缩短调整作业时间是缩短总更换作业时间的关键一环。

5. 建立生产百分之百合格品的质量保证体系

准时化生产使库存降低到最低水平,生产系统中没有缓冲库存。所以,当某一工序出现不良品时,会造成后续工序停产。因此,精益生产以“零不良品”为目标,建立以质量保证为核心的质量管理体系,综合利用各种质量管理方法,确保生产系统的各工序都能百分之百地生产出合格品,以满足准时化生产对产品质量的要求。

6. 智能自动化

精益生产中智能自动化的目标是提供质量保证、降低成本、实现按需生产。所谓智能自动化,不是单纯地用机器代替人的作业,它要求在机器上安装各种加工状态检测装置和自动停机装置,给机器赋予智能,具有人一样的判断能力,当生产出的产品质量不符合要求、机器自身出现异常及工人出现误操作时,机器会自动停止运行。智能自动化生产线或机器也能在生产出规定数量的产品后自动停止运行,在人机分离的状态下实现适时适量的生产。

二、敏捷制造

(一)敏捷制造的概念

敏捷制造(Agile Manufacturing)的含义是企业在无法预测的持续、快速变化的竞争环境中生存、发展并扩大竞争优势的一种新的经营管理和生产组织模式,其最基本的特征是智能和快速。所谓智能,是指利用员工的智慧、知识、经验及技艺的能力。快速是指对市场需求变化的快速响应。革新的组织管理机构、柔性技术、有知识和技艺的员工是敏捷制造的三大基石。敏捷制造是以虚拟公司的组织形式出现的,它通过企业间优势互补的动态联盟参与竞争,在联盟内通过产品制造、信息处理和现代通信技术的集成,实现人、知识、资金和设备的集中管理和优化利用,以便迅速改变制造过程、设备和软件,快速批量生产种新产品投放市场。

(二)敏捷制造的技术基础

1. 敏捷化信息系统

信息的采集、处理与分析、传递、集成的敏捷化是实现敏捷制造的必要条件。敏捷化信息系统具有开放性、系统可重构性、软件可重用性和规模可扩展性,可以通过添加新的要素,改变要素之间的连接方式,使系统动态地改变为新的系统,以适应新的要求。

2. 敏捷化工具集

在敏捷化信息系统上提供敏捷化工具集。工具集主要包括:(1)决策支持系统;(2)多媒体协同工作环境;(3)工作流程管理系统;(4)产品数据管理系统;(5)质量保证体系;(6)计算机仿真技术;(7)MRP/ERP;(8)供应链管理系统。这些工具集构成的软环境从不同的侧面支持敏捷化企业的运行。

3. 敏捷化制造技术

敏捷制造系统采用企业间协同制造、可重组加工单元、动态生产调度、企业间协同设计、动态加工仿真、实时工艺规划、产品并行设计、集成产品建模等提高产品设计、制造的速度和效率,降低制造成本。

三、计算机集成制造系统

(一)计算机集成制造系统的概念

计算机集成制造(Computer Integrated Manufacturing,CIM)的两个基本观点是:(1)企业

生产的各个环节，即从市场分析、产品设计、加工制造、经营管理到售后服务的全部生产活动是一个不可分割的整体，要紧密连接，统一考虑。(2)整个生产过程实质上是一个数据的采集、传递和加工处理的过程，其最终形成的产品可以看作是数据的物质表现。CIM 是生产组织的一种哲理、思想和方法，是企业信息技术和生产技术的综合应用，目的在于使企业更快、更好、更省地制造出市场需求的产品，提高企业的生产效率和市场响应能力。

(二)计算机集成制造系统的特征

CIM 是在自动化技术、信息技术及制造技术的基础上，通过计算机及其软件将制造工厂全部生产活动所需的各种分散的自动化系统有机地集成起来，形成一种高效率、高柔性的智能制造系统。其特点主要有以下四个方面：

(1)从科学技术角度看，CIM 是高科技密集型技术，是系统工程、管理科学、计算技术、通信网络技术、软件工程和制造技术等的高度综合体。

(2)从制造业的生产经营管理角度看，CIM 是一个大型的一体化的管理系统。由于 CIM 将市场分析、预测、经营决策、产品设计、工艺设计、加工制造和销售集成为一个良性循环系统，这就大大地增强了企业的应变和竞争能力。

(3)从数据的共享角度看，CIM 将物流、技术信息流和管理信息流集成为一体，使企业中数据共享达到了一个崭新的水平。

(4)从管理技术和方法上看，CIM 将 MIS、MRPⅡ、CAD/CAPP/CAM、CE、GT、LP、JIT 等技术部分或全部集成起来。

(三)计算机集成制造系统的功能及构成

CIM 包括四个功能分系统与两个支撑分系统(如图 6—3 所示)。

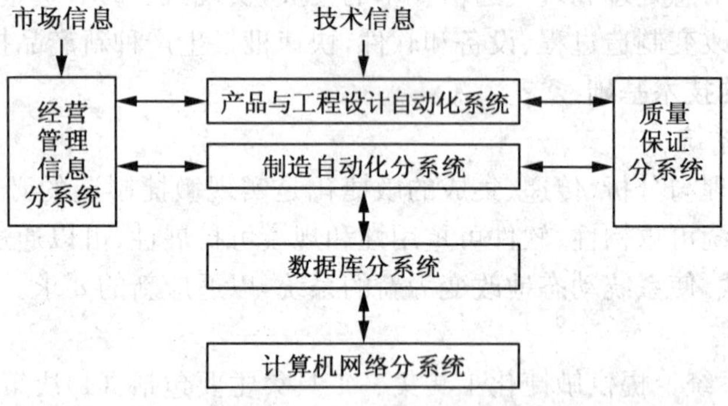

图 6—3 CIM 功能组成

四个功能分系统是：

(1)经营管理信息分系统。它是以 MRPⅡ为核心，包括预测、经营决策、生产计划、生产技术准备、销售、财务、成本、设备、工具、人力资源等管理信息功能。

(2)产品与工程设计自动化分系统。它是用计算机来辅助产品设计、制造准备及产品性能测试等阶段的工作。

(3)制造自动化或柔性制造分系统。它是 CIM 中信息流和物料流的结合点，是 CIM 最终产生经济效益的聚集地，可以由数控机床、加工中心、立体仓库、多级分布式控制计算机等设备及相应支持软件组成。

(4)质量保证分系统。它包括质量决策、质量检测与数据采集、质量评价、控制与跟踪等功能。

两个支撑分系统是：

(1)计算机网络分系统。它是支持 CIM 各个分系统的开放型网络通信系统，用以实现 CIM 的数据传递和系统通信功能，满足各功能分系统对网络支持服务的不同要求。

(2)数据库分系统。它是支持 CIM 各分系统，覆盖企业全部信息的数据库系统，用以管理整个 CIM 的数据，实现数据共享和信息集成。

四、制造资源计划

制造资源计划(Manufacturing Resource Planning，MRP Ⅱ)的前身是物料需求计划(Material Requirements Planning，MRP)。MRP 是 20 世纪 60 年代发展起来的一种计算物料需求量和需求时间的系统。所谓“物料”，泛指原材料、在制品、外购件以及产品。最初，MRP 只是一种需求计算器，是开环的，没有信息反馈，也谈不上控制。后来，从供应商和生产现场取得了信息反馈，形成了闭环 MRP 系统，这时的 MRP 才成为生产计划与控制系统。MRP Ⅱ是 20 世纪 80 年代发展起来的，它不仅涉及物料，而且涉及生产能力和一切制造资源，是一种广泛的资源协调系统。它代表一种新的生产管理思想，是一种新的组织生产的方式。MRP 包含在 MRP Ⅱ中。

MRP Ⅱ具有广泛的适用性。它不仅适用于多品种中小批量生产，而且适用于大量大批生产；不仅适用于制造企业，而且适用于某些非制造企业。MRP Ⅱ的长处在多品种中小批量生产的加工装配式企业中得到了最有效的发挥。因此，以下对 MRP 与 MRP Ⅱ的介绍也是以多品种中小批量生产的加工装配式企业为背景。

(一)MRP 的原理

生产是将原材料转化为产品的过程。对于加工装配式生产来说，如果确定了产品产出数量和产出时间，就可按产品的结构确定产品的所有零件和部件的数量，并可按零件和部件的生产周期，反推出它们的生产时间和投入时间。物料在转化的过程中，需要不同的制造资源(机器设备、场地、工具、工艺装备、人力和资金)，有了各种物料的投入出产时间和数量，就可以确定对这些制造资源的需要数量和需要时间，这样就可以围绕物料的转化过程，来组织制造资源，实现按需要准时生产，这是 MRP 的基本思想。

MRP 是一个基于计算机的信息系统，为非独立需求存货的订货与时间进度安排而设计。从预定日期开始，把产成品特定数量的生产计划向后(反工艺顺序)转换成零部件、原材料需求，用生产提前期及其他信息决定何时订货以及订货多少。因此，对最终产品的需求产生了对零部件原材料的需求，使订货、制作与装配过程都以确定的时间安排，及时完成最终产品，并使存货保持在合理的低水平。MRP 系统由输入、处理过程和输出组成，如图 6—4 所示。

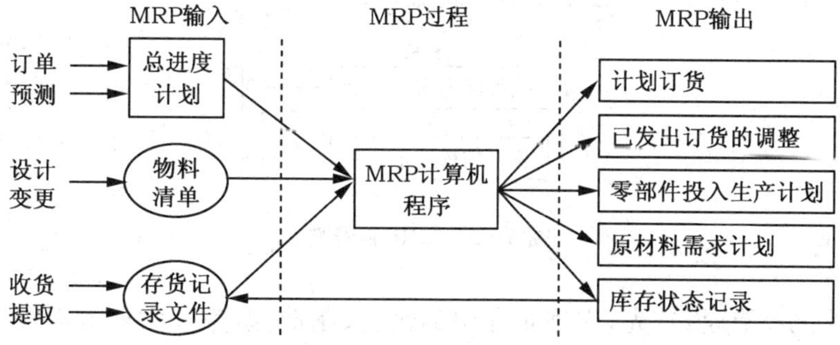

图 6—4　MRP 概览

1. MRP 的输入

MRP 的输入有三个部分:(1)总进度计划(产品产出计划),它表明产成品和属于独立需求的零部件的需要数量与时间;(2)物料清单(产品结构文件),它表明某产成品的主要组成部分,同时也反映该产品项目的结构层次以及制成最终产品的各个阶段的先后顺序;(3)存货记录文件,它表明持有多少存货、还需要订货多少等。

2. MRP 的处理过程

决定净需要量是 MRP 处理过程的核心。总需要量减去存货持有量和预计收货量,再加上安全库存量即为净需要量。

总需要量是不考虑存货持有量时,某存货(构成、原材料)在各时间单元的总需要量。最终产品的总需要量可以在总进度计划上找到,各零部件的总需要量则由其直接母项的计划发出订货量决定,即子项的总需要量按母项的计划发出订货量计算,并保持时间上的一致。

3. MRP 的输出

MRP 系统可以提供多种不同内容与形式的输出,其中主要的是各种生产和库存控制用的计划和报告。包括零部件投入出产计划、原材料需求计划、库存状态记录、计划将要发出的订货、已发出订货的调整等。

(二)MRP Ⅱ

MRP Ⅱ是在 MRP 基础上发展起来的一种新的生产方式。MRP 可以将产品产出计划变成零部件投入生产计划和外购件、原材料的需求计划。但是,只知道各种物料的需要量和需要时间是不够的,如果不具备足够的生产能力,计划将会落空。考虑生产能力,从内部必然涉及车间层的管理,从外部必然涉及采购。MRP 的功能已不能满足需要,于是从 MRP 发展到了闭环 MRP。

把生产活动与财务活动联系到一起,是从闭环 MRP 向 MPR Ⅱ 迈出的关键一步。MRP Ⅱ 实际是整个企业的系统,包括销售、生产、库存、生产作业计划与控制等整个生产经营活动(如图 6—5 所示)。

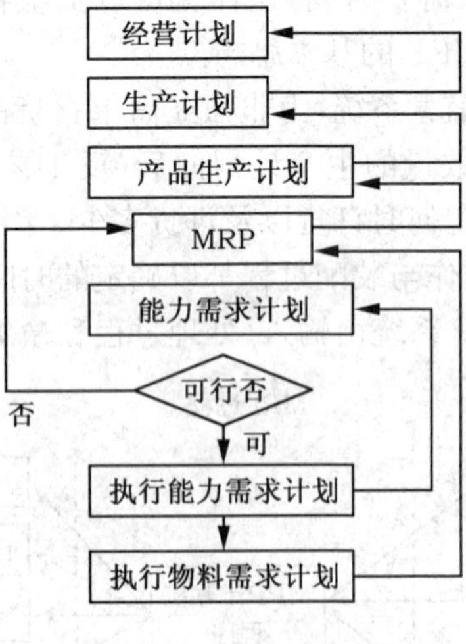

图 6—5 MRP Ⅱ 概览

MRP Ⅱ 最大的特点是:首先,它把企业中的销售、制造、财务三大业务功能紧密地有机集成,其所发生的业务数据都来源于同一个数据库,以保证企业各个部门在统一的共享数据环境下进行业务活动。其次，MRPⅡ系统具备一定的模拟功能和决策支持功能。它可以通过模拟将来的物料需求，提出物料的缺料警告；通过模拟生产能力需求，发出能力不足的警告。这些警告为管理者提供了必要的信息并争取了时间，使管理者能及时地进行准备和安排。它还可以根据生产数据、成本数据和相关财务数据为管理人员提供决策支持信息。

(三)企业资源计划

MRPⅡ的一个扩展是企业资源计划(Enterprise Resources Planning，ERP)，它通过扩展计划范围，引进超出 MRPⅡ范围的更多供应链内容，改进资源计划(详见第十一章)。

五、大规模定制

(一)大规模定制的概念

大规模定制是以满足顾客个性化需求为目标，以顾客愿意支付的价格，并以能够获得一定利润的成本高效率地进行定制，从而提高企业适应市场需求变化的灵活性和快速响应能力的先进生产方式。大规模定制既不同于大规模生产，也有别于通常的定制生产。一般的定制生产方式是根据消费者的特别需求来定制生产产品，它适合那些产品的歧异化对于消费者有重要意义的产品，对于消费者不需要歧异化的产品，如原油、小麦等大宗商品则不适合这种方式。定制生产与大量生产相比虽然能很好地满足消费者的需求，但其组织过程很复杂，组织不当会导致生产成本的大幅提高。

大规模定制兼有大量生产与定制生产的优点，即能够在不牺牲企业经济效益的前提下满足顾客对产品或服务的个性化需求。在该生产方式中，对顾客而言，每一种产品都是定制的、个性化的。但对生产企业而言，该产品主要是采用大批量生产方式制造出来的，以大批量的生产成本和效率生产出个性化的产品。随着经济、技术的发展和人们生产生活水平的提高，人们对产品多样性的要求越来越突出，顾客需求个性化将成为一种趋势，通过为顾客提供个性化的产品和服务来提高顾客的满意度是现代企业获得竞争优势的有效途径。因此，大规模定制将成为主流生产方式之一。

(二)大规模定制的类型

1. 合作型定制

企业通过与顾客交流使顾客明确表达出对产品的具体要求，依此设计并制造。

2. 透明型定制

顾客不参与产品的设计过程，企业根据预测或推断不同顾客的需求，为其提供个性化产品。

3. 装饰性定制

企业以不同的包装把产品提供给不同的顾客。这种方式适用于顾客对产品本身无特殊要求，但对包装有个性化要求的情况。

4. 适应性定制

企业提供可客户化的标准化产品，顾客根据要求对产品进行调整，以满足其个性化的需求。

(三)实施大规模定制的方法

定制生产组织的成功与否主要看能否控制成本的上升。组织大规模定制生产的基本思想是通过对产品维和过程维的优化，采用先进的制造技术和管理方法，把产品的定制生产全部或部分地转化为批量生产。具体可采用定制点后移和产品模块化设计的方法实现大规模定制生产。在产品设计中，通过采用标准化的模块和零件来减少定制的模块和零件数量。在生产过程中，采取定制点后移的策略，尽可能把产品的定制活动推迟到生产过程的下游环节。面向顾客的定制过程是从定制点开始的，在定制点前的环节通常采用大量生产方式。因此，采取措施推迟定制点有助于提高生产效率、降低成本、缩短生产周期（如图 6—6 所示）。

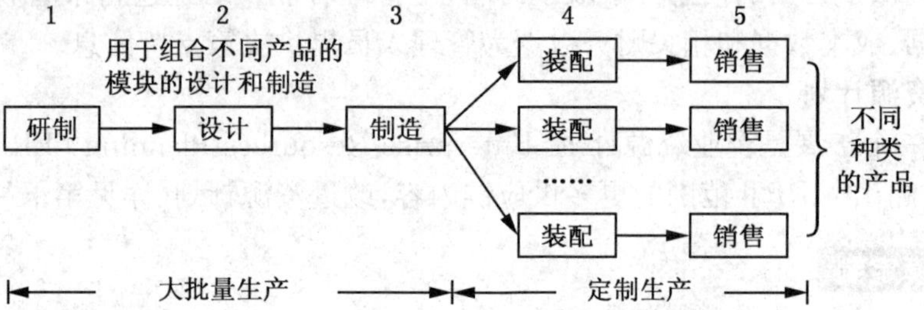

图 6—6　定制点为 4 的生产方式

六、5S 活动

5S 活动是在日本和西方国家发展和流行的企业现场管理的方法。众所周知，产品的质量、生产成本和交货期是企业竞争成败的重要因素，而质优价廉的产品是在现场（设计现场、生产现场和销售现场）形成和实现的。所以，认真抓好现场管理具有重要意义。5S 就是用于现场管理的方法。所谓 5S，就是整理（Seiri）、整顿（Seiton）、清扫（Seisou）、清洁（Seiketsu）、自律（Sitsuke），因为这 5 个词在日语中罗马拼音的第一个字母都是“S”，所以把这一系列活动简称为 5S 活动。

所谓整理，就是区分需要的和不需要的物品，保留需要的，清除不必要的物品。其目的是：腾出空间，充分利用空间；防止误用无关的物品，塑造清爽的工作场所。

所谓整顿，就是对需要的物品有条理地定置摆放，这些物品始终处于任何人都能方便取放的位置。我国不少企业曾经流行过一阵的“定置管理”，实际上就是 5S 中的第二个 S。整顿的目的是：使工作场所一目了然；作业时，节省寻找物品的时间；消除过多的积压物品；创造整齐的工作环境。

所谓清扫，就是生产现场始终处于无垃圾、无灰尘的整洁状态。其目的是：消除不利于产品质量、环境的因素；减少对工人健康的伤害。

所谓清洁，就是指维持和巩固整理、整顿、清扫而获得的结果，保持生产现场任何时候都整齐、干净。作业现场洁净明亮，会使人产生愉快的心情，有利于提高工作效率。清洁的目的就是维持洁净的状态，而为了保持清洁，就要不断地进行整理、整顿和清扫。

所谓自律，就是自觉执行工厂的规定规则，养成良好的习惯。其目的是：全体员工高标准、严要求维护现场的环境整洁和美观，自愿实施整理、整顿、清扫、清洁的 4S 活动。它是 5S 的核心。

5S 看似简单，但是真正要做好 5S 管理，企业需要长期、大量、细致地开展多方面的工作。

第六节　质量管理

一、质量和全面质量管理

（一）质量

ISO9000：2000 标准对质量的定义是：“一组固有特性满足要求的程度。”①

① 术语“质量”可使用形容词如“差”、“好”或“优秀”来表示。

在理解质量的定义时，应注意以下要点：

1. 关于“固有特性”

特性是指“可区分的特征”。可以有各种类别的特性，如物理特性（机械、电气、化学、生物特性）、感官特性（嗅觉、触觉、味觉、视觉等感觉控制的特性）、行为特性（礼貌、诚实、正直）、时间特性（准时性、可靠性、可用性）、人体工效特性（生理特性、人身安全特性）。

（1）特性可以是固有的或赋予的。“固有的”就是指某事或某物中本来就有的，尤其是那种永久的特性。例如，螺栓的直径、机器的生产率或接通电话的时间等技术特性。有的产品只具有一种类别的固有特性，有的产品可能具有多种类别的固有特性。

（2）赋予特性不是某事物中本来就有的，而是完成产品后因不同的要求而对产品所增加的特性，如产品的价格、硬件产品的供货时间和运输要求（如运输方式）、售后服务要求（保修时间）等。

不同产品的固有特性与赋予特性是不同的，某些产品的赋予特性可能是另一些产品的固有特性。例如，供货时间及运输方式对硬件产品而言，属于赋予特性；但对运输服务而言，就属于固有特性。

2. 关于“要求”

要求是指“明示的、通常隐含的或必须履行的需求或期望”。

（1）“明示的”应理解为是规定的要求。如在文件中阐明的要求或顾客明确提出的要求。

（2）“通常隐含的”是指组织、顾客和其他相关方的惯例或一般做法，所考虑的需求或期望是不言而喻的。例如，银行对顾客存款的保密性，化妆品对顾客皮肤的保护性等。一般情况下，顾客的文件中不会对这类要求给出明确的规定，供方应根据自身产品的用途和特性进行识别，并作出规定。

（3）“必须履行的”是指法律法规的要求及强制性标准的要求。我国对与人身、财产的安全和健康有关的产品，发布了相应的强制性的行政文件或标准，如食品卫生安全法等，供方在产品的实现过程中必须执行这类文件和标准。

要求可以由不同的相关方提出，不同的相关方对同一产品的要求可能是不同的。例如，对汽车来说，顾客要求美观、舒适、轻便、省油；但社会要求对环境不产生污染。供方在确定产品要求时，应兼顾各相关方的要求。

要求可以是多方面的，当需要特指时，可以采用修饰词表示，如产品要求、过程要求和质量管理体系要求。

产品质量是指产品能够满足使用要求所具备的特性，一般包括性能、寿命、可靠性、安全性、经济性以及外观等。

（二）质量管理

ISO9000：2000 标准对质量管理的定义是：“在质量方面指挥和控制、组织、协调的活动。”①

质量管理通常包括质量策划、质量控制、质量保证、质量改进，这些活动都是质量管理的一部分，但目的各不相同。

质量管理体系可定义为：“建立质量方针和质量目标并实现这些目标的相互关联或相互作用的一组要素。”

---

① 在质量方面的指挥和控制活动，通常包括制定质量方针和质量目标、质量策划、质量控制、质量保证和质量改进。

所谓质量职能，是指质量形成全过程中所必须发挥的质量管理功能及其相应的质量活动。从产品质量形成的规律来看，直接影响产品质量的主要质量职能有市场研究、开发设计、生产技术准备、采购供应、生产制造、质量检验、产品销售、用户服务等。从某种意义上来说，质量管理就是要将这些广泛分散的活动有机地结合，从而确保质量管理目标的实现。

提高产品质量大多可以在不增加消耗的条件下进行。质量是任何一个企业赖以生存的基础，是企业的生命线，是提高企业竞争能力的重要支柱，是提高企业经济效益的重要条件，提高产品质量对于促进企业的发展有着直接而重要的意义。同时产品的质量问题也是个重大的战略问题。优质能给人们生活带来方便与安乐，能给企业带来效益和发展，最终能使社会繁荣，国家富强；劣质则会给人们生活带来无数的烦恼甚至灾难，造成企业的亏损以至倒闭，并由此给社会带来各种不良影响，直至阻碍社会的进步，乃至造成国家的衰败。因此，我们可以把优质的产品和服务看成是人们现代生活与工作的保障。

(三)全面质量管理

1. 全面质量管理概述

质量管理是随着生产的发展和科学技术的进步而逐渐形成和发展起来的，它发展到今天大致经历了三个阶段：质量检验阶段(也称事后检验阶段)、统计质量管理阶段(即利用数理统计原理，预防不合格品的产生并检验产品的质量)、全面质量管理阶段。

国际标准化组织对全面质量管理的定义是：以质量为中心，以全员参与为基础，目的在于通过让顾客满意和本组织所有成员及社会受益而达到长期成功的一种管理途径。

全面质量管理创始人之一的费根堡姆下的定义是：全面质量管理是为了能够在最经济的水平上并考虑到充分满足顾客要求的条件下，进行市场研究、设计、制造和售后服务，把企业内各部门的研制质量、维持质量和提高质量的活动构成一个有效的体系。

综上可见，全面质量管理是全员通过有效的质量体系对质量形成的全过程和全范围进行管理和控制，并使顾客满意和社会受益的科学方法和途径。

所谓“全面”，包含四方面的含义：全面质量即产品质量、过程质量和工作质量的质量管理；全过程的质量管理即把质量管理活动贯穿于产品质量产生、形成和实现的全过程；全员参加的质量管理；方法全面的、多样化的质量管理。

全面质量管理的指导思想有：奉行用户第一，下道工序就是用户；严格把关与积极预防相结合，以预防为主；数据是质量管理的根本，一切用数据说话。

2. 全面质量管理的基本工作方法——PDCA 循环

(1)PDCA 循环的含义。在质量管理活动中，要求把各项工作先按照编制计划、计划实施来检查实施效果，然后将成功的纳入标准、不成功的留待下一循环去解决的工作方法进行，这就是质量管理的基本工作方法，实际上也是企业管理各项工作的一般规律。这一工作方法简称 PDCA 循环。P(Plan)是计划阶段，D(Do)是执行阶段，C(Check)是检查阶段，A(Action)是处理阶段。PDCA 循环是美国质量管理专家戴明博士最先总结出来的，所以又称戴明环。

(2)PDCA 循环的步骤。在具体工作中，PDCA 循环的四个阶段又分为八个步骤。

- P(计划)阶段有四个步骤：①分析现状，找出存在的质量问题。②找出产生问题的原因或影响因素。影响产品质量的因素一般可归纳为五大类：人(Man)、机器(Machine)、原材料(Material)、方法(Method)、环境(Environment)，即“4M1E”。③找出影响质量问题的主要因素。④针对主要影响因素制订解决问题的措施计划。措施计划要明确采取该措施的原因

(Why)，执行措施预期达到的目的(What)，在哪里执行措施(Where)，由谁来执行(Who)，何时开始执行和何时完成(When)，以及如何执行(How)，通常简称为“5W1H”问题。

- D(执行)阶段有一个步骤:按制订的计划认真执行。
- C(检查)阶段有一个步骤:检查措施执行的效果。
- A(处理)阶段有两个步骤:①巩固成果，将成功的经验和失败的教训加以标准化;②将遗留问题转入下一个 PDCA 循环去解决。

(3)PDCA 循环的特点。

①PDCA 循环就如一个按四个阶段的顺序不断滚动的轮不断旋转、循环，如图6-7所示。

②大环套小环，互相促进。如果把整个企业的工作作为一个大的 PDCA 循环，那么各部门、各小组都有各自小的 PDCA 循环。于是，大环套小环，一环扣一环，大循环是小循环的依据，小循环是大循环的贯彻落实和具体化。这些大小循环构成一个有机整体，如图 6-8 所示。

③循环上升。PDCA 循环绝不是原地打转转，而是每循环一次，就前进一步，上升到一个新的高度，就有新的内容和目标，就如爬楼梯一样步步高，如图 6-9 所示。

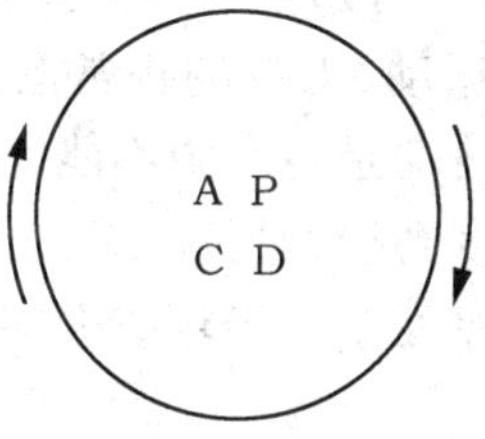

图 6-7　PDCA 循环

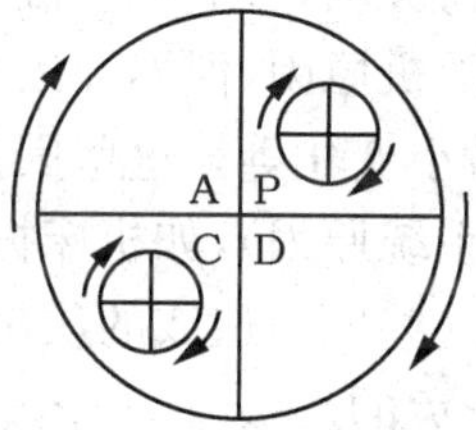

图 6-8　大环套小环

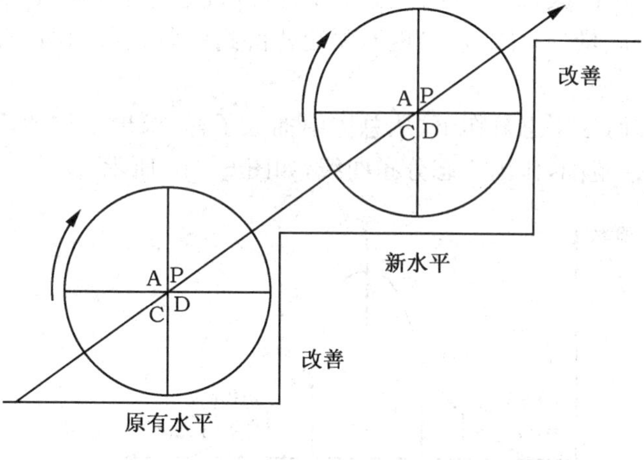

图 6-9　PDCA 循环上升

二、质量管理体系

(一)质量管理统计方法的理论基础

1. 质量管理中的数据

数据是反映事物性质的一种量度。在质量管理中，所涉及的数据按其本身特性，一般可分为计量值数据和计数值数据两大类。计量值数据是指用测试工具可连续测取的数据。例如，产品的长度、质量、温度、体积，材料的强度、硬度及化学成分等。现以长度为例，在1厘米与2厘米之间可连续地取1.1,1.2,1.3,…；在1.1厘米与1.2厘米之间又可连续地取1.11,1.12,1.13,…，等等，因此，所取之值可为连续的小数。计数值数据是以个数计算的质量特性值。如合格品与废品件数、疵点数、缺陷数等，不必用仪器连续测取，一般用整数表示。

2. 收集数据

一般采用抽样检查的方法收集数据。抽样检查的对象称为母体，从母体中抽取的一部分样品叫子样。对子样进行测试就得到子样数据，通过对数据的整理分析，便可判断母体是否符合质量标准。同时，由于目的不同，收集数据的对象和方法主要有两种：一是以工序为对象，按零件或产品生产时间先后顺序取样，如每间隔一段时间连续取几件子样，进行检验，目的多用于工序质量控制；另一种是以一批产品为对象，按一批产品随机抽样进行测试，每件产品被抽取的概率完全相等，目的多用于产品验收。

3. 产品质量波动

产品加工即使在相同的工艺技术条件下，所生产出来的产品，也不会绝对相同，其产品质量总是在一定范围内波动，影响质量波动的原因有很多，但可归纳为两大类：

(1)正常原因(随机原因、偶然原因)，如机床的微小振动、工具的正常磨损、夹具的微小松动、操作和材质的微小变化等。这些因素所引起的质量波动是生产中不能完全避免的。

(2)异常原因(系统原因)，如机床振动太大、工具过度磨损、量具准确性差、材料规格不符、工人过度疲劳等。这些原因造成的质量波动较大，使工序处于不稳定或失控状态，只要采取措施，是可以消除和避免的。

4. 质量波动的正态分布

在正常情况下，产品质量特性是呈正态分布的。如果将产品按质量特性(尺寸、数量等)分成若干组，计算出每组产品数，以质量特性为横坐标，以数据为纵坐标，以各矩形的高度表示各组的产品数，画出一个质量分布图，连接矩形顶端就得到一条光滑的曲线，此曲线就是正态分布曲线。

根据概率论的原理，在正态分布下，从总体中抽取子样，求出平均值，再求出标准差 σ 后，就可以判定总体的偏差范围，作出正态分布曲线，如图6－10所示。

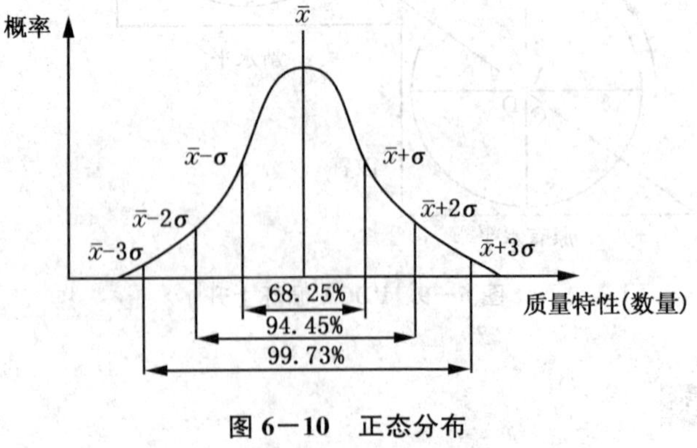

图6－10　正态分布

标准差的计算公式如下：

$$\sigma=\sqrt{\frac{\sum(x-\bar{x})^2}{n}}=\sqrt{\frac{\sum(\text{各个数值}-\text{各数值平均数})^2}{\text{数值的数目}}}$$

正态分布曲线具有以下特点：

(1)当 x 值等于平均值 $\bar{x}$ 时，曲线处于最高点，表示频数最高；靠近 $\bar{x}$ 的偏差出现的概率较大；反之则较小。

(2)曲线在 $x=\bar{x}$ 时，垂直线为对称轴，呈左右对称，出现中间高、两边低的钟形。

(3)曲线与横坐标所围成的面积等于 1，表示正常情况下，测得的数据值都落在此面积内。即曲线与 $\bar{x}\pm\sigma$ 范围内的面积占 68.25%；曲线与 $\bar{x}\pm 2\sigma$ 范围内的面积占 95.45%；曲线与 $\bar{x}\pm 3\sigma$ 范围内的面积占 99.73%。

(4)在一定范围($\pm 3\sigma$)以外的偏差，出现的概率是很小的。从图 6－10 中可以看出，抽查产品的数据与平均值相比，超越 $\pm 3\sigma$ 数值的，1 000 件中只有 3 件。而 99.73% 的数值都在控制界限内，超出这个界限的仅有 3‰的可能性。通常称为 3‰规律。因此，根据这一规律，以平均值 $\bar{x}$ 为中心，计算出上下控制界限($\pm 3\sigma$)，作出控制图，对生产过程中的加工产品质量可进行控制。

5. 工序能力指数

工序能力是指工序在正常和稳定的状态下所表现出来的保证生产合格产品的能力。工序加工产品的质量特性数据的波动幅度可用 6σ 来表示。

工序能力指数(C_P)是反映工序能力满足质量要求程度的一个量度，它可以用公差范围数值与工序能力的比值来反映。其计算公式如下：

$$C_p=\frac{T}{P}=\frac{T}{6\sigma}$$

式中：T 为公差范围；P 为工序能力(即正常的尺寸公差范围)。

从上式可知，为了保证工序所生产的产品合格，实际尺寸的分布范围(即工序能力)必须小于公差范围，并使两者中心线相重合。

工序能力指数是衡量工序质量能力的综合性指标，通过对工序能力的测算，可以了解工序能否保证质量、满足公差的要求。工序能力指数高低，可根据表 6－6 的标准来判断。

表 6－6　　工序能力的判断标准

C_p	判断标准
$C_p>1.33$	工序能力充分满足要求，但过大时，应避免设备精度浪费
$C_p=1.33$	工序能力较理想
$C_p>1$	工序能力高，加工精度能满足公差要求
$C_p=1$	有发生不合格品的可能性
$C_p<1$	工序能力不足，应采取措施，改变工艺条件

在测定工序能力指数时，当尺寸分布中心对公差中心发生偏移时，应首先通过设备调整，让尺寸与公差中心重合后，再计算 C_p 值。否则将计算出的 C_p 值作如下修正：

$$C_pk=C_p\cdot K$$

式中，K 为修正系数；C_pk 为修正的工序能力指数。

$$K=1-\frac{2\varepsilon}{T}$$

式中，ε 为尺寸中心对公差中心的偏移量；T 为公差范围。

(二)质量管理常用的统计方法

质量管理常用的统计方法有排列图、因果分析图、相关图、分层法、检查表、直方图、控制图，通常称为质量管理的七种工具。这七种工具应相互结合，灵活运用，从而有效地控制和提高产品质量。

1. 主次因素排列图法

主次因素排列图，又称帕累托图，是一种找出影响产品质量主要因素的简单有效的方法。由于影响产品质量的因素很多，而主要因素往往只是其中少数几项，由它造成的废品却占总数的绝大部分。主次因素排列图的基本形式如图 6－11 所示。

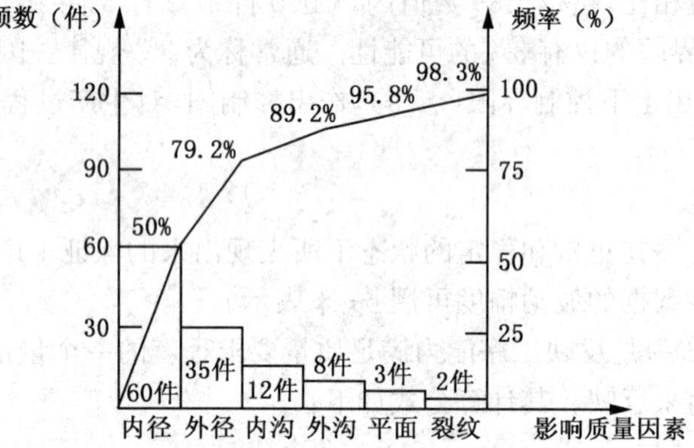

图 6－11 轴承套圈不合格品排列

主次因素排列图中有两个纵坐标，一个横坐标，几个长方形，一条曲线，左边纵坐标表示频数(件数)，右边纵坐标表示频率，以百分数表示。横坐标表示影响产品质量的各项因素，按影响大小从左向右排列。曲线表示各影响因素大小的累计百分数，通常把累计百分数分为三类：0～80％为 A 类因素，称为主要因素；80％～90％为 B 类因素，称为次要因素；90％～100％为 C 类因素，称为一般因素。主要因素找到后，就可以集中力量加以解决。

2. 因果分析图法

因果分析图，又称鱼刺图、树枝图，是一种分析影响质量诸因素的有效方法。影响产品质量的因素很多，从大的方面分析，有设备、原材料、操作者、工艺方法、作业环境等方面；从小的方面分析，每一方面又有许多具体影响因素，这些因素又是其他因素作用的结果。因果分析最常用的是因果分析图(如图 6－12 所示)。

这种方法的主要特点在于能够全面地反映影响产品质量的各种因素，而且层次分明，可以从中看出各种因素之间的关系。这种分析有助于使管理工作越做越细，从而找出产生废品的真正原因，然后对症下药，采取措施加以解决。

3. 相关图法

相关图，又称散布图，是把两个变量之间的相关关系用直角坐标系表示的图表。这种方法是用影响质量特性因素的各对数据，用点填列在直角坐标图上，以观察判断两个质量特性之间的关系，对产品或工序进行有效控制。例如，在热处理中，要找出淬火硬度与淬火温度的关系，如图 6－13 所示。

在图 6－13 中，x，y 两种因素所决定的数据近似一条直线，表明淬火硬度与淬火温度近似正相关，可用直线方程式 $y=a+bx$。这样就可以根据硬度要求，掌握淬火温度。

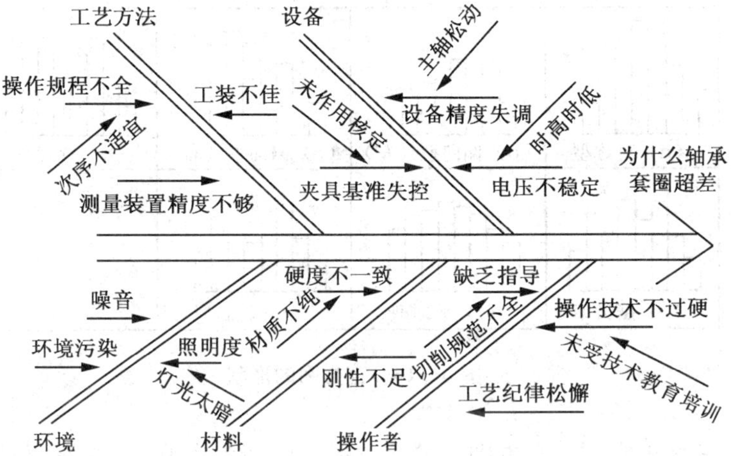

图 6—12　因果分析图

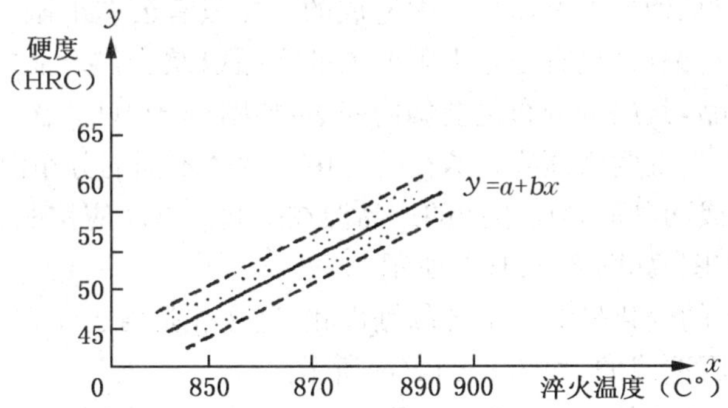

图 6—13　淬火硬度与淬火温度的相关性

4. 分层法

分层法,又称分类法,是一种把收集来的原始质量数据按照不同目的加以分类整理,以便分析影响产品质量的具体因素。分层可从不同角度,如按设备、工艺方法、原材料、操作者、检测手段等来分类。分层的目的是为了分清责任,找出原因。分层法没有独立固定图表,而是用于各种统计图表中,如分层的排列图、分层的直方图等。

5. 调查表法

调查表,又称核对表,一种是利用统计图表来记录和积累数据并进行整理和粗略分析影响产品质量原因的常用图表。常用的调查表有缺陷位置调查表、不良品原因调查表、频数分布调查表等。

6. 直方图法

直方图是表示数据变化情况的一种主要工具。用直方图可以比较直观地看出产品质量特性的分布状态,可以判断工序是否处于受控状态,还可以对总体进行推断,判断其总体质量分布情况。直方图是从形态的角度,通过产品质量的分布反映工序的精度状况。通常是看图形本身的形状是否正常,再与公差(标准)作对比,进而作出大致判断。常见的直方图有以下几种,如图 6—14 所示。

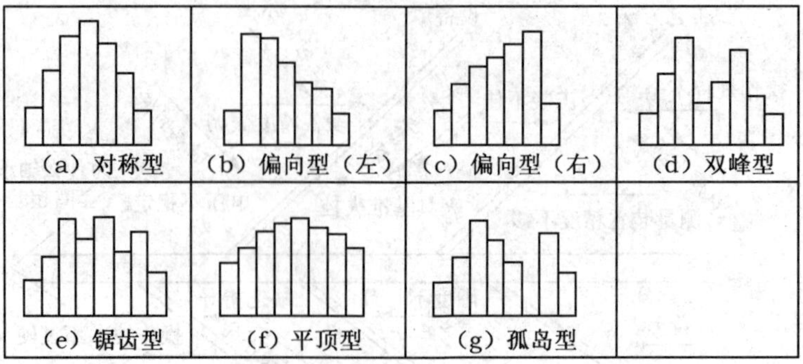

图 6—14 直方图的形状

(1)对称型,又称正常型。直方图中的直方形以中间为顶峰,向左右两侧大体呈对称型排列。这是正常的典型分布图形,如图 6—14(a)所示。

(2)偏向型。其高峰偏向于一侧,另一侧呈缓坡状。通常是由于产品的公差(标准)是单侧标准(如形位公差),或某种加工习惯等原因造成的。如只有公差上限要求的产品以及轴件产品的质量分布往往呈右偏形,只有公差下限要求的产品以及套作产品的质量分布往往呈左偏形。大多数修过的产品,其质量分布也会偏向一边,如图 6—14(b)、图 6—14(c)所示。

(3)双峰型。图形出现两个顶峰。这往往是由于两个不同的分布混在一起所造成的,如有一定差别的两台机床或两种原料所生产的产品混在一起。这时应按照数据的不同性质进行分层,再作分层后的直方图,如图 6—14(d)所示。

(4)锯齿型。高峰的变化呈参差不齐的锯齿状,这往往是由于作直方图的过程中分组过多或测量读数有误等原因造成的,如图 6—14(e)所示。

(5)平顶型。直方形顶部平直,峰谷不明,如图 6—14(f)所示。这往往是由于生产过程中某种缓慢的带有变动倾向的因素在起作用所造成的,如工具的磨损、操作者的疲劳等。

(6)孤岛型。即在远离主分布中心的地方出现一些小直方形,如图 6—14(g)所示。这表明工序质量有异常,往往是原材料有变化,短时期内由不熟练工人替班操作,或测量有误等原因造成的。

7. 控制图法

控制图,又称管理图(如图 6—15 所示),是一种有控制界限的图,用来区分引起质量波动的原因是偶然的还是系统的,可以提供系统原因存在的信息,从而判断生产过程是否处于受控状态。

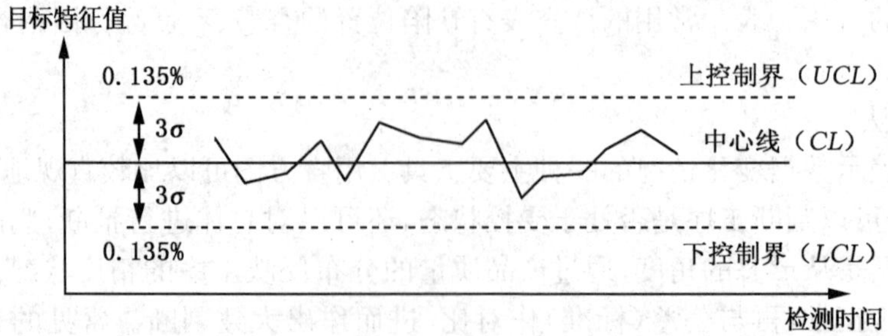

图 6—15 控制图的基本形状

控制图按其用途可分为两类：一类是供分析用的控制图，用控制图分析生产过程中有关质量特性值的变化情况，看工序是否处于稳定受控状态；另一类是供管理用的控制图，主要用于发现生产过程是否出现了异常情况，以预防产生不合格品。

控制图通常以样本平均值为中心线，以上下取3倍的标准差（$\pm 3\sigma$）为控制界，因此，用这样的控制界限作出的控制图称为 3σ 控制图，由休哈特最早提出。

根据数据的种类不同，控制图基本上可以分为两大类：计量值控制图和计数值控制图。计量值控制图一般适用于以长度、强度、纯度等为控制对象的场合，属于这类的控制图有单值控制图、平均值和极差控制图、中位数和极差控制图等。计数值控制图以计数值数据的质量特性为控制对象，属于这类的控制图有不合格品率控制图和不合格品数控制图、缺陷数控制图和单位缺陷数控制图，等等。

（三）ISO9000族标准

1. ISO9000族标准的产生和发展

第二次世界大战期间，军事工业得到了迅猛的发展，各国政府在采购军品时，不但提出产品特性要求，还对供应厂商提出了质量保证的要求。20世纪50年代末，美国发布了MIL-Q-9858A《质量大纲要求》，成为世界上最早的有关质量保证方面的标准。后来，美国国防部制定和发布了一系列的生产武器和承包商评定的质量保证标准。

随着地区化、集团化、全球化经济的发展，市场竞争日趋激烈，顾客对质量的期望越来越高，每个组织为了竞争和保持良好的经济效益，努力设法提高自身的竞争能力以适应市场竞争的需要。因此，需要采用一种系统的和透明的方式进行管理，针对所有顾客和相关方的需要，必须建立、实施并保持持续改进其业绩的管理体系，从而使组织获得成功。

顾客要求产品具有满足其需求和期望的特性，这些需求和期望在产品规范中表述。如果提供和支持产品的组织质量管理体系不完善，规范本身就不能始终满足顾客的需要。国际标准化组织（ISO）于1979年成立了质量管理和质量保证技术委员会（TC 176）负责制定质量管理和质量保证标准。1986年发布了ISO 8402《质量——术语》标准，1987年发布了ISO9000《质量管理和质量保证标准——选择和使用指南》、ISO9001《质量体系——设计开发、生产、安装和服务的质量保证模式》、ISO 9002《质量体系——生产和安装的质量保证模式》、ISO9003《质量体系——最终检验和试验的质量保证模式》、ISO9004《质量管理和质量体系要素——指南》等6项标准，通称为ISO9000系列标准。

2000年12月15日，ISO/TCl76正式发布了2000年版的ISO9000族标准。该标准的修订充分考虑了1987年和1994年版的标准，以及现有其他管理体系标准的使用经验，因此，它使质量管理体系更加适合组织的需要，可以更适应组织开展其商业活动的需要。新版标准的修订，更加强调了顾客满意及监视和测量的重要性，促进了质量管理原则在各类组织中的应用，满足了使用者对标准应更通俗易懂的要求，强调了质量管理体系要求标准和指南标准的一致性。

2. 2000版ISO 9000族核心标准

（1）2000版ISO9000族核心标准的构成。2000版ISO9000族标准包括以下一组密切相关的质量管理体系核心标准：ISO9000《质量管理体系基础和术语》，表达质量管理体系基础知识，并规定质量管理体系术语；ISO9001《质量管理体系要求》，规定质量管理体系要求，用于证实组织具有提供满足顾客要求和适用法规要求的产品的能力，目的在于增进顾客满意；ISO9004《质量管理体系业绩改进指南》，提供考虑质量管理体系的有效性和效率两方面的指南。该标准的目的是促进组织业绩改进和使顾客及其他相关方满意；ISO19011《质量和(或)环境管理体系审核指南》，提供审核质量和环境管理体系的指南。

(2)GB/T19000—ISO9000族核心标准简介。

GB/T19000—2000《质量管理体系基础和术语》表述了ISO 9000族标准中质量管理体系的基础，并确定了相关的术语。该标准明确了质量管理的八项原则，是组织改进其业绩的框架，能帮助组织获得持续成功，也是ISO9000族质量管理体系标准的基础。它表述了建立和运行质量管理体系应遵循的12个方面的质量管理体系基础知识。该标准给出了有关质量的术语共80个词条，分成10个部分，阐明了质量管理领域所用术语的概念，提供了术语之间的关系图。

GB/T19001—2000《质量管理体系要求》，提供了质量管理体系的要求，供组织需要证实其具有稳定地提供满足顾客要求和适用法律法规要求的产品的能力时应用。组织可通过体系的有效应用，包括持续改进体系的过程及保证符合顾客与适用的法规要求，增强顾客满意度。该标准应用了以过程为基础的质量管理体系模式的结构，鼓励组织在建立、实施和改进质量管理体系及提高其有效性方面，采用过程方法，通过满足顾客要求，增强顾客满意。过程方法的优点是对质量管理体系中诸多单个过程之间的联系及过程的组合和相互作用进行连续的控制，以达到质量管理体系的持续改进。

GB/T19004—2000《质量管理体系业绩改进指南》，以八项质量管理原则为基础，帮助组织用有效和高效的方式识别并满足顾客和其他相关方的需求和期望，实现、保持和改进组织的整体业绩，从而使组织获得成功。该标准提供了超出ISO9001要求的指南和建议，不用于认证或合同的目的，也不是ISO9001的实施指南。该标准的结构也应用了以过程为基础的质量管理体系模式，鼓励组织在建立、实施和改进质量管理体系及提高其有效性和效率时，采用过程方法，以便通过满足相关方要求来提高相关方的满意程度。该标准还给出了自我评定和持续改进过程的示例，用于帮助组织寻找改进的机会；通过5个等级来评价组织质量管理体系的成熟程度；通过给出的持续改进方法，提高组织的业绩并使相关方受益。

ISO 19011：2000《质量和(或)环境管理体系审核指南》，遵循"不同管理体系可以有共同管理和审核要求"的原则，为质量和环境管理体系审核的基本原则、审核方案的管理、环境和质量管理体系审核的实施以及对环境和质量管理体系审核员的资格要求提供了指南。它适用于所有运行质量和环境管理体系的组织，指导其内审和外审的管理工作。该标准在术语和内容方面，兼容了质量管理体系和环境管理体系的特点。在对审核员的基本能力及审核方案的管理中，均增加了应了解及确定法律和法规的要求。

3. 质量体系认证

(1)质量体系认证的含义。质量体系认证是指"由可以充分信任的第三方，证实某一经鉴定的产品、过程或服务符合特定标准或其他技术规范的活动"。也就是说，它由第三方认证机构依据公开发布的质量体系标准，对供方(生产方)的质量体系实施评定，评定合格的由第三方认证机构颁发质量体系认证证书，并予注册公布，证明供方在特定的产品范围内具有必要质量保证能力的活动。

(2)质量体系认证程序。整个程序有十几个环节：质量体系认证的申请；认证机构接到申请后对申请方进行了解，确定是否接受申请；如果接受申请，申请方做好与认证有关工作的安排，预交认证费用；认证机构和供方一起根据需要，确定质量体系认证依据；申请认证方准备质量体系有关文件，提供给认证机构进行审阅；认证机构评定质量体系文件，并通知供方对不符合要求处或重大遗漏处进行修正与补充;供方做好进行现场评审前的一切准备工作;现场审核;供方对提出的问题进行修改;批准注册发证,并公开公布;获准认证后的监督管理;重新评定。每隔 3 年需对供方质量体系重新评定。

(3)质量体系认证的作用。质量认证制度之所以得到世界各国的普遍重视,关键在于它是由一个公正的机构对产品或质量体系作出正确、可靠的评价,从而使人们对产品质量建立信心,这对供方、需方、社会和国家的利益都有重要意义。主要体现在提高供方的质量信誉和市场竞争能力、促进企业完善质量管理体系、提高管理水平、有利于保护消费者的利益、减少社会重复评定费用。

思考与练习

1. 试述生产管理的内容与目标。
2. 组织生产过程有哪些基本要求和原则?
3. 新型生产运作方式方法主要有哪些?说明其基本思想。
4. 根据下表给出的 3 个厂址的有关数据,选择哪个厂址较好?

厂址与成本的关系

有关因素	厂址 A	厂址 B	厂址 C
单位可变成本(元/台)	18.00	20.00	19.50
年固定成本(元)	1 500 000.00	3 000 000.00	4 000 000.00
单价(元/台)	30.00	30.00	30.00
年产量(台/年)	300 000.00	250 000.00	325 000.00

5. 一个制造厂计划在某车间旁增加一侧房,建一条新的生产线,可生产 A、B、C、D、E 五种型号的产品。现有两个布置方案,如下图所示:

布置方案(1)

1	2	3
4	5	6

布置方案(2)

4	1	3
2	5	6

五种产品在六个部门间的移动距离和移动次数见下表。问:哪一种布置方案的月运输量最小?

产品在部门间的移动距离和移动次数

产品型号	产品工艺路线	月产量(件)	移动方向	设备间距离(m)	
				方案(1)	方案(2)
A	1—2—3	2 000	1～2	15	25
B	4—5—6	2 000	1～5	30	10
C	1—5—6	3 000	2～3	15	35
D	2—5—6	1 000	2～4	20	10
E	2—4—6	3 000	2～5	15	15

续表

产品型号	产品工艺路线	月产量（件）	移动方向	设备间距离(m)	
				方案(1)	方案(2)
			3～4	35	25
			4～5	15	25
			5～6	10	10

技能训练

1. 分析自己小组所收集的20～30家企业的生产运作管理情况。
2. 根据自己小组所模拟设立的公司的实际，为公司的生产选址，并就有关内容进行班级交流。
3. 比较你所在城市的若干商家的质量管理情况。

案例讨论与分析

斯科公司的现场管理

现场管理是应用科学的管理思想、方法和手段，对生产作业场所的各种生产要素（包括人、设备工具、原辅材料、能源、方法、环境、信息等）进行合理配置、优化组合，使其处于良好状态，达到优质、高效、低耗、均衡、安全生产的要求，保证实现生产计划目标。

斯科公司的现场管理就是在上述思想指导下，呈现出自己的特色的。

(1)环境整洁。环境整洁是企业文明生产的标志，它体现了企业的精神风貌，是增加企业凝聚力的重要表现形式，同时也反映了企业外在形象与内在实质有机结合的程度。斯科企业通过执行严格的规章制度和清理、整顿、点检等方式实现了厂区和车间地面整洁、道路通畅、标记明显，生产环境达到作业要求，环保符合国家规定，消除现场“脏、乱、差”现象。

(2)纪律严明。现代企业最重要的特征之一是使用机器体系进行生产，因此严明的纪律和精细的规章制度成了现代企业管理的代名词。斯科企业制定了包括劳动纪律、工艺流程、操作规程、安全规程和各个生产要求在内的各种规章制度。

(3)物流有序。物流有序要求企业在实现产品的基本生产工序、辅助生产工序、检验工序等的过程中，做到保质保量按时供应物资，制品按计划及时转库或入库，减少和消除各种无效劳动，现场流动物必须定量化，全部设施必须按照科学、合理的定置设计图进行放置，对于因生产需要的各种流动物品、物资等必须按照规定进行合理放置和归位，并且要求摆放整齐、标志明显和账、卡、物相符。

(4)设备完好。要求各种设备应有健全的操作、维护、检修三大规程和技术档案，并严格遵守，建立和完善设备的日常管理制度，各类设备和附件保持齐全、完好、运行正常，设备完好率必须达到规定要求，对闲置或废旧设备等及时集中存放，必须有专人负责监督和考核各类设备的管理工作。

(5)信息准确。斯科企业通过建立健全企业内信息管理制度和企业内信息传递网络，使信息处理及时准确，同时建立了完整的反映企业经营管理，包括生产计划、工艺流程、销售、技术、质量、成本等方面的原始记录、台账、报表、文件及有关的统计分析报告、工作总结等，并做到工整、规范化、计算口径一致，数据准确无误。

(6)生产均衡。生产均衡是生产管理的一条重要原则。生产作业计划必须严格按照生产经营计划的要求以科学的平行化方式制定，并及时下达到各有关部门、车间，落实到各工段、班组，各环节必须严格按照生产作业计划生产，实现按计划控制和监督生产进度。建立和完善生产经营调度制度，定期召开生产调度例会。生产现场工艺布局、劳动组织合理，定员、定额先进合理，生产条件准备充分，按工艺流程、期量标准有节奏均衡地进行生产。

通过对现场管理的常抓不懈和严格的监督检查和奖励处罚，斯科的全体员工在思想和行动上树立了精细管理观念，企业达到了生产现场优化。

思考与讨论：

将斯科公司的现场管理与你所观察的一家企业的现场管理进行比较，提出你的看法。

第七章

企业人力资源管理

• 关键词汇

定编定员　工作分析　职位评价　职位轮换制度　敏感性训练　技术等级工资制　职务等级工资制　结构工资制　岗位技能工资制　计时工资　计件工资

第一节　人力资源管理概述

一、人力资源的概念及其特点

(一)人力资源的概念

"企"无人则止。无论是传统的三种企业资源说[即劳动力(Labor)、资金(Capital)、土地(Land)],还是现代的七种企业资源说[即人力(Manpower)、金钱(Money)、原材料(Materials)、机器设备(Machines)、产销方法或技术(Methods)、时间(Time)、信息(Information)],都主张将人力资源列为企业经营管理的重要资源。

所谓人力资源(Human Resources,HR),是指在一定社会组织范围内的人口总量中处在劳动年龄内、具有劳动能力的人的总和,是能够推动社会和经济发展的具有智力和体力劳动能力的人的总称。人力资源蕴含在劳动者的体内,表现在劳动者的思想或行动上,且通过劳动者的数量或质量来表示。

就企业而言,人力资源是指企业所拥有的员工的总数量及有益企业发展的包括员工的思想素质、文化素质、专业技术水平、身心素质等方面的总质量。

(二)人力资源的特点

相对于企业的其他资源来说,人力资源因为是负载于"人"这种有思想、有价值判断的社会性动物身上,所以具有许多自身的特点。

1. 人力资源的资源特点

(1)智能性。人力资源包含智力内容,即具有智能性。人类通过创造工具、机器,并借用工具、机器来改造物质资料，即通过智力使自身器官得到延伸，促使自身的能力大大扩大，推动数量巨大的物质资源。其智能具有继承性，因此人力资源所具有的劳动能力随着时间的推移，能够积累、延续和增强，教育和培训是保证人力资源智能得以大规模继承的主要手段。

(2)个体差异性。个人差异性，是指不同的人力资源个体在个人的知识技能素质、劳动参与倾向、劳动供给方向、工作动力、工作行为特征等方面均有一定的差异。个体差异性要求在配置人力资源时，应当立足差异，达到人与人、人与物之间针对性的优化、融合配置，达到人力资源的合力、协调配置。

(3)时效性。人力资源的时效性是指其生产、配置和使用都有着时间方面的限制。

人具有生命周期，作为人力资源，适合从事不同劳动的自然时间被限定为生命周期中的某一段，在其能够从事劳动的青年、壮年、老年的不同时期，劳动能力也有所不同。就企业管理而言必须动态地考虑人力资源在生产、组织、配置、使用等各个环节的相对平稳性以及合理的超前性。

(4)资本性。人力资源的资本特性，具体包括它既是前期投资的结果，又能够在投资经营活动中为投资者带来收益，符合资本的一般特性。同时，人力资源所具有的知识技能，也像物质资本(如机器设备)一样，在使用甚至闲置的过程中会出现有形磨损和无形磨损。

2. 人力资源的主体特点

(1)动力性。人力资源的动力性，即其主体推动性。其动力性主要体现在“发挥动力”和“自我强化”两个方面。发挥动力即人对自身能力或能量的自觉运用，这是人的能动性的重要体现，它对于“人力”资源的潜力发挥和由此产生的工作绩效，具有决定性的影响。自我强化，即人们通过自身具有目的性的积极行为，比如接受教育培训、努力学习、锻炼身体、积累经验，使自身获得更强的工作能力。

(2)自我选择性。人具有社会意识，即人能够对自身和外界产生自己的看法、能对自身行动做出抉择、能调节自身与外部关系的意识。人作为主体性资源，在构成劳动供给与否和劳动供给的投入多少方面，有着自主决定权和选择偏好。

(3)非经济性。非经济性指人作为生产要素的供给者，在从事工作时除追求经济利益之外，还有非经济方面的考虑，如职业兴趣、职业的社会地位、工作的稳定性、晋升机会、管理文化、工作条件、个人爱好、获得肯定等，这些非经济因素有时会对人力资源的发挥起决定性影响。

二、人力资源管理的含义及其目标

(一)人力资源管理的含义

人力资源管理是指通过不断地获取对企业有用的人力资源，并用现代化的科学方法对与一定物力相结合的劳动者进行合理的培训、组织与调配，使人力、物力经常保持最佳比例，同时对人的思想、心理和行为进行恰当的诱导、控制、协调、激励，维持他们对企业的忠诚，促使他们为企业目标的实现发挥主观能动性，使企业内人尽其才、事得其人、人事相宜等。它既包括对人力资源外在要素——量的管理，也包括对人力资源内在要素——质的管理。

在企业内无论是直线管理人员还是职能管理人员都负有人力资源管理的责任，职能管理人员主要就招募甄选、培训开发、工资报酬、劳资关系及雇员保障与工作安全等方面的问题向直线管理人员提供建议。直线管理人员在人力资源管理方面的责任主要有：把合适的人配置到适当的工作岗位上；引导新雇员进入企业(熟悉环境)；培训新雇员适应新的工作岗位；提高雇员的工作绩效;争取实现创造性的合作并建立和谐的工作关系;解释企业政策和工作程序;控制劳动力成本;开发每位雇员的工作技能;创造并维持部门内雇员的士气;保护雇员的健康以及改善工作的物质环境。

(二)人力资源管理的目标

人力资源管理的目标包括三方面:在知识经济时代,人力资源管理通过取得人力资源使用效用的最大化来实现企业利润的最大化,使人力资源的使用价值达到最大;充分调动员工的工作积极性,营造和谐的企业经营环境,促进企业和员工共同进步成长;以人为本,促进员工全面发展。

人力资源是现代企业赢取竞争优势的战略性资源。丰田汽车美国分公司人力资源副总裁曾说过,我们成功的背后所依靠的是人,机器不会有新的主意,不会解决问题,也不会抓住机会,每一家在美国生产汽车的企业所用的机器设备基本上是一样的,所不同的只是投入其中并不断思考着的人,而如何使用和配置人在不同的公司是截然不同的。因此,人力资源对于任何一家企业来说都是真正有价值的竞争力量。

一家企业的人力资源管理是取得竞争优势、保持竞争优势的重要源泉,因为竞争者很难接触一家企业的人力资源管理,即企业的人力资源管理对外人不是清楚可见的,因此,不可能轻易被模仿;即使竞争者看得见企业的一些人力资源管理规章制度,但如果竞争者使用它,其效果也未必同样,任何企业的人力资源管理都代表着一个相互关联的系统。一种特殊的人力资源管理只有在配合其他人力资源管理实践使用时才可能成功。因此,当某种单个的人力资源管理被模仿时,它不可能产生相同的效果。

尤其是在21世纪,知识经济带给企业管理许多新的挑战:

(1)科技日益发达,许多工作被现代科技成果所承担,企业工作的许多方面对人力资源的量的需求是更少了,但对人力资源的质的需求却空前地提高了。

(2)管理的多元化使得企业的管理更多地纳入世界经济一体化进程,不同文化背景、生活方式、宗教信仰、价值观等的人员共同参与到企业管理系统,从而使企业所处的内外环境更加复杂。

(3)服务型企业增多及企业中服务型人员增多,要求员工有更强的责任心、更好的服务态度,科学有效的人力资源管理将有助于增强员工的责任心、提升服务态度。

(4)更多的知识型员工加入企业,他们技术高超、充满活力、个性张扬,他们的绩效更多地依赖于其创造力及献身精神。

所有上述变化,都对企业的人力资源管理提出了更多、更新、更高的要求,可以说,未来企业之间的竞争很大程度上将体现在人力资源管理的竞争方面。

三、人力资源管理的基本原理

在人力资源管理实践中,除了要践行企业管理的基本原理(参见第二章第二节),还要遵循以下人力资源管理原理。

(一)互补增值原理

在人力资源管理中,一个组织可以通过个体间取长补短而形成整体优势,实现组织目标,这就是互补增值原理。互补增值可体现为:知识互补,企业内个体在知识结构与知识的深度、广度上达成互补,则整个群体的知识构成就会更全面、合理;年龄互补,老、中、青年龄的差别也反映在精力、知识、经验、处理问题的不同上。企业要根据其业务需要,构建一个合适的人员年龄结构，既可在体力、智力、经验、心理上互补，又可顺利实现人力资源的更新换代；能力互补，企业中个体在能力类型、能力大小方面可以实现互补，从而整体能力结构比较合理，形成企业整体能力优势；气质互补。企业系统中，既有管家的，也有敢言敢干的，又有善于协调的，那么整个企业就易于形成良好的人际关系和胜任处理各类问题的良好的性格结构；关系互补，每个个体都有自己特殊的社会关系，各个个体的社会关系如果形成互补，就易于构筑企业整体的社会关系优势。

总之，企业在选人、用人、协调人、管理人的过程中，注意各方面的互补，就易形成最佳组合阵容。

（二）文化凝聚原理

企业的凝聚力包括两个方面，即企业对个体的吸引力和企业内部个体之间的粘合力。凝聚力的大小，首先取决于工资、奖金、福利、待遇这些物质条件，它们是企业凝聚力的基础。其次取决于企业文化状况，包括企业目标、企业道德、企业精神、企业风气、企业哲学、企业形象等，它是企业凝聚力的根本，能满足成员的社交、尊重、自我实现等精神需要。

（三）弹性冗余原理

弹性冗余原理是指在人力资源管理过程中对人力资源不能超负荷使用，要留有余地、不超过弹性度。具体包括：(1)劳动强度要适度有弹性，以保持员工的身体健康；(2)脑力劳动要适度有弹性，以保持旺盛的精力和敏捷的思维；(3)劳动时间、工作定额要适度有弹性，以防止疲劳、保持信心；(4)企业的中短期目标要适度有弹性，要使全体员工经过努力后能够达到，即“跳起来能摘到桃子”。坚持弹性冗余原理是强调在充分发挥和调动人力资源的能力、动力和潜力的基础上，主张松紧合理、张弛有度，使员工更有效、更健康地进行工作，并在制定目标工作定额、安排劳动时间和劳动强度时，能游刃有余。

（四）公平竞争原理

公平竞争原理是指在人力资源管理中，对员工要用同样的标准、相同的规则，公平公正地考核、录用和奖惩。竞争机制若要产生积极的效果，就要做到四点：(1)公平竞争；(2)适度竞争；(3)竞争以企业目标为重，将个人目标融入企业目标；(4)良性竞争。

（五）教育与培训原理

教育和培训，可以培养员工的良好态度、习惯和精神状态，引导或诱发其做出有益于企业的决定和行为，以及对工作效率的关切和对企业的忠诚；还可以帮助员工掌握最新的科学技术知识、最新的工艺操作方法、最新的管理理论，提高人力资源质量，最终提高员工的生产效率，增强企业的竞争优势。

第二节　人力资源管理规划

一、人力资源管理的基础工作

人力资源规划就是在预测未来的企业目标任务和环境对企业的约束与影响的基础上，企业为完成其目标、满足环境的要求而作的人力资源方面的计划。

基础工作就是根据企业战略规划的要求而进行的企业的定编定员管理和对企业的各个岗位进行工作分析及职位评价。

(一)定编定员管理

1. 定编定员的概念

定编定员是在一定的生产技术组织条件下,为企业生产或工作岗位、设备或工种及群体等规定人员配备的数量界限。

2. 定编定员的形式

定编定员主要有两种形式:(1)单位用工标准,包括单位产量用工标准、单台设备用工标准、单班岗位用工标准;(2)服务比例标准,即规定服务者与被服务者的人数配备比例。

3. 定员方法

(1) 效率定员方法。即按劳动定额计算定员的方法,它适用于一切能够用劳动定额表现生产工作量的工种或岗位。其计算公式为:

$$M_1 = \frac{\sum(T \cdot Q) + C + B}{t \cdot p \cdot a}$$

式中,M_1 为效率定员人数;T 为单位产品工时定额;Q 为产品数量;C 为计划期废品工时(依工种定);B 为零星任务工时;t 为制度工时,工人在一年内制度工作日数与法定工作日长度的乘积;p 为工时利用率;a 为工时定额完成率。

(2)设备定员方法。即根据完成一定的生产任务所必须开动的设备台数和班次,按照单机设备定员计算编制定员的方法,它适用于操纵设备作业工种的定员。其计算公式为:

$$M_2 = \frac{\sum(n \cdot m \cdot s)}{K}$$

式中,M_2 为设备定员人数;n 为同型设备开动台数(按生产需要);m 为单机定员标准;s 为该型设备平均开动班次(按需要);K 为出勤率。

(3)岗位定员方法。即按岗位定员标准、工作班次和岗位数计算定员的方法,它适用于大型装置性生产、自动流水线生产及某些看守性岗位定员。其计算公式为:

$$M_3 = \frac{\sum(m' \cdot s' \cdot n')}{K} \cdot E$$

式中,M_3 为岗位定员人数;m'为岗位定员标准;s'为班次;n'为同类岗位数;K 为出勤率;E 为轮休系数。

(4)比例定员方法。即以服务对象的人数为基础,按定员标准比例来计算编制定员的方法,它适用于辅助性生产、服务性工作或教育、卫生等单位。其计算公式为:

$$M_4 = \frac{F}{m_1}$$

式中,M_4 为比例定员人员;F 为服务对象的人数;m_1 为定员标准比例。

(5)职责定员方法。即按既定的企业组织机构和它的职责范围及机构内部的业务分工和岗位职责定员方法。影响职责定员的因素有管理层次、机构设置与分工、工作效率等。

(二)工作分析

1. 工作分析的含义

工作分析是指确定完成企业各项工作所需技能、责任和知识的系统过程。其结果为包括工作说明和工作规范的职位说明书。工作说明是提供关于工作任务、职责信息的文本说明。工作规范则包含一个人完成某项工作所必备的基本素质和条件。

工作分析着重于解决工作中的六个重要问题:该项工作包括哪些体力劳动和脑力劳动?

工作将在什么时间、什么节奏下完成？工作将在哪里完成？工作环境如何？人们如何完成这项工作？为什么要完成这项工作？完成这些工作应具备哪些条件？

2. 工作分析所需的信息及收集信息的方法

为了做好工作分析，管理人员应收集关于工作的职责、内容、方式、环境、要求等多方面的信息。这包括：

(1)工作职责范围和工作职责内容，即工作中所含的各项任务；每项任务的工作流程；工作流程中与其他工作的接触；工作各个阶段成果的表现形式和保存形式。

(2)人的活动，即与工作相关的基本动作和行为、工作方式、沟通方式。

(3)工作特征，即工作的时间特征，工作条件，工作空间环境特征，工作的人际环境特征，工作的技术性、创新性、复杂性。

(4)工作所采用的工具设备机器和辅助设施。

(5)工作的任职要求，如个性特点、所需要的学历和培训程度、工作经验、基本能力要求、基本知识要求、对身体条件的要求。

(6)工作业绩，如工作目标、记录工作业绩的方式、业绩考核标准。

常见的工作分析信息的收集方法有问卷调查法、访谈法、观察法。

3. 职位说明书

工作分析的最后结果是有一份切合企业实际的职位说明书。职位说明书的基本内容为：

(1)职位基本信息。包括职位名称、所在部门、直接上级、定员、部门编码、职位编码等。

(2)工作目标与职责，如负责的范围、确保任务的有效执行、保证目标的落实。

(3)工作内容，如每项工作的综述、活动过程、工作联系、工作权限等。

(4)工作的时间特征。

(5)工作完成结果及建议考核标准。

(6)担任职位所需的教育背景、工作经历、专业技能、证书与其他能力、专门培训、体能要求。

(三)职位评价

职位评价是在对企业所有职位进行科学分析的基础上评定企业内各个职位之间相对价值的大小。其基本原理是把职位的特性分解为若干个报酬因素，然后采用一定的技术对每个职位的报酬因素逐一进行分析，直至最后得到各个职位相对价值的大小。它是企业科学的薪酬管理基础工具。

职位评价的主要方法有：因素比较法、因素计点法、分类法、排序法等。

二、人力资源计划

由于企业所处的内外环境都在不断地变化，这就要求企业主动地对动态变化的环境进行分析，并结合企业的战略目标对企业在近期、中期和长期的人力资源的需求及变动做好人力资源计划。人力资源计划包括：(1)总体规划；(2)配备计划；(3)退休解聘计划；(4)补充计划；(5)使用晋升与轮换计划；(6)培训开发计划；(7)员工职业发展计划；(8)绩效与薪酬福利计划；(9)劳动关系计划；(10)人力资源预算；等等。

科学有效的企业人力资源计划既能加强企业对环境变化的适应能力，又有助于实现企业内部人力资源的合理配置，优化内部人员结构，最大限度地实现人尽其才，服务企业战略目标实现，提高企业的效益。

第三节 人力资源组织

一、人员的招聘与选拔

(一)人员招聘与选拔的含义和程序

企业人力资源的获取途径有招聘和选拔。招聘是通过各种形式吸引候选人应聘企业的空缺岗位,选拔是企业从企业现有有效人选中选择新岗位成员的手段。因此,作为人力资源管理者有必要了解招聘选拔的基本程序及相关内容。

招聘选拔的基本程序如图 7—1 所示。

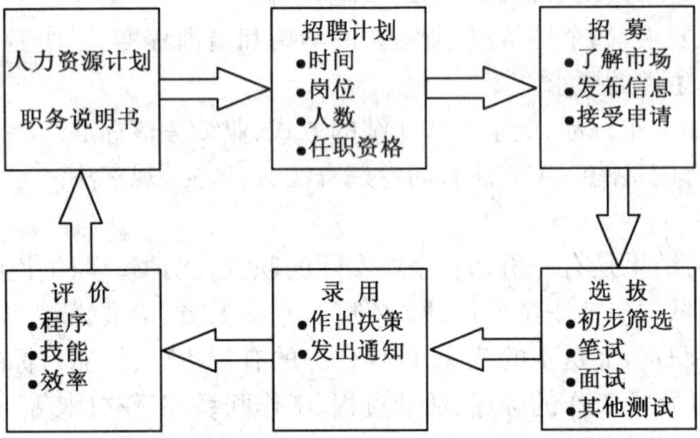

图 7—1 招聘选拔的基本程序

(二)内部招聘选拔与外部招聘选拔

招聘选拔的途径分内部和外部两个部分。内部招聘选拔是企业将空缺岗位面向企业内的合适候选人公开,公平地择优录取的过程。外部招聘选拔是企业将空缺岗位面向社会录用合适优秀人才的过程。外部招聘选拔有社会招聘、校园招聘、猎头公司招聘、定向招聘等多种形式。内部招聘和外部招聘各有利弊。内部招聘具有以下优点:对应聘者了解全面,准确性高;鼓舞士气,激励员工进取;应聘者可更快地适应工作;使企业培训投资得到更大的回报;招聘费用低等。其不足是应聘来源局限于企业内部,创新难度大;容易造成近亲繁殖;且可能会因操作不公或员工心理原因造成内部矛盾。外部招聘则具有以下优点:应聘人员来源广,选择余地大;有利于招到优秀人才;新雇员能带来新思想、新方法;当内部有多人竞争难以平衡时,向外部招聘可在一定程度上平息或缓和内部竞争者之间的矛盾;人才现成,节省培训投资等。其不足是新员工不了解企业情况,进入角色慢;企业对应聘者了解少,可能招错人;内部员工得不到晋升、调整机会,积极性可能受影响。

人员招聘最好内外结合,有助于提高企业的竞争力和适应性。事实上,具体的招聘、选拔无论是从内部还是从外部还是内外相结合,都要结合人力资源计划、招聘选拔的岗位、时机、候选人的实际等各方面情况综合确定。

(二)招聘选拔的步骤

招聘选拔的步骤是:先从简历或标准申请表中筛选出那些背景和潜质都与岗位规范所需

条件相当的候选人，然后进行考试，最后择优录用。

考试分笔试和面试两种。笔试要求有符合选拔信度与效度的考试题目，确定的评分规则，及客观、公正的阅卷和成绩复核。面试主要有个别面试、小组面试、成组面试三种形式。

面试的具体方法如下：

(1)模式化的面试，就是面试人员根据预先准备好的询问题目和有关细节发问，目的是了解应聘者全面、真实的情况，观察应试者的语言、仪表、沟通能力和实际知识水平。

(2)问题式面试，就是面试人员对应聘者提出一个问题或一个计划，请对方给出解决方案，目的是了解应聘者的分析及解决问题的能力、应变能力、意志品质及心理素质等。

(3)随意式面试，就是面试人员与应聘者随意性交谈，没有固定题目，应试者可以自由发挥。目的是了解应聘者的知识面、价值观、表达能力、思维能力、判断能力、组织能力等。

(4)压力式面试，即面试人员针对某一问题有意给应试者施加压力，进行一连串发问甚至激怒应试者。其目的是考察应试者在突如其来的压力面前的应变能力、心理素质和人际关系能力。

此外还有几种特定的面试方法，简介如下：

一是"情景面试"。岗位分析后对岗位的一些主要工作情节进行确定，并作记录，然后设计一些问题，如针对可能遇到的情况，询问"当遇到这种情景你会如何处理"，让应聘者有针对性地进行回答。

二是"模式化行为描述面试"。面试人员事先对应聘者的主要经历要了解，以便确定拟选择目前这一岗位的原因。目标是描绘出一幅时间序列图，帮助预测他面对未来挑战和变化时可能做出的反应。通过分析其反应是主动的还是被动的，解决问题时是进取性的、武断性的还是被动性的，就可以大概归纳出应聘人的行为模式。然后用分析得出的模式与空缺岗位上期望的模式进行比较，就可以选拔出较合格的人员。

三是"能力面试"。它关注的是应聘者如何去实现所追求的目标，面试人员要试图找到应聘者在过去的成就中所反映出来的特定优点，按情景、任务、行动和结果顺序进行分析。

选拔结束后，企业还可通过各种途径征询有关录用对象的意见，得到满意结论后就可以以书面形式将有关事宜通知录用者并同其签订劳动合同，受聘者成为企业的正式员工。

人力资源的价值只有在其被使用之后才能体现出来。因此，对人员的使用与调配是保证企业合理调配使用人力资源，最大限度地提高人力资源的使用效益的前提。人员使用调配要遵循用人所长、人适其事、事得其人、照顾差异的原则。

二、人力资源培训

人员培训是企业人力资源开发的主要手段。知识经济时代要求企业构建学习型组织，即企业全体成员在共同目标的指引下注重学习、传播、运用和创新知识，建设可持续发展的现代企业。企业的人力资源培训要遵循理论联系实际，学用一致、知识技能培训与企业文化培训兼顾、全员培训与重点提高相结合等原则。

(一)培训管理

企业应结合自身实际情况，从整体出发，扎实做好人力资源调研，包括员工满意度分析、管理人员满意度分析等，从中挖掘培训需求，统筹安排培训对象、培训任务和培训计划。培训管理的基本内容包括培训项目的选择，培训目标的设定，培训课程的确定，培训方法的选用，培训教师的聘选及有关培训活动的安排，培训效果的考核等。

培训项目选择是否合适，对培训工作的影响很大。从员工方面来看，当某项工作的要求与员工现有的知识、能力、态度出现差距时，就有必要进行培训；从企业整体来看，当企业的目标与实现这些目标所必需的条件出现差距时，为消除这些差距就必须组织培训。

科学、准确地确定每个项目培训的工作量到底有多大，需要给员工补充哪些知识、培训哪些技能，可以采取以下几种分析方法：

1. 缺陷分析法

如果某项工作的事故、缺陷较多，可通过缺陷分析法，对工作中事故和缺陷产生的原因进行分析，找出关键的环节及影响因素，采取针对性的培训以消除工作中的事故和缺陷。

2. 技能分析法

分析非管理性工作时最好采用这种方法，它既适用于对简单工作的分析，也适用于对复杂性工作的分析。分析的关键点在于其系统性，从而为培训项目的设计提供充分的资料依据。

3. 任务分析法

这种方法就是通过对某项任务进行系统分析，找出工作难点，以此来确定相应的培训项目和培训方法。采用这种方法，要先把某项任务进行分解，逐项分析，判断各项任务的难度和重要性，针对性地选用不同的培训方法。

(二)新员工培训

尽管新员工是经过企业精心选拔而来的，但这只能说明新员工具备了在企业做好岗位工作的潜质，至于实际上新员工能有多大贡献还须结合多方面的情况分析。新员工培训是帮助员工适应新环境、打消疑虑、融入企业、承担责任的重要工作，主要包括四个方面的内容：

1. 新员工导向活动

由企业的人力资源部门和新员工的直接主管部门共同安排，主要对新的工作环境、工作条件、人员关系、应尽职责、工作内容、规章制度、工作要求有所了解，使新员工能尽快顺利地融合到企业中去，进入岗位角色。导向活动大致包括欢迎活动、对企业和工作的介绍、对员工发展前途与成就机会的介绍。

2. 企业文化培训

企业文化培训的目的在于让新员工了解企业的总体目标、使命、管理哲学、价值观等，理解和接受企业文化，形成一种与企业文化相一致的心理定势，产生对企业的归属感。

3. 业务培训

一是根据每个员工的不同岗位，分类学习各部门有关的业务知识、工作流程、工作要求及操作要领；二是参观企业的生产全过程，了解整个生产工艺和流程。

4. 岗位培训

通过建立传帮带的师徒制度，使新员工从部门内先进人员那里学习工作技巧、办事方法、工作作风，从而树立敬业精神、职业道德，并尽快熟悉业务内容和工作方法。同时培训新员工在岗位上为顾客服务的精神，树立“顾客是衣食父母”的观念，并落实到行动中。此外还要培训新员工在工作岗位上互相帮助，团结、合作的团体意识。

(三)在职员工培训

社会经济、技术的发展，企业业务活动的调整，员工工作的变换，要求将员工的培训贯穿于企业发展的整个过程，动态地、连续地加以管理。

一般在职员工的培训方式有不脱产的一般文化教育、在岗技能培训、离岗技能培训等。

(四)管理人员培训

管理人员的职责是对整个企业或整个部门的经营管理全面负责。因此,管理人员的知识能力和态度对企业经营成效关系极大,国内外的著名企业都非常重视管理人员的培训。

管理人员的培训可分为在职培训和岗外培训两种。

1. 管理人员的在职培训

(1)有计划的提级形式。有计划的提级,实际上是企业管理人员的一种训练方法。有计划的提级使每一位管理人员经过基层、中层管理工作的训练,积累了相当的经验后而成为高层管理人员。

(2)职位轮换制度。通过职位轮换,管理人员可在不同部门间横向移动,开阔眼界,扩大知识面,培养多方面的能力,并且与企业内各部门的成员有更广泛的接触,从而使其保持对工作的敏感性和创造性及协作意识和团队精神。

(3)临时提升。当主管人员休假、生病、出差时,或某职位出现空缺还没有安排合适的人选时,常采取临时提升的办法。这样既可安排好部门的工作,又可为培训管理人员提供机会。

(4)委员会。委员会有两种基本类型,即特别委员会和常设委员会。特别委员会因某一特殊原因而成立,当它的目的达到时,也就解散了。常设委员会是无限期存在的,如公司里的董事会、执行委员会、财务委员会、审计委员会等。无论是哪一种性质的委员会,都是培训主管人员的良好形式。将管理人员纳入委员会,可以使他们有机会接触有经验的人员,并且通过在委员会讨论问题,受训者可熟悉整个企业的各种事务,从而了解企业内不同部门之间的关系及各部门在相互接触中存在的问题,同时,通过向委员会提交报告或建议,以锻炼其分析问题、解决问题的能力。

(5)辅导。辅导下一级管理人员是主管人员职责的一部分,要制订切实的培训计划,使受训人员在完成工作任务时,提高能力。

2. 管理人员的岗外培训

(1)案例分析培训法。通过各种形式的案例分析、讨论,或要求受训人员独立撰写书面分析报告,从而培养他们解决问题的能力。一般地,解决案例中提出的问题有七个环节,即找出问题、列出主次问题、诊断原因、提出几个解决问题的对策方案、权衡每个方案的利弊、选择最佳方案、作出决策并付诸实施。

(2)敏感性训练。敏感性训练是训练和提高管理者对他人的敏感性。它可以提高受训人员的人际交往能力、自主能力、合作能力等。内容包括:管理者知道如何体察下情;管理者对各种人的情感注意程度;公司的目标或计划对员工态度和需求的影响;争论、命令、讨论、协商等如何进行。

(3)成就需要培训。培训的主要内容有:根据对高成就需要者的研究所得出的结论,设计课程,以使受训人员像高成就需要者那样思考、行动、谈论;要求受训人员建立现实的工作目标,并不断检查实现情况;由受训人员自己设想提高成就需要的方法;让受训者从希望与恐惧、成功与失败的案例学习中,获得一种共同的情绪体验。成就需要培训,可提高管理人员的成就需要,为企业的发展提供长久的动力。

(4)决策训练。决策训练也是重在解决和处理问题方法的训练,在训练中让管理人员正确地掌握决策步骤,如确定问题、提出假设、收集数据、测定方案、最佳选择和测定结果。

(5)跨文化管理训练。随着经济全球化进程的推进,跨文化管理训练日益受企业重视。培训的目的是帮助管理者了解各国不同的文化,学会尊重不同的文化,并且将其融化为竞争优势。

第四节 绩效考核与薪酬管理

一、绩效考核

(一)绩效考核及其重要性

绩效考核是对员工在工作过程中表现出来的工作业绩(工作数量、质量和社会效益)、工作能力、工作态度及个人品德进行评价、测定的过程。其依据是过去制定的各项绩效标准,其目的是对人力资源的使用状况进行检查并加以控制。

绩效考核的重要性体现在:绩效考核是人员任用的依据,它是“知人”的主要手段,而“知人”是“用人”的主要前提和依据;绩效考核是决定人员调配和职务升降的依据;绩效考核是进行人员培训的依据;绩效考核是确定劳动报酬的依据;绩效考核是对员工进行激励的手段。要做到奖罚分明,就必须科学地、严格地进行考核,以考核结果为依据,决定奖或罚的对象以及奖或罚的等级;绩效考核是平等竞争的前提。

(二)绩效考核的方法

1. 民意测验法

民意测验法就是请被考核者的同事、下级及有工作联系的人对被考核者从若干个方面进行评论,从而得出对被考核者绩效的考核结果。

2. 共同确定法

最典型的共同确定法是各大学、科研部门和各个企业都在采用的评价科学技术人员、教师的工作绩效特别是评定职称中所采用的方法。这一方法的基本过程是:先由基层考评小组推荐,然后进行学科(专业)考核小组初评,再由评定分委员会评议投票,最后由评定总委员会审定。

3. 配对比较法

配对比较法就是将被考核者进行两两逐对比较,比较中认为绩效更好的得 1 分,绩效不好的比较对象得 0 分。在进行完所有比较后,将每个人的所得分加总就是这个人的相对绩效,根据这个得分来评价出被考核者的绩效优劣次序。

4. 等差图表法

等差图表法如表 7—1 所示,它在实际操作中主要考虑两个因素:一是考核项目,即要从哪些方面对员工的绩效进行考核;二是评定分等,即对每个考核项目分成几个等级。在确定了这两者后,即可由考核者按照评定图表的要求对被考核者给出分数。

5. 要素评定法(点因素法)

要素评定法实际上是在等差图表法的基础上,经过两点改动而形成的:一是考虑到不同的考核项目具有不同的重要性,因而考虑加权因素,将不同项目赋予不同的重要性,并且将该重要性通过它们各自的分值范围来体现;二是为了更好地明确各考核要素之间的关系,更有条理地分清各考核因素之间的联系。

表 7—1　　等差图表法考核举例

姓　名	职　务					
考核项目	评级记位					得　分
工作质量	5 太粗糙	10 不精确	15 基本精确	20 很精确	25 最精确	
工作数量	5 完成任务极差	10 完成任务较差	15 完成任务	20 超额完成	25 超额完成一倍	
工作知识	5 缺乏	10 不足	15 一般	20 较好	25 很好	
工作协调	5 差	10 较差	15 一般	20 较好	25 很好	
总　分						

6. 欧德伟法

欧德伟法的基本方法是每人以一定的分数（如 70 分）为基本分，然后根据一系列加分或减分项目进行计算，从而得出考核总分。一般而言，先由主管人员将每一位下属员工在工作活动中所表现出来的非同寻常的好行为或非同寻常的不良行为（或事故）记录下来。然后在某一段固定的时间（比如 6 个月）里，根据所记录的特殊事件来决定下属的工作绩效。

7. 关联矩阵法

关联矩阵法与要素评定法有部分相同之处，但也有显著的不同。它引进了权重，并且利用计算机系统处理所有考核相关数据，这样不仅能迅速处理考核数据，而且能减少人为的因素，对各考核要素在总体中的作用进行了区别对待，因而更加科学和实用。

8. 强制选择法

强制选择法要求考核者从众多陈述中选择与被考核者的特征最相近的陈述。这些陈述通常是成对出现的，它们分别标志着员工完成工作的成功与否。而哪句话表明员工的绩效更高，考核者事先并不知道。考核者必须反复揣摩这每一对陈述中（如努力工作）到底哪一句与被考核者更接近一些。这样自然带来一个问题，就是考核的准确性问题。

9. 360°考核法

360°考核法就是在企业组织结构图上，位于每一个员工上、下、左、右的公司内部其他员工（也就是上级、下级及同事）、被考核的员工本人以及顾客，一起来考核该员工的绩效。360°考核特别注重通过反馈来提高员工的绩效。每个人的工作都有多个方面的表现，因此将各个方面的人对于每一个员工绩效的考核意见结合起来，能够比较准确地给出一个员工的绩效。由于吸收了多方面与员工工作相关人员的意见，所以现在已经有很多企业，特别是管理水平较高的跨国公司将该方法应用于人力资源管理。

(三)绩效考核反馈

绩效考核的结果必须反馈给相关人员特别是被考核对象,才能达到考核的目的,才能增加共识,减少误解,改善员工的绩效,为员工的发展提供更好的建议,最终促进员工个人和企业共同进步。因此,在考核结束后应进行绩效考核面谈,有效的面谈包括讨论员工的业绩、帮助员工确定目标、提出员工实现这些目标所采取措施的建议等基本内容。面谈时,要根据客观的、能够反映员工工作情况的资料来进行,要注意沟通技巧,鼓励员工多说话、说实话,不要指责员工,要多寻找双方的共同点。

二、薪酬管理

(一)薪酬的种类

薪酬是员工从企业或工作本身所获得的因向企业提供劳动或劳务所得的报偿。它既是一种相当复杂的经济社会现象,也是企业管理的重要内容。薪酬可依不同的标准作不同的分类,如直接薪酬和间接薪酬,货币性薪酬和非货币性薪酬。这里依薪酬的发生机理,将薪酬分为内在的薪酬和外在的薪酬加以介绍。

1. 内在的薪酬

内在的薪酬是指员工从从事工作的本身所获得的回报,是指工作者把工作本身当作一种商品或消费品。以下工作内容会在不同程度上被一些员工看作商品:(1)参与决策的权利;(2)能够发挥潜力的工作机会;(3)自主且自由地安排自己的工作时间;(4)较多的职权;(5)较有兴趣的工作;(6)个人发展的机会;(7)多元化的活动;等等。

2. 外在的薪酬

外在的薪酬包括以下几个基本部分:

(1)竞争性的货币性薪酬。它是与薪酬接受者的现实表现、能力、业绩等方面有关的薪酬,包括工资、津贴、奖金、分红等。货币性薪酬实际上只是一种间接性薪酬。员工追求货币性薪酬的最终目的,可能是为了得到商品和劳务,或为了得到社会的认同或尊重,或为了进入上流社会,或想藉此获得友情或爱情,等等。

(2)福利性薪酬。福利是企业为了保留和激励员工,采用的非现金形式的报酬,是基于员工的身份所获得的来自企业的报酬。它通常不以员工绩效为依据,企业内员工人人有份。

(3)非财务性薪酬。这主要有:①较舒适的办公室;②较感兴趣的指定工作;③业务用的名片;④动听的头衔;⑤私人秘书;⑥良好的工作氛围;⑦良好的人际关系;⑧主管的鼓励性的微笑;等等。具有创造性的企业领导者,可能会在非财务性薪酬上创造出更为丰富多彩的薪酬项目。

(二)工资制度

1. 工资制度的种类

(1)技术等级工资制。它是根据劳动的复杂程度、繁重程度、精确程度和工作责任大小等因素划分技术等级,按等级规定工资标准的一种制度。其特点是:主要以劳动质量来区分劳动差别,进而依此规定工资差别。

(2)职务等级工资制。职务等级工资制是企业的行政人员和技术人员所实行的按职务等级规定工资的制度。这种制度是根据各种职务的重要性、责任大小、技术复杂程度等因素,按照职务高低规定统一的工资标准。

(3)结构工资制。结构工资制也称分解工资、组合工资或多元化工资。根据决定工资的不同因素和工资的不同作用,可将工资划分为几个部分,通过对各部分工资数额的合理确定,构成劳动者的全部报酬。

(4)岗位技能工资制。岗位技能工资制就是按照工人的实际操作岗位及技术水平来规定的工资标准。

2. 工资给付方式

(1)计时工资。以员工在岗位工作的时间长短作为计算劳动报酬的工资给付形式。这种形式的特点,一是直接以劳动时间计量报酬,适应性强;二是考核和计量容易实行,具有适应性和及时性。计时工资制又可分为小时工资制、日工资制、月工资制三种。

(2)计件工资。这是指依据工人生产合格产品的数量或完成的工作量,以劳动定额为标准,预先规定计件单价来计算劳动报酬的工资给付形式。

计件工资的优点是把工人的劳动成果与报酬直接挂钩,有利于提高劳动生产率,同时增加工人的收入。其缺点是容易忽视产品质量,及过度使用设备等短期行为。

目前,计件工资有 9 种具体形式:直接无限计件工资制、直接有限计件工资制、累进计件工资制、超额计件工资制、按质分等计件工资制、包工工资制、提成工资制、间接计件工资制、最终产品计件工资制。

(3)奖金和津贴。奖金是对劳动者提供的超额劳动的报酬,是从企业的超额利润中提取的员工工资。奖金的分配以计分法最好,奖金不封顶,但应征收奖金税;津贴是对劳动者提供特殊劳动所做的额外劳动消耗的一种补偿。它是工资的一种辅助形式。其效用是保护职工的身体健康,稳定特殊岗位、艰苦岗位、户外工作岗位的职工队伍。主要的津贴形式有地下津贴、夜班津贴、野外作业津贴、井下津贴、高温津贴、职务津贴、放射性或有毒气体津贴、流动施工津贴等。

3. 影响工资制度和工资水平的因素

(1)职位的相对价值,包括该职位的责任大小、工作的复杂程度、任职资格要求的高低、工作环境是否危险等。由工作分析和职位评价来确定每个职位的薪点,工资=职位薪点×工资率。

(2)任职者的技术水平。即凭在此职位上工作的经验、知识和技能的先进性决定薪酬的技能档次。

(3)市场价格。由人才市场、劳动力市场的供需关系决定,企业的工资水平应该大于或等于市场的平均水平。

(4)企业效益和支付能力。工资增长速度应低于企业效益增长速度。

(5)部门绩效。确定工资时加入部门绩效考核系数,以鼓励团队精神。

(6)劳资协商谈判结果。谈判中应考虑通货膨胀率(物价指数)、宏观经济状况,它们决定了工资增长幅度。

(7)法律规定。各国都制定了适合本国国情的最低工资标准及其他与企业工资相关的法制规章,它们将影响企业整体上的工资水平。

(三)福利

1. 福利的重要性

企业愿意花费巨资来支持福利项目是因为福利对企业的发展具有许多重要意义。福利能够吸引优秀员工,提高员工的士气,降低员工流动率,激励员工,凝聚员工,提高企业的经济效益。

2. 福利的类型

企业中的福利五花八门、不胜枚举。每个企业除了法律政策规定的福利以外,还可以提供任何有利于企业和员工发展的福利项目。

常见的福利项目包括公共福利和个别福利。前者是指法律规定的一些福利项目,如医疗保险、失业保险、养老保险、伤残保险等;后者是指不同企业根据情况安排的福利项目,如养老金(又称退休金)、储蓄(又称互助会)、辞退金、住房津贴、交通费、工作午餐、海外津贴、人寿保险等。

第五节 人力资源激励

一、传统激励理论

人力资源的激励是人力资源管理中最具挑战性的话题。有研究表明,管理者激励水平的高低及激励艺术的优劣直接影响着管理者的管理绩效。

传统激励理论包括人性假设理论、马斯洛的需要层次理论及赫茨伯格的双因素理论。这里主要介绍人性假设理论,后两种理论的介绍参见第二章第三节。

根据雷恩有关人性的假设,员工可分成四类,即实利人、社会人、自动人和复杂人,他们都有各自的人性特点,因此企业要针对性地给予不同的激励(如表7-2所示)。

表7-2 不同人性假设激励比较

人性特点		激励方法
实利人	(1)人生来都是懒惰的,如果可能都想尽量逃避工作 (2)一般的人都没有什么雄心壮志,也不喜欢负担任何责任,而宁可期望别人来引导指挥 (3)人生来有自我中心倾向,对组织要求与目标并不关心 (4)人是缺乏理性的,本质上不能自律且易受他人影响	组织应以经济报酬(金钱)来获取员工的效力和服从,并应以权力与控制体系来保证组织本身及引导员工;其管理的特征是订立各种严格的工作规范,加强各种法规的管制。组织的目标能达到何种程度,有赖于管理人员如何控制工作人员
社会人	(1)在基本上,人是由社会需求而引起工作动机的,并且通过与同事的关系而获得认同感 (2)工业改革与工作合理化的结果,使工作本身失去了意义,只能从工作上的社会关系去寻求意义 (3)工人对来自同事们的社会影响力,要比对管理者所给予的经济诱因及控制更重视 (4)工人的工作效率,随着上司可能满足他们社会需求的程度而改变	作为一个管理者,除了应注意工作目标的完成外,更应注意从事此工作的工人的需要;在控制及激励工人之前,应先了解他们对团体的归属感,及对同伴的连带感等社会需要的满足;工人的社会需要得不到满足,他们就会疏远正式组织,而献身于非正式组织,因此,个体奖励制度不如团体奖励制度
自动人	(1)人具有五种不同层次的需要,即生存的、安全的、相爱的、尊重的、自我实现的。当低层次需要得到满足时,人便追求更高一层需要的满足 (2)人们因工作更成熟与发展且其能力得到开发,而变得更独立、自主 (3)人是自动自发且能自制的,外在的规律控制很可能对工人构成一种威胁而造成不良适应 (4)工人的自我实现倾向与组织所要求的行为之间并没有冲突,如果能给工人一个机会,他会自动把自己的目标与组织的目标结合起来	尽量把工作安排得富有意义,对工人具有挑战性,使工人工作之后能够以此为豪,满足其自尊,管理者的主要任务是寻找什么工作对什么人最具有挑战性,最能满足其自我实现的需要,交给部属他能承担的最大权限,工作不再是为了获得报酬而付出的重担,每一个员工都通过其从事的工作而感受到生活的意义,组织成为提供员工努力成功的平台

续表

人性特点		激励方法
复杂人	(1)每个人都有许多需要与不同的能力,人不但是复杂的而且变动性很大。人可能依自己的需要、能力,而对不同的管理方式做不同的反应,没有一套能适合于任何时代、任何人的万能管理方法 (2)一个人通过组织生活可以学得新的需要,因此,他在组织内表现的动机模式是其原有的需要与组织经验交互作用的结果 (3)人在不同组织或同一组织中不同的部门,其动机可能也不同,正式组织中的独处者可能在非正式组织中获得社会需要及自我实现需要的满足 (4)一个人是否感到心满意足或肯献身于组织,决定于他本身的动机构造以及他跟组织之间的交互关系;工作的性质、执行工作的能力、与同事之间的相处状况都有影响	管理者必须具备洞察员工个别差异的能力,同时还要具有能够随时采取必要行动的应变能力与弹性;当下属的需要不同时,就要以不同的方法、措施进行激励

二、现代激励理论

(一)ERG 理论

克莱顿·奥德弗将人的需要分为生存需要(E)、关系需要(R)、成长需要(G)。并且认为三种需要是一个连续体,相互之间没有明显的界限,不是层次等级。即使有层次,人们在低层次需要得不到满足时,也会转向寻求高一级的需要,而在高级需要遭受挫折时,又会转向或倒退至较低的需要层次。

对管理者来说,ERG 理论给企业提供了一种更可行的激励途径。现实生活中,不可能每个人的每一种需要都能得到满足,员工高层次的需要有时难免受挫,这时就要以积极的方式引导员工的行为,调动他们的积极性。同时,要使每个员工都能发挥出最大的能力,管理人员还必须了解、确定本单位每个人当前的主导需要,提出有针对性的激励措施。

(二)麦克利兰的成就需要理论

美国心理学家麦克利兰提出成就需要是社会性需要之一,是人们执行任务时追求成功的动机。麦克利兰发现,有强烈成就需要的人具备三个特性:(1)喜欢自己找出解决问题的办法;(2)喜欢适度的冒险,树立适当的目标;(3)喜欢对其工作表现有具体的反馈。成就需要的强弱对一个人的发展、一个企业的发展和一个国家的发展都有着特别重要的作用。成就需要可以通过教育来培养和提高。

(三)期望理论

期望理论是一种综合型激励模式。期望理论认为,人们从事某一工作的动机强度,或者被激发出的力量(积极性)大小,取决于目标价值(效价)和预计能够达到这个目标的概率(期望值)两个因素的互动。用公式表示为:

激发力量=效价×期望值

如果一个人认为实现某个目标无足轻重,效价为零,或目标的实现反而对自己不利,效价为负,都不会产生激励力量。如果一个人把目标的价值看得很大,估计能实现的概率越高,那么激发的动机就越强烈,焕发出的内在力量就越大。为了使激发力量达到最佳,期望理论提出了人的期望模式,如图 7-2 所示。

根据期望模式,为了有效地激发人的动机,需要正确处理好个人努力与获取成绩、获取成

图 7—2　个人努力与激发力量关系

绩与得到奖励、得到奖励与个人需要的满足等多方面的关系。

改进后的期望理论涉及努力、绩效、能力、环境、认识、奖酬、公平感和满足等多个变量，认为人们的努力取决于报酬的价值和取得报酬的概率；报酬的获得取决于完成工作的绩效；工作绩效的取得取决于努力，同时要受对所要做的工作的理解程度和工作能力的影响；工作绩效导致内在报酬和外在报酬的获取，进而影响员工的满足感，而满意程度要受员工对所取得的报酬感到公平与否的影响。其激励模式如图 7—3 所示。

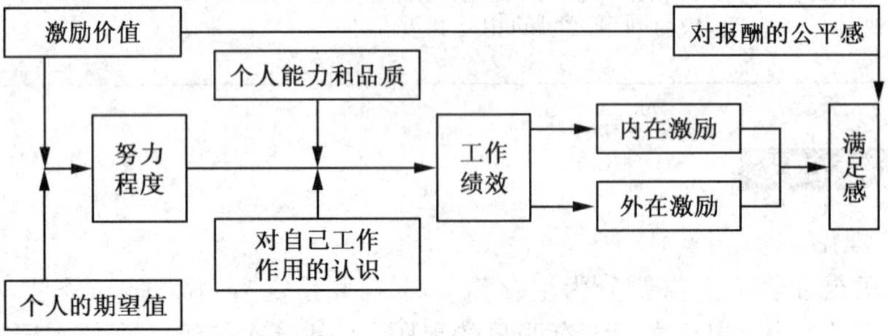

图 7—3　期望理论激励模式

(四)目标设置理论

爱德华·温洛克认为，指向一个目标的工作意向是工作激励的主要源泉。目标告诉员工，需要做什么以及需要付出多大努力。明确的目标能提高绩效，一旦人们接受了困难的目标，就会比只有容易的目标有更足的干劲，也能带来更高的绩效，有反馈的目标比无反馈的目标能带来更高的绩效。

目标设置理论的基本观点有：(1)具体的目标比笼统的目标效果更好。(2)如果能力和目标的可接受性等因素保持不变，则目标越困难，绩效水平越高。因为员工一旦接受了一项艰巨的任务，就会投入更多的精力直到目标实现。(3)当人们获得了在朝向目标的过程中做得如何的反馈时，他们会做得更好，因为反馈能引导行为。(4)参与式的目标即员工参与设置的目标往往会激发员工更努力地工作，参与提高了目标本身作为努力方向的可接受性，员工参与目标设置就会在内心对目标有所承诺，无论是有形的承诺还是无形的内心的承诺，承诺一旦作出，都将使员工面临来自内心深处及外界的压力，从而激励员工。

(五)强化理论

强化理论认为，强化对员工的行为有重大影响。强化是指能够增加某种反应在未来重复发生可能性的任何事物，如员工多学得一门技艺，企业就给予相应的奖励，则员工学习技艺的积极性就会提高。强化分正强化和负强化。当一个刺激(企业行为)跟随在一个反应(员工行为)之后，并能提高这个反应的发生概率时，便产生正强化；当排除一个跟随在某种反应之后的令人不愉快的刺激，进而提高这一反应的概率时，就产生了负强化。强化理论强调，员工在工作中所实施的行为和员工分配给每项任务的努力受员工行为所带来的结果的影响。

(六)公平理论

公平理论是美国心理学家斯戴西·亚当斯提出的激励理论,它关注报酬分配的合理性、公平性对员工积极性产生的影响。公平理论认为,员工的工作动机不仅受其所得绝对报酬的影响,而且受其相对报酬的影响,即一个人不仅关心自己收入的绝对值(自己的实际收入),而且也关心自己收入的相对值(自己收入与他人收入的比较)。每个人都会不自觉地把自己付出的劳动和所得的报酬与他人付出的劳动和所得的报酬进行社会比较,也会把自己现在付出的劳动和所得的报酬与自己过去的劳动和所得的报酬进行历史比较。如果当他发现自己的收支比例与他人的收支比例相等,或者现在的收支比例与过去的收支比例相等时,便认为是应该的、正常的,因而心情舒畅,努力工作;反之,如果不相等,就会产生不公平感,从而工作积极性受挫。

(七)当代激励理论的整合

将上述理论加以整合理解将会对人力资源的激励有更好的把握,并且更有助于应用到管理实践。图 7—4 就是一个激励理论整合模型。

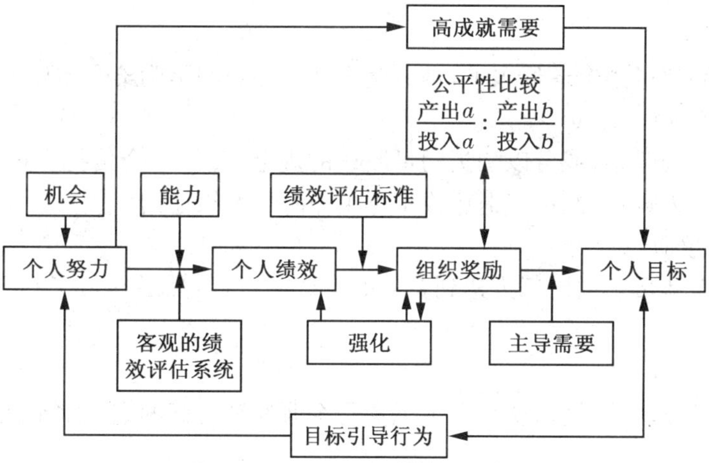

图 7—4 当代激励理论的整合

三、激励方法与技巧

(一)生产工人激励

对生产工人激励的形式有:(1)计件工资制,即通过确定每件产品的计件工资率,将员工的收入与产量直接挂钩。(2)标准工时制,即依据员工绩效高于标准水平的百分比给予员工同等比例的奖金,其前提是员工都有固定的基本工资。(3)班组或团队激励,即根据班组或团队整体工作成果给予奖励,形式为所有成员都按产量最高(最低,成员平均水平)的员工的绩效计算报酬。

(二)中高层管理人员激励

对中高层管理人员激励分年度或短期奖励和长期奖励两种。年度或短期奖励依据企业的短期(通常为 1 年)总体效益指标,给予管理人员的奖励,多以现金形式兑现。

长期激励旨在激励管理层面向未来,其形式有:使管理人员的奖励与企业股票价格的增长相联系的股票购买特权、股票增值权和限定股票形式,使奖励与预先规定的企业绩效水平相联系的绩效单位或绩效股份。

股票购买特权是在规定的期间内按约定价格购买公司股票的权力。股票增值权是附属于股票购买特权的一种权力，它可以使高层人员在股票购买特权的有效期内因股票价格增值而获利。股票购买权是高层人员按全价或折价购买其公司股票的优先权，并且通常都能得到公司的财政资助。限定股是企业授予高层人员的股票或股票单位，它是在高层人员连续受雇过程中"挣出来的"。

绩效单位或绩效股份是公司授予高层人员的股票或成功奖金授予额，它是以企业能够实现某些特定的经营目标为充分条件的奖励。

(三)销售人员激励

对销售人员可采用佣金激励，即直接按销售额的一定比例确定销售人员的报酬；也可采用复合激励，即薪资和佣金复合形式的激励办法。

(四)企业的整体激励

面向企业的所有人员进行激励有助于增加企业的凝聚力，赢取员工的忠诚和责任感。企业的整体激励形式有：

1. 利润分享激励

如果企业利润超过某个最低水平，企业就将其部分利润奖励给全体员工。

2. 雇员持股激励

企业把其一部分股票(或可以购买同量股票的现金)交给一个信托委员会，信托委员会把股票存入员工的个人账户，在员工退休或不再工作时再发给他们。

3. 收益分享激励

鼓励多数或全体员工共同努力达到企业的生产率目标，然后在员工和公司之间分享成本削减带来的收益。

4. 风险工资激励

每个员工都领取风险工资，即将员工工资与企业经济目标的完成水平挂钩。

思考与练习

1. 人力资源的特点有哪些？这些特点对做好管理工作有怎样的要求？
2. 你如何理解人力资源是企业竞争的战略性资源？
3. 薪酬管理和绩效考核的内容有哪些？

技能训练

1. 邀请学校或企业人力资源管理部门领导介绍其单位人力资源管理的情况。
2. 分析自己小组所收集的20～30家企业的人力资源管理情况并进行班级交流。
3. 结合自己的生活实践，体会平时自己是如何被激励或者如何激励别人的。

案例讨论与分析

黑松林的心力管理

江苏黑松林黏合剂厂有限公司是一家中小企业，公司董事长刘鹏凯探索创新实践"心力管理"，不断提高员工的个体素质，全面提升了企业的核心竞争力。

一、背景描述

1991年，刘鹏凯“下海”运作一家濒临破产的企业——泰兴县胶粘剂二厂（江苏黑松林黏合剂厂有限公司的前身，以下简称黑松林）。企业当时仅有“十多个工人，十几万元产值，二三只反应釜”。在随后20多年时间里，刘鹏凯采用“心力管理”这种独特的管理方法，极大地激发了员工的积极性和创造性，促进企业良性发展。目前，黑松林是中国胶粘剂和胶粘带工业协会常务理事单位，国内大型胶粘剂专业生产厂家，与多家世界500强企业展开合作，公司被评为“全国企业文化竞争力30强单位”、“中国石油和化工行业企业文化建设十佳示范单位”等。

二、心力管理的内涵实质

心力——是人依据自身的心思和能力、精神与体力、思想和才智，发自内心做好某一件事的精神力量。

心力管理——是将企业员工的心之所及转化为力之所达的过程；是将企业团队层面的意识培育转化为物质层面的生产力资源，并有效地进行集聚、发散和增效的过程；是不断引导员工在工作与生活中，善用其心，自净其心，消除恶心，增加爱心，发自内心，共同构建心心相印的和谐发展环境的过程。

心力管理包括：善用其心、自净其心、消除恶心、增加爱心、发自内心、将企业员工的心之所及转化为力之所达等六个方面的内容。

三、心力管理的三个维度

实施心力管理的做法可以归结为“知心、聚心、塑心”三个维度。

（一）“知心”维度

人与人之间的沟通是有障碍的。黑松林以“将心比心，以心换心”的方式实现无障碍沟通。

1. 真诚——发自真心，诚心诚意

只有当你怀着一颗真诚的心去对待别人的时候，别人才会同样以真诚的心与你交流。

【案例】

一次，公司副总经理观察到机修班负责人小江匆忙脱去手套，急急从口袋里掏出手机，叽里呱啦说了些什么，又急急合上手机，套上手套，抓起焊枪焊接起来。一根焊条刚用完，他又站起来掏出手机，嗓门大得像炸雷。小江肯定有情况。送走客人，副总经理走到工地：“江班，歇一会儿，来抽支烟！”随后递上一支中华烟。“我爱中华！”小江摘下面罩，边笑边说。他干脆将手中的大半包烟塞进了小江的口袋。“刚才怎么啦，发脾气啦！”小江丈二和尚摸不着头脑，“没有发脾气啊！”“刚才是不是接电话时和谁响雷了，连我都被震了一下。”“不好意思，不好意思，为小孩子的事！”“孩子怎么啦？”“小孩下午发高烧，孩子他妈要我送医院，我怎么走得掉啊！”小江的声音蚊子大。看着小江，他仿佛看到了小江一颗红红的心，忙掏出打火机替他将烟点上，火一闪一闪的……只有真诚，才能与员工“知心”。

2. 平等——身份不同，态度平等

作为企业负责人，特别是老板，很容易在沟通中居高临下，造成沟通障碍，只有心态平和、态度平等，才能够使员工“心电阻”降为零。

【案例】

一天下班前，公司总经理特意交代驾驶员小周：“明晨六点前，先接丁工，后接我，同去上海参加会议，不能误点。”小周满口答应。第二天早晨已经六点零五分了，车还没有到，他用手机不耐烦地对小周吼道：“到了什么地方？这个家门就那么难出？”又过了七、八分钟，小周的车风驰电掣般地在他面前戛然停下，一看表，整整迟到了20分钟。总经理满头大汗，板着脸，一言不发钻进车子。刚坐好，老丁递过一张面纸：“厂长，先擦一下汗吧，今天的事全怪我！年龄大的人，消化功能不行，夜里受凉，临出门还来了‘一裤裆’。”老丁解释道。小周一大早提前出来接人，因为特殊原因迟到了，自己连打几个电话发牢骚。其实，他何妨不比你急。你不送清凉却抛燃烧弹，不问青红皂白发一顿火，迟到的责任根本不在他，当然也不能怪老丁，官不限病人呀！总经理自责得快把肠子悔青了，赶到会场，他越想越感内疚，趁开会前的几分钟，掏出手机，给小周发去了一条道歉短信。

（二）“聚心”维度

企业的头号任务是留住人。怎样才能留住人？答案是“凝聚人心”，“人心齐，泰山移”。“聚心”维度包括物质聚心和精神聚心两个方面。

1. 物质聚心

2010 年底，黑松林出台“5 年内员工工资每年递增不低于 15%”的承诺书，张贴在厂内，让员工清楚地看到自己在企业中的发展前景，体现了企业对员工物质需要的关心，使企业真正成了员工放心的地方。2013 年，黑松林又实施了“员工分享计划”，即每个月发给员工 10 斤食用油、20 斤大米、30 个鸡蛋的实物补助，平抑日益上涨的物价给员工带来的影响。最近黑松林建立“激励基金”制度，对年度做出贡献的员工进行相应的奖励。

2. 精神聚心

精神聚心着重营造一种和谐的“家”的氛围。一个企业就是一个大家庭，而管理者就是这个大家庭的“家长”，只有把员工当作自己的子女、亲人，真心真意关心他们，激发员工对企业的认同感，形成上下同欲、志同道合的局面，才能使企业在金融危机中继续保持健康发展的趋势。黑松林着力培育一种和谐大家庭的氛围，用爱播种，聚心合力，让员工心灵愉悦，培育了员工一种身在企业就是在家的归属感。

一顶头盔——员工买了摩托车，黑松林总要送上一顶头盔。

两只水瓶——黑松林厂庆，每人送了两只不锈钢水瓶，希望企业永不“生锈”，同时希望大家像热水瓶一样，对企业满腔热情。

三项决定——(1)母亲节、父亲节给员工放假，让他们回家孝敬父母；(2)设立洗衣房，安排人兼职为员工清洗工作服；(3)实行弹性退休制度，员工退休后可返聘在企业同酬工作。

四级助学——每年 9 月，黑松林员工的子女按从幼儿园到大学毕业不同级别享受 100～500 元不等的助学金。

五块津贴——营销员、驾驶员一个月只要出差满 18 天，每天就可享受 5 元钱的爱人津贴。

六对新人——黑松林有 6 对新人结婚，公司为他们举行了盛大而热闹的集体婚礼。

七十大寿——退休老工人在 70 岁生日那天被专门请回公司接受祝福。

八月中秋——中秋节，黑松林以商标为图案，定做 8 寸大的月饼送给每个职工和客户。

九月开学——每年 9 月，黑松林都要提前发放工资，以解员工替子女缴纳学费之急需。

十全十美——每当有员工退休了，黑松林都要组织全公司员工欢送，要求全体员工把终点当起点，一代又一代发扬传统，做一名十全十美的黑松林人，把企业干好。

(三)“塑心”维度

以文化人，即塑心，是企业文化的最重要的功能。一家优秀的企业，不仅表现为向社会提供优秀的产品和服务，更表现为培养出志向远大、境界高尚、技术精湛的优秀员工。塑心，是塑良心、塑爱心、塑雄心。用企业独有的价值观、传统和风俗，塑造出员工的进取之心、报恩之心、敬业之心、友爱之心、奉献之心，这样的员工队伍才是战无不胜的。

黑松林的塑心方法，包括示范法、纠错法、灌输法、自净法和养成法。

四、心力管理的实践效果

心力管理的创新实践引起了业界的普遍关注，得到了诸多专家、学者的高度评价和肯定。心力管理既是对人本管理的升华和具体化，也显著提升了黑松林的组织效能。

思考与讨论：

1. 你愿意到黑松林工作吗？为什么？

2. 现代社会物质越来越充裕，企业对人力资源的竞争将更多地取决于对员工“心”的争取，请结合黑松林的“心力管理”谈谈你的看法。

3. 中外企业有许多运用非货币性薪酬管理激励员工的做法措施，请关注更多案例并与同学分享。

第八章

企业财务管理

• 关键词汇

筹资管理　投资管理　利润分配管理　财务预测　财务决策　财务预算
财务控制　资金时间价值观念　投资风险价值观念　商业信用　融资租赁
资金成本　财务杠杆　内部收益率　投资净收益　法定盈余公积金　公益金
财务报表分析　成本中心　利润中心　投资中心　企业价值评估

第一节　财务管理概述

一、企业财务管理的概念和目标

企业财务管理是一项利用价值形式，根据财经法规制度，组织、规划和控制企业资本运动，处理财务关系的综合性经济管理活动。

任何企业都可以视为一个相互联系的财务资源的运动系统，而企业作为一个具有法人资格的独立经济实体，要争取经济效益最大化，就必须管理好财务资源。

财务管理的目标，一般认为是实现企业价值最大化。它既反映了资金的时间价值和风险价值，又有利于克服管理上的片面性和短期行为，以实现社会资源的合理配置。

财务管理的关键是处理好企业的财务关系，它是指企业组织财务活动的过程中与有关各方发生的经济利益关系，主要包括：企业与国家行政管理者之间的财务关系；企业与投资者之间的财务关系；企业与债权人之间的财务关系；企业与受资者之间的财务关系；企业与债务人之间的财务关系；企业与内部各单位之间的财务关系；企业与职工之间的财务关系。其中，最为重要的关系体现为所有者、经营者和债权人之间的财务关系。

二、企业财务管理的内容和工作环节

(一)财务管理的内容

企业财务管理的对象是资金的运动与流转。资金运动过程是通过一系列财务活动来实现

的，包括资金的筹集、投放、使用、回收及分配等一系列行为。与此相对应，筹资管理、投资管理和利润(股利)分配管理构成财务管理的基本内容。

筹资管理是指企业为了满足投资和用资的需要，筹措和集中资金的过程。企业可以从两个方面筹集资金:权益性资金和企业债务筹资。

投资管理是指企业筹集到资金以后，将资金有计划、有目的地进行调度运用，以谋求最大的资金收益的活动和过程。

利润(股利)分配管理是对投资成果的分配。广义的分配是指对投资收入(如销售收入)和利润进行分割和分派的过程，狭义的分配仅指对利润的分配。

资金的日常营运活动管理:在日常经营中，企业需要以现金来购买原材料、支付发生的各项费用、偿还债款以及预防意外事故的发生;企业采用现销方式销售产品、减少库存、收回贷款;企业采用赊销方式扩大市场占有率，对应收账款进行管理，等等;这些因企业日常生产经营活动而引起的财务活动构成了资金的营运活动，也是企业财务管理的重要内容。

(二)财务管理的工作环节

财务管理的工作环节是指财务管理工作的工作步骤和一般程序，主要环节有:

1. 财务预测

这是指企业根据财务活动的历史资料(如财务分析)，考虑现实条件与要求，运用特定方法对企业未来的财务活动和财务成果作出科学的预计或测算。它是进行财务决策的基础，是编制财务预算的前提。

2. 财务决策

它是企业财务人员按照企业财务管理目标，利用专门方法对各种备选方案进行比较分析，并从中选出最优方案的过程。它是企业从财务角度提出问题、分析问题和解决问题的全过程。

3. 财务预算

它是指企业运用科学的技术手段和数量方法，对未来财务活动的内容及指标进行综合平衡与协调的具体规划。财务预算是以财务决策确立的方案和财务预测提供的信息为基础编制的，是财务预测和财务决策的具体化，是财务控制和财务分析的依据，贯穿企业财务活动的全过程。

4. 财务控制

它是在财务管理过程中，利用有关信息和特定手段，对企业财务活动所施加的影响进行调节。实行财务控制是落实财务预算、保证预算实现的有效措施，也是责任绩效考评与奖惩的重要依据。

5. 财务分析

这是根据企业核算资料，运用特定的方法，对企业财务活动过程及其结果进行分析和评价的一项工作。通过财务分析，可以掌握企业预算的完成情况，评价财务状况，研究和掌握企业财务活动的规律，改善财务预测、财务决策、财务预算和财务控制，提高企业财务管理水平。

三、财务管理的两大价值观念

资金时间价值观念和投资风险价值观念是财务管理的两个基本观念，也是财务管理者必须具备的、重要的价值观念。

（一）资金时间价值观念

资金时间价值是指一定量的资金在不同的时点上价值量的差额，也称为货币时间价值。资金在周转过程中会随时间的推移而发生增值，使资金在投入、收回的不同时点上价值不同，形成价值差额。资金时间价值的基本表现形式为现值和终值。现值也称本金，一般是指现在的价值，终值一般是指将来的价值。资金时间价值观念的首要应用是现值概念。因为现在的1元货币比将来的1元货币经济价值大，不同时间的货币价值不能直接加减运算，需要进行折算。通常，要把不同时间的货币价值折算到“现在”时点，然后进行运算或比较。把不同时点的货币折算为“现在”时点的过程，称为“折现”，折现使用的百分率称为“折现率”，折现后的价值称为“现值”。在财务估价中，广泛使用现值计量资产的价值。资金时间价值的另一个重要应用是“早收晚付”观念。对于不附带利息的货币收支，与其晚收不如早收，与其早付不如晚付。

（二）投资风险价值观念

风险是指预期结果的不确定性，即在一定的条件下或一定的时期内，某一项行动具有多种可能而不确定的结果。从个别理财主体的角度看，风险分为系统性风险和非系统性风险两大类，而非系统性风险按其形成原因又可分为经营风险和财务风险。在财务管理实践中，不论是决定价值，还是选择投资都需要考虑风险。承担风险，就要求得到相应的额外报酬，即风险报酬，否则就不值得去冒险。因此，风险和报酬之间存在对等关系，风险越大，所期望的报酬率越高（期望报酬率是无风险报酬率与风险报酬率之和）。在理财过程中，必须研究风险、计量风险并设法控制风险，以求最大限度地增加公司的价值。

第二节　筹资管理

一、筹资渠道与筹资方式

（一）筹资渠道

筹资渠道是指资金筹集的来源。目前我国的筹资渠道主要有：国家财政资金、银行信贷资金、非银行金融机构资金、其他企业资金、居民个人资金、企业自留资金。

（二）筹资方式

筹资方式是指企业资金筹集所采用的具体形式。企业筹资管理的重要内容是如何针对客观存在的筹资渠道，选择合理的筹资方式进行筹资。了解各种筹资方式的特点，有利于企业进行有效筹资组合，降低筹资成本，提高筹资效益。目前，我国企业筹资方式主要有：吸收直接投资、发行股票、银行借款、商业信用、发行债券、融资租赁。

企业筹集资金有一定的使用目的，为了使筹集的资金与使用的资金在数量、类型上相匹配，可将资金按使用时间长短分为长期资金和短期资金，以此来确定筹资方式，见表8-1。下面就几种筹资方式分别叙述。

1. 股票

股票是一种能够定期给其所有者带来利益的凭证。它是股份制企业筹集资本金形成主权资本的重要来源。用股票筹集资金具有下列特点：所获资金是永久性的；股利支付灵活；资金成本高。

2. 债券

表 8—1 企业筹资方式分类

资金需要分类	筹资方式	筹资渠道	协助单位
长期资金	长期银行借款	债权人投资	银行
	企业债券	债权人投资	证券市场
	企业股票	股东投票	证券市场
	融资租赁	出租人信用	租赁公司
	其他外部投资	有关部门或单位投资	有关部门或单位
短期资金	短期银行借款	债权人信用	银行
	商业信用	客户信用	客户

债券是企业通过法定程序发行，约定在一定期限内还本付息的有价证券。发行债券有利于将社会闲散资金集中起来，转化为生产建设资金。因此，企业债券是一种较好的向社会筹资的形式。企业债券筹资具有以下特点：资金成本固定、偿还期明确、企业债券利息免税、抵消通货膨胀损失。

3. 融资租赁

租赁是有偿转让使用权而保留其所有权的协议和行为。按照租赁性质和方法的不同，租赁分为经营租赁和融资租赁。融资租赁属于负债筹资，其特点是：不必支付全部资金就能引入所需的现金技术设备；租金事先预定，定期支付，其筹资风险小于其他筹资方式，并能避免通货膨胀对企业筹资的影响；融资租赁具有分期付款的特点。

4. 短期银行借款、商业信用和应付费用

短期银行借款是指要在一年内偿还的银行借款。商业信用是延期付款而形成的一种借贷关系，是企业短期资金的主要来源，在会计上形成应付票据、应付账款和预收账款。应付费用主要指应付税金、应付工资、应付利息，因为它们是按期偿付的，在两次支付间隔期间，相当于为企业提供了一种无代价的短期借款。短期银行借款、商业信用和应付费用是短期资金的三种筹集方式，短期筹资具有下列特点：速度快、灵活、成本低、风险大。

综合考虑筹资的各方面因素，企业可按下述顺序选择筹资方式：

(1)选择内部积累。因为这种方法筹资阻力小，保密性好，风险小，不必支付发行成本，为企业保留更多的借款能力。

(2)当从外部筹资时，首先可考虑各金融机构贷款（一般来说，贷款的资金成本低于公司债券），然后考虑公司债券，最后才考虑发行普通股票。因为普通股的发行成本高于债券发行成本，发行股票还会在股市上引起对企业不利的影响。

(3)企业在解决短期资金需求时，可采用出售短期金融资产、借入短期债务等手段来弥补资金缺口。

(三)筹资渠道与筹资方式的对应关系

筹资渠道解决的是资金来源问题，筹资方式则解决通过何种方式取得资金的问题，它们之间存在一定的对应关系。一定的筹资方式可能只适用于某一特定的筹资渠道，但是同一渠道的资金往往可采用不同的方式来取得，它们之间的对应关系可用表 8－2 表示。

表 8－2　　筹资方式与筹资渠道间的对应关系

	吸收直接投资	发行股票	银行借款	发行债券	商业信用	融资租赁
国家财政资金	√	√				
银行信贷资金			√			
非银行金融机构资金	√	√	√	√		√
其他企业资金	√	√		√	√	√
居民个人资金	√	√		√		
企业自留资金	√	√				
外商资金	√	√				√

三、资金成本

资金成本是指企业筹集和使用资金而付出的代价，包括资金筹集费和资金占用费两部分。资金筹集费是指筹集过程中支付的各项费用，如发行股票、债券支付的印刷费、发行手续费、律师费、资信评估费、公证费等。资金占用费是指占用资金所支付的费用，如股票的股利、银行借款利息、债券利息等。相比之下，资金筹资费用是一次性发生的，因此，在计算资金成本时可作为筹资金额的一项扣除，资金成本一般用相对数表示，即资金成本率。其计算公式一般是：

$$资金成本率=\frac{资金占用费}{筹资总额-资金筹集费}=\frac{资金占用成本率}{1-资金筹集费用率}$$

主要筹资方式资金成本的计算如下：

(1)债券成本。债券成本中的利息在税前支付具有减税利益。债券的筹资费用一般较高，这类费用主要包括申请发行债券的手续费、债券注册费、印刷费、上市费以及推销费用等。债券成本的计算公式为：

$$K_b=\frac{I(1-T)}{B_0(1-f)}=\frac{B\cdot i\cdot(1-T)}{B_0(1-f)}$$

式中，K_b 代表债券成本；I 代表债券每年支付的利息；T 代表所得税税率；B 代表债券面值；i 代表债券票面利息率；B_0 代表债券筹资额，按发行价格确定；f 代表债券筹资费率。

(2)银行借款成本。银行借款成本的计算基本与债券一致，其计算公式为：

$$K_1=\frac{I(1-T)}{L(1-f)}=\frac{i\cdot L\cdot(1-T)}{L(1-f)}$$

式中，K_1 代表银行借款成本；I 代表银行借款年利息；L 代表银行借款筹资总额；i 代表银行借款利息率；f 代表银行借款筹资费率；T 代表所得税税率。

(3)优先股成本。企业发行优先股要支付筹资费用，还要定期支付股利。但它与债券不同，股利在税后支付，且没有固定的到期日。优先股成本的计算公式为：

$$K_P=\frac{D}{P_0(1-f)}$$

式中，K_p 代表优先股成本；D 代表优先股每年的股利；P_0 代表优先股总额；f 代表优先股筹资费率。

(4)普通股成本。由于股票没有固定的到期日，那么，当 $n\rightarrow\infty$时，$\frac{V_n}{(1+K_s)n}\rightarrow 0$，所以，股

票的现值为：

$$V_0=\sum_{i=1}^{n}\frac{D_i}{(1+K_s)^i}$$

以上两式中：V_0 代表普通股现值；D_i 代表第 i 期支付的股利；V_n 代表普通股终值；K_s 代表普通股成本。利用上式可求出普通股成本。

以上公式计算比较复杂，如果每年股利固定不变，则可视为永续年金，计算公式可简化为：

$$K_s=\frac{D}{V_0}$$

把筹资费用也考虑在内，则：

$$K_s=\frac{D}{V_0(1-f)}$$

式中，K_s 代表普通股成本；D 代表每年固定股利；f 代表普通股筹资费率。

许多公司的股利都是不断增加的，假设股利年增长率为 g，则普通股成本的计算公式为：

$$K_s=\frac{D_1}{V_0(1-f)}+g$$

式中，D_1 为下一期的股利。

(5)留存收益成本。留存收益成本的计算与普通股基本相同，但不用考虑筹资费用。在股利稳定的情况下，其计算公式为：

$$K_e=\frac{D}{V_0}$$

股利不断增加的留存收益成本的计算公式为：

$$K_e=\frac{D_1}{V_0}+g$$

式中，K_e 代表留存收益成本，其他符号的含义与普通股成本计算公式相同。

四、杠杆原理

(一)经营杠杆

1. 经营杠杆的概念

在其他条件不变的情况下，产销量的增加虽然一般不会改变固定成本总额，但会降低单位固定成本，从而提高单位利润，使息税前利润下降率也大于产销量下降率。在某一固定成本比重下，销售量变动对息税前利润产生的作用称为经营杠杆。

息税前利润的变动率总是大于边际贡献的变动率(除非固定成本是零或业务量无穷大)，而边际贡献的变动率与产销量变动率相等，因此，息税前利润变动率大于产销量变动率。

2. 经营杠杆的计量

对经营杠杆进行计量最常用的指标是经营杠杆系数或经营杠杆度。所谓经营杠杆系数，是指息税前利润变动率相当于产销量变动率的倍数。其计算公式为：

$$经营杠杆系数=\frac{息税前利润变动率}{产销量变动率}\quad 或\quad DOL=\frac{\Delta EBIT/EBIT}{\Delta S/S}$$

式中，$EBIT$ 为变动前的息税前利润；$\Delta EBIT$ 为息税前利润的变动额；S 为变动前的产销量；ΔS 为产销量的变动额。

3. 经营杠杆与经营风险

引起企业经营风险的主要原因是市场需求和成本等因素的不确定性，经营杠杆本身并不是利润不稳定的根源。但是,产销量增加时,息税前利润将以 *DOL* 倍数的幅度增加,而产销量减少时,息税前利润又将以 *DOL* 倍数的幅度减少,可见,经营杠杆扩大了市场和生产等不确定因素对利润变动的影响,而且经营杠杆系数越高,利润变动越激烈,企业的经营风险就越大。于是,企业经营风险的大小和经营杠杆有重要关系。一般来说,在其他因素不变的情况下,固定成本越高,经营杠杆系数越大,经营风险越大。

(二)财务杠杆

1. 财务杠杆的概念

不论企业营业利润多少,债务的利息和优先股的股利通常是固定不变的,当息税前利润增加时,每 1 元盈余所负担的固定财务费用就会相对减少,这能给普通股股东带来更多盈余;反之亦然。这种债务对投资者收益的影响,称作财务杠杆。

在表 8—3 中,甲、乙两家公司的资金总额相等,息税前利润相等,息税前利润的增长率也相同,不同的只是资金结构,甲公司全都是普通股,乙公司的资金中普通股和债券各占一半,在息税前利润增长 20%的情况下,甲公司每股利润增长 20%,而乙公司却增长了 33.3%,这就是财务杠杆的作用。当然,如果息税前利润下降,乙公司每股利润的下降幅度要大于甲公司每股利润的下降幅度。

表 8—3　　**甲、乙公司的资金结构与普通股利润**　　单位:元

项　目	甲公司	乙公司
股本(面值:100)	2 000 000	1 000 000
发行在外股数(股)	20 000	10 000
债务(息税率为 8%)	0	1 000 000
资金总额	2 000 000	2 000 000
息税前利润	200 000	200 000
利息	0	80 000
税前利润	200 000	120 000
所得税(50%税率)	100 000	60 000
净利率	100 000	60 000
每股利润	5	6
息税前利润增长率(%)	20	20
增长后的息税前利润	240 000	240 000
债务利息	0	80 000
税前利润	240 000	160 000
所得税(50%税率)	120 000	80 000
净利润	120 000	80 000
每股利润	6	8
每股利润增加额	1	2
普通股利润增长率(%)	20	33.3

2. 财务杠杆的计量

对财务杠杆进行计量最常用的指标是财务杠杆系数。所谓财务杠杆系数，就是普通股每股利润的变动率相当于息税前利润变动率的倍数，其计算公式为：

$$财务杠杆系数=\frac{普通股每股利润变动率}{息税前利润变动率} \quad 或 \quad DFL=\frac{\Delta EPS/EPS}{\Delta EBIT/EBIT}$$

式中，DFL 为财务杠杆系数；ΔEPS 为普通股每股利润变动额或普通股利润变动额；EPS 为基期每股利润或基期普通股利润；$\Delta EBIT$ 为息税利润变动额；$EBIT$ 为基期息税前利润。

把表 8—3 中的有关资料代入公式，得：

$$DFL_{甲}=\frac{1\div 5}{40\ 000\div 200\ 000}=\frac{20\%}{20\%}=1.00,DFL_{乙}=\frac{2\div 6}{40\ 000\div 200\ 000}=\frac{33.33\%}{20\%}=1.67$$

财务杠杆系数的计算公式可进一步简化。

设：I 为债务利息，d 为优先股股利，T 为所得税税率，则：

$$\begin{aligned}DFL&=\frac{\Delta EPS/EPS}{\Delta EBIT/EBIT}\\&=\frac{\Delta EBIT(1-T)}{(EBIT-I)(1-T)-d}\cdot\frac{EBIT}{\Delta EBIT}\\&=\frac{EBIT}{EBIT-I-\frac{d}{(1-T)}}\end{aligned}$$

即：

$$财务杠杆系数=\frac{息税前利润}{息税前利润-利息-\frac{优先股股利}{所得税税率}}$$

3. 财务杠杆与财务风险

财务风险是指企业为取得财务杠杆利益而利用负债资金时，增加了破产机会或普通股利润大幅度变动所带来的风险，企业为取得财务杠杆利益，就要增加负债，一旦企业息税前利润下降，不足以补偿固定利息支出，企业的每股利润就会下降得更快。

(三)复合杠杆

如前所述，由于生产经营中存在固定成本而产生经营杠杆作用，息税前利润的变动率大于业务量的变动率；同样，由于存在固定的财务成本(如固定利息和优先股股利)而产生财务杠杆作用，企业每股盈余的变动率大于完税前利润的变动率；如果两种杠杆共同起作用，那么，业务量稍有变动就会引起每股盈余产生更大的变动，通常这两种杠杆的连锁作用被称为复合杠杆。一般可用复合杠杆系数来衡量复合杠杆作用的程度。复合杠杆系数是指每股盈余变动率相当于业务量变动率的倍数，其计算公式为：

$$复合杠杆系数=\frac{每股盈余变动率}{业务量变动率}$$

复合杠杆系数与经营杠杆系数、财务杠杆系数之间的关系是：

$$复合杠杆系数=经营杠杆系数\times财务杠杆系数 \quad 或 \quad DCL=DOL\times DFL$$

第三节　投资管理

一、项目投资决策

项目投资是一种以特定项目为对象，直接与新建项目或更新改造项目有关的投资行为，属于企业对内投资，主要包括新建项目投资和更新改造项目投资，其中，新建项目投资又可分为单纯固定资产项目投资和完整工业项目投资。项目投资一般具有投资金额大、影响时间长、变现能力差、投资风险高等特点。因此，企业在做这些投资之前，应该进行项目可行性研究，并作出有效的投资决策。项目投资决策的主要步骤有：估算投资方案的预期现金流量；估计预期现金流量的风险；确定资金成本的一般水平（即贴现率）；确定投资方案现金流入量和现金流出量的总现值；通过项目投资决策评价指标的计算，作出投资方案是否可行的决策。

项目投资的决策依据是现金流量，它是指一个项目引起的企业现金收入和现金支出增加的数量，表现为现金流入量和现金流出量，其差额称为现金净流量。它是计算投资决策评价指标的主要依据和重要信息之一。营业现金净流量的计算公式为：

$$\text{营业现金净流量} = \text{销售收入} - \text{付现成本}$$
$$= \text{利润} + \text{折旧}$$

项目投资决策评价指标分为静态指标和动态指标两大类。静态指标又称非贴现指标（辅助指标），包括会计收益率、静态投资回收期等；动态指标又称贴现指标（主要指标），包括净现值、现值指数、内部收益率等。

（一）静态指标

1. 会计收益率

会计收益率又称投资利润率，一般是指项目达到设计生产能力后的一个正常生产年份内年利润总额与项目总投资的比率。对生产期内各年的利润总额波动幅度较大的项目，应计算生产期年平均利润总额，该指标反映单位投资1年能给企业创造的全部利润。一般而言，投资利润率越高，说明投资效益越好；投资利润率越低，说明投资效益越差。

2. 静态投资回收期

回收期是指以投资项目经营净现金流量返还原始投资的年限。当有关方案各年净现金流量相等时，可以采用简化的方法计算静态投资回收期，其计算公式如下：

$$\text{静态投资回收期} = \frac{\text{投资额}}{\text{每年净现金流量}}$$

（二）动态指标

1. 净现值

净现值是项目未来现金流入的现值与未来现金流出的现值之间的差额，即所有未来现金流入和流出都按预定折现率折算为它们的现值，然后计算它们的差额。净现值的计算公式是：

$$NPV = \sum_{k=1}^{n} A_k (1+i)^{-k} - A_0$$

式中，i 表示折现率；A_0 表示原始投资额；A_k 表示 K 期的净现金流量。

净现值指标是反映投资项目在整个寿命期内总的获利能力的动态评价指标。利用该指标对投资进行决策时，应遵循的准则是：对于独立方案，若净现值大于或等于零，可以考虑接受；若净现值小于零，则方案不能接受。对于互斥投资方案，在多个方案评选时，如果没有资金方面的限制，应以净现值最大者为最优。

2. 现值指数

现值指数也称获利指数，是未来现金流入现值与现金流出现值的比率。如果投资方案的获利指数小于1，该方案为不可行方案；如果几个方案的获利指数均大于1，那么获利指数越大，投资方案越好。

3. 内部收益率

内部收益率又称内含报酬率，是指能够使未来现金流入量现值等于未来现金流出量现值的贴现率，或者说是使投资方案净现值为零的贴现率。内部收益率的优点是非常注重资金的时间价值，能从动态的角度反映投资项目的实际收益水平，且不受行业基准收益率高低的影响，比较客观。用内含报酬率评价项目可行的必要条件是：内含报酬率大于或等于贴现率。

上述指标中，由于静态指标没有考虑资金的时间价值，一般只能用于项目排序；而动态指标考虑了资金的时间价值和风险价值，故可用于项目的选择。下面以固定资产更新为例，说明项目投资方案的决策。

【例8—1】 某企业打算变卖1台尚可使用5年的旧设备，另外购置1台来替换它。购买新设备的投资额为180 000元，到第5年年底使用新设备与继续使用旧设备的变价净收入为80 000元，到第5年年底使用新设备与继续使用旧设备届时的预计净残值相等。使用新设备可使企业在5年内每年增加营业收入60 000元，并增加付现成本30 000元，设备采用直线法计提折旧。该企业的资金成本率为10%，所得税为33%。

更新设备比继续使用旧设备增加的投资额＝180 000－80 000＝100 000(元)

经营期每年折旧的变动额＝100 000÷5＝20 000(元)

经营期每年总成本变动额＝30 000＋20 000＝50 000(元)

经营期每年所得税变动额＝10 000×33% ＝3 300(元)

经营期每年净利润变动额＝10 000－3 300＝6 700(元)

建设期差量净现金流量＝－10 000(元)

经营期差量净现金流量＝6 700＋20 000＝26 700(元)

更新设备比继续使用旧设备增加的投资额＝－100 000＋26 7000×(P/A,10%,5)

＝－100 000＋26 700×3.790 8

＝1 214.36(元)

相比继续使用旧设备，更新设备增加的净现值为正数。可见，该企业应该购买新设备。

二、证券投资决策

(一)证券投资概述

证券投资是指投资者将资金投资于股票、债券、基金及衍生证券等资产，从而获取收益的一种投资行为。证券投资可分为债券投资、股票投资、基金投资、期权投资、期货投资以及组合投资等。

企业进行证券投资，首先应明确投资的目的。不同企业进行证券投资的目的是不同的，但总体来说有以下几个方面：(1)充分利用闲置资金获取投资收益；(2)控制相关企业，增强企业的竞争能力；(3)积累发展基金或偿债基金，满足未来的财务需要；(4)满足季节性经营对现金的需要。

其次必须进行证券投资的收益评价。评价证券投资收益水平的指标主要是证券的价值及其收益率。

(二)证券的价值

企业进行有价证券的投资，必须了解所做投资的内在价值，以便与市场上相应证券的价格作比较，进而作出投资决策。下面介绍债券和股票的估价模型。

1. 债券估价

(1)一般情况下的债券估价模型。这是指按复利方式计算的每年定期付息、到期一次还本情况下的债券估价模型。其一般计算公式为：

$$P=\sum\frac{i\cdot F}{(1+K)^n}+\frac{F}{(1+K)^n}$$

式中，P 为债券价格；i 为债券票面利率；F 为债券面值；K 为市场利率或投资者要求的必要收益率；n 为付息总期数。

(2)一次还本付息的单利债券估价模型。我国很多债券属于一次还本付息、单利计息的存单式债券，其价值模型的计算公式为：

$$P=\frac{F+F\cdot i\cdot n}{(1+K)^n}=F\times(1+i\cdot n)\times(P/F,K,n)$$

(3)折现发行债券的估价模型。有些债券以折现方式发行，期内不计算利息，到期按面值偿还，其估价模型的计算公式为：

$$P=\frac{F}{(1+K)^n}=F\times(P/F,K,n)$$

2. 股票估价

(1)股票估价的基本模型。股票带给投资者的现金流入包括两部分：股利收入和出售时的资本利得。股票的内在价值由一系列股利和将来出售股票时售价的现值所构成。此时，股票估价模型的计算公式为：

$$V=\sum_{i=1}^{n}\frac{d_t}{(1+K)^n}+\frac{V_n}{(1+K)^n}$$

式中，V 为股票的内在价值；V_n 为未来出售股票时预计的股票价格；K 为投资者要求的必需资金收益率；d_t 为第 t 期的预计股利；n 为预计持有股票的期数。

(2)零成长股票的价值。在每年股利稳定不变、投资者持有期数很长的情况下，股票估价模型的计算公式可简化为：

$$V=\frac{d}{K}$$

式中，d 为每年固定股利。

(3)固定成长股票的估价模型。从长远来看，公司股票的股利应当不断成长，此时股票估价很困难，只能计算近似数，即假设每年的股利按固定比率增长。其计算公式如下：

$$V=\frac{d_0(1+g)}{K-g}=\frac{d_1}{K-g}$$

式中，d_1 为第一年末的股利；g 为股利的年增长率。

(三)证券的收益率

1. 债券的收益率

(1)短期债券收益率的计算。短期债券收益率的计算一般不考虑资金时间价值因素，只需考虑债券买卖价差及利息，将其与投资额相比，即可求出短期债券的收益率。其计算公式为：

$$K=\frac{(S_1-S_0)+I}{S_0}\times 100\%$$

式中，K 为债券投资收益率；S_0 为债券购买价格；S_1 为债券出售价格；I 为债券利息。

(2)长期债券收益率的计算。长期债券由于涉及的时间较长(1 年以上)，需要考虑货币时间价值，其投资收益率一般是指购进债券后一直持有至到期日止可获得的收益率，它是使债券利息的年金现值和债券到期收回本金的复利现值之和等于债券购买价格时的贴现率，即：

$$V=I\cdot(P/A,K,n)+F(P/F,K,n)$$

式中，K 为长期债券投资收益率；I 为债券利息；F 为债券到期收回的本金或中途出售收回的资金；V 为债券的购买价格；n 为投资期限。

2. 股票的收益率

股票投资收益率的计算与债券收益率的计算类似。短期股票收益率的计算只需考虑股票投资价差及股利，将其与股票购买价格相比，就可求出；长期股票收益率是指使各期股利及股票售价的复利现值之和等于股票买价时的贴现率，即以股票当前的市场价格替代股票估价模型中的股票投资价值，计算出贴现率。

(四)证券投资组合

证券投资的营利性吸引着投资者，但其投资的风险性又使投资者望而却步。通过有效的投资组合，可以达到降低风险的目的。证券投资组合是指将资金有选择地投向一组证券，即将鸡蛋放在不同的篮子里来规避风险。

如果投资者进行恰当的投资组合，便可以在分散风险的同时取得合适的报酬。常用的投资组合方法有：选择足够多的证券进行组合；将风险处于大、中、小的证券各取 1/3 进行组合；把投资收益呈负相关的证券放在一起进行组合；等等。

三、流动资金管理

(一)流动资金管理的基本要求

流动资金是指投放在流动资产上的资金。流动资产是指 1 年内或超过 1 年的一个营业周期内变现或者耗用的资产，包括货币资金、短期投资、应收及预付款项、存货等。流动资金的主要项目是现金、应收账款和存货，它们占用了绝大部分的流动资金。流动资金有一个不断投入和收回的循环过程，这一过程没有终止的时间，这就使人们难以直接评价其投资的报酬率。流动资金投资评价的基本方法是以最低的成本满足生产周转的需要。

流动资金管理的基本要求是：合理确定并控制流动资金的需要量；合理确定流动资金的来源构成；加快资金周转，提高资金效益。

(二)现金管理

这里的现金是指广义的现金，包括库存现金、银行存款和其他货币资金。现金是企业收款和支付各项费用的重要工具，企业在任何时候都必须保持一定的现金储备量以应付日常开支的需要。影响企业现金额大小的因素有：企业未来的现金流量；实际现金流量与预计现金流量的偏差；重要的临时性支出；企业未清偿债务的到期；企业应付紧急情况的筹款能力。

企业财务人员可以根据以前年度的财务收支规律和未来的经营计划，确定现金持有量的最高限额和最低限额，并允许现金余额在这两个限额之间自由移动，只要未超过上下限额标准就不采取措施。当现金余额达到控制上限时，说明现金持有量过多，将增加资金占用成本，用现金购入有价证券，使现金持有量下降；若现金余额降到控制下限时，说明现金不足，将影响企业的生产活动，则抛售有价证券证券换回现金，使现金持有量上升(如图 8—1 所示)。

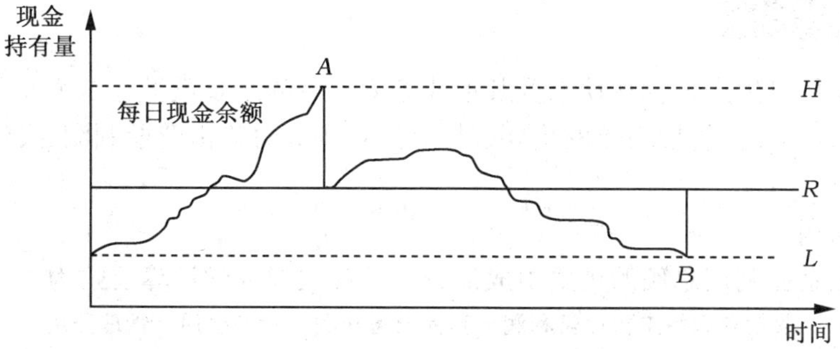

图 8—1 现金控制的极限

在图 8—1 中，虚线 H 为现金存量上限，虚线 L 为现金存量下限，实线 R 为最优现金返回线。从图中可见，企业的现金存量（现金每日余额）是随机波动的，当其达到 A 点时，即达到现金控制上限，企业应用现金购买有价证券，使现金回落到现金返回线（R 线）的水平；当现金存量降至 B 点时，即达到现金控制的下限，企业则应转让有价证券换回现金，使其存量回升至现金返回线水平。现金存量在上下限之间波动属控制范围内的变化，是合理的，不予理会。以上关系中的上限 H、现金返回线 R 可按下列公式计算：

$$R=\sqrt[3]{\frac{3b\delta^2}{4i}}+L$$

$$H=3R-2L$$

式中，b 为每次有价证券固定转换成本；i 为有价证券日利息率；δ 为预计每日现金余额变化标准差（可根据历史资料计算）；而下限 L 的确定，则要受企业每日最低现金需要、管理人员的风险承受倾向等因素的影响。

（三）应收账款管理

应收账款的实质是企业之间提供的商业信用行为。企业持有应收账款能够增加销售、减少存货，但会发生三种成本，即机会成本、管理成本和坏账成本。应收账款管理的目的就是要通过合理的信用政策，在增加的收益和增加的成本之间取舍。企业的信用政策包括信用标准、信用条件和收账政策。企业一旦制定出了信用政策，就必须进行日常管理，如应收账款追踪管理、账龄分析、收现保证率分析、建立坏账准备金制度等，以控制应收账款的投资水平和坏账损失的发生。

（四）存货管理

企业存货包括生产储备物资（如原材料、燃料等）、在产品和产成品。适量的存货能使企业适应市场的变化，有效防止生产经营的中断，维持均衡生产，并能降低进货成本。但存货是一种资金占用，持有它会发生购置成本、订货成本、储存成本和缺货成本。存货管理的目标就是在保证正常生产经营的同时，使存货成本最低。为此，必须对存货进行规划和控制，包括存货资金需要量的预测、存货经济订购批量及储存期的确定、ABC 控制法等。

第四节 利润分配管理

利润分配涉及利润如何在国家、投资者、企业、员工之间进行分配的问题。而企业留用利润的多少又影响企业的投资和筹资。因此，企业应重视利润分配管理。

一、利润及其构成

利润是企业从事生产经营活动以及其他业务而取得的净收益。它是企业经营成果的集中体现,也是衡量企业经营管理绩效的重要指标。企业利润总额由营业利润、投资净收益和营业外收支净额组成。

(一)营业利润

营业利润是企业利润总额的主要组成部分。其相关指标的计算公式为:

营业利润=主营业务利润+其他业务利润-财务费用-管理费用

主营业务利润=销售净收入-销售成本-销售税金

其他业务利润=其他销售收入-其他销售成本-其他销售税金

销售净收入=销售收入-销售退回-销售折让-销售折扣

式中,销售收入是指企业销售产品,提供工业性劳务时取得的收入;销售退回、销售折让是指由于供货企业的原因,买方将产品退回企业(销售退回)或要求折价处理(销售折让);销售税金是指销售产品、提供劳务应负担的税金,包括消费税、资源税、城乡维护建设税和教育附加等。

(二)投资净收益

投资净收益是指投资收益与投资损失的差额,包括对外投资分得利润、股利、债券利息、收回或转让投资实际取得款与账面价值的差额、按权益法确认的投资收益或损失。

(三)营业外收支净额

营业外收支净额是指营业外收入与营业外支出的差额。

营业外收入包括:固定资产盘盈、固定资产出售净收益、罚款收入、无法偿还的应付款项、教育费附加返还款。

营业外支出包括:固定资产盘亏、损废、毁损和出售的净损失,非季节性和非大修理期间的停工损失,职工子弟学校经费和技工学校经费,非常损失,公益救济性捐款(即国内重大救灾或慈善事业的救济性支出),赔偿金、违约金。

二、利润分配的含义及其顺序

利润分配是指企业利润在国家、投资者、企业之间的分配。企业的利润总额应依法缴纳所得税,税后利润在弥补以前年度亏损、提取公积金和公益金后,按投资协议、合同以及法律法规规定在投资者之间进行分配。

(一)利润总额的调整

为了避免双重课税,同时也为了使经营亏损的弥补落到实处,企业利润应进行相应调整,以调整后的利润作为缴纳所得税的依据。

对利润总额的调整有三项:(1)弥补以前年度的亏损;(2)剔除投资收益中已缴纳所得税的项目;(3)剔除只需要按规定补交所得税的项目。亏损弥补的具体做法是:企业发生的年度亏损,用下一年的税前利润弥补,下一年度税前利润不足弥补的可以在 5 年内连续弥补,5 年内不足弥补的用税后利润或盈余公积金弥补。

(二)利润分配的顺序

1. 企业利润分配的一般顺序

我国利润分配制度经几番演变发展到现在,已逐步同国际财务制度接轨。它既体现了资本的保值、增值，保护了投资者的权益和收益，又保护了企业的自主权和自我发展，同时还保护了国家的所得利益。具体来说，企业的税后利润按下列顺序分配：(1)补偿被没收财物损失、支付各种税收的滞纳金和罚款；(2)弥补企业以前年度亏损；(3)提取法定盈余公积金；(4)提取公益金；(5)向投资者分配利润。

上述利润分配顺序中要补充说明的是：

(1)企业以前年度的亏损，如不能在5年之内弥补，就只能以税后利润先行弥补。以前年度损失未弥补之前，企业不得提取公积金和公益金。

(2)法定盈余公积金的提取，体现了企业的资本保全制度。它可用来弥补企业亏损或转增资本金，企业的法定盈余公积金一般不得低于注册资金的25%。其提取额度计算公式为：

$$\text{法定盈余公积金}=10\%\times\left(\text{税后利润}-\text{没收财产的损失}-\frac{\text{支付各项税收}}{\text{的滞纳金和罚款}}-\frac{\text{弥补以前}}{\text{年度的亏损}}\right)$$

(3)公益金的提取体现了企业对员工工作业绩的承认和对职工的关怀。公益金用于职工福利设施的支出，其提取比例无统一规定。

(4)向投资者分配的利润按出资比例分配。

2. 股份制企业的利润分配顺序

随着现代企业制度的建立，股份制企业将成为今后我国企业发展的趋势。我国现行财务制度对股份制企业税后利润分配顺序规定，(1)～(4)项与一般企业相同，之后则是：(5)支付优先股股利；(6)提取任意盈余公积金；(7)支付普通股股利。

上述利润分配顺序中要补充说明的是：

(1)企业当年无利润时，原则上可不分配股利，但在用盈余公积金弥补亏损后，经股东大会特别决议，可以按不超过股票面值6%的比率用盈余公积金分配股利。在分配股利后，企业法定盈余公积金不得低于注册资金的25%，这样做的目的，主要是为了维护企业股票信誉，避免股票价格大幅度波动。

(2)任意盈余公积金是按照公司章程或者股东大会决议提取和使用的留存收益，用于控制向投资者分配利润的水平和企业的自我发展。

三、利润分配策略

企业在确定利润分配策略时，应综合考虑各种影响因素，结合自身实际情况，权衡利弊得失，从优选择。在财务管理实践中，企业经常采用的利润分配策略主要有以下几种：

(一)剩余股利策略

剩余股利策略是指企业较多地考虑将净利润用于增加投资者权益(即增加资本或公积金)，只有当增加的资本额达到预定的目标资金结构(最佳资金结构)时才将剩余的利润用于向投资者分配。这种策略主要是考虑未来投资机会的影响，即当企业面临良好的投资机会时，在目标资金结构的约束下，最大限度地使用留存收益来满足投资方案所需的自有资金数额。

采用剩余策略分配利润的基本步骤为：确定企业目标资金结构，使得在此结构下的综合资金成本最低；进一步确定为达到目标资金结构需要增加的留存收益的数额；最大限度地使用净利润来满足投资方案所需资金数额；在满足上述需要后，将剩余利润分配给投资者。

(二)固定股利策略

固定股利策略要求公司在较长时期内都将分期支付固定的股利额，股利不随经营状况的变化而变动，除非公司预期未来收益将会有显著的、不可逆转的增长而提高股利发放额。采用这种策略的大多数公司属于收益比较稳定或正处于成长期、信誉一般的公司。

固定股利策略对公司而言有如下好处：固定的股利有利于公司树立良好形象，稳定公司股票价格，从而增强投资者对公司的信心；固定的股利有利于投资者安排收入与支出，特别是对那些对股利有着很强依赖性的股东；其主要不足在于股利支付与公司盈利能力相脱节，当盈利较低时仍要支付较高的股利，容易引起公司资金短缺，导致财务状况恶化。

（三）固定股利比例策略

固定股利比例策略要求公司每年按固定的股利支付比例从净利润中支付股利。由于公司的盈利能力在年度间是经常变动的，因此每年的股利也应随着公司收益的变动而变动，保持股利与利润间的一定比例关系，体现风险投资与风险收益的对等。

（四）正常股利加额外股利策略

正常股利加额外股利策略要求企业每年按一定的数额向股东支付正常股利，当企业年景好、盈利有较大幅度增加时，再根据实际需要，向股东临时发放一些额外股利。其优点是企业具有较大的灵活性和弹性。

四、股利支付形式

（一）现金股利形式

现金股利形式是指以现金支付股利的形式，是企业最常见也最易被投资者接受的股利支付方式。这种形式能满足大多数投资者希望得到一定数额的现金这种实在收益的要求。但这种形式增加了企业的现金流出量，增加了企业的支付压力，在特殊情况下，有悖于留存现金用于企业投资与发展的初衷。因此，采用现金股利形式时，企业必须具备两个基本条件：一是企业要有足够的未指明用途的留存收益（未分配利润），二是企业要有足够的现金。

（二）股票股利形式

股票股利是企业将应分配给股东的股利以股票的形式发放。目前，我国上市公司发放股票股利时，一般按股权登记日的股东持股比例来分配，将股东大会决定用于分配的资本公积金、盈余公积金和可供分配利润转为股本，并通过中央结算登记系统按比例增加各个股东的持股数量。对于非上市的股份公司，当公司注册资本尚未足额缴付时，可以以股票认购者（一般为法人）分得的股票股利冲抵股本。另外，发行新股时，老股东往往只需交付部分股款，其余部分由公司公积金抵充，因此，它兼有股票股利的性质。

股票股利是一种比较特殊的股利，它不会引起公司资产的流出或负债的增加，而只涉及股东权益内部结构的调整，即在减少未分配利润项目金额的同时，增加公司股本额，同时还可能引起资本公积金的增减变化，但它们之间是此消彼长的关系，股东权益总额并不改变。它有以下优点：企业发放股票股利可免付现金，保留下来的现金，可用于追加投资，扩大企业经营；股票变现能力强，易流通，股东乐于接受，也是股东获得原始股的好机会。

发放股票股利会因普通股股数的增加而引起每股利润的下降，每股市价有可能因此而下跌。但发放股票股利后股东所持股份比例并未改变，因此每位股东所持股票的市场价值总额仍能保持不变。

第五节 财务分析和控制

一、财务分析概述

财务分析又称财务报表分析，是指人们利用财务报表等资料，从不同的侧面对企业的财务状况和经营绩效作进一步的剖析、比较和评价时所运用的一整套技术和方法。财务分析是对企业一定时期财务活动结果的全面总结，为企业及其利益关系人的财务预测和决策提供依据。做好财务分析工作，有利于企业改善经营管理，提高经济效益；有利于企业利益关系人作出正确的决策；有利于评价企业管理者的经营绩效。

(一)财务分析的目的

对外发布的财务报表是根据全体使用人的一般要求设计的，并不适合特定报表使用人的特定要求。报表使用人要从中选择自己需要的信息，重新排列，并研究其相互关系，使之符合特定决策的需要。

企业财务报表的主要使用人有七种，即投资人、债权人、管理人员、供应商、政府职能部门、雇员和工会、中介机构。他们的分析目的不完全相同，一般目的可以概括为：评价过去的经营业绩；衡量现在的财务状况；预测未来的发展趋势。具体目的则分为：流动性分析；营利性分析；财务风险分析；专题分析，如破产预测、注册会计师分析性检查程序等。

(二)财务分析的一般步骤

财务报表分析的具体步骤和程序是根据分析的目的、一般分析方法和特定分析对象，由分析人员个别设计的。财务分析的一般步骤如下：明确分析目的；收集相关信息；根据分析目的把整体的各个部分分割开来，予以适当安排，使之符合需要；深入研究各部分的特殊本质；进一步研究各个部分的联系；解释结果，提供对决策有帮助的信息。

(三)财务分析的基本方法

财务分析的方法很多，常用的有比较分析法、比率分析法、因素分析法和趋势分析法。

1. 比较分析法

比较分析是对两个或几个有关的可比数据进行对比，揭示差异和矛盾。比较是分析最基本的方法，没有比较，分析就无法开始。比较分析的具体方法种类繁多，主要有与计划对比、与前期对比、与同行业对比。

应用比较分析时，无论采取哪一种对比方式，都必须注意指标的可比性，即进行比较的指标必须是同性质或同类别的，而且在计算口径、计价基础、计算方法和时间单位等方面都应保持一致。在比较不同企业之间的同类指标时，还必须考虑它们之间在技术经济特点上的可比性，尤其是与国外企业比较时，应当充分考虑不同国家的社会经济条件。

2. 比率分析法

(1)结构比率分析法。这是用于计算某项经济指标的各个组成部分与总体的比重，反映其部分与总体之间的关系。其计算公式为：

结构比率＝某个组成部分数额÷总体数额

具体做法是：把报表中的各个数据与一个基本数据进行比较，得出各个百分率，编制共同比财务报表，以分析同一期财务报表上有关项目的相对重要性及其在总体中占据的份额。例如，把资产负债表换算成共同比报表的做法是：将报表上各项数字除以资产总额，得出百分率，并按原有结构列示。

利润表的换算方法是：将报表上各项数字除以主营业务收入，得出百分率，并按原有结构列示。

（2）效率比率分析法。这是用于计算财务报表上有关所耗与所得数据之间的比率，反映投入与产出关系的一种分析方法。例如，成本费用与其对应的销售收入的比率、净利润与销售收入的比率等，都属于效率指标。利用效率比率指标，可以进行得失比较，考察经营成果，评价经济效益的水平。

（3）相关比率分析法。这是根据经济活动客观存在的相互依存、相互联系的关系，将财务报表上两个不同但又相关指标的数值相比来进行分析的一种方法。例如，负债总额与资产总额之间的比率、流动负债与流动资产之间的比率等。采用相关比率分析法，可以分析相关经济业务的安排是否合理、生产经营状况是否良好。

运用比率分析法，一要注意财务比率要具有相关性，即比率指标从根本上说应是相关指标的比率，无关联指标的对比是毫无意义的；二要注意财务比率的计算口径应该保持一致，所谓计算口径一致，是指计算财务比率的分子与分母所包含的内容、范围和时间跨度应保持一致，否则二者不具可比性；三要注意选择相关的比率标准，通常采用的标准有：绝对标准或公认标准、目标标准、行业标准。

3. 因素分析法

因素分析法是依据分析指标和影响因素的关系，从数量上确定各因素对指标的影响程度。企业的活动是一个有机的整体，每个指标的高低，都受若干因素的影响。从数量上测定各因素的影响程度，可以帮助人们抓住主要矛盾，或更有说服力地评价经营状况。

4. 趋势分析法

趋势分析法是指通过比较企业连续若干期的财务报表中的相同指标或财务比率，分析它们的增减变动方向、数额和变动幅度。它可以揭示企业财务状况和生产经营情况的变化，以便作出总的评价，分析引起变化的原因，预测企业未来的发展前景。

由于财务报表反映的是历史信息，主要是面向过去，而会计信息使用者需要得更多的是有关企业未来的信息，这使趋势分析法变得极为重要，并在实际分析中被广泛应用。

二、财务指标分析

财务指标分析的内容包括偿债能力分析、营运能力分析、盈利能力分析和现金流量分析四个方面，以下分别加以介绍。

（一）偿债能力分析

企业偿债能力是反映企业财务状况和经营能力的重要标志。企业偿债能力低，不仅说明企业资金紧张，难以支付日常经营支出，而且说明企业资金周转不灵，难以偿还到期债务，甚至面临破产的危险。企业偿债能力分析包括短期偿债能力分析和长期偿债能力分析。

1. 短期偿债能力分析

企业短期偿债能力是指偿还流动负债的能力。它主要通过企业资产的流动性及其金额的大小表现。衡量指标主要有流动比率、速动比率和现金比率。

（1）流动比率。流动比率是企业的流动资产总额与流动负债总额之比。其计算公式是：

流动比率＝流动资产÷流动负债

一般来说，流动比率越高，说明资产的流动性越强，短期偿债能力越强。

(2)速动比率。速动比率又称酸性试验比率，是指速动资产同流动负债的比率，它反映企业短期内可变现资产偿还短期内到期债务的能力。速动比率是对流动比率的补充。其计算公式为：

速动比率＝速动资产÷流动负债

速动比率越大，其偿债能力就越高。一般认为速动比率应维持在1∶1左右较为理想。企业的速动比率应根据行业特征和其他因素加以评价。在对速动比率进行分析时，要注重对应收账款变现能力这一因素的分析。

(3)现金比率。现金比率是指企业现金与流动负债的比率。这里的现金是指现金及现金等价物。这项比率可显示企业立即偿还到期债务的能力。其计算公式为：

现金比率＝现金÷流动负债

2. 长期偿债能力分析

长期偿债能力是指企业偿还长期负债的能力。其分析指标主要有：资产负债率、产权比率和利息保障倍数。

(1)资产负债率，也称负债比率、举债经营比率，是指负债总额与全部资产总额之比，用来衡量企业利用债权人提供的资金进行经营活动的能力，反映债权人发放贷款的安全程度。其计算公式为：

资产负债率＝负债总额÷资产总额×100%

(2)产权比率，也称负债对所有者权益的比率，是指负债总额与所有者权益总额的比率。其计算公式为：

产权比率＝负债总额÷所有者权益总额×100%

(3)利息保障倍数，又称已获利息倍数，是指企业息税前利润与利息费用的比率，反映企业用经营所得支付债务利息的能力。其计算公式为：

利息保障倍数＝息税前利润÷利息费用＝(利润总额＋利息费用)÷利息费用

式中，利息费用是支付给债权人的全部利息，包括财务费用中的利息和计入固定资产的利息。

一般来说，利息保障倍数至少应等于1。这项指标越大，说明支付债务利息的能力越强。就一个企业某一时期的利息保障倍数来说，应与本行业该项指标的先进水平比较，或与本企业历年该项指标的较高水平比较，评价企业目前的指标水平。

(二)营运能力分析

营运能力分析是指对企业资金周转状况进行的分析，通常来说，资金周转得越快，说明资金利用效率越高，企业的经营管理水平也就越好。反映企业营运能力的指标包括应收账款周转率、存货周转率、流动资产周转率、总资产周转率等指标。

1. 应收账款周转率

应收账款周转率是指企业本期发生的赊销净额与同期应收账款平均余额的比率，反映应收账款的流动程度，也称收账比率。其计算公式为：

应收账款周转率＝赊销净额÷应收账款平均余额

赊销净额＝销售收入－现销收入－销售退回、折让、折扣

应收账款平均余额＝(期初应收账款＋期末应收账款)÷2

考察应收账款回收速度的快慢，还可以利用应收账款周转天数这一指标，其计算公式为：

应收账款周转天数＝360÷应收账款周转率

2. 存货周转率

在流动资产中,存货所占的比重较大。存货的流动性,将直接影响企业的流动比率,因此,必须重视对存货的分析。存货的流动性,一般用存货周转率来反映。

存货周转率是衡量和评价企业购入存货、投入生产、销售回收等各环节管理状况的指标,它是销售成本与存货平均余额之比,也称存货周转次数。用时间表示的存货周转率就是存货周转天数。其计算公式如下:

存货周转率=销售成本÷存货平均余额

存货周转天数=360÷存货周转率

存货平均余额=(存货期初余额+存货期末余额)÷2

3. 流动资产周转率

流动资产周转率又称流动资产周转次数,是销售收入净额与全部流动资产平均余额的比率,反映全部流动资产的利用效率。用时间表示的流动资产周转率就是流动资产周转天数,表示流动资产平均周转一次所需的时间。其计算公式如下:

流动资产周转率(周转次数)=销售收入净额÷流动资产平均余额

流动资产周转天数=360÷流动资产周转率

流动资产平均余额=(流动资产期初余额+流动资产期末余额)÷2

流动资产周转率是分析流动资产周转情况的一项综合指标。流动资产周转快,会相对节约流动资产,相当于扩大了企业资产投入,增强了企业盈利能力;反之,若周转速度慢,为维持正常经营,企业必须不断补充投入资源,从而导致资金使用效率低下,降低企业的盈利能力。

4. 总资产周转率

总资产周转率又称投资周转率,是销售收入净额与全部资产平均余额的比率,表明企业投资的每1元资产在一年里可形成或产生多少元的销售收入,从总体上反映企业资产的利用效率。其计算公式如下:

总资产周转率=销售收入净额÷总资产平均余额

总资产平均余额=(期初资产总额+期末资产总额)÷2

(三)盈利能力分析

盈利能力是指企业赚取利润的能力。它关系着企业的生存和发展。无论是投资者、债权人还是其他企业利益相关者如管理当局,都非常重视和关心企业的盈利能力。反映企业盈利能力的财务比率主要有:

1. 销售毛利率

销售毛利率是销售毛利占销售收入的百分比,其中销售毛利是销售收入减去销售成本的差额。这个比率表示每1元销售收入在扣抵销售成本后,有多少钱可以用来弥补各期间费用,并形成盈利。一般来说,这个比率越大,说明企业的获利能力越强。其计算公式是:

销售毛利率=销售毛利÷销售收入×100%

销售毛利=销售收入-销售成本

2. 销售利润率

销售利润率是指净利润与销售收入的百分比,表示每1元销售收入带来的净利润的多少,反映销售收入的收益水平。其计算公式为:

销售利润率=净利润÷销售收入×100%

3. 投资报酬率

投资报酬率是衡量企业运用所有经济资源获取收益能力的一项重要指标。其计算公式为:

投资报酬率＝净利润÷总资产平均余额×100％

总资产平均余额＝(期初资产总额＋期末资产总额)÷2

上述比率提示和反映一个企业的经营效率。如果对其进一步分解，则可表示为：

投资报酬率＝净利润÷总资产平均余额

＝(销售收入÷总资产平均余额)×(净利润÷销售收入)

＝资产周转率×销售利润率

4．每股收益

普通股每股收益反映每股普通股可分摊净利润额。其计算公式如下：

普通股每股收益＝(净利润－优先股股利)÷发行在外普通股平均股数

5．市盈率

市盈率是以普通股每股的现行市价除以每股收益所得出的一个比率，其计算公式为：

市盈率＝每股市价÷每股收益

投资者可用该比率分析股票市价是否合理。一般而言，收益增长潜力较大的企业，市盈率较高；反之则低。

(四)现金流量分析

现金流量分析一般包括现金流量的结构分析、流动性分析、获取现金能力分析、财务弹性分析及收益质量分析。这里主要介绍获取现金能力分析和收益质量分析。

1．获取现金能力分析

获取现金的能力，可通过经营活动现金流量净额与投入资源之比来反映。投入资源可以是销售收入、资产总额、营运资金净额、净资产或普通股股数等。

(1)销售现金比率，是指企业经营活动现金流量净额与企业销售额的比值。其计算公式为：

销售现金比率＝经营活动现金流量净额÷销售收入

该比率反映每元销售收入得到的现金流量净额，其数值越大越好。

(2)每股营业现金净流量，是通过企业经营活动现金流量净额与普通股股数之比来反映的。其计算公式为：

每股营业现金净流量＝经营活动现金流量净额÷普通股股数

该指标反映企业最大的分派股利能力，超过此限度，可能就要借款分红。

(3)全部资产现金回收率，是通过企业经营活动现金流量净额与企业资产总额之比来反映的，用来说明企业全部资产产生现金的能力。其计算公式为：

全部资产现金回收率＝经营活动现金流量净额÷企业资产总额×100％

2．收益质量分析

收益质量是指会计收益与公司业绩之间的相关性。如果会计收益如实反映公司业绩，则其收益质量高；反之，则收益质量不高。收益质量分析，主要包括净收益营运指数分析与现金营运指数分析。

(1)净收益营运指数，是指经营净收益与净利润之比。其计算公式为：

净收益营运指数＝经营净收益÷净利润

净收益营运指数越小，非经营收益所占比重越大，收益质量越差，因为非经营收益不反映公司的核心能力及正常的收益能力，可持续性较低。

(2)现金营运指数，是用来反映企业经营活动现金流量净额与企业经营所得现金的比值。其计算公式为：

现金营运指数＝经营活动现金流量净额÷经营所得现金

经营所得现金＝经营净收益＋非付现费用

现金营运指数小于1，首先说明收益质量不够好；其次说明营运资金增加了，反映企业为取得同样的收益占用了更多的营运资金，即取得收益的代价增加了，同样的收益代表着较差的业绩。

三、财务控制

财务控制是指按照一定的程序和方法，确保企业及其内部机构和人员全面落实及实现财务预算的过程。财务控制作为企业财务管理工作的重要环节，应具备以下特征：以价值形式为控制手段，以不同岗位、部门和层次的不同经济业务为控制对象，以控制日常现金流量为目的。

划分责任中心是实施责任控制的首要工作。责任中心就是承担一定经济责任，并享有一定权力和利益的企业内部责任单位，其划分标准是：凡是可以划清管理范围，明确管理责任，能够单独进行业绩考核的内部单位，无论大小都可以称为责任中心。按责任权限范围及业务活动的特点不同，责任中心可分为成本中心、利润中心和投资中心三种类型。

成本中心是指对成本负责人的责任中心。成本中心不是独立法人，它只是企业内部一个核算单位，其范围最广。由成本中心承担责任的成本就是责任成本，它是该中心的全部可控成本之和。正确判断成本的可控性是成本中心承担责任成本的前提，因此，对成本可控性的理解应注意：成本的可控性只是与特定责任中心相关，与责任中心所处管理层次、管理权限及控制范围有直接关系；还要注意与时间范围、成本标志、产品成本的关系。成本中心分为标准成本中心和费用中心两种。成本中心考核指标为成本(费用)变动额和变动率。

利润中心是既对成本负责又对收入和利润负责的责任中心，它是比成本中心高一层次的责任中心，一般是指那些具有产品或劳务生产经营决策权的部门。利润中心分为自然利润中心和人为利润中心两种。利润中心的考核指标是边际贡献和利润，但对于具体的利润中心来说，其指标的表现形式是不同的。

投资中心是指既对成本、收入和利润负责，又对投资效果负责的责任中心。投资中心一般是独立法人，处于责任中心的最高层次，具有最大决策权，同时也承担最大的责任。投资中心业绩考核的内容是利润及投资效果，反映投资效果的指标主要是投资利润率、剩余收益。

四、成本控制和分析

(一)成本控制

成本控制是指企业在生产经营活动中用一定的标准对产品的成本形成过程进行监督，并采取有效措施，及时纠正脱离标准的差异，使实际劳动消耗与费用支出限制在规定的标准范围内，保证达到企业成本目标的一项成本管理工作。它是预防性成本管理的主要内容，也是保证完成成本计划的重要手段。

根据产品形成过程，成本控制可分为前馈控制、现场控制和反馈控制三个过程。在实际控制过程中，它们是相互联系的。前馈控制是在产品成本形成前采取有效的管理措施防止浪费发生的过程，如确立目标成本、建立成本中心等。现场控制则是在供、产、销的成本发生过程中，按照已建立的标准成本制度和责任成本制度，各岗位人员严格控制成本支出，找出成本差异，及时纠正偏差的过程。反馈控制是指以既定的成本目标为控制依据，与成本费用的实际结果(即输出)进行对比分析，一方面肯定成绩，找出偏差，进行奖惩考核，另一方面用本期的输出去指导下一期输入的过程。

(二)成本分析

成本分析是指利用成本核算所提供的资料,借助一定的方法,查明影响成本升降的各个因素及其相互作用情况,确定各因素对成本的影响程度的管理过程。通过成本分析,可以考核企业成本计划的完成情况,找出问题和差距,促使企业挖掘降低成本的潜力;可以认识和掌握成本变动的规律,从中总结成本管理的经验和教训,提高企业经营管理水平;还可以为企业编制成本计划、预算和进行经营决策提供可靠的依据。

影响产品成本的因素有企业外部因素和企业内部因素,而成本分析主要分析企业内部因素的变化对成本的影响。这些因素主要有以下几种:劳动生产率水平、材料和动力利用效果、生产设备利用效果、产品的质量水平。

常用的成本分析方法有两种:(1)指标对比法,又称比较法,是通过相互关联的经济指标的对比来确定成本差异的一种方法;(2)因素分析法,是把某一综合指标分解为若干个相互联系的因素,并分别计算、分析各因素对成本的影响程度的方法。

第六节　企业价值评估

一、企业价值评估概述

企业价值评估简称价值评估,是财务管理的重要工具之一,具有广泛的用途,是现代财务管理的必要组成部分。这是一种经济评估方法,目的是分析和衡量企业(或者企业内部的一个经营单位、分支机构)的公平市场价值并提供相关信息,帮助投资人和管理当局改善决策。价值评估可以用于投资分析、战略分析和以价值为基础的管理。企业价值评估的模型通常称为定价模型,它的功能是把预测数据转换为企业价值。在实务中所使用的模型大体分为三类:现金流量折现模型、经济利润模型和相对价值模型。

二、现金流量折现模型

现金流量折现模型是企业价值评估使用最广泛、理论上最健全的模型。现金流量模型的基本思想是增量现金流量原则和时间价值原则,也就是任何资产(包括企业和股权)的价值是其产生的未来现金流量的现值。

任何资产都可以使用现金流量折现模型来估价,其价值都是以下三个变量的函数:

$$价值=\sum_{t=1}^{n}\frac{现金流量_t}{(1+资本成本_t)^t}$$

1. 现金流量

现金流量 t 是指各期的预期现金流量。不同资产的未来现金流量表现形式不同,债券的现金流量是利息和本金,投资项目的现金流量是项目引起的增量现金流量。在价值评估中可供选择的企业现金流量有三种:股利现金流量、股权现金流量和实体现金流量。依据现金流量的不同种类,企业估价模型也分股利现金流量模型、股权现金流量模型和实体现金流量模型。

(1)股利现金流量模型。其基本形式是:

$$股权价值=\sum_{t=1}^{\infty}\frac{股利现金流量_t}{(1+股权资本成本)^t}$$

股利现金流量是企业分配给股权投资人的现金流量。

(2)股权现金流量模型。其基本形式是:

$$股权价值=\sum_{t=1}^{\infty}\frac{股利现金流量_t}{(1+股权资本成本)^t}$$

股权现金流量是一定期间企业可以提供给股权投资人的现金流量,它等于企业实体现金流量扣除对债权人支付后剩余的部分。有多少股权现金流量会作为股利分配给股东,取决于企业的筹资和股利分配决策。如果把股权现金流量全部作为股利分配,则上述两个模型相同。

(3)实体现金流量模型。其基本形式是:

$$股权价值=\sum_{t=1}^{\infty}\frac{实体现金流量_t}{(1+加权平均资本成本)^t}$$

$$股权价值=实体价值-债务价值$$

$$股权价值=\sum_{t=1}^{\infty}\frac{偿还债务现金流量_t}{(1+等风险债务成本)^t}$$

实体现金流量是企业全部现金流入扣除成本费用和必要的投资后的剩余部分,它是企业一定期间可以提供给所有投资人(包括股权投资人和债权投资人)的税后现金流量。

企业实体现金流量可以分为自由现金流量和非营业现金流量两部分。自由现金流量是营业活动产生的税后现金流量,企业可以根据筹资政策和股利政策自由决定如何支配。非营业现金流量是企业非营业活动产生的税后现金流量,包括非持续的现金流量、非常项目及对非关联企业投资活动的税后现金流量。

自由现金流量决定企业的营业价值,非营业现金流量决定了企业的非营业价值。

企业总价值=营业价值+非营业价值=自由现金流量价值+非营业现金流量价值

价值评估主要关心企业的营业价值。多数情况下,非营业流量数额很小,或者不具有持续性,因此可以将其忽略。当然,如果其数额较大并具有可持续性,就应当将其纳入评估范围。企业的资本成本反映的是全部现金流量的风险,如果忽略数额较大的非营业现金流量,会违反现金流量与资本成本配比的折现原则。不过,处理非营业现金流量时必须非常谨慎,它们具有多样性,很难通过标准化的程序处理,并且不容易准确预计,需要结合具体情况单独处理。

(2)资本成本。资本成本是计算现值使用的折现率。折现率是现金流量风险的函数,风险越大则折现率越大,因此,折现率和现金流量要相互匹配。股权现金流量只能用股权资本成本来折现,实体现金流量只能用企业实体的加权平均资本成本来折现。

(3)现金流量的持续年数。“n”是指产生现金流量的时间,通常用“年”表示。从理论上说,现金流量的持续年数应当等于资源的寿命。企业的寿命是不确定的,通常采用持续经营假设,即假设企业将无限期地持续下去。预测无限期的现金流量数据是很困难的,时间越长,远期的预测越不可靠。为了避免预测无限期的现金流量,大部分估价将预测的时间分为两个阶段:第一阶段是有限的、明确的预测期,称为“详细预测期”,或简称“预测期”,在此期间需要对每年的现金流量进行详细预测,并根据现金流量模型计算其预测期价值;第二阶段是预测期以后的无限时期,称为“后续期”,或“永续期”,在此期间假设企业进入稳定状态,有一个稳定的增长率,可以用简便方法直接估算后续期价值。后续期价值也称“永续价值”或“残值”。这样,企业价值被分为两部分,如下式所示:

企业价值=预测期价值+后续期价值

三、经济利润模型

(一)经济利润的概念

经济利润是指从超过投资者要求的报酬率中得来的价值,也称经济增加值。其计算公式为:

经济利润=投资资本×(投资资本报酬率-加权平均资本成本)
=投资成本×投资资本报酬率-投资资本×加权平均资本成本
=税后净利润-股权费用
=息前税后营业利润-税后利息-股权费用
=息前税后营业利润-全部资本费用

计算经济利润的另一种办法是用投资资本回报率与资本成本之差,乘以投资成本。

经济利润=期初投资资本×(期初投资资本回报率-加权平均资本成本)

按照最简单的经济利润计算办法,经济利润与会计利润的区别是前者扣除了全部资本费用,而后者仅仅扣除了债务利息。

(二)价值评估的经济利润模型

根据现金流量折现原理可知,如果某一年的投资资本回报率等于加权平均资本成本,则企业现金流量的净现值为零。此时,息前税后营业利润等于投资各方的期望报酬,经济利润也必然为零,企业的价值与期初相同,既没有增加也没有减少。如果某一年的投资资本回报率超过加权平均资本成本,则企业现金流量有正的净现值。此时,息前税后营业利润大于投资各方期望的报酬,也就是经济利润大于零,企业的价值将增加。如果某一年的投资资本回报率小于加权平均资本成本,则企业现金流量的净现值为负。此时,息前税后营业利润不能满足投资各方的期望报酬,也就是经济利润小于零,企业的价值将减少。因此,企业价值等于期初投资资本加上经济利润现值:

企业价值=期初投资资本+经济利润现值

式中,期初投资资本是指企业在经营中投入的现金:

全部投资资本=所有者权益+有息债务
=(流动资产-无息流动负债)+(长期资产净值-无息长期负债)

经济利润模型与现金流量模型在本质上是一致的,但是前者具有可以计量任一年份价值增加的优点,而后者却做不到。经济利润模型之所以受到重视,关键是它把投资决策必需的现金流量与业绩考核必需的权责统一起来了。它的出现,结束了投资决策用现金流量的净现值评价,而业绩考核用权责发生制的利润评价,决策与业绩考核的标准分离,甚至是冲突、混乱的局面。

四、相对价值模型

相对价值模型也称价格乘数法或可比交易价值法。它运用一些基本的财务比率评估一家企业相对于另一家企业的价值,即利用类似企业的市场定价来估计目标企业价值的一种方法。它的假设前提是存在一个支配企业市场价值的主要变量(如净利等)。市场价值与该变量(如净利等)的比值,各企业是类似的、可以比较的。

其基本做法是:首先,寻找一个影响企业价值的关键变量(如净利);其次,确定一组可以比较的类似企业,计算可比企业的市价/关键变量的平均值(如平均市盈率);最后,计算目标企业的评估价值。

相对价值模型分为两大类：一类是以股权市价为基础的模型，包括股权市价/净价、股权市价/净资产、股权市价/销售额等比率模型；另一类是以企业实体价值为基础的模型，包括实体价值/息前税后营业利润、实体价值/实体现金流量、实体价值/投资资本、实体价值/销售额等比率模型。其中，最具代表性的是市价/净价比率(市盈率)模型：

市盈率＝市价÷净利＝每股市价÷每股净利

运用市盈率估价的模型如下：

目标企业每股价值＝可比企业平均市盈率×目标企业的每股净利

该模型假设股票市价是每股净利的一定倍数。每股净利越大，则股票价值越大。同类企业有类似的市盈率，目标企业的股权价值可以用每股净利乘以可比企业的平均市盈率计算。

思考与练习

1. 财务管理对象及内容是什么？企业应如何实现财务目标？
2. 企业财务关系有哪些？
3. 不同的筹资渠道和筹资方式应如何对应？
4. 公司利润的分配政策有哪几种？试评价各种政策。
5. 企业价值评估的方法主要有哪些？

技能训练

1. 运用所学过的有关财务管理知识，分析你或你的家人1个月的收入及支出。
2. 分析自己小组所收集的20～30家企业的财务管理情况并进行班级交流。
3. 为自己小组所设立的模拟公司设计财务制度。

案例讨论与分析

面向企业价值创造的成本管理

宝山钢铁股份有限公司所采用的面向企业价值的成本管理对于企业的发展做出了巨大的贡献，得到了国内外企业界的高度认可。

宝山钢铁股份有限公司基于以下认识推行面向企业价值创造的成本管理：

(1)成本是设计出来的、组织出来的、生产出来的。成本投入涉及企业的投资、采购、制造、研发、销售等诸多环节，通过对各环节投入的成本要素之间价值关系的细化分析，寻求最优的成本链。

(2)成本的发生既是成本价值的损耗过程，又是产品价值的产生过程。企业的成本管理应避免单纯追求成本最低的做法，应通过充分研究并利用成本价值耗费与产品价值产出的互动关系，促进成本耗费的价值产出最大化。

(3)成本管理的目标不是局部的、单个的、短期的。通过成本管理的价值衡量，引导各部门从追求局部成本降低向系统成本降低转变，从追求个别先进指标向追求价值增值转变，从而达到成本管理目标整体、长期的和谐统一。

(4)企业要保持持续的成本竞争优势，必须构建一套有效的成本控制系统，营造以价值创造为导向的文化氛围。企业每一个部门、每一个员工的成本管理工作都要以企业创造价值为根本出发点，以实现企业价值增值作为评判标准。

(5)成本管理信息化手段的提升是成本管理价值创造的重要条件。构建“以价值创造为导向的成本管理”就是通过运用不断完善的成本管理信息化手段，吸收作业成本管理的先进理念，完善标准成本制度，将面向价值创造的成本管理视角延伸到企业生产经营中的各个环节，通过横向和纵向一体化管理，追求成本、效益的最佳和谐与长期统一。

面向企业价值创造的成本管理的主要做法如下：

(1)运用成本管理信息系统，提升成本管理价值创造水平。公司的财务成本数据仓库在细化和完善计划值、标准成本的同时，进一步开发了产品成本分析系统、成本绩效衡量系统、明细产品成本计算系统、产品小时边际贡献决策系统，实现成本管理报表多元化。因此，实现了计划值与标准成本的有机结合，全面构建了公司的成本控制体系；细化了明细产品成本，强化了盈利能力管理；实现了成本管理报表多元化，为多层面提供了成本会计信息。

(2)应用成本管理信息系统实施作业成本管理，完善标准成本制度。作业成本法是指以作业为费用归集对偶，通过作业动因确认、计量，归集作业成本给产品或顾客的成本管理方法。它要求充分把握成本动因，科学制定成本标准，使成本标准能够适应实际的生产作业状况，有利于对成本实施事前、事中和事后管理；利用作业动因提高成本计算的准确性。使现场管理更为直观地了解哪些因素分配了多少间接费用，哪些活动引发了不必要的成本，做哪些改进能够降低成本，能使公司更准确把握管理费用、销售费用在产品及客户上的分摊，了解产品及客户创造的效益，从而为公司经营决策提供更为有效的参考。

(3)依托成本管理信息系统，大力拓展成本管理视角。通过系统开发和设计，增加了专项成本管理、成本绩效衡量、长效评价、价值创造模型等各类成本信息子系统，同时还预留了环境成本、外协成本、安全成本、研发成本、战略成本等专项成本管理的接口，推进供应链管理，促进价值增值，严格质量成本、事故成本、切换成本管理，减少价值损失。因此，它促进了管理与业务的融合，并且不断延伸成本管理的价值创造视角。

思考与讨论：

企业为什么要对成本进行管理？宝钢股份的“面向企业价值创造的成本管理”对你有何启发？

第九章

企业创新管理

• 关键词汇

创新　结构性创新　空缺创造式创新　渐进性创新　根本性创新　技术　生产技术　管理技术　技术进步　技术开发　技术引进　许可证贸易　反求工程　价值工程

第一节　创新概论

一、创新的概念

激烈的市场竞争对现代企业提出了更高的创新要求，不断创新是企业的唯一出路，现代企业的管理者应当充分了解企业创新的有关知识。

创新(Innovation)一词起源于拉丁语里的“Innovare”，意思是更新、制造新的东西或改变。创新现象虽然早已经存在，但创新成为一种理论则是20世纪初的事情。哈佛大学教授约瑟夫·熊彼特第一个从经济学角度系统地提出了创新理论。熊彼特在其《经济发展理论》中把创新定义为一种生产函数的转移或是一种生产要素与另一种生产要素的新组合。他所说的创新包括下列五种情况：(1)创造一种新的产品，也就是消费者还不熟悉的产品，或者开发已有工业产品的一种新特性。(2)采用一种新的生产方法，也就是在有关的制造部门中尚未通过检定的方法，这种新的方法不一定就要建立在科学新发现的基础之上，它也可以是以新的商业方式来处理某种产品。(3)开辟一个新的市场，也就是产品以前不曾进入的市场，不管这个市场以前是否存在过。(4)取得或控制原材料厂或半制成品的一种新的供给来源，不论这种来源是已经存在的还是第一次被创造出来的。(5)实现任何一种新的产业组织方式或企业重组，比如造成一种垄断地位，或打破一种垄断地位。现在关于创新的含义有不同的理解。过程论者认为，创新是从发现潜在的需求开始，经历新事物的技术可行性阶段的检验到新事物的广泛应用为止的过程。结果论者认为，创新是被个人或其他使用部门所认可的一种新思想、新实践和新物品。管理大师德鲁克认为创新就是创造一种资源。

创新与发明是有区别的两个概念。创新可以看成技术变化的单元，而发明只是创新过程的一部分。创新不一定就是重大技术进展的商业化，也可能仅仅是对渐进变化的技术诀窍的利用，有时甚至根本不涉及技术的变化。

企业内创新过程模型（如图 9—1 所示）由三个阶段组成：(1)构思产生；(2)难题解决；(3)创新实现，可能还有随之而来的创新扩散。前两个阶段通常发生在研究开发阶段，其结果是出现一项发明，将这项发明第一次实现商业化就是创新。如果创新在企业外部传播并产生经济影响，这就是创新扩散。

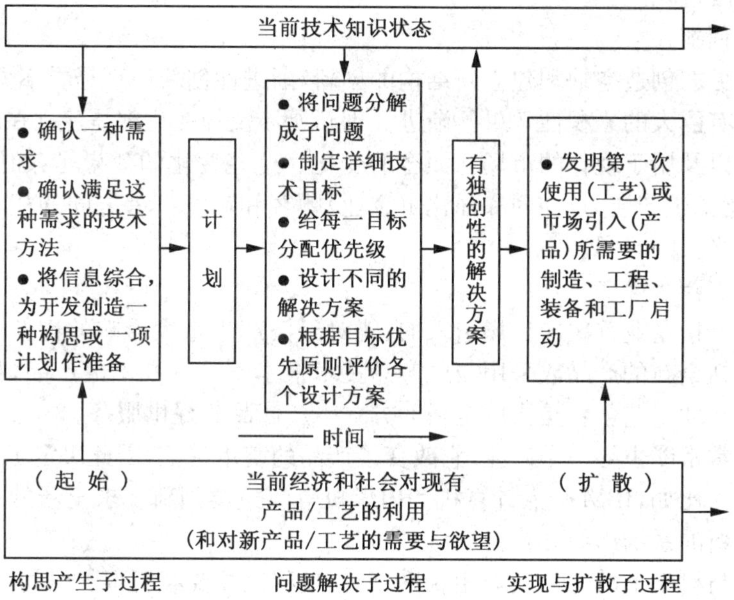

图 9—1　企业内技术创新过程

二、创新的类型

根据研究目的的不同，创新可以有许多不同的分类方法，如产品创新和工艺创新。这里把创新分为结构性创新（或综合性创新）、空缺创造式创新、渐进性创新和根本性创新。

（一）结构性创新

结构性创新是相对于当前生产系统有跨越性发展的技术创新。这些新技术往往能塑造产品、市场、企业和用户之间新的联结方式，其突出特征是新产业的创造以及老产业的重塑。它界定了产品和工艺的基本结构，为技术和市场以后的相继开发建立了日程表。其实质是使用新的技术概念形成新的市场联结方式，实际上，它为以后的竞争和创新勾画了基本框架，

结构性创新有三个突出的特点：一是打破了以前产业对新技术的结构性控制与支配。二是设计概念的持久性。这种创造性综合所产生的设计概念将在产业未来很长时间内占主导地位。三是基于科学的创新，也是支撑主导设计的基础，但主导设计本身并不是科学所激发的，它是技术与市场需要巧妙结合的产物，它冲破了现有产业的约束，不仅影响了技术发展，而且为企业产品、市场和用户之间的联结打开了新的可能性。

（二）空缺创造式创新

通过使用现有技术打开新的市场机会的创新是空缺创造式创新。这种创新对生产和技术

系统作用的结果是保护和强化了现有设计。索尼公司的"随身听"就是空缺创造式创新的例子,它把轻便式耳机与便携式收音机或录音机结合起来,使用现有技术在个人音响产品市场中创造了一个新的空缺市场。这类创新市场向纵深发展,即在市场上向某个领域专门化并使销售最大化。在某些情况下,空缺创造式创新只涉及较小的技术变化,因此,对生产系统和技术知识的影响是渐进性的。但这类创新也常常能导致意义重大的新产品的引入、以产品特性为基础的激烈竞争、技术的细致改进,甚至技术的变迁。因为这些变化是建立在现有的技术能力之上,所以能提高在新兴市场细分中的可应用性。成功的空缺创造式创新要求企业将顾客需要与技术的细致改进相匹配。

(三)渐进性创新

相对于看得见的创造空缺和建立新结构的创新,渐进性创新似乎是看不见的,但它对产品的成本和性能具有巨大的累积性效果。渐进性创新所涉及的变化都是建立在现有技术和生产能力之上的变化以及用于现在的市场和顾客的变化。这些变化的效果是:加固了现有技能和资源;加固和强化了生产能力;加固和强化了企业、顾客和市场三者之间的相互联结。这种效果常常能持续相当长的时间。

(四)根本性创新

根本性创新是指企业首次向市场引入的、能对经济产生重大影响的创新产品或技术。根本性产品创新包括全新的产品或采用与原产品技术根本不同的技术的产品,如计算机和晶体管收音机等。根本性工艺创新是指以全新的方式生产产品和提供服务。

根本性创新常常能主导一个产业,它改变了产品的基本特征,因此决定了以后的竞争格局和技术创新格局。比如,IBM 个人计算机和内燃机等。这类创新要求全新的技能、工艺,以及贯穿整个企业的新的系统组织方式。

根本性创新与科学上的重大发现相联系,创新过程往往要经历很长时间,并经受其他各种程序创新的不断充实和完善,同时它也会引发大量其他的创新。根本性创新能以某种方式使某一老的产业重新成长,充满活力,也能以类似的方式创造新的产业,从而对经济产生较大的溢出效应和外部性。

无论是产生新产业还是改造原产业,根本性创新都是引起产业结构变化的决定性力量。然而,对企业来说,并非所有的根本性创新都能产生深刻的竞争影响。有些根本性创新,由于创新者没能把握住竞争格局,结果给创新者带来了较大损失,反而使创新模仿者坐收渔利。

第二节 技术和技术进步

一、技术与技术进步的含义

(一)技术

技术原意为"应用科学"或"实现特定目标的科学方法"。它在不同研究领域中的含义不尽相同。比如社会学中,技术是指在特定时间人们用以解决社会发展中所面临的问题的科学知识;经济学中技术则被定义为生产要素(资本和劳动)的有效组合;在科技工程领域,技术是指科学知识在生产活动中的具体应用;在商业文献中,技术则被视为把科学知识转化为产品的手段。

国际工业产权组织对技术的定义为:技术是制造一种产品或提供一项服务的系统的知识。这种知识可能是一项产品或工艺的发明,一项外形设计,一种实用型式,一种动植物新品种,也可能是一种设计、安排、维修和管理的专门技能。

根据不同的划分标准，可以将技术分成不同的类型。

1. 按技术的功能划分

（1）产品技术，是指技术被用来改变一项产品的特性。这既可能是一个全新产品的发明，也可能是局部的设计改进，比如增加一部分功能，设计或改进一项服务，提高产品的质量或降低产品的生产成本等。

（2）生产技术，是指技术被用于产品的制造过程，比如一项新工艺、新的流程、新的测试手段、新的加工设备和手段。

（3）管理技术，是指整个研究、开发、生产、销售和服务活动的组织。长期以来，管理不被当作技术，其重要性也常常被忽视。事实上，在相同的产品和生产手段的情况下，不同生产和服务的组织方式，不同管理技能的训练，所产生的经济效益会大不相同。

2. 按技术的体现形式划分

（1）硬技术。硬技术存在于产品中，如一套新的机器、仪器或设备。

（2）软技术。它以书面记述的形式存在，如计算机程序、设计蓝图、工艺、操作和维护的程序等。

（3）专家技术。这种技术既不存在于产品中，也不存在于文字或书面记述中，只存在于人的大脑中，如一种特殊的制造、操作或管理技能、专长或诀窍。我国的技术引进实践表明，以前中国企业对软技术和专家技术往往重视不够。

3. 按技术的生产要素特征划分

（1）劳动密集型技术，即生产过程中所投入的劳动成本比资本多的技术。

（2）资本密集型技术，即生产过程中所投入的资本比劳动成本多的技术。

4. 按技术的产权特征划分

（1）公有技术，即公开技术，它是人类社会的公有财产，任何人都可以无偿地使用。比如各种学术会议和学术刊物上的研究成果、过了期限的专利技术。

（2）私有技术，即技术拥有人可以申请专利，受法律保护的技术。但有些技术拥有人并不申请专利，只是通过保密措施来保护拥有权。比如，可口可乐配方没有申请专利，至今已保密了一百多年。

5. 按技术的发展阶段和水平划分

技术伴随产品而生，按产品的生命周期理论，在一项产品技术的开发、成长、成熟和衰老的四个阶段中，处于研究与开发阶段中的技术称为尖端技术或高技术，这个阶段的产品带有试制性质；随后技术逐渐完善和成熟，并投入商业生产，这个阶段的技术称为通用技术；此后，技术逐渐衰老，开始被其他新生技术所替代，这个阶段的技术为淘汰技术。

（二）技术进步

狭义的技术进步主要指硬技术应用的变化，它包括技术进化和技术革命。技术进化是指在技术基本原理未变的情况下，对技术的局部改良，使之逐步完善成熟。它是一个渐进的量变过程，如机床与电脑相结合组成数控机床、黑白电视机发展为彩色电视机等。技术革命则是指技术原理的根本性变革，它是技术发展过程中的一个飞跃，是急剧的质的变化。如第一次技术革命时蒸汽机的出现，第二次技术革命时电能的应用，第三次技术革命时电子计算机技术的应用。技术革命的结果是使原来的社会经济结构发生巨大变革，劳动生产率获得极大提高。

广义的技术进步，包含了软技术的变革，它是经济增长中的一个中心要素，它使得劳动和资本投入在不改变数量的情况下,能够生产出更多的产品。

技术进步通常被划分为劳动节约型技术进步(技术进步导致企业劳动投入大大减少)、资本节约型技术进步(技术进步导致企业资本的投入大大减少)等。

技术进步的突出特点是劳动生产率的迅速提高。企业争取技术进步的途径通常有纵向的技术开发、横向的技术引进、企业内部技术改造等。

二、技术开发

(一)技术开发的概念

技术开发含有创新的意义,在科研管理中是指基础研究、应用研究以后的发展研究阶段;在工业企业中,一般是指把研究所得到的发现或一般科学知识应用于产品和工艺上的技术活动。实践中一个企业的技术开发可能是一个研究到发展的完整过程,即从基础研究到应用研究再到发展研究,创造出新产品工艺等,也可能是从发展工作开始到创造出新产品工艺等。

(二)技术开发的对象

工业企业技术开发的对象主要有:产品、设备与工具、生产工艺、能源与原材料、改善环境等。不同的企业可根据不同的情况选择技术开发的重点。

(三)工业企业从事研究工作的必要性

曾担任福特汽车公司负责研究与发展工作的副经理戈德曼博士谈到工业企业开展研究工作的必要性时,曾列举了如下四项:防御性技术研究、竞争性技术研究、战略性技术研究、扩张性技术研究。他认为,对于一个工业企业,特别是对于一个中型或大型企业,绝不能完全依赖本企业之外的研究,否则必然会给这个企业的长远利益带来极大的危害。

我国现阶段影响企业技术开发的制约因素主要体现在以下几个方面:对技术开发的重要性和迫切性缺乏认识;对自己、对国内企业或科研单位没有信心,影响了中国企业自主创新能力的提高;客观的技术垄断、深层次的体制软约束和改革过程中的不规范行为使企业技术开发的动力不足;资金困难导致技术开发投入不足,开发人员的整体素质不高导致技术开发水平较低;科研、设计、生产、服务体系脱节,技术开发缺乏社会合作和组合平衡,重复开发与成果难以转让等现象并存造成技术开发缺乏效率。

三、技术引进

现代科技已经发展到了这样的阶段:任何国家的任何企业不可能在所有领域都保持技术领先。当代技术发展既呈现向纵深细分发展又向边缘多学科综合发展,技术种类繁多,技术之间的联系与区分错综复杂,开发并维持一项工业技术所需要的投资也越来越多,甚至超过一国的经济能力。因此,无论是一个国家还是一个企业,都应根据自己的特点,扬长避短,侧重发展若干项技术并保持领先地位,而其他技术则通过引进、合作来获得,这样才能使资源利用更合理、效率更高。当今世界技术贸易发达反映出国与国之间技术引进的广泛和深入。

(一)技术引进的方式

1. 按是否采用贸易形式划分为非贸易形式和贸易形式

非贸易形式主要是通过国际性科学技术的交流活动,吸收国外科学技术成果。如举办或参加学术会议、技术讲座,邀请外国专家讲学,派遣留学生,出国考察,举办展览会,交流文献资料等。此外还有政府或民间的技术援助和技术合作。非贸易形式一般都是无偿的,如果运用得当,也是一种有效的技术引进途径。贸易形式主要是通过国际技术贸易的方式,在平等互利的基础上，引进外国的先进技术成果。通常所说的技术引进主要是指双方有偿的、以贸易形式实现的技术转移。

2. 按是引进产品还是知识划分为硬件模式和软件模式

硬件模式是指技术产品贸易和承包工程项目。这种方式通过购买机器和成套设备，进口国外散件、零部件进行加工装配生产线，能够在较短的时间内形成社会生产力，对于迅速克服生产技术的薄弱环节和填补空白，都能收到显著的效果。但是，这种引进需要花费大量的外汇，不能充分地学到关键技术，长期下去，必然会增加对外国技术的依赖性。软件模式是指技术知识的引进，包括产品设计、工艺流程、测试技术、材料配方、聘请专家、培训人员、技术咨询、科研合作、生产合作、管理方法等。它们往往表现为资料、图纸等信息形式，它必须通过技术贸易合同，才能够获得工业产权的使用权。发达国家之间的技术转让，往往采取软件模式，或以单项技术的引进为主。通过关键设备的引进，从而获得新产品的技术秘密。随着生产技术和经济的发展，发展中国家的技术引进也要从以硬件模式为主过渡到硬软兼施，再过渡到以软件模式为主。

(二)技术引进的途径

1. 许可证贸易

单纯的软技术的引进是通过技术许可证来进行的。其基本方法是：技术供应方与引进方就某项技术转移达成协议，签订正式的合同或许可证，允许技术引进方使用技术供应方的技术，引进方为此支付一定的费用。技术许可证包括专利许可证、商标许可证、版权许可证(包括计算机软件、数据库、音响和影视产品)、商业秘密许可证、技术服务和咨询合同。技术的转让是使用权的转让，这种使用权的权限、时间期限、地域范围和处理纠纷的仲裁程序都是在许可证合同中加以确认的。

2. 合作生产

合作生产是指技术引进方与技术供应方就某种产品的生产进行合作。由技术供应方提供并转让生产技术，提供一部分关键的机器设备或零部件；由技术引进方提供厂房、基础设施。双方的关系仅仅是合作而不是合资，各自独立核算。相互之间的技术转让、设备引进、提供零配件、销售产品，都是有偿的。

3. 合资经营

合资经营是指两个或两个以上的合作者共同兴办一个企业，共同投资，共同经营，共享利润，共担风险。一般做法是：技术供应方以专利或专有技术、机器设备、现金作为资本投资，技术引进方以厂房、土地、劳务、基础设施等作为资本进行投资。在经营过程中引进方逐渐获得新技术。

4. 补偿贸易

补偿贸易是用产品支付引进技术和设备贷款的一种贸易方式。技术引进方以借贷方式引进技术供应方的技术和设备，利用引进的技术和设备生产产品，在双方商定的期限内用产品分期偿还贷款的本金和利息，这种方式称为产品返销。如果是用双方商定的其他商品偿还贷款，就称为抵偿贸易。

5. 技术咨询服务

技术咨询服务是指技术提供方利用自己的技术、能力和经验，协助对方达到某种技术经济目的而进行的合作，如提供专家指导、人员培训、管理咨询等。

(三)技术引进中需要注意的几个问题

1. 技术的先进性

技术有生命周期，从技术拥有方看，为了获得利润，一般不会过早地将技术转让，经过技术的成长期、成熟期获得大量利润后，他们才想尽快将技术转让出去；从技术引进方看，引进成熟期或衰退期的技术获利不大，直接引进未商品化的研究与发展成果，技术进步更大、盈利更多。

2. 技术的生产要素特征

西方工业化国家的资本资源比劳动力资源雄厚，在这些国家发展出来的技术带有资本密集的特征，而多数发展中国家劳动力资源比资本资源丰富，引进资本密集型技术显然与本国的资源特征不相适应。如何在技术引进上扬劳动力资源优势之“长”、避资本资源劣势之“短”，是一个值得发展中国家研究的技术引进问题。

3. 反求工程

反求工程就是对外国先进产品作全面、系统、深入的科学分析和研究。“全面”就是要对尽可能多的同类产品进行分析研究；“系统”就是对一个产品的结构、材料、工艺装配、包装使用等各个系统都进行分析；“深入”就是不仅只看表面外观，而且要运用一切科学测试和分析手段深入了解其内部结构。反求工程是一项破坏性研究，通过反求工程可以真正地掌握国外先进技术。通过对产品的分析研究，能获得其生产产品的技术秘密，可以高速度地掌握国外先进技术。有实物为依据，对实物进行分析研究，相比闭关自守地独立研究肯定容易得多；通过反求工程掌握的先进技术，能增强自身的创新能力。由于掌握了技术秘密，就可以自觉地向其他产品转移，而转移就是创造；由于全面地分析了大量的同类产品，就可以取长补短，进行综合，综合也是一种创造。在大量的反求工程中，还会触类旁通，举一反三，迸发出各种创造性的新思想。

四、技术改造

技术改造就是将研究与发展的成果应用于企业生产的各个领域，用先进的技术改造落后的技术，用先进的工艺和装备代替落后的工艺和装备，实现以内涵为主的扩大再生产，达到增加品种、提高质量、节约能源、全面提高综合经济效益的目的。

研究表明，技术改造可以使企业的生产费用降低至少 35%，有时甚至是很小的技术改进也会使产品的成本降低 2/3。因此，发达国家企业对较小的技术改进也总是不轻易放过，特别是与生产工艺直接有关的技术改进。这种改进往往对节省劳力、材料和能源起到很大的作用。这种较小的技术改进一般可由生产部门的人员进行，不一定通过研发部门进行。

技术改造的内容包括产品改造、机器设备和工具的更新及改造、工艺改造、原材料及燃料的综合利用和“三废”治理，还有就是厂房、生产性建筑和公用工程的翻新、改造等。

第三节　新产品开发

一、新产品的概念与分类

工业企业的新产品是指国内、本区内、本企业内第一次试制成功的产品，或在原有产品上做了重大改造，在结构、技术性能、材质等几方面或一方面有显著改进和提高的产品。

新产品可以从不同角度分类。如根据新产品覆盖的区域的不同，可分为全国性新产品、地区性新产品和企业的新产品；根据新产品的技术来源的不同，可分为自行研制新产品和外来引进技术新产品两种；从企业与市场结合的角度，还可将新产品分为以下几类：

(1)全新型新产品。应用新原理、新技术、新材料，具有新结构、新功能的产品。该新产品属全世界首先开发,能开创全新的市场。如电灯、计算机、电视机等产品最初上市时都属全新产品。

(2)改进型新产品。在原有老产品的基础上进行改进,使产品在结构、功能、品质、花色、款式及包装上具有新的特点和新的突破。这种新产品与老产品十分接近,有利于消费者迅速接受,开发也不需要大量的资金,成功的可能性相对更大。

(3)模仿型新产品。企业模仿生产国内外市场上已有的产品也是本企业的新产品。

(4)形成系列型新产品。这是指在原有的产品大类中开发出新的品种、花色、规格等,从而与企业原有产品形成系列,扩大产品的目标市场。如系列化妆品等。这种新产品与原有产品的差别不大,所需开发投资不大,技术革新程度也不高。

(5)降低成本型新产品。以较低的成本提供同样性能的新产品,主要是指企业利用新科技,改进生产工艺或提高生产效率,削减原产品的成本,但保持原有功能不变的新产品。

(6)重新定位型新产品。这是指企业的老产品进入新的市场而被称为该市场的新产品。

由于原材料供给、技术、消费者需求的不断变动,要求企业不断地推出适合时代的新产品,所以产品变革是必然的,是不以人的主观意志为转移的。技术进步的推力、需求的拉力和竞争的压力是产品变革的动力。

二、新产品开发的方向与方式

(一)新产品开发的方向

企业开发新产品要有正确的决策,要把有限的人、财、物等资源合理有效地分配在经过选择了的开发项目上,使新产品开发取得最佳效果。因此,要科学地确定新产品开发的方向。根据社会需要和企业能力,新产品开发可以向多能化、微型化、系列化、多样化发展。多能化是指增加产品用途,做到一机多能、一物多用。微型化是指体积重量减小,功能不变,或体积重量相当,性能更好。系列化是指选择性能好、用途广、结构合理的产品,改进设计,发展变型产品,以较少的品种,适用较多的用途,同时扩大产量、降低成本,使企业、用户均受益。多样化是指增加产品种类,满足社会多种需要。

选择新产品开发方向时应考虑产品性质与用途、竞争能力、价格与销售量。

(二)新产品开发的基本方式

企业开发新产品,选择合适的方式既能少承担开发风险,又容易获得成功。新产品开发方式一般有独创方式、引进方式、改进方式和结合方式四种。

1. 独创方式

从长远考虑,企业开发新产品最根本的途径是自行设计、自行研制,即所谓独创方式。采用这种方式开发新产品,有利于产品更新换代及形成企业的技术优势,也有利于产品参与市场竞争。具有科研开发能力的企业,可以自行研制新产品,以便充分发挥企业的现有科技能力,促进科技发展。

2. 引进方式

技术引进是开发新产品的一种常用方式。引进方式是通过技术引进来实现新产品开发,是发展新产品的一条有效途径。技术引进多半是引进专有技术,企业采用这种方式可以很快地掌握新产品制造技术,减少研制经费和投入的资源,从而赢得时间,缩短与其他企业的差距。

3. 改进方式

这种方式是以企业的现有产品为基础,根据用户的需要,采取改变性能、变换形式或扩大用途等措施来开发新产品;采用这种方式可以依靠企业现有设备和技术力量,开发费用低,成功把握大。

4. 结合方式

结合方式是独创与引进相结合的方式。它是在技术引进、消化、吸收的基础上与本企业的科学研究相结合,充分发挥引进技术的作用,推动企业的科研发展。此方式花钱少、见效快,产品又具有先进性。它属于改进方式,是一种高层次的新产品开发改进方式。

三、新产品开发的主要阶段

工业企业开发新产品,从根据用户需要提出设想到正式生产产品投放市场为止,其中要经历多个阶段,这些阶段之间是互相促进、互相制约的。

由于行业的差别和产品生产技术的不同特点,特别是选择产品开发方式的不同,新产品开发所经历的阶段和具体内容并不完全一样。现以加工装配企业的自行研制产品开发方式为对象来说明新产品开发需要经历的各个阶段。

(一)调查计划阶段

开发新产品的目的是为了满足社会和用户需要。用户的需要是新产品开发选择决策的主要依据。为此必须认真做好调查计划工作。调查包括技术调查和市场调查。技术调查,就是调查有关产品技术现状与发展趋势,预测未来可能出现的新技术,为制定新产品的技术方案提供依据,把新技术运用到新产品中去,提高产品的技术水平。市场调查,就是要了解国内外市场对产品品种、规格、数量、质量、价格和成套供应等的需要,从而有针对性地开发新产品。

(二)新产品开发的构思创意阶段

在构思创意阶段,要根据调查掌握的市场需求情况以及企业本身的条件,充分考虑用户的使用要求和竞争对手的动向,有针对性地在一定范围内首次提出开发新产品的初步设想和构思,准备发展什么新品种,研制什么新产品。企业新产品开发的构思创意主要来自三个方面:用户、本企业职工、专业科研人员。此外,企业还可以通过情报部门、工商管理部门、外贸等渠道,征集新产品开发创意。

(三)新产品开发创意的筛选阶段

这个阶段要从征集到的许多个方案中选择出具备开发条件的构思创意。选择创意除了要坚持新产品开发的正确方向外,还要兼顾企业长远的发展和当前市场的需要,要有一定的技术储备。创意的筛选是新产品开发过程中的重要步骤,要引起高度重视,要慎重从事,尽量避免出现误舍和误用。

(四)新产品开发决策和设计任务书编制阶段

为使新产品开发有较多成功的把握,需要把初步入选的开发创意同时形成几个新产品开发方案,以便对照评比,从中选出最佳方案。新产品开发方案决定后,就要组织力量编制设计任务书。设计任务书的内容包括新开发产品的结构、特征、技术规格、用途和使用范围,与国内外同类产品的分析比较,开发理由和依据等。

(五)新产品设计阶段

新产品设计阶段又分初步设计、技术设计和工作图设计三个阶段。

1. 初步设计阶段

该阶段的主要任务是对新开发的产品结构方案、组成整机的零部件以及与之相关的新原理、新工艺等方面进行专题试验研究,为下一步技术设计做准备。

2. 技术设计阶段

这是新产品的定型阶段。它是在初步设计的基础上确定新产品各个部件、组件的详细结构、尺寸及其配合关系和技术条件，画出产品总图、部件和组件的结构装配图、电气原理图等，计算产品主要经济参数，对新产品进行技术经济分析。

3. 工作图设计阶段

其任务是提供试制和生产所需的全套图纸，提供试制、制造和使用所需的全部技术文件。

(六)新产品试制阶段

新产品试制阶段又分为样品试制阶段和小批试制阶段。

1. 样品试制阶段

它的目的是考核产品设计质量，考验产品结构、性能及主要工艺，验证和修正设计图纸，使产品设计基本定型，同时要验证产品结构工艺性，审查主要工艺上存在的问题。样品试制一般在试制车间或试制工段上进行，不需新建生产线，也不需大量制作新的工装。

2. 小批试制阶段

这一阶段的工作重点在于工艺准备，主要目的是考验产品的工艺，验证它在正常生产条件下(即在生产车间条件下)能否保证达到所规定的技术条件、质量和良好的经济效果。因此，小批试制要在正式生产线上进行，要使用设计所要求的各种工装，要采用正常的生产组织和劳动组织。

(七)新产品试验与评价鉴定阶段

新产品装配至鉴定前，应该进行试制及试验工作，对样品进行全面检查、试验及调整。试制后，必须进行鉴定，对新产品从技术上、经济上作出全面评价，以确定是否可以进入下一阶段试制或成批大量生产。有些产品鉴定以后，还需要经过一定范围和一定时间的使用考验，以广泛听取用户意见，进一步发现缺陷，加以改进。然后才能得出全面定型结论，投入正式生产。

(八)新产品的市场开发阶段

产品的市场开发既是新产品开发过程的终点，又是下一代新产品再开发的起点。通过市场开发，可确切地了解开发的产品是否适应市场需要以及适应的程度；分析与产品开发有关的市场情报，可为开发产品决策、改进下一批(代)产品、提高开发研制水平提供依据，同时还可取得有关潜在市场大小的数据资料。

第四节 价值工程

在产品设计中，仅重视产品的质量、性能的可靠性，而忽视为此付出的代价的现象普遍存在，这也是一些企业能生产出精良的产品，经济效益却不佳的原因之一。如何在保证产品性能的情况下，尽可能地降低产品的成本，将技术与经济结合起来，是一个非常重要的问题。价值工程为我们提供了一种行之有效的解决方法。

一、价值工程的产生与发展

价值工程(Value Engineering，VE)产生于1947年，由美国通用电器公司的工程师麦尔斯所创立。在第二次世界大战中麦尔斯曾负责材料的采购工作。第二次世界大战后战时补贴取消，市场竞争加剧，他负责对公司的主要产品(冰箱、烤箱)进行分析，解决如何降低产品成本问题。在多年的工作实践中，他领悟到顾客购买商品并不是需要商品本身，而是需要商品的内在本质——功能。在实现同样功能的情况下，材料耗费越少越好，成本越低越好，这样也就越有价值。例如，在油漆车间，石棉铺在地板上一是为了防火，二是为了保持地板清洁。在采购不到石棉的情况下，他用防火纸代替石棉，同样能起到"防火"和"清洁"的功能，而防火纸的成本比石棉低得多。因而，用防火纸更好，价值更高。麦尔斯于1947年以"价值分析"(Value Analysis，VA)为题正式公开了他的这一发现。

《价值分析》一文发表后，很快得到了美国国防部门的确认，并改名为价值工程。价值工程的应用，先是用在材料的替代上，接着用在产品的改造上，后来用在新产品的设计上，最后实行全面价值工程，如在产品、劳务、工序、作业、组织和预算中使用。实行全面价值工程是因为人们认识到人类的活动客观上有两个方面：一是要达到一定的目的，实现一定的效果；二是为此要付出一定的代价。凡是为了达到一定的目的，而要付出代价的活动都能用价值工程来分析。比如为达到某一目的如何降低代价，为达到某一目的付出的代价是否值得等。

实行价值工程的效果如何呢？对价值工程活动本身也应该进行分析。据国外一般的统计数字表明，在价值工程上花费1元钱，可以收到的效益是10～20元。产品在保持功能的情况下，一般可使成本降低10％～30％。如应用在新产品或军工产品中可达40％，甚至更多。

二、价值工程的定义

价值工程的定义有多种表述形式，比较科学的说法是："价值工程是以最低的寿命周期成本，可靠地实现必要的功能，着重于功能分析的有组织的举动。"这一定义含有三个基本内容：(1)价值工程的目的是在保证产品具有用户要求的必要功能前提下，尽可能地降低总成本，提高产品的价值，使用户和企业都获得更大的经济效益，而不是单纯追求降低制造成本。(2)以功能分析为核心。功能分析是价值工程最重要的特征，是价值工程特有的工作方法。它通过产品的功能与成本之间关系的定性和定量的分析研究，寻求既能确保功能又能降低成本的最优途径。(3)以有组织的活动为基础。价值工程以特有的原则和规定，强调依靠集体力量，组织集体设计，发挥设计、工艺、财会、生产、供销以及各类有关人员的经验和才智，有组织、有计划地开展技术与经济、生产与经营、质量与成本各方面的分析活动，这是开展价值工程活动的重要基础。

价值工程定义涉及如下若干专门概念：

(1)寿命周期成本(Live Cycle Cost)。寿命周期成本包括产品设计、生产、使用全过程的耗费。产品的制造成本由于在短期内集中支出并且体现在售价中，容易被人们重视，而在使用中的人工、能源、维修等耗费常常是制造费用的好多倍，因为这些支出分散，容易被忽视。价值工程要求综合考虑制造、使用成本，兼顾生产者和用户的利益，追求社会总支出的节约。

(2)必要功能。所谓必要功能，就是用户要求并承认的功能，反之就是不必要的功能。

(3)价值。价值工程中的"价值"(Value)是指评价某一事物与实现它所付出的耗费相比合理程度的尺度。这里的"事物"可以是产品，也可以是工艺和服务等。其计算公式为：

$$V=\frac{F}{C}$$

式中，V为价值；F为功能；C为成本。

这里价值的定义和经济效果是相吻合的。价值工程的目的是要提高价值，也就是要提高经济效果。

三、提高产品价值的基本途径

通过价值的定义$V=\frac{F}{C}$，不难得出提高产品价值的基本途径。

(1)$\frac{F\uparrow}{C\rightarrow}=V\uparrow$。即功能加强，成本不变，价值提高。如在成本不变的情况下，手表增加了日历的功能，其价值提高。

(2)$\frac{F\rightarrow}{C\downarrow}=V\uparrow$。即功能不变，成本下降，价值提高。如吊扇的成本由原来的48元降至45元。

(3)$\frac{F\uparrow}{C\downarrow}=V\uparrow$。既提高功能，又降低成本，价值提高。如某机床厂生产的平面磨床的刻度盘，由无光镀铬，改为喷砂无光镀铬，既提高了字迹的清晰度，又降低了加工费用和废品率。

(4)$\frac{F\uparrow\uparrow}{C\uparrow}=V\uparrow$。即成本有所提高，但功能提高的倍数更大，价值提高。如生产100立升的冰箱改为生产160立升的冰箱，成本增加1/3，而功能则增加3/5。

(5)$\frac{F\downarrow}{C\downarrow\downarrow}=V\uparrow$。即功能有所降低，但成本降低的幅度更大而价值相应增加。如取消气压式热水瓶的某些多余功能，如镀金、转盘底座等。

四、价值工程的指导原则

价值工程的创始人麦尔斯在长期实践的基础上，归纳总结出了著名的价值工程十三条指导原则。这些原则可以说是价值工程的起点，也是在价值工程活动的全过程中必不可少的最基本的指导思想。具体包括：(1)收集一切有用的成本资料；(2)使用最可靠的最佳信息；(3)充分利用各方面的专家，扩大专业知识；(4)尽量利用专业化工厂生产的产品；(5)利用和购买专业化工厂的知识和技术；(6)有效地利用专业化的生产工艺；(7)尽可能采用标准化；(8)避免一般化，寻求特殊化；(9)打破现有框框，不断提高创新；(10)发挥真正的创造性；(11)找出障碍，克服障碍；(12)对于重要的公差，要换算成加工费来评价；(13)以“我是否这样花自己的钱”作为评判标准。

以上13条原则可以概括为四个方面的内容：(1)～(2)条强调收集有关技术经济信息；(3)～(7)条强调尽可能利用专业化、标准化的技术、工艺和产品；(8)～(11)条强调要有创造性；(12)～(13)条关注能否成为活动的行动标准。

五、价值工程的工作程序

价值工程的实施过程，实质上是发现问题、分析问题和解决问题的过程。据此，可以把VE提问与VE的工作步骤列在表9－1中。

(一)价值工程的对象选择

价值工程的对象是很广泛的。为了满足某种需要，必须获得某种功能；为了获得某种功能，必须付出一定的代价。这里存在的价值高低问题就是价值分析的对象。新产品开发也有价值选择问题，应用价值分析方法提高产品设计价值。因此，对初步拟定的设计方案应进行技术经济优化。

(二)收集信息资料

通过收集有关信息，获得进行价值分析的依据、标准、对比对象，从中得到有益的启示。在新产品设计中，一般应收集如下几方面的情报资料：技术资料、经济分析资料、产品使用及销售方面的资料、企业基本情况资料。

表 9—1 VE 的工作程序

VE 提问	VE 的工作步骤
(1)VE 的对象是什么?	(1)选择对象
(2)它的功能是什么?	(2)收集信息
(3)它的成本是什么?	(3)功能分析
(4)它的价值是多少?	(4)提出改进设想
(5)有无其他方法实现同样的功能?	(5)分析和评价方案
(6)新方案的成本是多少?	(6)试验与定案
(7)新方案能满足功能要求吗?	(7)检查实施情况

(三)功能分析

通过功能分析,确定产品应具备的功能,理清各种功能之间的关系,适当调整功能比重,使产品的功能结构更加合理。功能分析要针对分析对象,从技术和经济两方面进行思考。技术方面的考虑有:这个零件起什么作用?为什么需要这项功能?是否有简便方法实现这项功能?这些零件的功能是否必要,有无过剩功能?能否采用标准化零部件?等等。经济方面的考虑有:零件的价值是否同其成本成相应比例?能否采用成本更低的材料代替?能否用更新的工艺方法?功能分析一般包括:功能定义、功能整理、功能评价。

(四)提出改进设想

功能分析后,价值分析进入了解决问题的阶段。即要提出更实际的实现某一功能的改进设想,逐步使其完善和具体化。这一阶段需要企业有不同知识和不同经验的人一同讨论,互相启发,共同提出改进方案。

(五)分析与评价方案

这一工作是分析改进方案的优缺点,进行评价,并把技术、经济上都较优越的方案进一步完善,选出最佳方案。

(六)试验与定案

为了确保最佳方案先进可行,需要试验验证,然后正式定案。

(七)检查实施情况,评价产品结果

在方案实施进程中,应及时检查了解情况,随时发现问题和解决问题,方案完成后要总结和评价经济效果。

思考与练习

1. 什么是创新?它包括哪些基本类型?
2. 什么是技术引进?技术引进的途径有哪些?
3. 选择新产品开发应注意哪几点问题?
4. 什么是价值工程?它有哪些指导原则?

技能训练

1. 想想校园里有哪些东西可以通过创新使其更加完善,应该如何完善?

2. 分析你所在的市场，根据你所学的知识和你对市场的分析，预测企业可以进行哪些产品创新？在此过程中应该注意什么？

3. 分析自己小组所收集的20～30家企业的创新情况。

案例讨论与分析

江西绿萌科技控股有限公司的创新兴企

江西绿萌科技控股有限公司(以下简称绿萌)是中国最早从事果蔬电子分选设备的企业，其主营业务为果蔬采后设备制造，主要生产以果蔬分选机、果蔬清洗打蜡机为代表的果蔬采后处理设备。公司是国家高新技术企业、中国果业领军企业。

绿萌通过对经济社会环境变化及产业发展的研究，廓清了自身的战略，选择了现在仍然处于利基市场的果蔬采后装备业，将企业愿景定位为：致力于推动全球果蔬产业标准化建设，成为国际一流的果蔬采后装备整体解决方案服务商。围绕定位，确立公司使命为：以科技及创新，延长果蔬采后生命，不断推进果蔬精细化分选，满足人们对果蔬的个性化需求，提升现代人的生活品质。

为践行战略，企业高层深刻意识到创新驱动是公司存在和发展的关键。公司的技术创新有：系统规划、前瞻(如有的项目已经规划到2016年)、完善管理。公司创新驱动的途径有：

(1)市场和顾客驱动。公司采用各种方法与客户建立良好合作关系，始终以市场和顾客为中心，把市场中发现的问题及顾客没有满足的需求作为企业创新的出发点，以创新的思路不断加大产品的研发力度，积极引进国际领先的全自动生产设备和先进的生产技术，通过设备更新换代、工艺技术创新等措施，不断推出新产品，持续为市场、客户和消费者提供高质量、个性化的满意产品；同时注重服务创新，介入顾客的产品设计和研发，为顾客提供整体解决方案。

(2)与大学科研院所合作驱动。公司高层认为大学科研院所汇聚了高端人才，同时拥有基础理论积累和先进实验仪器设备，是企业创新的智囊库，如公司先后与中科院、中国物联网研究发展中心、华中农业大学、江西农业大学、江西理工大学、赣南脐橙工程中心等高校和院所开展了产学研合作，取得了丰硕成果。

(3)国际标杆企业和竞争对手驱动。竞争中创新、竞争中成长是绿萌高层的理念，公司通过设备供应商、行业交流、虚心向标杆企业和竞争对手学习等途径，搜集国际标杆企业和竞争对手的技术、经营信息，寻找自身的差距和努力方向，实行创新的定点突破，不断地拉近同标杆企业和竞争对手的距离甚至超越他们。

(4)内部员工的创造力驱动。公司通过集思广益、合理化建议、技术开发沙龙、内部工程师晋级等措施，汇聚了一批年轻、有思想、沉得下心的研发人员，为企业创新绩效做出了突出贡献。

绿萌的技术创新取得了令业内瞩目的成绩。公司最新的分选技术可按果品的颜色、重量、形状、大小、体积、密度、外观瑕疵和水果糖度、酸度、空心、浮皮和褐变值等进行精细分选。经过13年经验积累和不懈的创新努力，绿萌已成为国内果蔬采后处理设备行业的领军企业，且在多项指标上超过了国外领先水平，如国外公司只能分选8种颜色，绿萌则可以分选16种颜色，国外公司分拣水果重量误差为±2克，绿萌则低于±2克。公司拥有大量自主知识产权，获得10余项实用新型专利，拥有1项软件著作权，掌握了国内先进的水果采后处理技术和贮藏保鲜技术。公司还是《柑橘采后商品化处理生产线》、《水果分级机、清洗打蜡机质量技术规范》等国家行业标准的牵头和起草单位之一。

绿萌目前已在国内21个省安装了脐橙、蜜橘、蜜柚、柠檬、苹果、猕猴桃、山竹、西红柿等超过400套果蔬采后处理生产线，占国内果蔬采后高端设备70%的市场份额，并出口到泰国、伊朗、韩国等国外市场。

思考与讨论：

企业应当如何分别管理市场和顾客驱动的创新与内部员工的创造力驱动的创新？

第十章

企业设备与物流管理

• 关键词汇

恢复性修理　改善性修理　全员生产维修　自然寿命(或称物质寿命)
技术寿命(或称有效寿命)　供应链管理　第三方物流　物资订购量

第一节　设备管理

一、设备与设备管理

(一)基本概念

设备是指企业在生产经营活动过程中所使用的各种机械和装置的总称。设备配备的好坏表明了企业的生产水平和生产能力,而设备管理的好坏又直接影响着企业的发展,影响着企业的经济效益。

设备管理是指企业为了使设备寿命周期费用最经济,从设备的研究、设计、制造、购置、安装、使用、维护、改造、更新,直至报废的全过程进行综合的一系列技术、经济、组织措施等的管理活动。设备管理既包括设备前期管理阶段,即为了实现企业的发展规划而制定的设备配备规划、企业外购或自制设备计划、设备安装和调试工作等设备正式投入前的工作;也包括设备投入后的后期管理阶段,即设备投入生产后的使用阶段管理、维护保养及大中修管理、更新改造管理、设备转让及处置管理。

设备管理经历了事后修理、预防修理、设备综合管理三个阶段。前两个阶段是传统管理阶段,第三阶段则是现代管理阶段,其最大特点是综合了设备的工程技术、财务、管理、经济等方面的内容,从系统的角度考虑设备的综合管理,提出了设备可靠性、维修性设计的理论和方法,强调了设计、使用、费用和信息的综合性,实现全过程的科学管理。

(二)设备的分类

(1)生产设备,是指直接改变原材料的属性、形态或功能的各种工作机械和设施,如各种机床、平炉、高炉、纺织机、化工反应塔等。

(2)动力设备，是指用于产生电力、热力、风力或其他动力的各种设备，如蒸汽锅炉、发电机、空压机等。

(3)传导设备，是指用于传送电力、热力、风力、其他动力和固体、液体、气体的各种设备，如电力网、输电线路、传送带、上下水道、蒸汽、煤气、石油的传导管等。

(4)运输设备，是指用于载人或运货的各种运输工具，如卡车、拖车、交通汽车、电瓶车、汽艇、驳船等。

(5)管理设备，是指企业中用于经营方面的设备，如计算机、电传机、复印机等。

(6)公共福利设备，是指企业中用于生活福利方面的设备，如医疗设备、炊事设备等。

(三)设备管理水平考核指标

确定设备管理水平考核指标，对企业设备管理好坏程度进行量化，是科学管理设备的基础。常见的设备管理水平考核指标有：设备开动率、设备完好率、故障停机率、维修费用率、设备役龄及设备新度。设备役龄是指设备在生产中服役的年限。发达国家的设备役龄为10～14年。另外，还可以用设备新度来表示。这些指标的计算公式为：

$$\text{设备开动率}=\frac{\text{实际作业时间}}{\text{制度开动时间}}\times 100\%$$

$$\text{设备完好率}=\frac{\text{完好设备数}}{\text{已安装投入使用数}}\times 100\%$$

$$\text{故障停机率}=\frac{\text{故障停机时间}}{\text{制度工作时间}}\times 100\%$$

$$\text{维修费用率}=\frac{\text{维修费}}{\text{生产总值}}\times 100\%$$

$$\text{设备新度}=\frac{\text{设备的净值}}{\text{设备的原值}}\times 100\%$$

二、设备规划与投资效益评价

新建企业选择设备，老企业添购设备，都必须对设备进行选择，选择设备的原则是技术先进、经济合理。在实践中，设备的选择必须综合考虑多方面的因素，进行取舍比较，即进行设备的规划。设备规划要把握几点：设备生产率与企业的经营方针相适应、设备工艺性好、设备具有良好的可靠性、设备的维修性好、设备经济上合理、设备安全性和环保性好。

规划、选择设备不仅要考虑先进、可靠，而且要从投资效益来分析，从多个可行方案中选择经济性最好的设备。一般经济评价方法有投资回收期法和年费法。

(1)投资回收期法。这种方法属于静态分析方法，优点是简单易行，缺点是没有考虑资金的时间价值。其计算公式为：

$$\text{设备投资回收期}=\frac{\text{设备投资总额}}{\text{新设备使用后收益总额}}$$

(2)年费法。它是根据复利原理，将设备的初次投资费按设备的寿命周期换算成相当于每年的费用支出，之后再加上每年的维持费，得出不同设备的年总费用，并据此对各可行方案进行比较，选择年总费用最低的方案。将设备初次投资费换算成年投资费支出的计算公式为：

$$\text{年投资费}=\text{初次投资费}\times\text{资金回收系数}$$

$$\text{资金回收系数}=\frac{i(1+i)^n}{(1+i)^n-1}$$

式中，i 为资金年利率；n 为设备的寿命周期。

此外,设备投资效果的评价方法还有现值法、内部报酬率法等。

三、设备的使用与维修

(一)设备的使用

1. 设备使用前的准备工作

(1)设备投入使用前应编制技术资料。这些技术资料是设备使用的依据和指导文件,它包括设备操作维护规程、设备润滑卡片、设备日常检查和定期检查卡片。

(2)配备必需的各种检查及维护仪器工具。

(3)全面检查设备的安装、精度、性能及安全装置,向操作者送交设备附件。

(4)对操作工人进行技术、安全、业务管理等的教育与专业培训。

2. 设备使用中的管理工作

(1)设备操作五项纪律:①实行定人定机,凭操作证操作设备。②经常保持设备整洁,按规定加(换)油。③遵守安全操作规程和交接班制度。④管好工具和附件,不损坏、不丢失。⑤发现故障应停机检查,自己不能处理的,通知专业检查人员。

(2)设备维护四项要求:①整齐。工具、工件、附件放置整齐,安全防护装置齐全,线路管道完整。②清洁。设备内外清洁,各滑动面、丝杆、齿轮、齿条无油污和碰伤,无泄漏、渣物除净。③润滑。按时加(换)油,油质纯正,油具、油杯、油毡、油线清洁齐全,油标明亮。④安全。实行定人定机和交接班制度,熟悉设备结构,遵守操作规程,精心保养、防止事故。对于大型、精密设备,还应实行四定:定人使用、定人检修、定操作规程、定维护保养细则。

(3)严格贯彻岗位责任制。设备使用的各项工作是岗位责任制的主要组成部分,必须在岗位责任制中得到落实。所以,设备使用维护工作必须体现在操作工人岗位责任制中。操作工人的岗位责任制的内容包括四大部分,即基本职责、应知应会、权利、考核办法。

随着企业管理实践的深入发展,目前已将岗位责任制与企业经济指标及效益挂钩,并落实分解到个人,实行逐项计算,形成了岗位责任制体系。

(二)设备的维护

设备的维护是指为了保持设备正常的技术状态,延长使用寿命,按标准进行的检查、润滑、间隙的及时调整和及时消除隐患的一系列工作。三级保养制度是比较成功的设备维护制度。三级保养制就是:(1)设备的日常保养。一般由操作工人完成,必要时由辅助工人协助。(2)一级保养。按设备使用状况,拆卸、清洗某些零部件,清除表面油污,调整间隙,保持管道、油管的畅通等,一般由操作人员在专业维修人员指导下完成。(3)二级保养。这是指对设备进行系统检查、清洗和换油、修复和更换易损件、局部恢复精度、检查电气和冷却系统等,并且由专业维修人员在操作人员配合下完成。

(三)设备的修理

1. 设备修理的概念

设备修理是指通过修复或更换磨损零件、调整设备精度、排除故障、恢复设备原有功能的一系列技术活动,它的目的是恢复设备的精度和功能,提高效率,延长设备的使用寿命,保持设备的生产能力。

设备修理可分为恢复性修理和改善性修理。恢复性修理以恢复设备的功能、延长设备的使用寿命为主,设备修理多属此类。改善性修理主要是对发生故障频率高的设备或设备的关键部位进行改善或改进,使故障减少直至消除性的修理,它不同于设备的改装。

2. 设备修理的类别

设备修理的类别有：(1)小修，主要是通过日常检查、定期检查，对设备的部分拆卸零件进行检查、修整、更换或简单修复少量磨损件，同时通过检查、调整、紧固机件等技术手段，恢复设备的使用性能。它的工作量少，可结合日常维修和检查进行。(2)项目修理，是按设备的技术状态，对其中丧失精度或未能达到工艺要求的项目做针对性的修理。项目修理时，设备局部要解体、修复和更换磨损件。它应和设备状态监测和故障诊断结合起来进行。(3)大修，是对设备全面检修。一般要对设备全部解体。大修应结合技术改造进行。

3. 设备修理的方式

设备修理的方式有：(1)临时性修理。它是在出现故障或事故后，临时加以修理，是不在计划内的修理。(2)预防性修理。它属于计划性修理，即根据设备磨损理论、故障理论和设备使用寿命对修理事先确定计划，它有利于保证设备的正常运转。(3)预测性修理。这是一种结合设备状态监测和故障诊断，克服预防性修理缺点的修理。其针对性强，可节省维修费用。

最近出现的无维修设计的新维修思维，强调在设备的设计阶段，就要充分考虑各种情况，采取各种措施，设计出不需要维修或很少需要维修的设备。

4. 设备修理的组织方式

设备修理的组织方式有3种：(1)部件修理法。这是对大量同类设备或停工影响大的关键设备事先准备好一些关键的部件，一旦设备的这些部件损坏，马上及时换上，随时有周转件可备用。这种组织方式可缩短设备停机时间。(2)分部修理法。这是将设备分成几块，按一定的顺序每次仅修一块，不断按顺序进行，这对于能独立分开、各成体系的设备比较适合。另外，设备平时工作负荷重，可利用节假日进行修理。(3)同步修理法。即几台设备同时修，它比较适合于流水线生产，或主、辅机连续生产、配套生产的设备的修理。

5. 设备的修理定额

修理工作要有定额，设备的修理定额是编制修理计划、组织修理业务的依据。正确制定修理定额能够加强修理计划的科学性和预见性，使修理工作更加经济合理。设备的修理定额有以下几种：

(1)修理周期定额，包括：①修理周期，是指相邻两次大修理之间，机器设备的工作时间。②修理间隔期，是指相邻两次修理(包括大、中、小修的任何一次修理)之间机器设备的工作时间。③检查间隔期，是指相邻两次检查之间或相邻的检查与修理之间机器设备的工作时间。④修理周期结构，是指一个修理周期内的大修、中修、小修和定期检查的次数与排列顺序。修理周期定额，一般是在两班制工作条件下，金属切削设备的修理周期为5～8年，修理间隔期为4～6个月，检查间隔期为2～3个月。

(2)修理设备工作量。设备种类繁多，其修理工作消耗定额一般采用比例分析法来确定修理复杂系数，并以该系数来确定被修理设备的工作量。

6. 设备修理停歇时间定额

设备修理停歇时间，是指从设备停机修理，到修理合格验收而经历的时间。其计算公式为：

$$T=\frac{tf}{sckm}+t_0$$

式中，T 为设备修理停歇时间(天)；t 为一个修理复杂系数的修理工时定额；f 为设备修理复杂系数；s 为在每一个工作班内，修理该设备的工人人数；c 为每个工作班的时间长度(小时)；m 为每天工作班次；k 为工时定额完成系数；t_0 为其他停机时间。

四、设备综合管理

设备综合管理又称设备全面管理，是系统观点在设备管理中的应用。设备综合管理有设备综合工程学(Terotechnology)和全员生产维修(Total Productive Maintenance，TPM)两种。

(一)设备综合工程学

设备综合工程学是为了使设备生命周期费用最省，把有关工程技术、管理、财务和其他业务加以综合，对设备管理的全过程进行的系统研究。它有以下特点：把设备的生命周期费用最省作为研究目标；要求从技术、管理、财务等方面进行综合管理，保证设备具有良好的技术性能和经济效益；强调对设备寿命周期进行全面管理和研究；重视设备的可靠性、维修性设计研究，使设备减少以致消除故障，易于维修保养；强调设备设计、使用和维修过程中的信息反馈，包括企业内部和企业外部的设备工程公司、设备制造厂和用户的信息反馈，把设备寿命周期各环节有机地联系起来，不断提高各环节的机能，实现经济的设备生命周期费用。

(二)全员生产维修

全员生产维修(TPM)是日本在学习美国预防维修的基础上，吸收设备综合工程学的理论，结合日本企业管理的传统，逐步发展起来的一种具有代表性的设备管理制度。

1. 全员生产维修的要点

(1)把提高设备的综合效率作为目标。

(2)建立以设备整个生命周期为对象的生产维修总系统。

(3)涉及设备的规划研究、使用维修等部门。

(4)从企业最高领导人到第一线操作工人都参加设备管理。

(5)加强生产维修保养思想教育，开展以小组为单位的生产维修目标管理活动(预防维修小组活动)。

2. 全员生产维修的中心思想

全员生产维修的中心思想概括起来就是“三全”，即全效率、全系统和全员参与。

(1)全效率也称设备的综合效率，是指设备整个生命周期内输出与输入之比。设备整个生命周期的输入是指设备生命周期费用；设备整个生命周期的输出是指在满足安全、无公害、作业环境良好、成本低、质量高、按期交货、工作人员劳动情绪饱满等条件下的产量。

(2)全系统即以设备整个生命周期为对象进行系统的研究和管理，并采取相应的生产维修方式。在规划研究时采取系统分析；在设计制造时采取维修预防(提高设备的可靠性、维修性、经济性)；在使用中按不同设备和设备的不同部位分别实行预防性维修、改善性维修和事后维修。

(3)全员参与涉及设备的各方面有关人员，即从经理、厂长到生产工人都参加设备管理。

3. 全员生产维修程序

(1)确定基本方针和目标。适应企业经营需要，根据设备现有状况，确定一定时期开展全员生产维修的基本方针和目标。

(2)制订 TPM 计划。TPM 计划的内容包括为实现方针、目标开展此项管理全过程的各项工作的要点、进度、方式方法及职责分工。

(3)进行 TPM 教育。利用各种媒介和手段，有针对性地对各类人员进行 TPM 教育，广泛进行宣传，提高全员对 TPM 的认识。TPM 是一个复杂的工作过程，通常需要 2～3 年才能正常化。

(4)建立 TPM 组织机构。建立企业 TPM 各级委员会(小组)并任命相应的负责人。

(5)明确职责分工。这是指有关设备管理的各职能部门分别承担 TPM 的任务,以利于形成自主管理体制。

(6)建立 TPM 总体制。建立 MP(维修预防)—PM(预防维修)—CM(改善维修)管理系统,构建以设备寿命周期为对象的"无维修设计"体制。

(7)制定 TPM 的各种标准。

(8)维修的多能和专门教育。教育的对象包括操作保养工、设备修理工、维修技术员、工程设计人员等。教育的目的是为提高操作和维修保养人员的技术水平。

(9)开展 TPM 小组活动。TPM 小组由车间职工按自愿原则自主结合组成,自选组长,自选课题,充分发挥每个成员的智慧和力量为保证 P(产量)、Q(质量)、C(成本)、D(交货期)、S(安全)、M(劳动情绪)活动等,进行集体研究解决问题。PM 小组的自主活动对推行 TPM 起着决定性作用。

(10)评价 TPM 活动及其成果。评价设备检查、检修润滑、备件管理等活动的成效及其成果是否达到企业和部门的 TPM 目标。

五、设备更新改造

设备更新改造是对在技术上或经济上不宜继续使用的设备,用新的设备更换或对原有设备进行局部改造。这对于保障企业生产正常进行、促进企业技术进步和提高企业经济效益都具有重要意义。

设备更新改造的内容包括设备的现代化改装(设备改造)和设备更换。设备更换分为:(1)原型更新,用结构相同的新设备更换由于有形磨损严重、在技术上不宜继续使用的旧设备。这种简单更换不具有技术进步的性质,只解决设备的损坏问题。(2)技术更新,用技术上更先进的设备去更换技术陈旧的设备。这种更换不仅恢复原有设备的性能,而且使设备技术水平提高,具有技术进步的性质。在技术发展缓慢的年代,设备更换主要是原型更换;在技术发展迅速的今天则主要是技术更新。

设备更新改造是一项耗资大,牵涉面广,对企业经营影响深远的活动,要保证企业设备更新取得最佳经济效果,必须做好以下几项工作:

(1)做好调查研究,摸清本企业现有设备的技术状况,制订更新计划。更新计划的主要内容包括:主要设备的使用年限、折旧费提取情况;现有设备的历次修理情况及其修理费用的累计数;因设备损坏或虽然使用年限不长,但设备陈旧落后,给企业的生产效率、经济效果、产品质量等方面所造成的不良影响的情况;历年设备的更新情况以及今后设备更新的规划和设想。

(2)设备更新,应在统筹规划、全面安排的原则下,根据可能的条件,实事求是,有步骤、有重点地进行。

(3)应把购置新设备同自行制造新设备结合起来,充分发掘企业内部的潜力,注重设备更新中的经济效果。

(4)要把更新同现有设备的革新和改造相结合,同加强对现有设备的维护和修理相结合,充分发挥现有设备的潜力。

(5)更新设备时要注意对原设备的妥善处理。要从经济上、技术上对被换下来的旧设备做一系列处理工作。

(三)设备最佳更新周期的确定

设备是否需要更新,不只是根据设备的新旧程度或使用时间的长短,而且要看经济效益如何来决定。一般来说,凡属下列情况的设备应优先予以更新:损坏严重,或性能、精度已不能满足工艺要求并造成严重不利的技术经济后果的;对设备大修在经济上不如更新合算的;两三年之内浪费能源和原材料的价值,超过购置新设备费用的。

为了使设备更新取得良好的经济效益,需要通过对机器设备经济寿命的分析和计算,确定设备的最佳更新周期。设备的寿命可分为:

(1)自然寿命(或称物质寿命),即由于物质磨损决定的设备的使用寿命,是指设备从投入使用到因物质磨损(有形磨损)而报废为止所经历的时间。

(2)技术寿命(或称有效寿命),是指设备从开始使用到因技术落后(无形磨损)而淘汰所经历的时间。

(3)经济寿命。在设备自然寿命的后期,由于设备老化,往往要依靠高额的使用费用(维修、能源消耗、设备事故停产损失、效率损失等)来维持设备的运行,这在经济上是不合算的,因此,应根据设备的使用费用(即维持费用和折旧)来决定设备是否更新。这种依据设备使用费用决定的设备寿命,就称为经济寿命。

设备经济寿命的计算方法:一台设备的寿命周期总费用,主要包括折旧费和维持费两部分。设备使用年限越长,则年平均折旧费越少,但随着使用年限的增长,逐年的维持费用会增加;反之,则相反。将两项费用合计,其费用总额最低(也就是总的寿命周期费用最低)的年限,即为设备的最佳更新周期。

设:C 为设备费(设备原价减去设备净残值),G 为每年设备维持费增长额,T 为设备的最佳更新周期,Y 为平均每年设备费用,则:

$$\boldsymbol{Y=GT|2+C|T}$$

若求 Y 值最小,取$\frac{\mathrm{d}y}{\mathrm{d}t}=0$,则:

$$\boldsymbol{T=\sqrt{\frac{2C}{G}}}$$

例:某设备原始价值为 10 000 元,净残值为 0,若设备维持费增加值为 200 元/年,求该设备的最佳更新周期。

解:$T=\sqrt{(2\times 10\ 000/\ 200)}=10$(年)

在设备更新时,既要考虑设备的自然寿命,又要考虑设备的技术寿命和经济寿命,以确定最佳更新周期。

六、设备资产信息化管理

技术革命的快速发展,使工业设备迅速向高技术及信息技术方向演进,电子信息技术越来越多地成为设备制造、运行和控制的基础,并推进现代工业设备向综合化、流程化、信息化、技术及资金密集化方向发展,构成了现代设备的鲜明特征。

(一)信息技术在企业设备管理中的应用

信息技术特别是软件技术,于 20 世纪 70 年代开始应用于设备管理,至今已有四十多年的历史。同信息技术在其他管理领域的应用一样,设备管理的计算机应用先后经历了文件管理、信息管理、动态工作管理阶段,目前正向管理决策分析阶段发展。其各个应用阶段的特点如下:

1. 文件管理阶段

利用文件编辑工具(如 Excel、Word 等)制作工作表,辅助管理人员进行工作表格制作和数据统计。在后来的发展中,文件管理进一步为数据库应用所取代,如使用数据库功能进行设备台账管理等。

2. 信息管理阶段

运用数据库管理技术,以科室管理为主要对象,以实施标准化管理为核心,对设备资产、设备运行、设备维修、备件管理、工作计划和工作记录进行管理,控制维护及修理费用,并对设备管理的主要工作环节进行技术经济方面的数据统计和管理指标分析。在这一阶段产生了以 CMMS(Computer Maintenance Management System)为名称的计算机维修管理系统。

3. 动态工作管理阶段

面向管理流程进行优化管理,为企业提供可自定义的基于数字化管理技术的工作平台,建立从现场、科室到企业的动态工作体系。利用对设备资产管理信息流与工作流的控制,并结合先进的管理方法,提高生产设备的可利用率及可靠性,满足先进的生产设备对现代生产组织保障的要求。在这一阶段,CMMS 为企业资产管理系统(Enterprise Asset Management,EAM)所取代。

(二)企业资产管理系统

1. 企业资产管理系统(EAM)描述

企业资产管理系统是面向资产密集型企业的企业信息化解决方案的总称。它以提高资产可利用率、降低企业运行维护成本为目标,以优化企业维修资源为核心,通过信息化手段,合理安排维修计划及相关资源与活动。通过提高设备可利用率得以增加收益,通过优化安排维修资源得以降低成本,从而提高企业的经济效益和企业的市场竞争力。

在商业竞争日益激烈的今天,对于拥有高价值资产的企业来说,设备维护已不再局限于成本范畴,更成为获取利润的战略工具,EAM 系列产品使这一目标得以实现。EAM 系列产品是以企业资产及其维修管理为核心的商品化应用软件,主要包括基础管理、工单管理、预防性维护管理、资产管理、作业计划管理、安全管理、库存管理、采购管理、报表管理、检修管理、数据采集管理等基本功能模块,以及工作流管理、决策分析等可选模块。

EAM 软件以资产模型、设备台账为基础,强化成本核算的管理思想,以工单的创建、审批、执行、关闭为主线,合理、优化地安排相关的人、财、物资源,将传统的被动检修转变为积极主动的预防性维修,与实时的数据采集系统集成,可以实现预防性维护。通过跟踪记录企业全过程的维护历史活动,将维修人员的个人知识转化为企业范围的智力资本。集成的工业流程与业务流程配置功能,使得用户可以方便地进行系统的授权管理和应用的客户化改造工作。

2. 企业资产管理系统的作用

企业资产管理系统的目的是提高企业资产的运行可靠性与使用价值、降低维护与维修成本,从而提高企业整体运行质量、降低总体成本,即两个目标:提高设备综合效率、降低设备全生命周期费用。

根据国际权威调查机构高德纳咨询公司(Gartner Group)对已经实施 EAM 企业的调查,企业在以下几个方面获得了经济效益:(1)减少设备停机时间 10%～20%,提高关键设备连续运行和无故障运行时间 3%～5%;(2)增加设备使用效率 20%～30%,年降低设备维护成本 5%～8%;(3)延长设备生命周期:超过 10%;(4)提高有效工作时间 10%～20%;(5)降低库存成本 10%～25%;(6)备件库存准确率超过 95%,备件管理系统投入运行两年内,可降低库存占用资金25%左右,年降低备件采购费用10%左右,采购业务费用可同时降低。

3. 企业资产管理系统的功能

(1)以工作流程为核心驱动各项工作。EAM是采用面向服务架构(Service-Oriented Architecture,SOA)思想,以工作流程为核心驱动客户开展各项工作,同时支持用户通过"工作流程管理系统"新建或修改工作流程,为客户打造属于自己的设备资产管理平台。

(2)以设备全生命周期作为管理对象。EAM系统按照价值形态管理与物质形态管理相结合的原则,从设备规划、设计、制造、购置、安装、使用、维护、维修、改造、报废直至更新的全生命周期进行管理。

(3)以点检和故障分析为核心的设备运行预警体系。EAM的重要工作之一就是建立以点检和故障分析为核心的设备运行预警体系,预警体系的建立主要通过以下技术方法实现:运行与停机的数据采集和处理;故障体系的建立与故障分析,点检工作受控管理;可靠性管理;预防性维护管理(保养和润滑);设备的技术状态统计与分析等。

(4)以预防维修为主导的多元化维修管理体系。EAM旨在建立符合中国企业实际的多元化维修管理体系,主要维修方式包括:故障维修(BM)、定期维修(PM)、状态维修(CBM)、可靠性维修(RCM)、零部件更换、设备大修、技术改造、现场维修申请等。

第二节 企业物流管理

一、物流概述

(一)物流的基本概念

1. 物与流的概念

物流中的"物"是指一切可以进行物理性位置移动的物质资料。其重要特点是必须可以发生物理性位移,而这一位移的参照系是地球。因此,固定了的设施等不是物流要研究的对象。物流学中的"流",指的是物理性运动。

2. 现代物流的概念

1984年美国物流管理协会正式将现代物流定义为:"为了符合顾客的需求,将原材料、半成品、完成品以及相关的信息从发生地向消费地流动的过程,以及为使保管能有效、低成本地进行而从事的计划、实施和控制行为。"它强调顾客满意度、物流活动的效率性,以及将物流从原来的销售物流扩展到了企业内物流。此后,物流的概念又不断得到进一步的发展,我国国家标准《物流术语》将物流定义为:物资有形或无形地从供给者向需求者进行的物资物质实体流通过程,根据实际需要将包装、装卸、运输、储存、流通加工、回收和信息等诸项活动有机结合。

3. 物流的分类

物流按范围,可以分成企业内部物流和社会物流两大类(如图10—1所示)。

企业内部物流处在企业内部生产领域,相对社会宏观物流而言,它是一种微观物流。企业内部物流的一个特点是不伴有商流发生。它是一种生产物流,在企业内部由原材料库到各个车间、各个工序做成工件,再组装成部件,最后装配成成品存放到成品库的整个物料流动过程形成的物流。社会物流则是处在企业外部、各个企业之间的物流。它包括企业相互间的购进物流、销售物流、返品物流、回收物流和废弃物流(如图10—2所示)。社会物流是一种宏观物流,处在流通领域,一般都伴有商流发生。

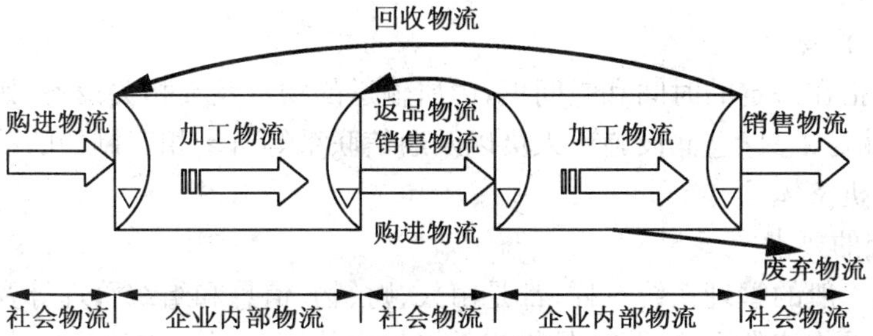

图 10－1　物流的范围和分类

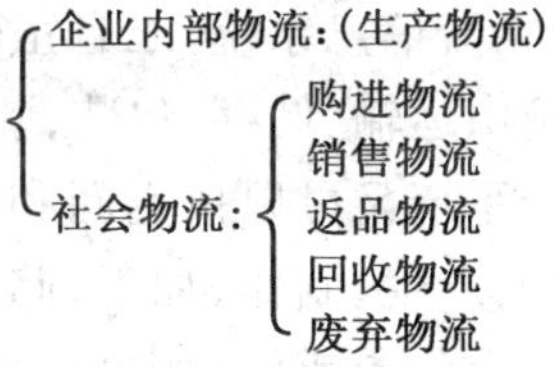

图 10－2　物流的分类

(二)物流管理

1. 物流管理的概念

物流管理是指在社会再生产过程中,为了实现各项物流活动协调与配合的最优化,降低物流成本、提高物流效率和经济效益,根据物质资料实体流动的规律,应用管理学基本原理和科学方法,对物流活动进行计划、组织、指挥、协调、控制和监督等的活动。物流管理的内容主要有三个方面:一是物流环节管理,包括包装、储存、运输、配送等环节的管理;二是物流要素管理,即对其中的人、财、物、设备、方法和信息六大要素的管理;三是物流职能管理,主要包括物流计划、质量、技术、经济等职能的管理。简单地说,物流管理要解决的基本问题就是把合适产品,以合适的数量和合适的价格,在合适的时间和合适的地点,提供给合适的客户。

2. 物流管理的目标

(1) 服务目标。物流具体地联结着生产的各个环节、生产与再生产、生产与消费,因此要求有很强的服务性。物流的送货、配送及近年来技术方面出现的准时供货方式、柔性供货方式等都是其服务性的表现。

(2)快速、及时目标。随着社会化大生产的发展,物流对时间的缩短及准时提出了更高的要求。在物流领域采取的诸如直达物流、联合一贯运输、高速公路、时间表系统等管理和技术,就是这种要求的体现。

(3)节约目标。在物流领域中除流通时间的节约外,由于流通过程各类资源消耗大而又难以控制,所以提升物流效率、节约投入是提高相对产出的重要手段。

(4) 规模化目标。虽然物流系统比生产系统的稳定性差,难以形成标准的规模化格式。但在物流领域以分散或集中等不同方式建立物流系统,研究物流集约化的程度,其重要性不亚于生产领域规模化生产的意义。

(5)库存调节目标。在物流领域中,正确确定库存方式、库存数量、库存结构、库存分布就是库存调节目标的体现。

(三)物流系统

1. 物流系统的概念

物流系统是指在一定的时间和空间里，由所输送的物资及其相关设备(如物料、包装设备、装卸搬运机械、输送工具、仓储设施)，人员以及通信联系等若干相互制约的动态要素构成的具有特定功能的有机整体。

2. 物流系统的要素

物流系统和一般的管理系统一样，都是由人、财、物、信息和组织管理等要素组成的有机整体。包括：(1)人是物流的主要因素，是物流系统的主体；(2)财是物流系统中不可缺少的资金要素；(3)物是物流系统中的基础要素；(4)物流信息是物流系统的决策要素；(5)组织与管理是物流系统的支持要素。

物流系统分为物流作业系统和物流信息系统，二者虽然可分别独立运行，但又紧密联系，互相依赖，不可分割。物流作业系统由运输、储存、包装、装卸、配送、流通加工六个子系统中的一个或几个有机地结合而成，每个子系统又可以按空间和时间分成更小的子系统。物流信息系统是各物流网点之间的物流信息的产生、制作、加工、储存和传递而构成的系统。所有的物流网点同时又是物流信息网点，再加上公司或信息中心，就构成了相互传递信息的物流信息系统网络。

二、物流运作管理

物流活动基于作业功能可分为基本活动和支援活动，基本活动包括运输、保管、装卸、包装等，支援活动则有流通加工和物流信息活动，它们共同构成了物流的环节。就物流过程中的一次流转而言，各环节表现为如图 10—3 所示的逻辑关系。

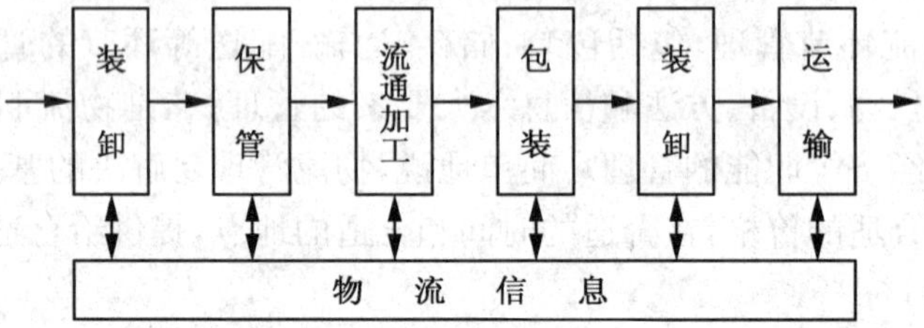

图 10—3 物流环节的逻辑关系

(一)运输管理

1. 运输的概念及其功能

物流学中的运输就是通过运输手段使货物在物流结点之间流动。它是在不同地域范围间(如两个城市、两个工厂或两个物流结点之间)，以改变“物”的空间位置为目的的活动，是对“物”进行空间位移。运输和搬运的区别在于，运输是较大范围的活动，而搬运是在同一地域之内的活动。运输和配送中“送”的区别是，配送专指短距离、小批量的运输。

运输提供两大功能：物品转移和物品储存。

第一，物品转移。无论物品处于什么形式，是材料、零部件、装配件、在制品，还是制成品，不管是在制造过程中将被转移到下一阶段，还是转移到更接近最终顾客的地方，运输都是必不可少的。运输的主要功能就是产品在价值链中的来回移动。

第二，物品储存。对物品进行临时存放是一个特殊的运输功能，这个功能以往并没有被人们关注。将运输车辆临时作为相当昂贵的储存设施，这是因为转移中的物品需要储存但在短时间内(1～3天)又将重新转移，那么该物品在仓库卸下来和在装上去的成本可能高于存放在运输工具中支付的费用。在仓库有限的时候，利用运输车辆存放也许是一种可行的选择。可以采取的一种方法是，将物品装到运输车辆上去，然后采用迂回或间接线路运往其目的地。对于迂回线路来说，转移时间将大于直接路线。当起始地或目的地的仓库的储存能力受到限制时，这样做是合情合理的。在本质上，运输车辆被用作一种临时储存设施，它是移动的，而不是处于闲置状态。

2. 运输的方式及其特点

运输方式有铁路运输、公路运输、船舶运输、航空运输和管道运输等(见表10－1)。

表10－1　　不同运输方式的特点比较

运输方式	优　点	缺　点
铁　路	(1)大批量货物能够一次性有效运送 (2)运费负担小，特别是大批货物中长距离运输时 (3)由于采用轨道运输，事故相对少，安全 (4)铁路运输网完善，可运达各地 (5)受天气影响小	(1)近距离运输费用高 (2)不适合紧急运输要求 (3)长距离运输时，由于需要配车，中途停留时间较长 (4)非沿线目的地需要汽车转运
汽　车	(1)可以进行"门到门"的连续运输 (2)适合于近距离运输，较经济 (3)使用灵活，可以满足多种需要 (4)输送时包装简单、经济	(1)运输单位小，不适合大量运输 (2)长距离运输运费较高
船　舶	(1)适合运费负担能力较小的大量货物的长距离运输 (2)适合于体积宽大、重量大的少量货物的运输	(1)运输速度慢 (2)港口装卸费用高 (3)航行受天气影响较大 (4)运输的正确性和安全性较差
航　空	(1)运输速度快 (2)适合运费负担能力较大的大量货物的长距离运输	(1)运费高，不适合低价值货物和大量货物的运输 (2)重量受到限制 (3)只适于机场周围的城市利用
管　道	(1)运量大 (2)效率高、成本低 (3)安全性高 (4)占地少、不受天气影响等优点	仅适用于流体及气体物资的运输

铁路运输是陆地长距离运输的主要方式。其基本特点是列车在固定的轨道线路上运行，不受其他运输条件限制，可"高速"、"重载"导致它具有运费较低的优点。但由于线路专用、车站固定、灵活性不强，因此，铁路运输也具有需要汽车转运等方面的缺点。

汽车运输是现代运输的主要方式之一，在提供现代物流服务方面发挥着核心作用。汽车在运输线路的安排上具有很大的灵活性，在空间和时间上有很大的自由度，因此，可以实现从发货人到收货人的"门到门"的运输。且由于减少了转运的次数，货物包装简化。但其缺点也很明显，如运量小、费用高、安全性差等。

船舶运输包括海上运输和内河运输两种。在大批量和远距离的货物运输中价格便宜，对货物体积、重量限制不多，且是隔海区域间代替陆地运输的必要方式。但也具有航行周期长、易受天气影响等缺点。

航空运输在运输业中所占比重较低，但其重要性越来越明显。其缺点是运价远高于其他运输方式，但运输速度极快。它一般适用于紧急物品、保鲜物品和体积小却价值高物品的运输，但受地理条件限制，离机场距离较远的地方利用价值不大。

管道运输是使用管道输送流体货物的一种运输方式。管道运输具有运量大、效率高、成本低、安全性高、占地少、不受天气影响等优点，但仅适用于流体及气体物资等的运输。

3. 运输方式的选择

运输方式的选择是运输合理化的重要内容。运输的安全性、准确性、低成本、短时间是选择运输方式科学与否的标准，因此在选择运输方式时要综合考虑运输品的种类、运输量、运输距离、运输速度和运输费用。

运输品种类方面，物品的形状、单件重量体积、危险性、变质性等是制约性的因素，如鲜活易腐品适宜于汽车、航空运输。在运输量方面，一般一次性运量大的运输品应尽可能采用铁路运输和船舶运输。运输距离的长短与货物到达的目的地有关，陆上的长距离运输一般用铁路，中短途运输一般用汽车。运输时间方面则必须满足交货期的要求。运输成本或运输费用与运输量和运输距离有关。此外，运输品的价格也关系到承担运费的能力。

4. 运输合理化

合理运输就是在实现产品实体从生产地至消费地转移的过程中，充分、有效地运用各种运输工具的运输能力，以最少的人、财、物消耗，及时、迅速、按质、按量、安全地完成运输任务。合理运输要求达到运输距离最短、运输环节最少、运输时间最短和运输费用最省。

不合理运输是在现有条件下可以达到的运输水平而未达到，从而造成运力浪费、运输时间增加、运费超支等问题的运输形式。目前，我国存在的主要不合理运输形式有以下几种：

(1)空载。因调运不当，货源计划不周，不采用运输社会化而形成的运输工具利用不充分。

(2)对流运输，又称“相向运输”，是指同一种货物，或彼此间可以互相代用而又不影响管理、技术及效益的货物，在同一线路上或平行线路上作相对方向的运送，而与对方运程的全部或一部分发生重叠交错的运输。

(3)迂回运输，是指舍近取远的，可以选取短距离进行运输却选择路程较长距离进行的运输。

(4)重复运输。本来可以直接将货物运到目的地，但是在未到达目的地之处，或目的地之外的其他场所将货卸下，再重复装运送达目的地，这是重复运输的一种形式。同品种货物在同一地点一方运进，同时又向外运出也是重复运输。

(5)倒流运输。这是指货物从销地或中转地向产地或起运地回流的一种运输现象。

(6)过远运输。这是指调运物资舍近求远，近处有资源不调而从远处调，这就造成可采取近程运输而未采取，拉长了货物运距的浪费现象。

(7)运力选择不当。未能充分利用各种运输工具的优势而造成的不合理现象，常见的有以下几种形式：弃水走陆、铁路或大型船舶的过近运输、运输工具承载能力选择不当。

(8)托运方式选择不当。对于货主而言，在可以选择最好托运方式而未选择，造成运力浪费及费用支出加大的一种不合理运输。

上述各种不合理运输形式都是在特定条件下表现出来的，在进行判断时必须注意其不合理的前提条件，否则就容易出现判断失误。例如，如果同一种产品，商标不同，价格不同，所发生的对流不能绝对地看成不合理，因为其中存在着市场机制引导的竞争，优胜劣汰，如果强调因为表面的对流而不允许运输，就会起到保护落后、阻碍竞争甚至助长地区封锁的影响。当然以上对不合理运输的描述，主要是从微观观察得出的就形式本身而言的结论。在实践中，必须将其放在物流系统中做综合判断，否则可能出现“效益悖反”现象。

(二)库存管理

库存（Inventory）是指处于储存状态的物品。广义的库存还包括处于制造加工状态和运输状态的物品。库存控制（Inventory Control）是在保障供应的前提下，为使库存物品的数量最少所进行的有效管理的技术经济措施。换句话说，库存控制既要防止缺货、避免库存不足，又要防止库存过量，避免发生大量不必要的库存费用。库存控制在物流过程中有举足轻重的地位，国外有些物流学者甚至把物流管理定义为对静止或运动库存的管理。更详细的库存管理内容参见本章第三节。

(三)装卸管理

装卸是在同一地域范围内改变物品的存放状态和空间位置的活动。它伴随着运输和保管而产生，并将相关物流环节加以连接，因此装卸效率对物流整体效率的影响很大；同时，装卸作业内容复杂，涉及人力耗费、成本耗费，装卸活动的合理化对于物流整体的合理化至关重要。

1. 装卸作业的种类

装卸作业主要分为堆拆作业、分拣配货作业以及搬运移送作业。

堆拆作业分为堆装、拆装作业和堆垛、拆垛作业两类。堆装作业是把物品移动到运输设备或保管设备的指定地点，并按要求的形态码放的作业；拆装作业则相反。堆垛作业主要是指保管设备中高度 2 米以上的堆码作业；拆垛作业则相反。

分拣是在堆装、堆垛作业前后或配货作业前把物品按品种、入出单位类别、运送方向等进行分类，并放到指定地点的作业；配货作业则是在指定位置将物品按品种、下一步作业种类及缺货对象进行分类的作业。

搬运作业是指为了上述作业而进行的物品移动作业，包括水平、垂直、斜向搬运；移送作业则是设备、距离、成本等方面在移动作业中比例较高的物品移动作业。

2. 装卸作业合理化原则

装卸作业合理化原则包括降低装卸搬运次数原则、移动距离最小原则、提高装卸搬运灵活性原则、合理运用机械原则、利用重力原则、集装单元化原则、保持物流顺畅原则。

(四) 包装管理

包装是物流的起点和必要的中间环节。产品或材料在装卸运输前都要加以某种程度的包装、捆扎或装入适当的容器，以保证其完好地运送到物流过程的下一环节或消费者手中。包装的作用是保护物品，使其形状、性能、品质在物流过程中不受损坏；同时，包装还具有将物品集合为一定数量单位的方便功能，使其在以后的保管、装卸和运输环节中便于处理；包装使物品醒目、美观，有促进销售的功能。

包装合理化的原则包括：包装简洁化、包装标准化、包装机械化、包装单位大型化、包装资源节省化。

(五)流通加工管理

流通加工是流通过程中辅助性的加工活动。流通加工是为了弥补生产过程加工不足，以便更有效地满足用户或本企业的需要，而在流通过程中完成的一些加工活动，因此流通加工成为物流过程的有机组成部分。流通加工是生产加工在流通领域中的延续，也是流通领域在职能方面的扩充。流通加工多发生在保管环节前后，它可以完善运输、保管、装卸等活动对象的使用价值，增加其附加价值，满足用户多样化的需要，同时也提升了物流活动本身的价值。

流通加工按照加工的目的和作用可分为以下几种类型:

(1)以方便运输为主要目的的加工。如分体运输的产品在销售地的组装,使得运输方便、经济,并将组装环节移至流通领域。

(2)以保存产品为主要目的的加工。为使产品的使用价值得到妥善的保存,延长产品在生产与使用时间之间的距离而进行的加工,包括生活消费品的流通加工和生产资料的流通加工,如水产品的冷冻加工、金属材料的涂防锈油等。

(3)适应多样化需求的加工。其目的在于通过加工使产品品种、规格、质量适应用户需要,解决产需分离现象。

(4)综合利用的加工。在流通中将货物分解,分类处理。

三、供应链管理

(一)供应链管理概述

企业从原材料和零部件采购、运输、加工制造、分销直至最终送到顾客手中的这一过程被看成是一条环环相扣的链条,这就是供应链。每一条供应链中包含供应商、生产商、配送中心、运输商、零售商及消费者等,他们之间是一种相互依存的互利关系。供应链是社会化大生产的产物,是重要的流通组织形式和市场营销方式。它以市场组织化程度高、规模化经营的优势,有机地连接生产和消费,对生产和流通起着直接的导向作用。根据供应链的定义,可以把供应链的结构归纳为如图 10－4 所示的模型。

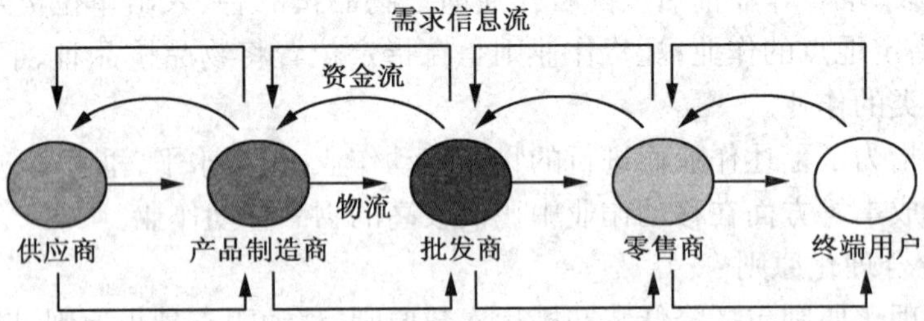

图 10－4 供应链的结构

供应链管理就是指对整个供应链系统进行计划、协调、操作、控制和优化的各种活动和过程,其目标是要将顾客所需的产品在正确的时间,按照正确的数量、正确的质量和正确的状态送达正确的地点,并使总成本最小。

(二)合作伙伴的选择

供应链系统中的不同企业之间是一种合作伙伴关系,这些伙伴关系的形成、维持和发展有其内在的运行机制。不同的企业对于供应链系统来说,所提供的增值作用是不同的;同时在能力比较方面,不同的企业具有的竞争力也不同,这些能力包括产品的生产质量、交货期、柔性、成本等。根据增值作用和竞争能力的不同可以将供应链上的企业划分为四类:一般性、关键性、竞争性、战略核心伙伴企业。具体如图 10－5 所示。

在供应链系统的合作伙伴企业选择和关系建立过程中,应根据需求的不同采取不同策略。长期需求企业应选择成为战略核心伙伴企业,并建立紧密的合作关系;中期需求企业应根据具体情况选择成为竞争性伙伴企业或关键性伙伴企业作为合作成员;短期需求企业,则可以考虑选择成为一般性伙伴企业。

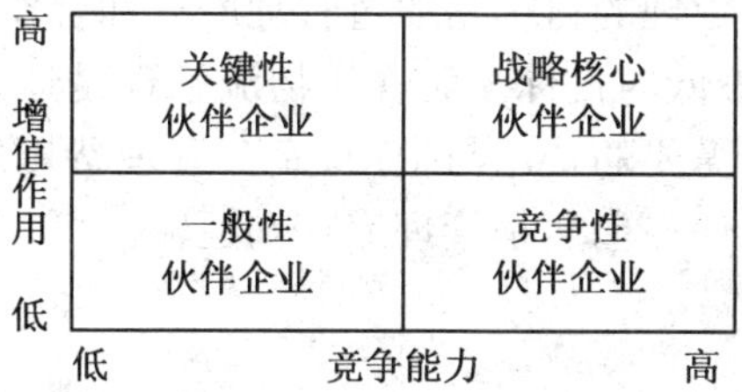

图 10—5　合作伙伴的类型矩阵

(三)物流管理与供应链管理的区别与联系

供应链管理涵盖了企业经营中从原料起点至消费者终端的所有商业环节。虽然普遍认为供应链管理是随着物流管理的发展而产生和逐步完善的，但是发展至今，物流管理却成为了供应链管理的一个部分。因此，它们之间有着许多共同之处。例如，它们都是由供应商、制造商、分销商以及零售商组成的，都是以先进的电子信息技术作为自我实现的前提、基础和保证，都是跨越企业、部门甚至是国别的，等等。

但它们之间也存在着许多不同之处，主要表现在以下几点：

(1)供应链管理是把供应链上的各个企业作为一个不可分割的整体，使供应链上各企业分担的采购、生产、分销和销售的职能成为一个协调发展的有机体，因此，其最关键的是采用集成的思想和方法，而不仅仅是节点企业、技术方法等资源简单的连接。而库存则作为平衡有限的生产能力和适应用户变化的缓冲手段。

(2)供应链管理关心的并不仅仅是物料实体在供应链中的流动，除了企业内部与企业之间的运输和实物分销之外，供应链管理还包括：①战略性供应商和用户合作伙伴的关系管理；②供应链产品需求预测和计划；③供应链的设计(全球节点企业、资源、设备等的评价、选择和定位)；④企业内部与企业之间物料供应与需求管理；⑤基于供应链管理的产品设计与制造管理、生产集成化计划、跟踪和控制；⑥企业间资金流管理(汇率、成本)；⑦基于供应链的用户服务与物流(运输、库存、包装等)管理；⑧基于互联网/内联网的供应链交互信息管理等。由此可见，供应链管理不但涵盖了现代物流管理的全部内容，而且是从更高的层次上来解决物流管理问题。

(3)供应链管理强调的是把主要精力放在企业的关键业务(核心竞争能力)上，充分发挥其优势，同时，与全球范围内的合适企业建立战略合作关系，而把企业中非核心业务交给合作企业来完成。而现代物流管理强调的是从原材料的调运—成品的销售—包装物等废弃物品的回收以及退货所产生的物流活动的有效性。

(4)供应链管理是基于战略伙伴关系的企业运作模型，因此，它可以利用信息共享(透明性)、服务支持(协作性)、并行工程(同步性)、群体决策(集智性)、柔性与敏捷性等先进的技术和手段来进行企业的流程再造。而现代物流管理是基于物流关系的企业合作关系。虽然它已经从传统的以生产为中心的企业关系模式向物流关系模式转化，也运用了 JIT 和 TQM 等先进的管理思想，并且，为了达到生产的均衡化和物流的同步化，也强调部门间、企业间的合作与沟通，但是，它却无法从根本上进行制造企业内部的流程再造。

(5)供应链管理不仅具有自己的合作机制、决策机制、激励机制和自律机制，还有自己的理论模型、设计原则以及绩效评价指标体系。因此，它是比现代物流涉及的范围更广、层次更高、更加完善的管理模式。

(6)目标不一致。供应链管理的目标是通过管理库存和合作关系,达到对客户的快速反应和整条供应链上的交易成本最低的目标。而现代物流管理是通过各种协调手段,寻求把产品迅速、可靠地达到用户手中所需要的费用与生产、库存管理费用之间的平衡点,从而确定最优的库存投资额。因此,其主要任务仍然是管理库存和运输。

四、第三方物流

(一)第三方物流的概念及特征

第三方物流(Third Party Logistics,3PL 或 TPL)作为一种新型的物流形式,自 20 世纪 90 年代中后期以来,受到我国产业界和理论界的高度关注。"第三方物流"蕴含的物流业务外包思想和一体化物流服务理念已经被越来越多的货主企业和物流企业所接受,按照第三方物流模式开展的物流管理和提供物流服务的企业不断增加,第三方物流已成为现代物流的标志。对于第三方物流的概念,国内外有多种理解方式。我国 2001 年颁布的国家标准《物流术语》将第三方物流定义为"供方和需方以外的物流企业提供物流服务的业务模式"。

第三方物流具有四个方面的特征:信息网络化、关系合同化、功能专业化、服务个性化。

(二)第三方物流的运作模式

第三方物流企业取得成功最重要的因素在于整合物流过程以实现其对客户的增值服务。物流服务中的运输服务、仓储服务和其他功能的综合程度决定着产品的增值程度。因此,第三方物流企业想要实现优质、高效的物流服务并取得丰厚的利润,必须具备物流目标系统化、物流组织网络化、物流信息电子化、物流作业规范化、物流市场业务化等基本条件。第三方物流在我国的主要运作模式如下:

1. 与制造业相结合的物流服务运作模式

以往我国大多数企业都是自己解决产品的运输问题,包括原材料和产成品的运输,而这一部分恰好是第三方物流企业最大的潜在客户。同制造业相结合的第三方物流服务的最大用户群通常是那些在零售店销售的日常洗涤用品、纸制品、化妆品和食品等产品的制造商。第三方物流企业可以依托生产企业,成为它们、特别是中小企业的物流代理商。

2. 与商业零售业相结合的物流服务运作模式

同零售业相结合的第三方物流运作的基本思路有以下五个方面:(1)第三方物流企业、零售商、供应商利用先进的信息系统连接起来,实现信息共享,保证在要求的时间范围内完成 5R(Right place,Right time,Right quantity,Right quality,Right price);(2)建立快速反应的运输系统,保证配送系统顺利运转。(3)建立配送网络,形成完整的信息平台、业务流程和管理流程;以独特的信息交换处理中心为技术支持,通过现代通信和电脑技术组成网络;组织具有实战经验的专家队伍进行市场策划和研发;服务请求提出时,由调度中心调度,配送点送货上门。(4)当物流量较小时,实行共同配送。(5)第三方物流末端配送业务为生产厂商和最终消费者提供了信息平台和物流沟通渠道,可将大型配送中心及量贩店的货物送到消费者家中,也可直接为品牌商提供现成的市场营销网络。

3. 一体化运作模式

物流一体化是物流运作的更高阶段,它强调供应链企业之间的合作。一体化运作模式如图 10—6 所示。

该模式超越了组织结构的界限,将供应商、制造商、销售商和用户同时纳入物流管理的范围,力图从原材料到用户的每个过程来实现物流的管理,利用第三方物流的优势建立和发展与

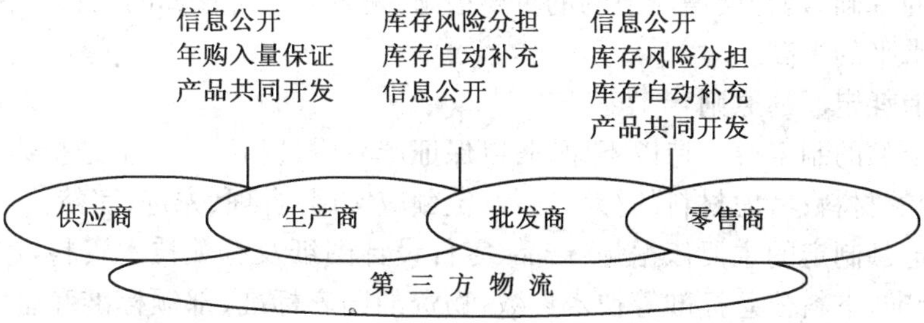

图 10－6　第三方物流一体化运作模式

供应链其他企业的合作关系，形成一种联合力量以赢得竞争优势。该模式突破了传统的供应商与制造商或制造商与分销商的合作关系，也不同于供应商或制造商、分销商与第三方物流的单个联盟关系，而是将供应链上多个环节的活动联系起来，实现物流功能的集成化，提高服务水平，从而赢得竞争优势。

第三节　企业物资管理

一、物资管理

物资，广义物资是物质资料的简称。它既包括自然界直接提供的物质财富，又包括经过人的劳动作用所取得的劳动产品；既包括可以直接满足人们需要的生活资料，又包括间接满足人们需要的生产资料。狭义物资主要是指生产资料，生产资料包括劳动对象和劳动资料，它应具备下列规定性：(1)具有物资的要素(指实物形式)；(2)必须是可用于流转的劳动产品，不包括已经转为固定资产的劳动产品。

物资管理是指借助计划、组织、指挥、监督和调节等职能，依据一定的原则、程序和方法，搞好物资供需平衡，合理组织物资流通，保证生产的活动。

二、物资消耗定额工作

(一)物资消耗定额

物资消耗定额是指在一定的生产技术组织条件下，制造单位产品(或完成单位工作量，或单位工作时间)消耗物资的数量标准。一定的生产技术组织条件是指执行该定额时的具体生产管理水平与条件。单位产品、单位工作量和单位时间表明物资消耗定额是以完成单位生产任务计量的，而且指明了计量生产任务量的三种尺度标志。

(二)物资消耗定额的构成

物资消耗定额由三部分构成：(1)构成产品(零件)净重的物资消耗，它构成消耗定额的主要部分；(2)工艺性损耗量，是指在加工装配过程中不可避免的损耗；(3)非工艺性损耗量，是指工艺性损耗以外的其他不可避免的消耗。

在实际工作中，把产品净重、工艺性损耗量之和称为工艺消耗定额(技术定额)；把工艺消耗定额和合理的不可避免的非工艺性损耗量之和称为消耗定额。

(三)物资消耗定额的作用

物资消耗定额的作用体现在几个方面：物资消耗定额是编制物资供应计划的重要依据，是物资供应管理的基础，是开展增产节约的重要措施，是开展经济核算的工具。它有利于企业生产技术和管理水平的提高。

(四)物资消耗定额的原则

物资消耗定额的制定要坚持以下原则：以保证产品质量和最优供应选择为前提；采用生产效率高、损耗少的材料；考虑材料的综合套裁；定额应实用、合理、先进、完整。

物资消耗定额制定的主要依据是：产品、零件设计图纸及有关技术资料，加工工艺规程文件，加工余量标准，下料公差标准等技术参数；物资的国家标准、部颁标准和企业标准，以及工厂技术标准和有关材料目录；历年材料消耗定额及执行情况的统计分析资料。

(五)物资消耗定额制定方法

物资消耗定额制定方法一般有三种：

1. 经验统计法

经验统计法包括经验估算法、统计法和统计分析法三种。以有关人员的经验或有关资料为依据，通过估算制定出物资消耗定额的方法称为经验估算法。根据统计资料制定出物资消耗定额的方法称为统计法。在分析、研究统计资料并考虑有关影响因素的基础上制定物资消耗定额的方法称为统计分析法。经验统计法是一种经济的方法。其优点是简单易行，容易掌握，适用范围广。该方法在制定主要材料和辅助材料的物资消耗定额时都可以采用。

2. 写实查定法

写实查定法是指根据现场消耗物资的情况，在对物资消耗进行实际查定的基础上制定出物资消耗定额的方法。采用此方法的关键是选择好合适的查定对象，一般适用于生产技术先进，劳动组织合理，物资消耗水平较稳定的典型产品。该方法的优点是真实可靠，缺点是因受生产技术水平和查定人员水平等因素限制，可能把生产和管理工作中的某些与物资用量有关的缺点保留下来。

3. 技术计算法

技术计算法包括三种方法：(1)根据产品设计和生产工艺等计算出物资消耗定额的计算方法。(2)根据产品设计和选择最合理的下料方案来制定物资消耗定额的方法。(3)根据实验计算出生产单位产品或完成单位工作量的物资消耗定额。三种方法结合使用，取长补短，相互验证，适用于大批量、稳定性生产。

三、物资供应计划

物资供应计划是指为满足企业内部需要而筹措供应物资的安排，是物资采购、保管和供应的依据。

(一)物资供应计划的内容

一般包括：(1)物资需求计划，即确定计划期企业生产、科研、技术措施实施、维修、工具等各类物资的计划需要量；(2)物资采购计划，即确定计划期内企业需要购入的各类物资量。

(二)物资需用量的测算

企业物资需用量是指在计划期内保证生产正常进行所必需消耗的经济合理的物资数量。物资需用量的确定是按照每一类物资、每一种具体品种规格分别计算的，而且不同用途、不同种类的物资，需用量的计算方法也不同，其基本方法可分为直接计算法和间接计算法两种。

1. 直接计算法

它是根据计划任务数量和物资消耗定额及回收利用来计算的。其计算公式为：

某种物资的需要量=(计划产量+废品数量)×物资供应定额−计划回收废品、废料再利用数量

2. 间接计算法

间接计算法又称经验预计分析法，具体又分为三种方法。

(1)动态分析法。其计算公式为：

$$某种物资的需用量=\frac{上期实际完成工作量}{本期计划任务量}\times 上期某种物资实际消耗量\times 增减系数$$

增减系数的确定要本着降低物资消耗，考虑计划期内节约措施实现并扣除上期实际消耗中的不合理因素。

(2)类比计算法。这种方法适用于新产品。其计算公式为：

某种物资的需用量=产品计划产量×类似产品物资消耗定额×调整系数

式中，调整系数是指新产品和相似产品在产品结构、工艺方面的用料量之间的比例。

(3)比例计算法。这种方法适用于不易于制定物资消耗定额的用料计算。其计算公式为：

某种物资的需用量=计划期计划总产值×每万元产值所用某种物资消耗量

(三)物资采购量的计算

某种物资采购申请量=该种物资的需用量+该种物资储备定额−已有资源量

四、物资储备定额

物资储备定额是指在一定的生产技术和管理条件下，为了保证生产内经营活动的正常进行，取得预期的经济效果而制定的必需储备的物资的数量(金额)标准。

物资储备定额按使用期限，可分为年储备定额、保险储备定额、季节储备定额。综合三者可以计算最高、最低储备和平均储备。

最高储备=经常储备+保险(安全)储备

经常储备=(进料间隔时间+物资准备天数)×平均每日需要量

保险储备定额=保险储备天数×平均每日需要量

最低储备=保险(安全)储备

$$平均储备=\frac{经常储备+保险储备}{2}$$

季节性储备定额=季节性储备天数×平均每日需要量

五、物资订购量的计算

物资订购量一般是以批量为主，确定最优的订购批量，其目的在于正确确定保证生产所必需的、费用最小的物资储备数量。订购批量是指一次订购的物资数量。订购次数是指购进计划期订购总量物资所用次数。订购批量、订购次数和订购总量三者的关系为：

$$订购批量=\frac{订购总量}{订购次数}$$

在现货订购中，有两种基本的订购方式：

(一)定量订购

定量订购时订购数量相同，而没有固定的订购时间和订购周期，其订购批量一般以经济订购批量(Economic Order Quantity，EOQ)为标准。确定经济订购批量的前提是：物资需用均衡、稳定、计划期(如一年)订购总量一定；每次订购量不受限制，能规定供货日期；物资单价和运输费用率固定，不受订购批量大小影响；不允许缺货；仓储条件和物资储存寿命不受限制；资金条件不受限制。

在物资单价、运输费费率及计划期订购总量一定的情况下，物资总价与一次订购数量的多少无关；订购总费用由订购次数决定，订购次数随订购批量的加大而减少，订购总费用与订购批量成反比关系；储存总费用则随订购批量的加大而增加。经济订购批量是通过平衡采购进货成本和保管仓储成本，来实现总库存成本最低的最佳订货量。

总库存成本＝采购进货成本＋保管仓储成本

采购进货成本是指随着采购次数变动而变动的费用，包括差旅费、邮电费、业务费等。采购进货成本与采购批量成反比例关系，因为每采购一次，就要花费一次采购成本。当在一定时间内采购总量一定时，每次采购的批量大，采购的次数少，采购成本就低；反之，采购批量小，采购次数多，采购成本就大。

保管仓储成本包括搬运费、资金占用利息费、商品损耗费等，它同采购批量成正比例关系。因为当该商品的销量均匀时，每次采购的批量大，平均库存量就大，因而付出的保管仓储成本就高；反之，采购批量小，平均库存量小，需要支付的保管仓储成本也就小。

在采购过程中，既要考虑采购进货成本的节约，也要考虑保管仓储成本的节约，应当力求使二者之和最小。相应地，能使两种成本之和最小的批量也就是经济订购批量，图10－7可以帮助加深对经济订购批量的理解。

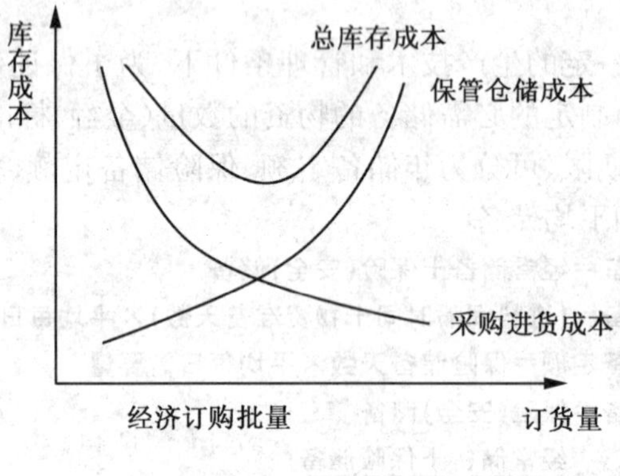

图10－7 经济订购批量

因此，经济订购批量是使订购总费用和储存总费用之和（订购储存总费用）最小时的一次订购量。其计算公式为：

$$经济订购批量=\sqrt{\frac{2\times 全年订购总量\times 一次订购费用}{单位物资平均储备费用}}$$
$$=\sqrt{\frac{2\times 全年订购总量\times 一次订购费用}{单位单价\times 年储备费用率}}$$

（二）定期订购

定期订购是指按规定的时间提出订购，有一定的订货期，而没有固定的订购批量。定期订购中订购批量（每次订购数量）的计算公式为：

订购批量＝（订购时间＋订购间隔）×平均每日需要量＋保险储备量－现有库存量－已定未交货量

式中，订购时间是指自提出订购到物资进货能投入使用的这一时间，订购间隔是指两次订购的间隔时间。

六、仓库管理

工业企业的物资储存,主要是由物资仓库具体承担的。加强仓库管理,做好仓储工作,对于保证物资流通,保证物资供应,保护物资安全,降低流通费用,改善企业经营管理,都有重要的作用。物资仓库的基本职能是:储存和保管物资,密切配合企业生产经营活动;保证物资流通的顺利进行。因此,仓库管理要遵循"及时、准确、经济、安全"的原则,组织实施物资的收储。

(一)仓库库存的分类

仓库库存从生产过程的角度可分为原材料库存、零部件及半成品库存、成品库存三类。

仓库库存从库存物品所处状态的角度可分为静态库存和动态库存。静态库存是指长期或暂时处于储存状态的库存。广义的库存还包括动态库存,是处于制造加工状态或运输状态的库存,即指处于加工状态以及为了生产的需要暂时处于储存状态的零部件、半成品或成品。运输过程的库存指处于运输状态或为了运输的目的而暂时处于储存状态的物品。

仓库库存从经营过程的角度,可分为六种类型:(1)经常库存。在正常的经营状况下,企业为满足日常需要而建立的库存。这种库存随着每日的生产经营需要不断减少,当库存降低到某一水平时(如订货点),就要进行订货来补充库存。这种库存补充是按一定的规则反复进行的。(2)安全库存。为了防止由于不确定因素(如大量突发性订货、交货期突然延期等)建立的库存。(3)季节性库存。为了满足特定季节中出现的特定需要(如夏天对空调机的需要)而建立的库存,或指对季节性出产的原材料(如大米、棉花、水果等农产品)在出产的季节大量收购所建立的库存。(4)促销库存。为了对应企业的促销活动产生的预期销售增加而建立的库存。(5)投机库存。为了避免因货物价格上涨造成损失或为了从商品价格上涨中获利而建立的库存。(6)积压库存。因物品品质变坏不再有效用的库存或因没有市场销路而卖不出去的商品库存。

如果从是否盈利来划分,还可以分为经营性库存和非经营性库存。后者又称国家储备,主要是为了防止自然灾害和战争而准备的缓冲库存,如国家粮食储备库。

(二)影响库存的因素

影响库存的因素较多,主要有以下几个方面:

1. 物资需要量

如果需要量大,库存相应也要大些。

2. 缺货损失

由于缺货而造成生产停顿大的,库存相对应大一些。

3. 物资价格

价格越高,费用越大,库存越应严格控制,尽量压缩库存,哪怕增加订货次数。

4. 订货提前期

订货提前期是指从订货到货能到达的时间。提前期越长,就应提前多一些时间订货,可备一些存货,反之要少订,减少库存。

5. 订货费用

订货要花费一些费用,如检验费、手续费、差旅费等。它们与订货次数成正比,如果每次订货费用开支大,应减少订货次数,增加库存。

6. 保管费用

货物进入企业就要保管，要发生保管费用，如利息支出、库存保管费用。

7. 物资保管期间损失费用

这部分费用与库存成正比。

上述因素相互联系又相互制约，要兼顾而不能顾此失彼。总之，要适应生产实际需要，考虑现实供货条件、资源，力求最大限度地节约，不积压、不浪费，形成一个良性的循环。

（三）库存控制方法

库存控制方法很多，有物资卡片控制法、物资预算控制法、经济订购批量法、订货点法、ABC分析法以及将计算机用于物资管理的物资需求计划（MRP）法等。这里重点介绍ABC分析法。

ABC分析法又称库存分类管理控制法，是ABC分析法在库存管理中应用的方法。ABC分析法是意大利数理经济学家、社会学家维尔弗雷多·帕累托研究人口和社会问题而得出的分析方法，这个方法后来被用于质量管理等方面。ABC分析法用一句话可以概括为“分清主次、分类管理”。

ABC分析法用于库存管理，是将库存物资按品种多少和资金占用额大小进行分类。分类的依据是企业各种物资需要量与品种之间存在着一个基本规律，即少数品种的物资占用了大部分储备资金，多数品种的物资占用储备资金少。在库存管理中，抓住品种少但资金占用额大的物资重点管理。

物资分为ABC三类的依据如下：(1)A类物资，即库存物资品种累积占全部品种的5%～10%，而资金累积数占全部资金总额的70%左右。(2)B类物资，即库存物资品种累积占全部品种的20%～30%，而资金累积数占全部资金总额的20%左右。(3)C类物资，即库存物资品种累积占全部品种的60%～70%，而资金累积数占全部资金总额的10%左右。

ABC分析法一般包括以下步骤：(1)根据不同的管理对象和内容，收集有关的数据，作为分类的依据，这些数据一定要做到准确、可靠；(2)将收集到的准确、可靠数据进行整理，按ABC分析法的要求进行分类，分别计算出数量、金额及所占百分比，并加以汇总；(3)编制ABC分类表；(4)绘制ABC分类图；(5)确定重点管理方式。

（四）库存现场管理

库存现场管理主要应做好物资的入库、保管保养、出库等环节的工作。

1. 物资入库前管理

物资入库前管理，应做好接运、验收、办理入库手续工作。一定要严格验收，验收前做好准备，验收时要核对订货合同、业务凭证、检点验收实物，发现问题及时处理。验收后办理入库手续，建立入库物资明细账、保管卡片、物资业务技术档案等。要做到认真、齐全、完备。

2. 库中物资管理

保养要做好物资的业务保管，物资应分区分类储存，物资应编号定位，要在保管期内经常检查，进行物资盘点。物资要堆码苫垫。保护物资，减少损失。物资要按类别堆码成一定的货垛，在货垛上部加盖合适的苫布等覆盖物，在底部衬垫适宜的物料。物资还要经常加以养护，以防腐蚀、潮湿老化、虫咬等，防止出现损坏、老化、变质、流失等现象。

3. 物资的出库管理

物资出库时，要坚持手续明确，认真审核，加强核算，防止浪费，甚至欺骗、冒领行为，在出库时要坚持“先进先出”原则。

思考与练习

1. 物流管理与供应链管理的基本概念是什么?
2. 设备管理的主要内容有哪些?
3. 物资管理的主要工作是什么?

技能训练

1. 以小组为单位走访一家企业,并同企业的相关负责人就企业的设备管理、物流管理及物资管理交流看法。

2. 阅读有关介绍快递企业的文章。

3. 分析自己小组所收集 20～30 个企业的物流管理、物资管理情况并进行班级交流。

案例讨论与分析

从物流到供应链:宝供的战略转型

宝供物流企业集团有限公司(以下简称宝供)市场部经理谢家涛认为,他们的产品是企业的竞争力。他们完成了关于宝供由第三方物流企业向供应链一体化解决方案提供商转型的调研规划报告。

在一个小型的媒体见面会上,宝供的总裁刘武偕 IBM 工商企业事业部南中国区经理黄建新一起亮相,宣布宝供将与 IBM 合作,为企业提供供应链一体化解决方案,并证实了宝供由第三方物流企业向供应链服务商进行战略转型的消息。这说明宝供不再满足于只充当企业物流规划执行者的角色,进而想成为企业物流规划的参与者甚至是主要的制定者。

宝供是国内较为成功的第三方物流企业,从承包一个铁路货运转运站到成为业内的翘楚。面对物流行业整体利润日趋摊薄而传统行业的竞争日趋激烈的现状,物流企业为获得竞争优势,纷纷在压缩成本方面下工夫。比如在两三年前,一辆载重为 5 吨的 7.2 米货车从广州到上海的价格是 5 000～6 000 元,高的时候甚至达七八千元,而现在的价格则只有 3 000 元左右,刨除燃油、车辆损耗和沿途的路桥收费等各项成本,跑一趟下来还赚不了百来块钱。

另一方面,由于许多企业缺乏对从上游的原材料供应商、自身内部的生产流程到下游的仓库配送商、承运商直到零售商等物流环节的全过程整体规划,致使因在物流的某一环节压缩成本而导致整体成本上升的事情时有发生,许多企业正在为供应链问题付出高昂的代价。有人分析,就像近来出现巨亏的康佳,其亏损的主要原因在于巨量库存,这主要是因为其销售渠道和销售策略出现了问题,更进一步说,就是因为他们的供应链出现了问题。数据表明,国内家电类企业因供应链不畅而造成的成本损失一般要占其年营业额的 10%左右。问题之所在恰恰是市场机会之所在。用一组数据来说明问题:假设全国有 1 000 家家电企业,这些企业的年平均营业额为 2.5 亿元,那么这些企业每年因供应链不畅而造成的成本损失就高达 250 亿元,而按照国际惯例,进行供应链整合第一年的收费大概是这个数字的 10%,也就是 25 亿元,这还只是家电行业,整个市场空间有多大,也就可想而知了。而这里面还没有计算实施供应链方案而带来的储运业务收入的增加。

此外,随着专业分工的细化,越来越多的企业管理者开始将主要精力专注于自己的核心竞争力,除了主要技术的研发和产品主要部件的生产之外,越来越多的业务正在被外包出去,他们愿意花在上游的原料采购及下游的产品销售环节的精力也在变少。因此,他们也就更加希望与其合作的物流公司能以专业公司的身份对他们的整个物流体系提出一个一揽子解决问题的方案,而不需要他们去为这些问题操心。这些都在推动着物流企业向供应链方向靠拢。

也正是在这种背景下,宝供提出了要向供应链方向转型。为了确保转型成功,宝供目前主要采取了三个方面的措施:一是对运作资源进行整合。最近宝供正投入巨额资金在广州、上海、苏州、合肥等地建设大型的物流基地。二是加强信息技术。目前宝供正在开发仓库管理系统,并将在次年实施 ERP 系统。三是提高人员素质。邀请专家加盟,充实物流规划方面的人员,并实施其用于加深员工对供应链认识的人员培训计划——"北极星计划"。在外部,宝供也在力图为这种转型创造条件,一方面,宝供将由其主办的第六届物流技术与管理研讨会的主题定为"供应链变革问题与解决方案";另一方面,宝供还与 IBM 联系合作,以期利用 IBM 在信息技术方面的优势共同切入供应链服务这一市场。

宝供与 IBM 之间正在就合作的具体事宜进行磋商,宝供认为"IBM 通过与我们的合作使得它们的技术和工具落到了实处;宝供与 IBM 合作使自己的服务得到了提升"。双方合作是一种互补的关系,IBM 提供工具而宝供实施服务,共同来解决供应链的问题。

"以后我们的主要业务,一是与需要服务的企业一起制定一个合理的供应链解决方案,二是通过我们的物流服务来确保这个方案的实施以达到目标。"谢家涛说。

"宝供的这步转型应该说已经涉及它们核心价值的转移,它们以后的利润着眼点与现在将会有很大的区别。"宝供以物流专业公司的身份参与企业物流计划的制订,将以前的销售、生产、采购等单个环节的物流业务作综合性的规划,以自身的专业经验为企业提供更为优化的物流方案,这不仅能为企业压缩物流成本,也使得宝供在物流企业传统的运输费、仓储费等收入的利润空间正在缩小的条件下,获得了一个新的主要利润来源。"通俗一点说,就是宝供以前主要靠储运业务赚钱,以后则主要靠供应链解决方案来赚钱了。"

宝供转型的底气主要来自三个方面:一是宝供丰富的专业经验,二是宝供在业内较高的运作水平,三是宝供的人力资源水平及由此带来的较高的规划和执行能力。宝供不仅要以自身的专业经验与企业共同制定一个合理的方案,更要具体执行这个方案来确保达到提出的目标,因此,对于服务的企业而言,宝供提供的方案将显得更有可信度和可操作性。

宝供要向供应链服务商的角色转型,面临的困难也不小。首先是来自信息的透明化。目前国内的第三方物流企业主要的服务对象都是"三资"企业,国内目前应用第三方物流的企业只占 2%～3%。对于国内的许多企业而言,它们不愿意应用第三方物流并不是没有意识到其中的好处,而是不愿意看到原先许多不规范的暗箱操作要在与第三方物流信息共享时透明化。而供应链的整合尤其是对上游供应商材料采购的物流整合则直接牵涉到企业自身的生产计划等核心信息,要使这部分信息做到透明化,更是难上加难。其次是相互间的利益平衡问题。供应链整合的一大基础在于分工细化的各环节,企业专注于自身的核心竞争力,而将其他业务外包。对于国内许多缺乏领先技术的企业来说,它们的比较优势就在于生产和营销等环节。目前,国内许多企业都拥有一个庞大的营销体系,这不仅是它们的利润来源之一,更是它们同下游的经销商们讨价还价的一张底牌。如果在对供应链整合的过程需要对这一环节进行调整,所要遇到的阻力可想而知。

思考与讨论:

谈谈宝供由第三方物流企业向供应链服务商战略转型的利与弊。

第三篇

现代企业管理方法

第十一章

现代企业管理计划方法

· 关键词汇

甘特图　负荷图　滚动计划法　网络计划技术　关键路线法　计划评审技术

第一节　计划方法概述

一、计划的概念及特点

计划是指管理者根据企业内外部的实际情况，在科学地对有关影响企业经营的因素进行预测的基础上，确定在未来一定时期内企业所要达到的目标以及制定实现目标的行动方案的过程和活动。

科学合理的计划对于有效整合企业经营资源、强化企业各方面的目标导向、提供管理的控制标准、降低经营风险、提高资源利用效率等都有重要作用。

计划具有五大特征：(1)目的性，即企业计划必须明确提出企业经营的目的；(2)首位性，即企业管理要把制订计划放在突出的位置，没有计划企业经营就会没有章法；(3)普遍性，即企业的计划应该体现在企业的各个层面并且贯穿企业经营的整个过程；(4)效率性，即企业的计划要有效率意识，要讲究资源配置的效率；(5)创新性，即强调企业计划不能因循守旧而应该随着经营环境的变化不断创新。

一般来说，计划要回答六个问题：做什么？为什么做？何时做？何地做？谁去做？怎么做？

二、计划的类型

按计划的期限，可分为长期计划、中期计划、短期计划。长期计划一般是指 5 年以上的计划，它主要确定组织的长远目标和发展方面。中期计划一般是指 1 年以上、五年以下的计划，它主要确定组织具体的目标和战略。与长期计划相比，中期计划的内容要具体一些，操作性更强。短期计划一般是指1年及1年以内的计划，它是对长期、中期计划的具体落实，与长期计划、中期计划紧密挂钩。

按计划在企业中的层次，可分为战略计划、战术计划、作业计划。战略计划是组织设立的总体目标，是寻求组织长远发展的宏观性质的计划。战术计划又称施政计划，由中层管理者制定，它以时间为中心，将战略计划中的基本目标、基本政策变为确定的目标和政策，并规定达到各种目标的确定时间。作业计划是组织制定的实现总体目标的手段，是保证组织目标实现的微观性质的计划。

按不同职能，可分为生产计划、销售计划、供应计划、财务计划和人力资源计划等。

三、计划编制的程序

尽管不同计划在具体编制过程中会有差异，但一般的计划编制都遵循如下程序：(1)估量机会，根据市场需求变化趋势、竞争对手的动向、自己的优势和劣势来分析状况或者说认识机会；(2)确立目标，就是明确整个经营活动需要在什么方向上、实现什么目标和何时完成等指标；(3)确定前提条件，即认清前提，就是要对组织未来的内外部环境和所具备的条件进行分析和预测，弄清计划执行过程中可能存在的有利条件与不利条件；(4)拟定可供选择的方案；(5)评价各种备选方案，就是根据评价标准分析每个备选方案的利弊，对每个方案进行评价，回答哪种方案最有可能以最低的成本和最高效益实现目标；(6)选择方案，制定将采取的行动方案；(7)拟订派生计划，即落实总计划下投资、生产、人力、采购等分计划；(8)编制预算，就是落实企业资源的分配。

企业制订计划的方法很多，计划工作效率的高低和质量的好坏很大程度上取决于采用的计划方法。本章后几节主要介绍几种常用的现代计划方法。

第二节 甘特图和负荷图

一、甘特图

(一)甘特图的含义

甘特图(Gantt Chart)又称横道图、线条图，它是以图示的方式通过活动列表和时间刻度形象地表示出任何特定项目的活动顺序与持续时间。横向表示时间，纵向表示要安排的活动，线条表示在整个工期内计划的和实际的活动完成情况，它言简意赅又容易读懂，既有助于指明一项活动或任务当前的实际状况，且能够评估工作或任务是否按计划进行。甘特图多用于小型项目，在企业管理工作中甘特图按反映的内容不同，可分为计划图表、负荷图表、机器闲置图表、人员闲置图表和进度表五种形式。

(二)绘制甘特图的主要步骤

(1)明确项目牵涉到的各项活动、项目。内容包括项目名称(包括顺序)、开始时间、工期，任务类型(依赖/决定性)和依赖于哪一项任务。

(2)绘制甘特图草图。将所有的项目按照开始时间、工期标注到甘特图上。

(3)确定项目活动依赖关系及时序进度。使用草图，并且按照项目的类型将项目联系起来，并且予以安排。

此步骤将保证在未来计划有所调整的情况下，各项活动仍然能够按照正确的时序进行。

也就是确保所有依赖性活动能并且只能在决定性活动完成之后按计划展开。同时避免关键性路径过长。关键性路径是由贯穿项目始终的关键性任务所决定的，它既表示项目的最长耗时，也表示完成项目的最短可能时间。

(4)计算单项活动任务的工时量。

(5)确定活动任务的执行人员及适时按需调整工时。

(6)计算整个项目时间。

(三)甘特图的绘制举例

在甘特图中，横轴方向表示时间，纵轴方向并列编号、工作内容或者操作人员等。图表内以线条、数字、文字代号等来表示计划(实际)所需时间，计划(实际)产量，计划(实际)开工或完工时间等。

某电器公司是一家以微波炉生产为主的企业，现在想新上一款微电脑控制微波炉，经分析，研制工作可以分解成如下工序过程，见表 11—1(每周按 5 天，每天按 8 小时工作计算)。

表 11—1　"微电脑控制微波炉"研制项目工作时间及工作量估计表

代号	工作名称	工作时间(周)	工作量估计(工时)	平均周工作量(工时)	工力人数(每周)	最早开始时间
A	总体设计	3	6 000	2 000	50	1
B	单元定义	2	4 000	2 000	50	1
C	机体设计	1	1 600	1 600	40	1
D	传动装置试制	1	4 000	4 000	100	4
E	芯片试制	2	4 000	2 000	50	4
F	壳体试制	4	8 000	2 000	50	6
G	电脑控制系统设计	1	3 200	3 200	80	4
H	电动机设计	2	12 000	6 000	150	5
I	测试	2	4 000	2 000	50	4

根据上述工作时间及工作量估计表(表 11—1)，可以绘制如图 11—1 所示的甘特图。

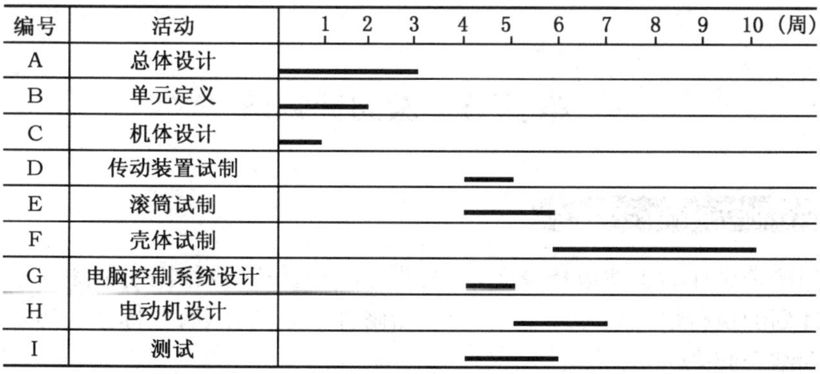

图 11—1　甘特图

二、负荷图

(一)负荷图的含义

负荷图(Load Chart)是一种修改了的甘特图,它在纵轴上不是列出活动,而是列出整个部门或者某些特定的资源,如人力资源、某种材料等。负荷图可以帮助管理者有效规划和控制生产能力。

(二)绘制负荷图的主要步骤

(1)计算工作中心负荷。对每个工作中心,按周期将各订单所需的负荷工时累加,获得各工作中心各周期的计划负荷需求。

(2)计算工作中心可用能力。每周期工作中心可用能力可用下式计算:

可用能力=机器数或操作人员数×每班工时×每日班数×每周工作日数×利用率×效率

(3)根据工作中心负荷及每周期工作中心可用能力,确定各工作中心的负荷与能力直方图及负荷分析报告。

(三)负荷图的绘制举例

仍采用前述电器公司生产微电脑控制微波炉的例子,根据甘特图可以绘制如图11—2所示的负荷图。从图11—2可以看出,电脑微波炉研制项目对人力资源需求的最高峰为5～7周,分别需要280人、250人和200人。

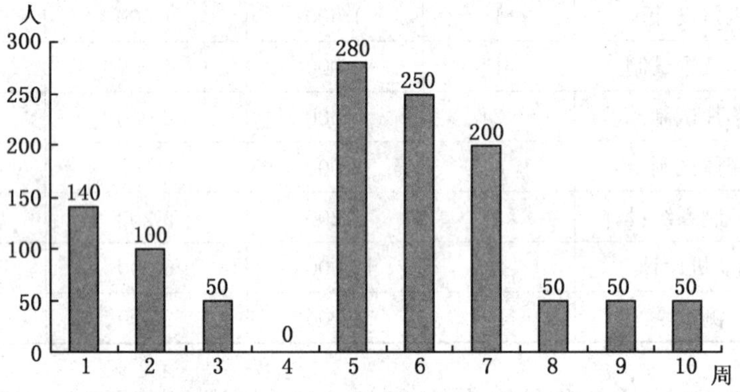

图11—2 负荷图

第三节 滚动计划法

一、滚动计划法的概念及特点

滚动计划法是企业为了适应环境变化,按照“近细远粗”的原则制定的相对长期的计划,它动态地按照计划的执行情况和环境变化,调整和修订未来的计划,并逐期向后移动,把短期计划与中期计划结合起来。

滚动计划是一种动态编制计划的方法。它克服了静态分析中等一项计划全部执行完毕再重新编制下一时期计划的不足,要求在每次编制或调整计划时,均将计划按时间顺序向前推进一个计划期,即向前滚动一次,按照制订的项目计划进行施工,这对保证项目的顺利完成具有十分重要的意义。但是现实中常常因为各种企业经营要素存在大量不确定因素，项目进行过程中经常会出现偏离计划的情况，因此要跟踪计划的执行过程，以发现存在的问题。滚动计划可以监督过程执行的费用支出情况，

二、滚动计划法的制定流程

滚动计划法在制定时要求企业同时制订未来若干期的计划，这些计划按照“近期计划尽可能细、远期计划适当地粗”的原则互相衔接。首先明确整个计划可能分成几个时期，然后综合考虑企业经营的内外环境，制订第一个时期的详尽计划，在此基础上，制订第二、第三及整个后面的粗略计划，在第一期计划终了时，根据计划执行的结果和企业条件、市场需求的变化，对第二期计划进行必要的调整和修订，并将计划期顺序向前推进一期，如此不断滚动、不断延伸。例如，某企业在 2010 年底制订了 2011～2015 年的五年计划，如采用滚动计划法，到 2011 年底，根据当年计划完成的实际情况和客观条件的变化，对原定的五年计划进行必要的调整，在此基础上再编制 2012～2016 年的五年计划。其后依此类推，如图 11－3 所示。

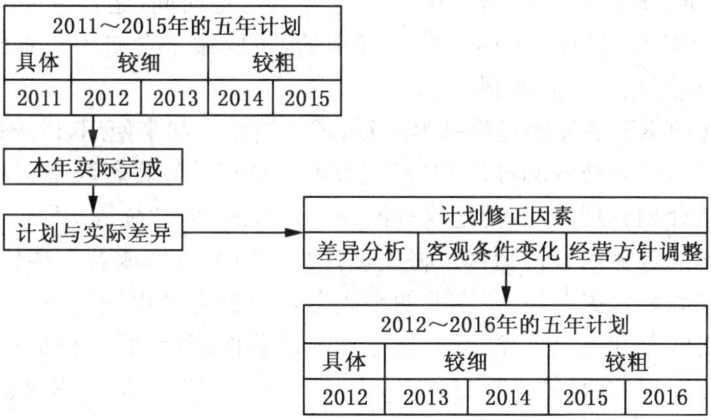

图 11－3　滚动计划法的制定流程

滚动式计划法能够根据变化了的组织环境及时调整和修正组织计划，体现了计划的动态适应性。而且，它可使中长期计划与年度计划紧密地衔接起来。

滚动计划法虽然使得计划编制工作任务量加大，但在计算机已被广泛应用的今天，其优点十分明显：

(1)把计划期内各阶段以及下一个时期的预先安排有机地衔接起来，使计划具有预见性，而且定期调整、补充，从方法上解决了各阶段计划的衔接和符合实际方面的问题。

(2)较好地解决了计划的相对稳定性和实际情况的多变性这一矛盾，使计划更好地发挥其指导生产实际的作用。

(3)使企业的生产活动能够灵活地适应企业条件、市场需求的变化，强化了企业的灵活性，综合考虑各方面因素，从而有利于实现企业预期的目标。

滚动计划法既可用于编制长期计划，也可用于编制年度、季度生产计划和月度生产作业计划。不同计划的滚动期也不一样。一般而言，长期计划按年滚动，年度计划按季滚动，月度计划按旬滚动，等等。

第四节 网络计划技术

网络计划技术是首先运用网络图形式来表达一项计划中各个工序(任务、活动等)的先后顺序和相互关系,其次通过计算找出关键运作和关键路线,接着不断改善网络计划,选择最优方案并付诸实践,然后在计划执行中进行有效的控制与监督,保证人、财、物的合理使用。

随着科学技术和生产的迅速发展,出现了许多庞大而复杂的科学和工程项目,它们工序繁多、协作面广,常常需要动用大量人力、物力和财力。因此,如何合理而有效地把它们组织起来,使之相互协调,在有限的资源条件下,以最短的时间和最低费用,最好地完成整个项目,就成为一个突出的重要问题。美国杜邦公司和兰德公司于 1957 年联合研究的关键路线法(Critical Path Method,CPM)和美国海军特种计划局和洛克德航空公司提出的计划评审技术(Program Evaluation and Review Technique, PERT)都主张运用网络计划技术来解决此类问题。CPM 假设每项活动的作业时间是确定值,它不仅考虑时间,还考虑费用,其重点在于费用和成本的控制;而 PERT 中的作业时间是不确定的,主要用于含有大量不确定因素的大规模开发研究项目,其重点在于时间控制。

后来 CPM 和 PERT 的发展趋势基本一致,常常被结合起来使用,以求得时间和费用的最佳控制。我国对网络计划技术的推广和应用也较早,1965 年,著名数学家华罗庚首先在我国推广和应用了这些计划管理方法,他把这种网络计划技术称为"统筹法"。

网络计划技术的具体内容包括:(1)将一项计划(工程)分解成若干项作业(活动),并将它们之间的先后顺序和相互关系填入"作业明细表",再根据它画出网络图。(2)通过时间计算,找出网络图的关键线路和关键工序。(3)通过不断改善网络计划,选择最优方案并付诸实施,即网络计划的优化。(4)在计划执行过程中,进行有效的控制和监督,保证合理地使用人力、物力和财力,按预定目标完成任务。

一、网络图的构成要素

网络图是反映一项任务中各组成部分之间的相互关系的图。由于图的形状如同网络,故称网络图。网络图由活动、事项、路线三部分组成,如图 11—4 所示。

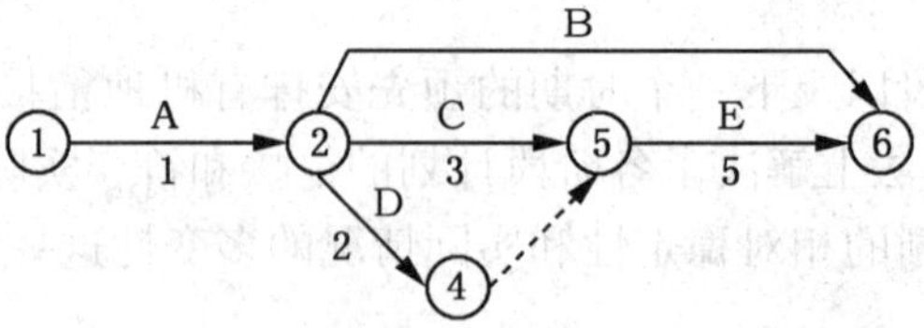

图 11—4 网络图

(一)活动

一项工作或一道工序又称工种工序作业。活动分为实活动和虚活动两种。实活动占用时间,消耗资源,用"→"(又称箭线)表示。箭尾表示活动的开始,箭头表示活动的终结和传递方向,箭线上方标明活动名称,下方标明完成该项活动所需要的时间。从箭尾到箭头表示该项活动的作业时间。虚活动不占用时间、资源，仅仅表示逻辑关系。虚活动用“┈┈▶”表示，其作用是把相关活动连接起来，指明活动的前进方向，其箭线长短与工序时间长短无关。

(二)事项

事项也称结点，是指某一项活动的开始或结束的那一瞬间，它不消耗资源和时间，一般用符号“○”表示。事项有双重含意，既表示前一事项结束，也表示后一事件开始，它具有瞬时性、连续性和直观性。在网络中，左边第一个结点称为始点，最右端的结点称为终点，其余为中间事项。如图 11—4 中，事项②既表示 A 项活动的结束，又表示 B、C、D 项活动的开始。对中间事项②来说，A 为其紧前工序，B、C、D 为其紧后工序。

(三) 路线

在网络图中，从始点开始顺着箭线的方向连续到达终点为止的通道称为路线。在一个网络图中通常有多条路线，其中作业时间之和最长的那条路线称为关键路线，可用粗实线或双线表示。其上的工序叫关键工序，关键路线一般用双实线或加粗线表示。

二、绘制网络图的规则

绘制网络图的规则具体有以下几点：

(1)方向性。各项活动顺序排列，从左至右，不能反向(如图 11—5 所示)。

图 11—5　网络图的绘制(1)

(2)无回路。即箭线不能从某一结点出发，又回到该结点。

(3)箭线的首尾部必须有结点，不能从一条箭线的中间引出另一条箭线(如图 11—6 所示)。

图 11—6　网络图的绘制(2)

(4)两点一线。相邻两个结点之间只能有一条箭线直接相连，如果存在两个以上的活动，其余的应使用虚活动表示(如图 11—7 所示)。

图 11—7　网络图的绘制(3)

(5)每项活动都应有结点表示其开始与结束。

(6)事先编号,从小到大,从左至右,不能重复使用。

(7)源汇合一。每个网络图中,只能有一个始点事项和一个终点事项;如果出现几道工序同时开始或结束,可用虚箭线同网络始点事项或终点事项联结起来(如图 11—8 所示)。

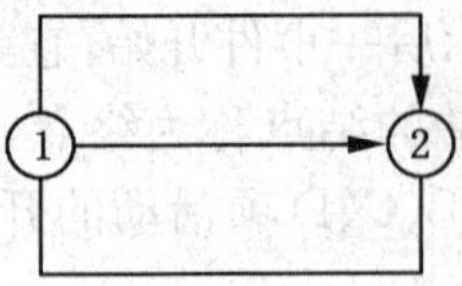

(错误)

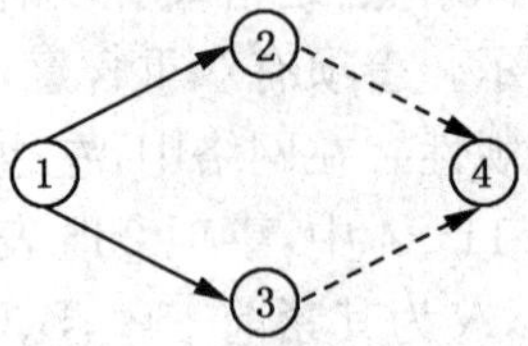

(正确)

图 11—8 网络图的绘制(4)

(8)箭线交叉必须用暗桥(如图 11—9 所示)。

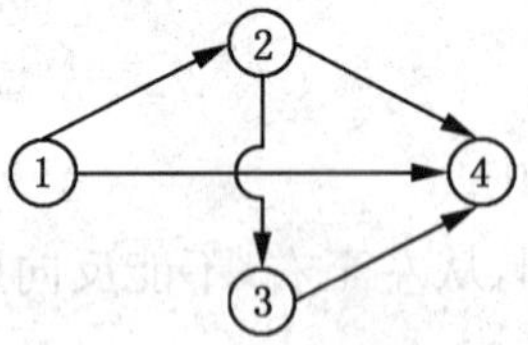

图 11—9 网络计划图绘制(5)

三、网络时间的计算

(一)作业时间

作业时间是指完成某一项工作或工序所需要的时间,可以用小时、日、月等单位来表示。确定作业时间时,要深入进行调查研究,使作业时间既能反映生产的实际情况,又能反映先进的技术水平。确定作业时间有两种情况:一是肯定型的,由劳动定额、工时定额等标准确定;二是非肯定的,可采用三点估计法来计算。其计算公式为:

$$t(i,j)=\frac{1}{6}(a+4m+b)$$

式中,$t(i,j)$为作业时间;a 为顺利条件下可能完成的最短作业时间,也称为最乐观时间;b 为不利条件下可能完成的最长时间,也称为最悲观时间;m 为正常条件下最有可能完成的时间,也称为最可能时间。

(二)结点时间

结点本身不占时间,它只表示某项活动应在某一时刻开始或结束。因此,结点时间有最早开始时间和最迟结束时间之分。

1. 结点最早开始时间

结点最早开始时间是指从该结点出发的各项活动最早可能开工的时间。用 t_E 表示,其数值计入"□",并标在事项旁。网络始点事项的最早开始时间为零。网络中间事项的最早开始时间的计算可归纳为前进法、加法、挑最大法,即从始点开始计算,并且按编号从小到大,顺着箭头的方向,逐个进行计算。其计算公式为:

$$t_E(1)=0$$

$$t_E(j)=\max\{t(i,j)+t_E(i)\}$$

式中，$t_E(1)$为始点事项的最早开始时间；$t_E(j)$为箭头事项 j 的最早开始时间；$tE(i)$为箭尾事项 i 的最早开始时间；$t(i,j)$为与 i 和 j 相连的作业时间。

2. 结点最迟结束时间

结点最迟结束时间是指进入该结点的各个作业最迟必须完成的时间。若不完工就将影响后续活动的按时开工，使整个项目不能按期完成。用 t_L 表示，其数值计入"△"内，并标在事项旁。网络终点事项的预计最迟结束时间就是它的预计最早开始时间。其他事项的最迟结束时间的计算方法有后退法、减法、挑最小法，即以终点事项开始计算，并且按编号从大到小，逆着箭头的方向，逐个进行计算。其计算公式为：

$$t_L(n)=t_E(n)$$

$$t_L(i)=\min\{t_L(j)-t(i,j)\}$$

式中，$t_L(n)$为终点事项的最迟结束时间；$t_E(n)$为终点事项的最早开始时间；$t_L(i)$为箭尾事项 i 的最迟结束时间；$t_L(j)$为箭头事项 j 的最迟结束时间。$t(i,j)$为与 i 和 j 相连的作业时间。

(三)工序时间

工序时间包括工序最早开始时间、工序最早结束时间、工序最迟开始时间，工序最迟结束时间。有了结点的时间参数，工序时间参数的计算就简单了。工序时间的计算如下：

工序最早开始时间 $t_{ES}(i,j)$=该工序箭尾结点的最早开始时间 $t_E(i)$

工序最早结束时间 $t_{EF}(i,j)$=该工序最早开始时间+该工序的作业时间= $t_{ES}(i,j)+t(i,j)$

工序最迟结束时间 $t_{LF}(i,j)$=该工序箭头结点的最迟结束时间 $t_L(j)$

工序最迟开始时间 $t_{LS}(i,j)$=该工序最迟结束时间-该工序的作业时间= $t_{LF}(i,j)-t(i,j)$

计算工序最早开始时间和最早结束时间，应从网络始点事项开始，自左向右，前进加法取大值。计算工序最迟开始时间和最迟结束时间，应从网络终点事项开始，自右向左，后退减法取小值。

(四)时差

时差是指在不影响整个计划的完工期限的条件下，该项目可以推迟开工或推迟结束的最大机动时间。时差可以通过下式取得，即：

$$\begin{aligned}R(i,j)&=t_{LS}(i,j)-t_{ES}(i,j)\\&=t_{Lf}(i,j)-t_{Ef}(i,j)\\&=t_L(j)-t_E(i)-t(i,j)\end{aligned}$$

式中，$R(i,j)$为某项活动(工序)的时差。

(五)关键路线的确定

工作总时差的作用在于，根据它确定关键工作和找出关键路线。所谓关键工作，就是工作总时差为零的工作，也就是在此线路上各项工作的开始时间或结束时间没有任何机动余地的工作。而关键路线是指从项目开始到结束占用时间最长的路线。在关键路线上，各项工作的总时差均为零；反之也成立，即由工作总时差为零的工作连接成的从始点到终点的路线，就是关键路线。由关键工作和关键路线的定义，可以得出以下几个要点：

(1)项目的总工期是由关键路线的工作总时间决定的。

(2)由于关键路线上各项工作的总时差均为零，因此，其中任何工作若不能按期完成，则会使整个计划的完工期推迟相同的时间。

(3)如果要缩短项目的计划完工期限,应当设法缩短某些关键工作的作业时间,而缩短非关键工作的作业时间,对计划完工期没有影响。

(4)某个项目网络计划中的关键路线可能不止一条。

综上所述,总时差的变化对网络图总工期的影响是很明显的。不难看出,在生产作业控制时,只有把重点工作放在关键作业上,保证关键作业上人、财、物的供应,严格控制作业时间,才能有效保证生产按期完成。

四、绘制网络图

已知某项工程的作业程序及作业时间如表 11－2 所示,绘制网络图,并根据关键路线确定工程周期,进行工序时差计算。

表 11－2　　某项工程的作业程序及作业时间

工序(作业)名称	紧前工序	工序(作业)时间(天)
A	—	4
B	—	6
C	A	6
D	B	7
E	B	5
F	C,D	9
G	C,D	7
H	E,F	4
I	G	8

第一步:根据工程顺序绘制网络图(如图 11－10 所示)。

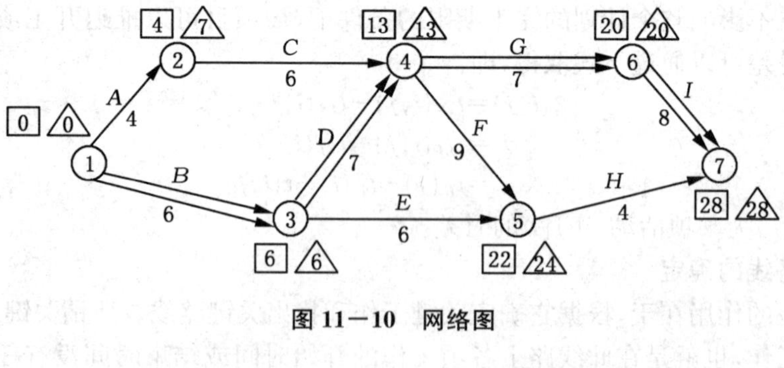

图 11－10　网络图

第二步:计算事项的最早开始时间和最迟结束时间,标在网络图上。

第三步:计算工序时差(见表 11－3)。

表 11—3　　工序时差

工序(作业)	工序时间	开始时间		结束时间		时　差
		最　早	最　迟	最　早	最　迟	
A	4	0	3	4	7	3
B	6	0	0	6	6	0
C	6	4	7	10	13	3
D	7	6	6	13	13	0
E	5	6	19	11	24	13
F	9	13	15	22	24	2
G	7	13	13	20	20	0
H	4	22	24	26	28	2
I	8	20	20	28	28	0

关键路线如图 11—11 所示。

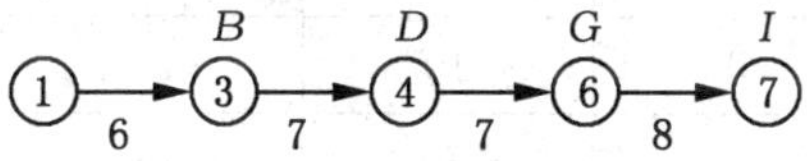

图 11—11　关键路线

工程周期为:6+7+7+8=28(天)

五、网络计划的优化

网络计划的优化是指在一定的约束条件下,从时间、资源、成本的最佳配合上完成计划任务,达到预定的或更为理想的目的。优化的基本方法是利用时差,不断改善网络计划的最初方案,使之获得最佳的工期、最低的成本和对资源的最有效的利用。优化是逐步接近的,优化的过程会带来对网络的反复调整和计算,工作量较繁重,宜采用电算方式。

网络计划的优化有时间优化、成本优化和资源优化等几种。

(一)网络计划的时间优化

网络图的时间优化,是指在人力、设备、资金等有保证的条件下,寻求最短的工期。在初步制定了网络图,并找出了关键路线后,可采取以下措施进行时间优化。

【例 11—1】 某厂生产的某产品共有 7 道工序,其工序流程及每道工序所需的时间如表 11—4 所示。要求进行时间优化。

表 11—4　　某产品工序流程及所需时间

工序名称	A	B	C	D	E	F	G
紧前工序	—	A	A	B	B	C、D	E、F
时间(天)	1	8	5	3	7	3	1

1. 绘制网络图(如图 11—12 所示)

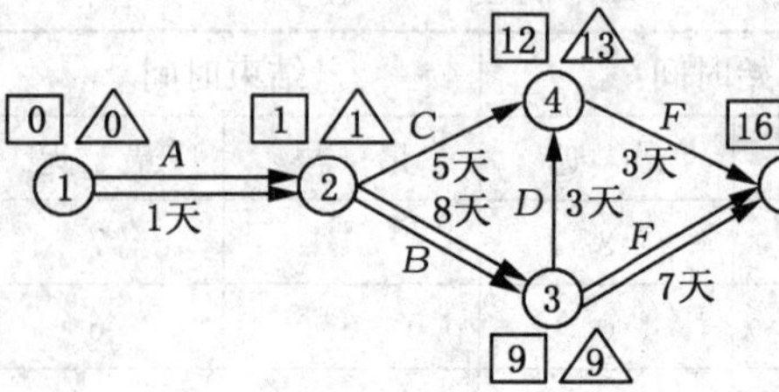

图 11—12 网络图

2. 计算工序时差(见表 11—5)

表 11—5 工序时差的计算

工序(作业)	工序时间	开始时间		结束时间		时　差
		最　早	最　迟	最　早	最　迟	
A	1	0	0	1	1	0
B	8	1	1	9	9	0
C	5	1	8	6	13	7
D	3	9	10	12	13	1
E	7	9	9	16	16	0
F	3	12	13	15	16	1
G	1	16	16	17	17	0

3. 确定关键路线

用双线表示,即①②③⑤⑥,共计时间 17 天。

4. 时间优化措施

(1)利用时差,从非关键路线上合理调配资源到关键工作上,使工期缩短。从网络图中,能清楚地看出非关键路线上的松动时间。例如:工序 D、工序 F 可以往后松动 1 天,不至于影响工序 G 在第 16 天开始。同理,工序 C 可以往后延迟 6 天,不至于影响工序 F 在第 12 天开始。这样总共延迟 7 天。

(2)设法缩短关键路线上的工作时间。

(3)进行作业分解,采取平行作业或交叉作业的方法,调整工序间的衔接关系。

(4)通过增加人、财、物等资源,使计划达到加快速度、缩短生产周期的目的。

对于有多条关键路线的网络图,应当首先尽量压缩各条路线上的共同作业的作业时间。如果共同作业无法压缩,则应当分别压缩各条关键路线上的作业时间。每条路线所压缩的总时间要相等。

网络图上的各项作业经过上述过程的调整,原网络图的结构和作业时间都可能发生变化。因此,要根据调整后的情况,重新绘制网络图和计算时间参数。通过计算了解新的工期,还可以知道关键路线是否发生变化(有的时候由于原来的关键路线经过调整,关键作业的作业时间会缩短,从而出现新的关键路线或者多条关键路线)。对于新的工期,如果还不能满足要求,则应当根据上述方法重新进行调整,直到满意为止。

(二)网络计划的时间—成本优化

网络计划的时间—成本优化,是指以最低的成本提前或按期完成任务。一项工程的总成本可分为直接费用与间接费用两大类。直接费用是指能够直接计入成本的费用。这些费用可能是与人工有关的费用,如加班费、雇用更多工人的支出,以及从其他岗位调用工人的费用;而另外一些可能与资源有关,如购买或租赁附加设备、高效率设备,以及借用辅助设施的支出。与维持项目正常进行有关的费用称为项目的间接费用,包括日常管理费用、设施维护费用、资源的机会成本,以及在有合同约束下的罚款和奖励支出。因为活动的直接费用和项目的间接费用随时间的变化而变化,所以制订计划的关键就是寻找最小总费用的项目工期。直接费用和间接费用与工期的关系如图 11—13 所示。

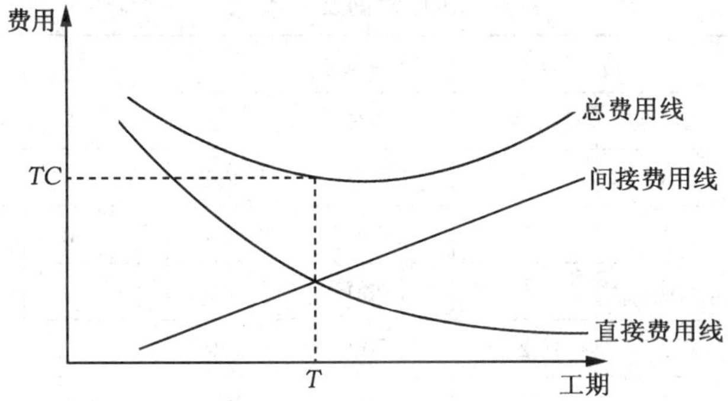

图 11—13　工期—费用曲线

从图 11—13 可以看出,随着工时的缩短,直接费用增加,而间接费用减少,这必然会产生一个总费用最低(TC 点)与所对应的最佳工期(T)。寻求这一时间的过程即为工期—费用优化。

一项活动的直接费用与作业时间的关系如图 11—14 所示。图中 B 点所对应的直接费用为 C_B,称为正常费用,与此对应的完工时间 t_B 称为正常时间。图中 A 点,是完成该活动最短时间 t_A 的对应点,称为赶工时间,与此对应的直接费用 C_A 称为赶工费用。

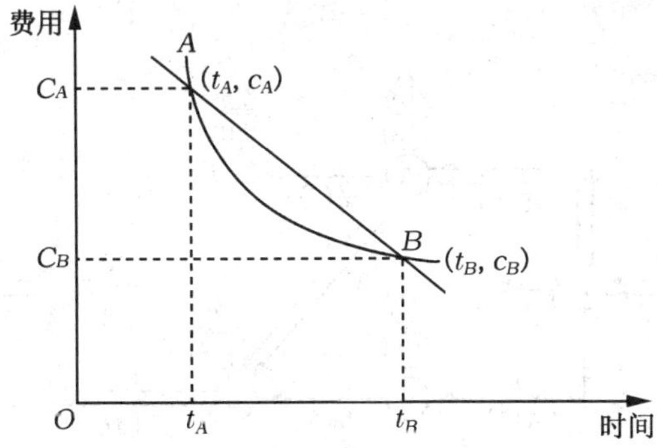

图 11—14　直接费用与作业时间的关系曲线

从正常费用到赶工费用,其值随作业时间的变化而变化。假设是直线变化,直接费用的增长率称为成本斜率,可以近似计算为:

$$\text{成本斜率} = \frac{\text{赶工费用} - \text{正常费用}}{\text{正常时间} - \text{赶工时间}}$$

【例 11—2】 某工序的正常时间是 5 天，赶工时间为 3 天，正常费用为 600 元，赶工费用为 900 元，则：

$$成本斜率=\frac{900-600}{5-3}=150(元/天)$$

同一工期中，不同工作的成本斜率值不同，成本斜率越大，说明压缩一个单位时间所增加的成本也越大。

下面举例说明时间—成本优化的步骤。

【例 11—3】 某产品各工序的时间及成本资料如表 11—6 所示，间接费用为每天 1 000 元，求工程总量费用最小的工程总工期。

表 11—6　　工序时间及成本

活动代号	紧前活动	工时（天）		活动费用（元）		赶工成本（元）	可能缩短工期（天）	成本斜率（元/天）
		正 常	赶 工	正 常	赶 工			
A	—	8	6	4 000	5 000	1 000	2	500
B	A	4	3	2 000	2 800	800	1	800
C	A	10	6	6 000	6 600	60	4	150
D	C	2	2	500	500	0	0	0
E	B	6	5	5 000	5 200	200	1	200
F	C	4	2	3 000	3 200	200	2	100
G	D	4	3	1 000	1 700	700	1	700
H	E,F	7	4	8 000	11 600	3 600	3	1 200
I	G,H	5	4	5 000	5 800	800	1	800

时间—成本优化的步骤如下：

第一步：绘制网络图，见图 11—15，按正常工作时间计算网络时间，确定关键路线和总工期。

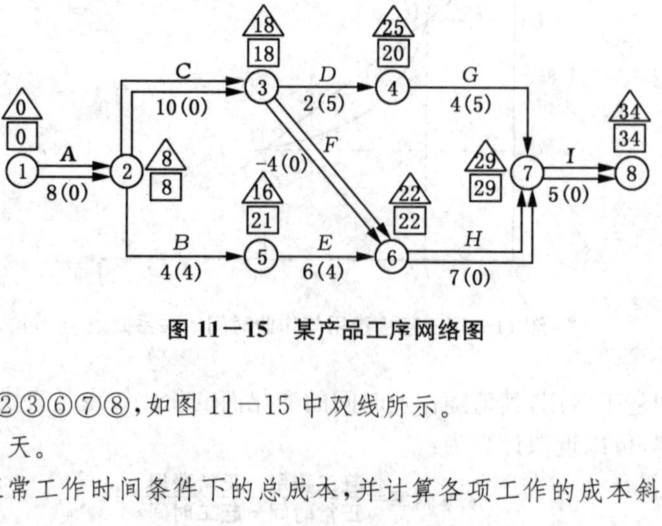

图 11—15　某产品工序网络图

关键路线是①②③⑥⑦⑧，如图 11—15 中双线所示。

产品工期为 34 天。

第二步：求出正常工作时间条件下的总成本，并计算各项工作的成本斜率。

总成本＝$\sum$各项工作直接成本＋间接成本＝3.45＋34×0.1＝6.85(元)

第三步：选择被压缩的工作(作业、工序)，计算压缩后的工期及工程成本节约额。要注意以下事项：(1)压缩工期的工作必须是关键工作；(2)被压缩对象的顺序是从成本斜率最低的工作开始；(3)当有多条关键路线时，应优先考虑缩短它们的共同作业的作业时间。

第一步优化：先压缩费用率最低的F活动2天，依费用率高低再压缩C活动2天、A活动2天、I活动1天(压缩时要防止关键路线发生转移)。此时，总工期缩短(即提前)共7天(2＋2＋2＋1)，工程费用节约额为：

费用的节约额＝1 000×7－(100×2＋150×2＋500×2＋800×1)＝4 700(元)

第二步优化：A、I活动已不能压缩，考虑成对关键路线②③⑥和②④⑥。要在成对的关键路线上进行压缩，就必须在成对的关键路线上压缩相同的时间，否则，会出现劳而无功的现象。②③⑥路线图中，F活动费用率最低，不可能再压缩，只能压缩C活动，C活动的费用率为150元/天；②④⑥路线中，E活动的费用率比B活动的费用率低，C和E活动费用率之和为350元(150＋200)，比工程每天的间接费用1 000元低，因此，成对压缩C和E活动各1天(因为E活动只有1天可压缩)，此时，工程总工期缩短1天，工程费用节约额为：

费用的节约额＝1×1 000－(150＋200)×1＝650(元)

第三步优化：至此，C活动还有1天可以压缩，B活动也可以压缩1天，其费用率为800元，成对压缩C和B活动的费用率之和为950元(150＋800)，低于工程的间接费用，因此，成对压缩C和B活动各1天，工程总工期又缩短1天，工程费用节约额为：

费用的节约额＝1×1 000－(150＋800)×1＝50(元)

由于工程项目中，进一步成对压缩关键活动的费用率均大于1 000元，即总工程压缩1天，直接费用的增加额将大于工程提前1天完工间接费用的节约额，因此，优化过程到此结束。这样，最佳工期为34－(7＋1＋1)＝25(天)，总工期压缩后工程总费用为：

工程总费用＝赶工前的工程总费用－工程费用节约额＝68 500－(4 700＋650＋50)＝63 100(元)

(三)网络计划的时间—资源优化

网络计划的资源优化是指在投入资源最少，或在合理使用资源的条件下，如何合理组织生产，使任务提前或按期完成，求得工期与资源的最佳结合。资源包括各工作过程中的人员、设备以及相关的材料等。实施一项计划的可用资源都是有数量限制的，也不可能忽多忽少地运用。时间—资源优化的步骤和方法的要点是：

第一，根据规定的工期和工作量，计算出作业所需要的资源数量，并按计划规定的时间单位作出日程上的进度安排。

第二，在不超过有限资源和保证总工期的条件下，合理调配资源，将资源优先分配给关键线路上的作业和时差较小的作业，并尽量使资源能均衡地、连续地投入，避免骤增骤减。

第三，必要时适当调整总工期，以保证资源的合理使用。

资源优化工作是一项工作量较大又十分具体的工作，它要按每一物资种类、每一工种、每种设备逐一平衡。资源优化工作主要靠试算。网络计划中的资源优化可采用启发式方法进行。它的基本思路是在保证关键线路各工序所需的资源条件下，合理运用非关键工序的时差，使资源均衡利用。

第五节 ERP

一、ERP 简介

ERP(Enterprise Resource Planning，企业资源计划)强调对供应链的整体管理，将供应商、制造商、协作厂家、用户甚至竞争对手都纳入管理资源，使业务流程更加紧密地集成在一起。先进的 ERP 系统已能提供 APS(高级计划调度系统)模块，支持多种预测模型、统计模型的需求计划，全球的、多层次的 ATP、CTP 功能，优化排程的工厂计划管理和考虑供应链范围的资源排程的供应链计划等功能。

(一)物料需求计划

物料需求计划系统，即 Material Requirement Planning，简称 MRP，它根据独立需求所决定的主生产计划，按生产物料清单结构逐层分解，同时考虑物料的库存量和计划接收量，算出物料的净需求，再按制造提前期或采购提前期倒排计划，确定所需物料的开始生产日期和采购订货日期。MRP 解决企业生产什么、生产多少、何时生产、何时采购等一系列复杂的问题，实现了物流和信息流的集成。

然而，MRP 只考虑物料的需求与供应之间的平衡，忽略了加工能力的供应与需求之间的矛盾，因而计划缺乏预见性和可执行性。

(二)闭环 MRP

闭环 MRP 是在 MRP 的基础上，增加了能力计划模块。通过对能力供需矛盾情况的分析，采取相应调整生产能力或生产计划的措施，从而使最终得到的 MRP 更具有实现的可行性。

(三)制造资源计划

制造资源计划系统，即 Manufacturing Resource Planning，简称 MRP Ⅱ，是在闭环 MRP 的基础上，增加了财务模块和成本模块。

MRP Ⅱ系统实现了在处理物料计划信息的同时，同步处理财务信息。它用金额表示产品销售计划和库存量，以说明销售收入和资金占用，它给物料赋以货币属性用以计算成本和方便报价，用金额表示能力、采购和外协计划以编制预算等。

总之，MRP Ⅱ使得财务会计系统能同步地从生产制造系统获得资金信息，随时控制和指导经营生产活动，使之符合企业的整体战略目标。

(四)ERP 的产生

到 20 世纪 90 年代，客户的需求越来越个性化，交货周期缩短，产品生命周期缩短，竞争越来越激烈，整个世界的经济活动也出现了经济一体化特征，这些变化对企业参与竞争的能力提出了更高的要求。在这种市场环境里，仅靠一个企业所拥有的资源是不够的，于是出现了“纵向一体化”。“纵向一体化”形成了一条从供应商到制造商再到分销商的贯穿所有企业的“链”。于是便产生了供应链管理(Supply Chain Management)这一新的经营与运作模式，这时的市场竞争不再是单一企业的竞争，而是供应链之间的竞争。

这时以面向企业内部信息集成为主的 MRP Ⅱ系统已不能满足企业多元化(多行业)、跨地区、多供应和销售渠道的全球化经营管理模式的要求。供应链管理的出现促进了企业资源计划(Enterprise Resources Planning，ERP)的发展，ERP 着眼于供应链管理，在 MRP Ⅱ基础上增加了适应供应链管理需求的新功能。

二、ERP系统的管理思想

ERP的核心管理思想就是实现对整个供应链的有效管理,主要体现在以下三个方面:

(一)着眼对整个供应链资源进行管理是ERP管理的基本思想

全球化趋势下的知识经济时代,企业仅靠自己的资源将很难提高市场竞争力,企业必须把经营过程中的有关各方如供应商、制造工厂、分销网络、客户等纳入一个紧密的供应链中,才能有效地安排企业的产、供、销活动,满足企业整合全社会市场资源,快速、高效地进行生产经营的需求,这样才能提高效率并在市场上获得竞争优势。即现代企业竞争已经不是单一企业之间的竞争,而是一条企业供应链与另一条企业供应链之间的竞争。ERP系统实现了对整个企业供应链的管理,适应了企业在知识经济时代市场竞争的需要。

(二)体现精益生产和敏捷制造的思想

ERP系统支持对混合型生产方式的管理,其管理思想表现在两个方面:一是"精益生产"(Lean Production,LP)的思想,即企业按大批量生产方式组织生产时,把客户、销售代理商、供应商、协作单位纳入生产体系,企业同其销售代理、客户和供应商的关系,已不再简单地是业务往来关系,而是利益共享的合作伙伴关系,这种合作伙伴关系组成了一个企业的供应链,这就是精益生产的核心思想。二是"敏捷制造"(Agile Manufacturing)的思想。敏捷制造的概念是美国里海大学雅柯卡研究所等专家在其撰写的《21世纪制造战略》报告中提出的。其含义是企业在无法预测的持续、快速变化的竞争环境中生存、发展并扩大竞争优势的一种新的经营管理和生产组织模式,其最基本的特征是智能和快速。所谓智能,是指利用员工的智慧、知识、经验及技艺的能力。快速是指对市场需求变化的快速响应。革新的组织管理机构、柔性技术、有知识和技艺的员工是敏捷制造的三大基石。敏捷制造是以虚拟公司的组织形式出现的,它通过企业间优势互补的动态联盟参与竞争,在联盟内通过产品制造、信息处理和现代通信技术的集成,实现人、知识、资金和设备的集中管理和优化利用,以便迅速改变制造过程、设备和软件,快速生产批量的多种新产品投放市场。

(三)体现事先计划与事中控制的思想

ERP系统中的计划体系主要包括主生产计划、物料需求计划、能力计划、采购计划、销售执行计划、利润计划、财务预算和人力资源计划等,而且这些计划功能与价值控制功能已完全集成到整个供应链系统中。

另一方面,ERP系统通过定义事务处理(Transaction)相关的会计核算科目与核算方式,以便在事务处理发生的同时自动生成会计核算分录,保证了资金流与物流的同步记录和数据的一致性,从而实现了根据财务资金现状,可以追溯资金的来龙去脉,并进一步追溯所发生的相关业务活动,改变了资金信息滞后于物料信息的状况,便于实现事中控制和实时作出决策。

此外,计划、事务处理、控制与决策功能都在整个供应链的业务处理流程中实现,要求在每个流程业务处理过程中最大限度地发挥每个人的工作潜能与责任心,流程与流程之间则强调人与人之间的合作精神,以便在有机组织中充分发挥每个人的主观能动性与潜能。实现企业管理从"高耸式"组织结构向"扁平式"组织机构的转变,提高企业对市场动态变化的响应速度。总之,借助IT技术的飞速发展与应用,ERP系统得以将很多先进的管理思想变成现实中可实施应用的计算机软件系统。

三、企业实施 ERP 的意义

现代企业实施 ERP 对于提高企业运营的效率、实现对需求的快速反应、使企业有更好的适应性、减少质量成本、提供综合信息更好地支持决策,从而增加企业利润等方面都有积极的意义,同时还可提升企业形象,提高顾客满意度。具体而言,实施 ERP 的意义包括:

(一)缩短订货提前期

在准时生产时代,企业应该有一个强有力的库存管理系统与采购、生产系统紧密合作。面对成千上万的物料,靠手工或传统的信息来为每一种物料制定订货提前期几乎是不可能的。因此,可以采用 MRP 方法和供应商管理,但这都离不开信息系统的支持。

(二)准时运输

在产品多样化时代,企业要能够应付顾客的特殊要求,以标准的订货提前期完成个性化产品的任务。为此,必须将传统的为库存生产的模式改变成为订单而生产。ERP 可以提供备货型与订货型模式的最好组合,可以由生产模拟功能进行模拟,从中选择最优的生产方式,对采购、库存、生产制造、生产计划、销售等模块自动进行调整,从而提高生产效率,系统还有例外处理机制,在失控前提出警告。管理人员可以获得任何层次所需要的信息,还可以跟踪事物的发展进程。

(三)缩短产品开发和生产周期

ERP 可以融合许多功能并进行自动处理,例如,缩短数据传输时间、减少错误、提供工艺和产品性能之间的关系以提高设计能力与 CAD(计算机辅助设计)软件包连接,交换外观、零件、BOM(物料清单)等各方面的信息,从而提高开发效率。

在传统库存在生产模式下,生产周期长的原因是生产计划由手工完成,或者通过隔离信息系统来完成,而实行 ERP 系统,在按键之后将自动完成。在订单生产方式下,CAD 设计的产品信息可以自动转换到 EPR 系统,节省了手工输入的时间和费用,可缩短 30%～50%的设计时间。ERP 结合 CAD 可缩短周期时间;利用 CAM(计算机辅助制造),在物料管理、生产计划等各方面也都缩短了时间。

(四)提高资源利用率

ERP 通过提供平衡生产能力的功能,包括制订各层次的生产能力计划,以满足主生产计划(MPS)、MRP、车间管理(SFC)的要求,实现能力与需求的平衡。ERP 系统提供了深层次的生产能力计划,甚至可以精确到特定的设备和零件。ERP 还具有模拟生产的功能,以寻找最优方法。它将各个模块——生产、物料、设备、销售——紧密联系在一起,保证了存货的合理水平,设备以最合理的方式运转,产品满足顾客需求,因而提高了资源和生产能力的利用率。

(五)提高顾客满意度

具体表现有不需要支付额外的费用或等待更长的时间就可以实现产品(服务)的个性化;利用互联网可在家中订货以及网上支付,实现了及时性;利用网上跟踪产品生产、技术支持以及顾客信息档案等,实现了无缺陷产品(服务)。

(六)提高供应商的供货水平

ERP 通过运用供应商管理和控制系统,认真选择供应商,监督、控制采购费用和优化日程安排,可及早发现问题并加以解决,以实现保证质量和供货及时的目的。ERP 中的 QMS(质量管理系统)提供的全面质量管理的工具能够对供应商进行有效的分类,以保证在提前期和费用不变的情况下实现材料的质量最优。

四、ERP系统的主要模块

基于企业管理主要包括生产控制（计划、制造）、物流管理（分销、采购、库存管理）、财务管理（会计核算、财务管理）和人力资源管理四方面的内容，一般ERP系统包括以下四大模块：

（一）生产控制管理模块

生产控制模块是将企业的整个生产过程有机地系统化，目的在于理顺生产流程、降低库存、提高生产效率。其主要模块有：

（1）主生产计划。根据生产计划、预测和客户订单的输入来安排将来各周期中提供产品的种类和数量。

（2）物料需求计划。以主生产计划为基础，根据物料清单，把整个企业要生产的产品的数量转变为所需生产的物料的数量。

（3）能力需求计划。以初步的物料需求计划为基础，结合所有工作中的总工作负荷，制订工作能力需求计划。

（4）车间控制。随时间变化的动态作业计划。将作业分配到具体各个车间，再进行作业排序、作业管理、作业监控。

（5）制造标准。编制计划中需要的许多生产基本信息就是制造标准，包括零件、产品结构、工序和工作中心等。

（二）物流管理模块

物流管理模块就是对生产运营中涉及的物流信息进行整合，包括以下模块：

（1）分销管理。对营销相关的销售产品、销售地区、销售客户等各种信息进行管理和统计，并可对销售数量、金额、利润、绩效、客户服务作出周全的计划。

（2）库存控制。通过控制存储物料的数量，以保证稳定的物流支持正常的生产，又尽量少地占用资本。

（3）采购管理。确定合理的订货量、稳健的供应商和保持最佳的安全储备。

（三）财务管理模块

ERP的重要特点就是能够及时地将生产、物流、人力的信息与财务信息对接，监控企业的运营效益。财务管理包括以下模块：

（1）会计核算。这主要是记录、核算、分析企业经济活动中的资金运动过程及结果。

（2）财务管理。这主要以会计核算的数量为基础，预测、监控财务指标变化。

（四）人力资源管理模块

人力资源管理模块是将人力资源信息与财务、生产系统对接，动态反映企业运营中的人力资源与生产的匹配状况。它包括以下模块：

（1）人力资源规划的辅助决策。将企业人员、组织架构及与生产的匹配编制、人员成本分析加以模拟方案编制，辅助管理者作出最终决策。

（2）招聘管理。设计招聘过程和招聘成本的管理，从而降低招聘成本。

（3）工资核算。能根据公司的不同薪资结构及处理流程制定与之相适应的薪资核算方法；与时间管理直接集成，能够及时更新，使得员工的薪资核算动态化。

（4）工时管理。根据具体情况，安排企业的动作时间以及劳动力的作息时间表。

（5）差旅核算。系统能够自动控制从差旅申请、差旅批准到差旅报销整个流程。

思考与练习

1. 常用的企业管理计划方法有哪些？它们各有什么优缺点？

2. 某项工程共有7项活动，各项活动之间的相互关系及其作业时间如下表所示。根据表中资料，完成下列要求：(1)绘制网络图；(2)计算各结点的最早可能开始时间和最迟必须开始时间；(3)找出关键路线；(4)计算该工程的工期。

活动名称	A	B	C	D	E	F	G	H
紧后活动	C,D	E,F	E,F	G	G	H	—	—
活动时间(天)	12	10	12	6	5	8	6	2

技能训练

1. 以小组为单位选择一个项目部进行拜访，了解其制订计划的情况。

2. 为自己所设立的模拟公司策划一个项目，分别用不同的计划方法编制计划。

第十二章

现代企业管理决策方法

• 关键词汇

程序化决策　非程序化决策　单目标决策　多目标决策　确定型决策　风险型决策
对抗型决策　不确定型决策　量本利分析　经营安全率　决策树　贝叶斯决策
乐观原则　悲观原则　折中原则　最小后悔值原则

第一节　管理决策概述

一、管理决策的概念与特征

(一)管理决策的概念

对决策的理解有许多角度，本书认为决策可以理解为对未来行为作出决定的行为，是对未来活动的目标和实现目标的方案做出选择。广义的决策包括目标和方案的制定以及目标和方案的选择；狭义的决策是指目标选择和方案选择。

诺贝尔奖获得者西蒙提出“管理就是决策”的观点。通俗地说，就是已经知道“做什么”，要解决的问题是“怎么去做”或“怎样更好地去做”。

管理决策是指企业为实现战略目标，在局部范围内，对生产计划、技术引进、产品结构、资金投入、人事管理等问题进行抉择。

(二)管理决策的特征

决策的主要特征有四个方面：

1. 动态性

动态性是指不可能用一次决策来指导整个管理，而应该根据企业经营内外环境的变化，决策者审时度势，不断做出新的选择。动态性体现在时间和空间两个方面。时间上，社会经济系统的状态并非静止而是随着时间的变化而变化的；空间上，系统内部各要素之间以及系统与环境之间的相互联系、相互作用，也都是在运动变化中实现的。

2. 将来性

将来性是指决策者做的决定或承诺不影响过去只对将来造成影响。这就要求管理者有较高的决策水平,能够做出正确的决策,给企业经营带来更大的价值;反之,错误决策将会给企业经营造成不可估计的负面影响。

3. 系统性

这是强调决策牵一发而动全身,必须站在企业经营整体立场上,将决策所涉及的各要素作为一个相互联系、相互作用的整体,去寻求决策目标、环境、准则和内部条件之间的动态平衡,使决策科学合理。

4. 信息性

信息性要求科学合理的决策必须要以充分的信息为根据,否则很容易失败。

二、管理决策的类型

管理决策可以按照不同的标准、不同的角度分成多种类型。

(一)按决策的层次,可分为战略决策、管理决策和业务决策

战略决策是指企业为了谋求与经常变化的市场环境取得动态平衡,着眼企业长期的、全局的、根本的生产经营问题,对企业总任务、总方针、总发展等所作出的决策。这种决策一般由企业最高层作出。

管理决策是企业为了实现战略目标,所做的涉及内部人力、物力和财力的配置的决策。

业务决策也称作业决策或战术决策,是指企业在一定的经营管理水平基础上,为了提高日常业务效率所进行的决策,这种决策一般是由组织基层管理者作出的。如日常生产调度安排、生产安排、销售管理、质量控制、财务支出等都是业务决策。

(二)按决策的结构或思维与问题结合情况的不同,可分为程序化决策和非程序化决策

程序化决策是一种有章可循的决策,可以借助一定的规章和程序反复地运行。

非程序化决策则无章可循,基本上靠决策者的经验和判断。其特点是一次性,没有重复性,而且很灵活。

(三)按决策主体的数量,可分为集体决策和个人决策

集体决策即由多人共同参与决定的决策,个人决策即由决策者个人独自做出的决策。

(四)按决策目标的多少,可分为单目标决策和多目标决策

单目标决策即仅有一个目标的决策,多目标决策即有两个或两个以上的目标的决策。

当前及未来的决策正呈现由单一目标决策向多目标决策发展的趋势,所以决策的难度在增大,技术也愈趋复杂。

(五)按决策所处的环境或条件,可分为确定型决策、风险型决策、不确定型决策与对抗型决策

确定型决策是一种肯定状态下的决策,即是在有关因素完全可以预测的情况下作出的决策,其决策方案只有一种结果。

风险型决策也称统计型决策,它处于一种没有完全把握的环境中,处理问题的决策方案有多种可能出现的结果。

不确定型决策是指对自然的不确定,即极难预测未来的情况,其估计成分比较大。

对抗型决策也称竞争型决策,除了考虑现实的环境因素外,它更多关注竞争对手的情况。

(六)按决策目标的清晰程度,可分为确切目标决策和不确切目标决策

确切目标决策是一种定量性强的决策,运用数学方法可以精确地计算与定位,即可以用它来精确描述的目标。

不确切目标决策也称模糊目标决策。由于信息不完备等原因，人们在作决策的时候只能在大脑中形成模糊的直觉或概念。

其他的分类还有如从是否可以量化的角度，将决策分为定量与定性决策；从所要执行的决策在时间上是否相互依赖，划分成动态决策与静态决策；等等。

第二节 确定型决策方法

一、确定型决策的概念

决策分析中，决策函数一般依赖于决策变量和状态变量。当状态变量固定时，每一个行动方案都对应着一个确定的结果值，决策函数仅仅依赖于决策变量，这种决策称为确定型决策。它是现实中决策问题受到的限制条件最少的一类情况，其核心是要选择最满意的行动方案使决策函数取得最优值。确定型决策有三个特点：目标明确，可以用目标函数的形式表达；约束条件明确，可以用数学模型表示；因为只有一个未来的选择，所以每个方案只能产生一个结果。

二、盈亏平衡分析方法

量本利分析又称盈亏平衡分析，它是通过对业务量（产量、销售量、销售额）、成本、利润三者相互联系、相互制约关系的综合分析，对三者进行有关决策的数学分析方法，其应用范围极为广泛。

量本利分析的核心是盈亏平衡点分析，即通过盈亏平衡的确定，可以预先判定销售量达到什么水平才能保证企业不亏损，从而为经营决策提供科学的依据。盈亏平衡点通常用在一定的销售价格和生产成本时，企业的销售总收入等于总成本即利润为零时的销售量来表示，该销售量称为盈亏平衡点产量。

量本利分析中的量，在以销定产的条件下，销售量与产量看成是同等的，用 Q 表示；成本可分为固定成本和变动成本，固定成本通常用总固定成本 F 表示，变动成本通常用单位变动成本 C 表示；利润这里表现为销售总收入与总成本之差，用 Z 表示，其中销售总收入为销售量与销售单价之乘积，销售单价用 P 表示，销售收入用 S 表示。

由此可以写出量本利分析的平衡式：

$$S=F+C\cdot Q+Z \quad 即 \quad P\cdot Q=F+C\cdot Q+Z$$

经营条件的各种变化可由该基本平衡式的变换加以反映，因此该平衡式有各种应用，以便人们作出决策。

1. 盈亏平衡点的确定

当盈亏平衡时，利润为零，设此时的销售量为 Q_0，由基本平衡式可得出：

$$Q_0=\frac{F}{P-C}$$

即用单位边际贡献（$P-C$）去抵偿总固定费用时的产量。

盈亏平衡点的确定也可由图示法求出（见图 12－1）。

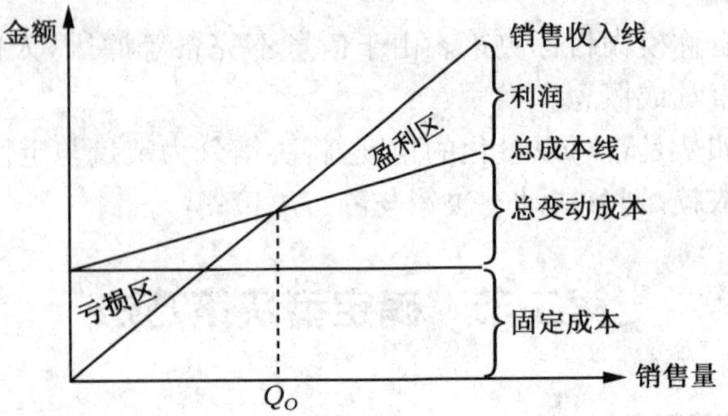

图 12—1 量本利分析

【例 12—1】 某企业生产的某产品销售单价为 400 元，固定总成本为 800 万元，单位变动成本为 200 元，求盈亏平衡点的销售量。

解：$Q_0=\frac{F}{P-C}=\frac{8\ 000\ 000}{400-200}=40\ 000$（台）

盈亏平衡点有时也用销售额来表示。其计算公式为：

$$S_0=Q_0\cdot P=\frac{F}{P-C}\cdot P=\frac{F}{1-\frac{C}{P}}=\frac{F}{1-\frac{v}{S}}$$

式中，v 为总变动成本，S 为销售收入总额。

【例 12—2】 某企业 2014 年销售额为 1 200 万元，总固定费用为 400 万元，变动费用总额为 600 万元，求盈亏平衡点的销售额。

解：$S_0=\frac{F}{1-\frac{v}{S}}=\frac{400}{1-\frac{600}{1\ 200}}=800$（万元）

2. 确定完成目标利润时的销售量

如企业某年要实现目标利润 Z'，则根据基本平衡式变换可得实现目标利润时的销售量。其计算公式为：

$$Q'=\frac{F+Z'}{P-C}$$

【例 12—3】 某销售公司销售一种 CD 机，售价 300 元，该公司固定总成本为 50 万元，单位变动成本为 230 元。如果 2014 年要实现目标利润 20 万元，问：销售量应达到多少？

解：$Q=\frac{F+Z'}{P-C}=\frac{(50+20)\times 10^4}{300-230}=10\ 000$（台）

3. 确定企业的目标成本

【例 12—4】 某企业销售一种商品，单价为 100 元，固定总成本为 10 万元；据市场预测，2014 年销售量为 10 000 件。若如要实现目标利润 2 万元，则单位变动应控制在多少？

解：由基本平衡式可得单位变动成本的控制目标为：

$$C'=\frac{P\cdot Q'-F-Z'}{Q'}$$

则该商品的单位变动成本应控制在：

$C'=\frac{P\cdot Q'-F-Z'}{Q'}=\frac{100\times 10\ 000-100\ 000-20\ 000}{10\ 000}=88$（元）

4. 判断企业的经营状态

企业的经营状态可以通过经营安全率来加以判断。

$$L(\text{经营安全率})=\frac{Q-Q_0}{Q}\times 100\%$$

式中，$Q-Q_0$ 表示安全余量，即实际销售量与盈亏平衡点销售量之差，经营安全率表示安全余量在总销售量中所占的比例。通常按表12—1所示的标准衡量企业的经营状态。

表12—1 **经营安全衡量指标**

经营安全率(%)	>30	25～30	15～25	10～15	<10
经营状态	安全	较安全	不太安全	警惕	危险

【例12—5】 某企业总固定费用为20万元，产品单位变动成本为20元，销售单价为30元，2014年实现利润10万元。试判断该企业的经营状态。

解：$Q=\frac{F+Z}{P-C}=\frac{(20+10)\times 10^4}{30-20}=30\ 000$（件）

$Q_0=\frac{F}{P-C}=\frac{20\times 10^4}{30-20}=20\ 000$（件）

$L=\frac{Q-Q_0}{Q}\times 100\%=\frac{30\ 000-20\ 000}{30\ 000}\times 100\%\approx 33.33\%$

$L>30\%$，表明该企业的经营状态安全。

此外，还可根据实际问题运用量本利分析基本平衡式的变换作多种决策应用以及多产品生产的量本利分析。

三、线性规划方法

企业在经营决策中经常要解决两类问题：(1)在人力、物力、财力等资源一定的情况下如何合理地使用和调配这些资源，使之能取得最好的经济效益（即求极大值问题）；(2)在产品目标一定的情况下，如何统筹安排，做到以最小的投入去完成这一目标（即求极小值问题）。线性规划能够较好地解决此类问题。

线性规划决策需要满足三个条件：(1)每一个决策方案都可用一组非负的未知数（$x_1,x_2,\cdots,x_n$）的具体数值表示；(2)企业进行生产经营活动应有一个明确的目标，即要实现利润的最大化或成本的最小化；(3)约束条件就是企业生产经营活动中有限的资源。这些约束条件可以用一组线性条件或不等式来表示。

线性规划模型的一般形式为：

$$\max(\text{或}\min)Z=c_1x_1+c_2x_2+\cdots+c_nx_n$$

约束条件为：

$$\begin{cases}a_{11}x_1+a_{12}x_2+\cdots+a_{1n}x_n\leqslant(\text{或}\geqslant)b_1\\a_{21}x_1+a_{212}x_2+\cdots+a_{2n}x_n\leqslant(\text{或}\geqslant)b_2\\\cdots\\a_{m1}x_1+a_{m2}x_2+\cdots+a_{mn}x_n\leqslant(\text{或}\geqslant)b_m\\x_j\geqslant 0(j=1,2,3,\cdots,n)\end{cases}$$

上式可简化为：

$$\max(\text{或}\min)Z = \sum_{j=1}^{n} c_j x_j$$

$$\text{约束条件}\begin{cases}\sum_{j=1}^{n} a_{ij}x_j \leqslant (\text{或} \geqslant) b_i (i=1,2,3,\cdots,m) \\ x_j \geqslant 0(j=1,2,3,\cdots,n)\end{cases}$$

【例 12—6】 某家电厂生产空调和洗衣机两种产品，经过三道工序：制作车间、冲压车间、组装车间。实际利润为：每台空调 200 元，每台洗衣机 80 元。在满足表 12—2 的约束条件下，问：家电厂应生产空调和洗衣机各多少台可获得最大利润？

表 12—2　　单位产品生产时间需要量　　单位：元

车间产品	制作车间	冲压车间	组装车间
空　调	4	6	2.5
洗衣机	5	3	4
月可利用小时	200	180	108

解：设每月生产空调 x_1 台，生产洗衣机 x_2 台，由题意可知，约束条件如下：

$$\begin{cases}4x_1+5x_2\leqslant 200\\6x_1+3x_2\leqslant 180\\2.5x_1+4x_2\leqslant 108\\x_1,x_2\geqslant 0\end{cases}$$

问题即求合适的 x_1 和 x_2 值，使利润(目标函数)$\max Z=200x_1+80x_2$ 取得最大值。

线性规划问题可用解线性方程组和图解法来求解，这里主要介绍图解法。

图解法即在平面上画图来求解的方法，适用于含有两个决策变量的线性规划问题。其优点是简单、直观，而且有助于理解线性规划问题的基本原理。

在图解法中有几个常用的概念：(1)可行解，是指满足全部约束条件的一个解，但不是唯一的解；(2)可行域，是全体可行解构成的集合；(3)最优解，是使目标函数达到最优值的可行解。

【例 12—7】 某工厂生产大、小两种型号的产品，消耗的原料为 A、B，单位利润值及库存原料数见表 12—3，请确定大、小两种产品要各生产多少只，才能使该厂获得最大利润。

表 12—3　　原料消耗及库存数据

产品原料	单位产品耗用原料数		库存原料数(kg)
	大　号	小　号	
A	5	10	60
B	4	4	40
单位利润值	6	8	

解：设生产大、小号产品分别为 x_1，x_2 只，建立线性规划模型

$\max Z=6x_1+8x_2$

$$\text{约束条件为：}\begin{cases}5x_1+10x_2\leqslant 60\\4x_1+4x_2\leqslant 40\\x_1,x_2\geqslant 0\end{cases}$$

用图解法求解如下：

先将线性规划中所有不等式化作等式形式，并以 x_1 为横轴、x_2 为纵轴，将它们以直线函数形式在直角坐标系中画出(如图 12—2 所示)。

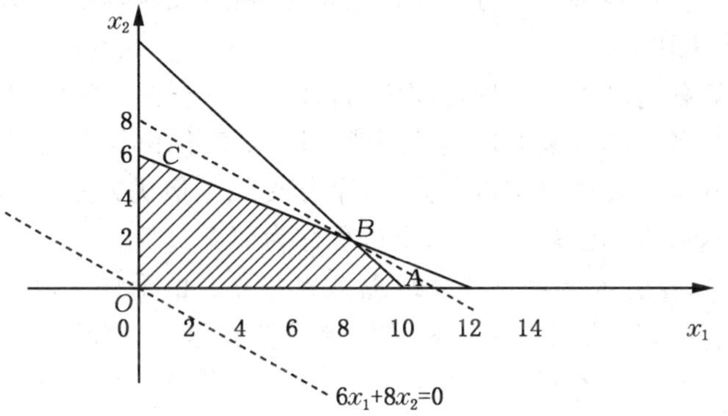

图 12—2 线性规划函数图

其中，A 为虚线；B：$5x_1+10x_2=60$；C：$4x_1+4x_2=40$。

图 12—2 中，由约束条件 $5x_1+10x_2\leqslant60$，$4x_1+4x_2\leqslant40$，x_1，$x_2\geqslant0$ 构成的可行域是阴影部分 $OABC$，该区域中每一点都满足约束条件，都是可行解，问题的关键就是要在这个可行域中找出最优解。

对于目标函数 $\max Z=6x_1+8x_2$，求 $\max Z$ 即求直线 $x_2=a-\dfrac{3}{4}x_1$，使其在 x_2 轴上的截距最大，同时 x_1，x_2 满足约束条件。令 $a=0$，则得到直线 $x_2=-\dfrac{3}{4}x_1$，作平行于直线 $x_2=-\dfrac{3}{4}x_1$ 的等值线，从中选定一条，它离原点最远，同时又没有离开可行域。由图 12—2 可见，通过 B 点的直线在 x_2 轴上截距最大。该点的坐标可以通过解下面的方程组求出：

$$\begin{cases}5x_1+10x_2=60\\4x_1+4x_2=40\end{cases}$$

结果为 $x_1=8$，$x_2=2$，所以最优值 $\max Z=6\times8+8\times2=64$。即生成大号产品 8 只，小号产品 2 只，可获得最大利润 64 元。问题便得到解决。

第三节 风险型决策方法

风险型决策是决策者根据几种不同自然状态可能发生的概率所进行的决策。决策者所采用的任何一个行动方案都会遇到一个以上自然状态所引起的不同结果，这些结果出现的机会是用各种自然状态出现的概率来表示的。风险型决策的主要特点是具有状态发生的不确定性，这种不确定性不能通过相同条件下的大量重复试验来确定其概率分布，往往只能依据过去的信息或经验由决策者估计。其基本方法是将状态变量视为随机变量，用先验状态分布表示状态变量的概率分布，用期望值准则计算方案的满意程度。

一、决策树法

决策树法就是利用树形图模型来描述决策分析问题，并直接在决策树图形上进行决策分析的方法。通过树状图形来表达某个问题的分析、计量、决策过程，显得层次清楚、形象直观、计算方便。

决策树法的步骤是：

(1)绘制决策树。根据各种行动方案和自然状态及相应的损益值和发生概率等信息，按从左至右的顺序画出决策树图。

(2)从右至左计算各行动方案的损益期望值，并将结果标注在相应的状态结点的上方。

(3)将计算所得的各行动方案的损益期望值加以比较，保留其中期望收益值最大(或最小)的方案为最佳方案，并标注在决策结点上方，这个分支就是最优方案，然后在其余方案分支上画上"||"符号，表明这些方案已被舍弃，这个过程称为剪支。

【例 12—8】 某工程队承担对一条公路施工的任务。由于施工地区夏季多雨水，需停工两个月。在停工期间该工程队可将施工机械搬走或留在原处。如果搬走，需要搬迁费 2 000 元。如果留在原处，一种方案是花 550 元建筑一防护栏，防止河水上涨发生高水位的侵袭；若不建防护栏，施工机械留在原处就会遭受 60 000 元的损失。根据本地以前的资料，夏季发洪水的概率是 73%，请用决策树法为该工程队作出最优决策。

解：根据用决策树法分析的步骤，第一步应画出决策树，如图 12—3 所示。

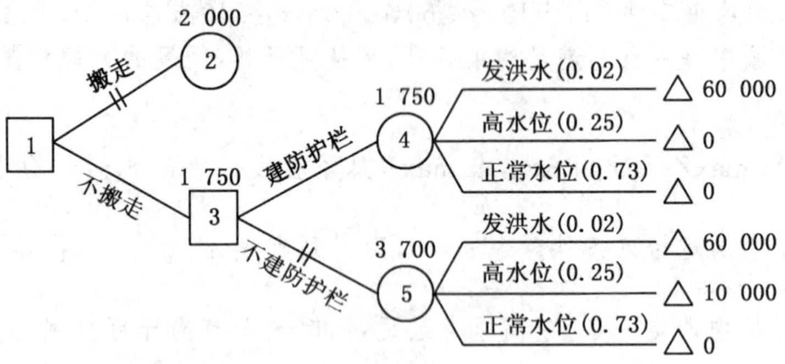

图 12—3 公路施工决策树

第二步：计算各点的期望损益值。

点④：60 000×0.02+0×0.25+0×0.73+550=1 750(元)

点⑤：60 000×0.02+10 000×0.25+0×0.73=3 700(元)

第三步：剪支，也就是选出最佳的决策方案。

选择过程是：(1)将各个状态点后面各概率末端的损益值分别乘以各自的概率，求和后标注在各状态的上方；(2)对备选方案进行比较，选择收益最大的为最优方案，或者选择费用损失最小的作为最优方案，并在被淘汰的决策枝上打"≠"；(3)作质的分析，最后确定决策方案。

因此，本例中，工程队应选择建筑防护栏。

上述决策问题，只需做一次决策活动便可以选出最优方案，故称之为单阶段决策问题。而有些问题则比较复杂，需要经过两次或两次以上的、一系列相互连贯的决策才能完成，则称之为多阶段决策问题。下面再举一例来说明多阶段决策树的画法和决策作业原则。

【例 12—9】 某服装厂欲建一个存衣库，为此有两种设计方案：一是建一个大型的存衣库；二是先建一小型的存衣库，3 年后再考虑是否扩建。如果建大存衣库，需要投资 700 万元，在市场销路好的时候，每年收益 100 万元，销路差时，每年收益 10 万元；如果先建小存衣库，其投资为 300 万元，在市场销路好的时候，每年收益 40 万元，销路差时，每年收益 30 万元，如果 3 年后扩建，扩建投资为 400 万元，在市场销路好的时候，每年收益 70 万元，销路差时，每年收益 5 万元。未来市场销路好的概率是 0.7，销路差的概率是 0.3；如果前 3 年销路好，则后 7 年销路好的概率为 0.8，销路差的概率为 0.2。无论选用哪种方案，使用期均为 10 年。问：该服装厂如何决策才能使 10 年内总收益最大？

解：第一步，根据资料画出决策树，如图 12—4 所示。

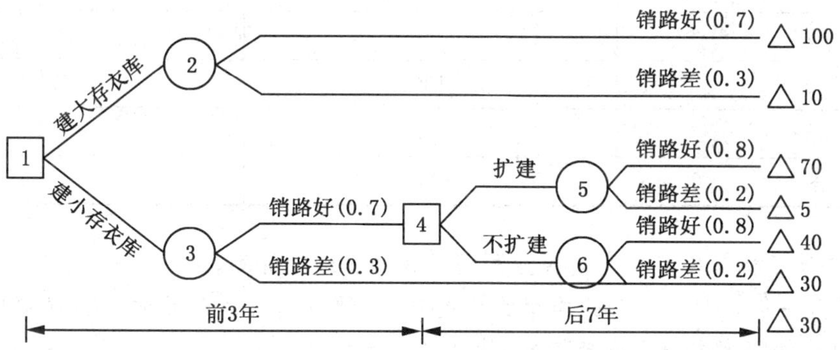

图 12—4　二级决策树

第二步，计算损益期望值。按照从右至左的顺序进行，有：

点⑤：70×0.8×7＋5×0.2×7＝399(万元)

点⑥：40×0.8×7＋30×0.2×7＝266(万元)

决策点④的损益期望值为：

max(339，266)＝399(万元)

因此，在决策点④处应选择扩建分支，剪去不扩建的分支。同样：

点②：100×0.7×10＋10×0.3×10－700＝30(万元)

点③：(40×3＋399)×0.7＋30×10×0.3－300＝153.3(万元)

决策点①的损益期望值为：

max(30，153.3)＝153.3(万元)

因此，在决策点①处应选择建大存衣库，剪去建小存衣库的分支。

所以，该服装厂应采取先建小存衣库后扩建的方案作为最优方案。

二、决策收益表法

运用决策收益表法进行决策的步骤如下：

(1)确定决策目标。

(2)根据经营环境对企业的影响，预测自然状态，并估计其发生的概率。

(3)根据自然状态的情况，充分考虑本企业的实力，拟定可行方案。

(4)根据不同可行方案在不同自然状态下的资源条件、生产经营情况，计算损益值。

(5)列出决策收益表。

(6)计算各可行方案的期望值。

(7)比较各方案的期望值，优选方案。

【例 12—10】　某企业销售一种新产品，每箱成本 80 元，销售单价 100 元，如果商品当天卖不出去，就会因变质而失去其使用价值。目前对这种新产品的市场需求情况并不十分了解，但有前一年同期类似产品的日销售量资料可供参考，见表 12—4。现在要确定一个使企业获利最大的日进货量的决策方案。

表 12—4 **日销售量资料**

日销售量(箱)	实际天数	概　率
25	20	0.1
26	60	0.3
27	100	0.5
28	20	0.1
合 计	200	1.0

解:(1)决策目标是安排一个使企业利润最大的日进货计划。

(2)根据上一年同期类似商品的销售情况分析，预测这种新产品的日销售量也可能是 25～28 箱，其发生的概率参照上一年情况，估计当年也类似。

(3)日进货计划的可行方案可分别拟订为 25～28 箱四种。

(4)计算各方案在各种状态下的损益值。如日进货 28 箱时，其损益值分别是：

①日销量 25 箱时，25×(100－80)－3×80＝260(元)

②日销量 26 箱时，26×(100－80)－2×80＝260(元)

③日销量 27 箱时，27×(100－80)－1×80＝360(元)

④日销量 28 箱时，28×(100－80)＝560(元)

其他方案损益值的计算类似，其结果见决策收益表。

(5)列出决策收益表，如表 12—5 所示。

表 12—5 **决策收益表**

自然状态概率损益值(元)方案	市场日销售量				期望值(元)
	25 箱	26 箱	27 箱	28 箱	
	0.1	0.3	0.5	0.1	
25 箱	500	500	500	500	500
26 箱	420	520	520	520	510
27 箱	340	440	540	540	490
28 箱	260	360	460	560	420

(6)计算期望值：

①进货 25 箱时，500×0.1＋500×0.3＋500×0.5＋500×0.1＝500(元)

②进货 26 箱时，420×0.1＋520×0.3＋520×0.5＋520×0.1＝510(元)

③进货 27 箱时，340×0.1＋440×0.3＋540×0.5＋540×0.1＝490(元)

④进货 28 箱时，260×0.1＋360×0.3＋460×0.5＋560×0.1＝420(元)

(7)进行优化决策，选择期望值最大 510 元所对应的方案，即每天进货 26 箱为最优方案。

三、贝叶斯决策方法

贝叶斯决策就是通过市场调查分析获取补充信息，利用补充信息修正状态变量的先验分布，依据风险型决策的期望值准则，用后验分布代替先验分布，使状态变量的概率分布更加符合实际情况，从而做出决策，找出最满意的方案，提高决策的科学性和效益型。贝叶斯决策的优点是不仅能对需要采集的新信息作出科学的判断，而且能对调查结果的可能性加以数量化的评价。

贝叶斯决策需要经过以下几个计算步骤：

1. 先验分析

先估计自然状态 θ_i 出现的概率 $P(\theta_i)(i=1,2,\cdots,m)$，$u_{ij}$ 为方案 d_j 在 θ_i 状态下的收益值。如表 12－6 所示，自然状态 θ_i 出现的概率和方案 d_j 在 θ_i 状态下的收益值。

表 12－6　　自然状态 θ_i 下方案 d_j 的收益值

方案收益值状态/概率	d_1	d_2	…	d_n
$\theta_1,P(\theta_1)$	u_{11}	u_{12}	…	u_{1n}
$\theta_1,P(\theta_2)$	u_{21}	u_{22}	…	u_{2n}
⋮	⋮	⋮		⋮
$\theta_m,P(\theta_m)$	u_{m1}	u_{m2}	…	u_{mn}

根据期望值准则，计算各方案的收益期望值：

$$E(d_j)=\sum_{i=1}^{m}P(\theta_i)u_{ij}\quad(j=1,2,\cdots,n)$$

对应的最优决策方案的最优期望值为：

$$\max_j E(d_j)=E(d_k)=EMV^*(\text{先})$$

2. 预验分析

在预验分析中，首先应估算出完全信息的价值(完全信息即所有信息中最好、最理想的是能提供状态变量真实情况的补充信息)，则认为这种补充信息是合算的；相反，如果补充信息费用接近甚至超过完全信息的价值，则认为这种补充信息是不合算的。

最优方案由下式确定：

$$\max_j\{u_{ij}\}$$

在完全信息下，决策所能获得的最大期望值为

$$EPPI=\sum_{k=1}^{m}P(\theta_k)\max_j\{u_{kj}\}$$

完全信息价值的值是 $EPPI$ 与 EMV^* 的差额，实际上就是掌握完全信息与未掌握完全信息时，决策者期望收益值的增加量。

3. 后验分析

后验分析是采取一定的措施，掌握更多的信息，逐步修正先验概率，使它能更正确地反映客观规律，从而有助于进行正确的决策。后验分析能更准确地表示状态变量概率分布的实际情况。它由以下几个部分组成：

(1)补充新信息。一般是通过对 $x_1,x_2,\cdots,x_s$ 共 s 个状态的调查、试验，预计其中哪个将

出现,同时获取条件概率 $P(x_1|\theta_i)$,即实际出现自然状态 θ_i 时预计 x_j 的概率。

(2)利用贝叶斯公式计算后验概率。利用补充信息修正先验状态概率分布,这是贝叶斯决策的关键。后验概率如下:

$$P(\theta_j \mid x_i)=\frac{P(\theta_j)P(x_i \mid \theta_j)}{\sum_{j=1}^{m}P(\theta_j)P(x_i \mid \theta_j)}$$

(3)重新进行决策。假设补充信息预报将出现 x_k 状态,则使用后验概率分布 $p(\theta_j|x_k)$ $(j=1,2,\cdots,m)$ 计算各方案的期望收益值,并根据期望值准则进行决策,有:

$$E(d_j \mid x_k)=\sum_{i=1}^{m}P(\theta_i \mid x_k)u_{ij} \quad (j=1,2,\cdots,n)$$

$$\max E(d_j \mid x_k)=E(d_{jk} \mid x_k)$$

选择 d_{jk} 为预报 x_k 时的最优方案,相应的最大期望收益值记作:$E(x_k)=E(d_{jk}|x_k)$。

若得到了补充的信息预报,则可以按照上述方式进行决策。

(4)根据已计算出的补充信息预报各状态出现的概率 $P(x_i)(i=1,2,\cdots,s)$,可计算出后验分析中最大期望收益值:

$$EMV^*(后)=\sum_{i=1}^{s}P(x_i)E(x_i)$$

可见,获得补充信息后,期望值增加了 EMV^*(后)$-EMV^*$(先),即不完全情报的价值。

【例 12－11】 某厂考虑一种新产品是否投入生产,市场需求情况分为销路好、中、差三种情况。其中销路好发生的概率为 0.30,收益为 85 万元;销路中发生的概率为 0.50,收益为 24 万元;销路差发生的概率为 0.20,收益为－32 万元。可以花 0.1 万元请咨询公司进行市场调查,获得市场情报。当该情报表明市场销售状态好时,实际市场需求好、中、差的概率分别是 0.7、0.2、0.1;当该情报表明市场销售状态中等时,实际市场需求好、中、差的概率分别是 0.3、0.5、0.2;当该情报表明市场销售状态差时,实际市场需求好、中、差的概率分别是 0.1、0.1、0.8。请问该怎样进行决策?

解:按照贝叶斯决策方法的步骤求解。

第一步:作先验分析,先画出决策损益表(如表 12－7 所示)。

表 12－7　　决策损益表

方案收益(万元)概率	d_1 投产	d_2 不投产
销路好 θ_1(0.3)	85	0
销路中 θ_2(0.5)	24	0
销路差 θ_3(0.2)	－32	0
$E(d_j)$	34.15	0

$\max(d_1,d_2)=d_1=34.15$(万元)

由此可知,应选择第一种方案,即投产新产品。

第二步:预验分析。

选择方案 d_1 相应的最大期望收益值为 EMV^*(先)$=34.15$(万元),从而有:

$EPPI=0.3\times85+0.5\times24+0.2\times0=37.5$(万元)

$EVPI=37.5-34.15=3.35$(万元)

因信息资料费 0.1 万元远远小于 3.35 万元，故请咨询公司提供信息和资料是合算的。

第三步：后验分析。可以分 4 步逐一进行：

(1)咨询公司将预报此时期内三种市场情况 x_1(销路好)、x_2(销路中等)、x_3(销路差)将出现哪一种状态。现将各种情况的条件概率列于表 12—8 中。

表 12—8　　不同市场销售状态和预报市场销售状态的条件概率

预报市场销售状态\市场销售状态	好	中	差
好	$P(x_1\|\theta_1)=0.7$	$P(x_2\|\theta_1)=0.2$	$P(x_3\|\theta_1)=0.1$
中	$P(x_1\|\theta_2)=0.3$	$P(x_2\|\theta_2)=0.5$	$P(x_3\|\theta_2)=0.2$
差	$P(x_1\|\theta_3)=0.1$	$P(x_2\|\theta_3)=0.1$	$P(x_3\|\theta_3)=0.8$

(2)根据全概率公式和贝叶斯公式计算下列后验概率。先求出预报市场销售状态好、中、差三种情况下的概率：

$$P(x_1)=P(\theta_1)P(x_1|\theta_1)+P(\theta_2)P(x_1|\theta_2)+P(\theta_3)P(x_1|\theta_3)$$
$$=0.3\times0.7+0.5\times0.3+0.2\times0.1$$
$$=0.38$$

$$P(x_2)=\sum_{i=1}^{3}P(\theta_i)P(x_2|\theta_i)\quad(i=1,2,3)$$
$$=0.3\times0.2+0.5\times0.5+0.2\times0.1$$
$$=0.33$$

$$P(x_3)=0.3\times0.1+0.5\times0.2+0.2\times0.8=0.29$$

再作出不同预报市场销售状态和市场销售状态的条件概率表(如表 12—9 所示)。

表 12—9　　不同预报市场销售状态和市场销售状态的条件概率

市场销售状态\预报市场销售状态	好	中	差
好	$P(\theta_1\|x_1)=0.552\ 6$	$P(\theta_1\|x_2)=0.181\ 8$	$P(\theta\ 1\|x_3)=0.103\ 4$
中	$P(\theta_2\|x_1)=0.236\ 8$	$P(\theta_2\|x_2)=0.757\ 6$	$P(\theta_2\|x_3)=0.344\ 8$
差	$P(\theta_3\|x_1)=0.210\ 6$	$P(\theta_3\|x_2)=0.060\ 6$	$P(\theta_3\|x_3)=0.551\ 8$

其中，条件概率按照条件概率公式计算。例如，预报市场销售状态好而实际市场销售状态也好的计算过程是 $P(\theta_1|x_1)=\dfrac{P(\theta_1)P(x_1|\theta_1)}{P(x_1)}=\dfrac{0.3\times0.7}{0.38}=0.552\ 6$，其他类似。

(3)后验决策。

①预报市场销售状态好(x_1)的情况，每个方案的最大期望收益值为：

$E(d_1|x_1)=0.552\ 6\times85+0.236\ 8\times24+0.210\ 6\times(-32)=41.915$(万元)

$E(d_2|x_1)=0$

即应选择投产方案 d_1，则相应的 $E(x_1)=42.915$(万元)。

②根据 a 的计算思路，可以得到状态 x_2 时每个方案的最大期望收益值是：

$E(d_1|x_2)=0.181\ 8\times85+0.757\ 6\times24+0.060\ 6\times(-32)=31.696\ 2$(万元)

$E(d_2|x_2)=0$

也选择投产方案 d_1，相应的 $E(x_2)=31.696\ 2$(万元)

③同理,状态 x_3 时有:

$E(d_1|x_3)=0.5934$(万元)

$E(d_2|x_3)=0$

$E(x_3)=0.5934$(万元)

④在有咨询公司的补充信息和资料条件下,后验决策的最大期望收益值为:

$$EMV^*(后)=P(x_1)E(x_1)+P(x_2)E(x_2)+P(x_3)E(x_3)$$
$$=0.38\times45.915+0.33\times31.6962+0.29\times0.5934$$
$$=28.08(万元)$$

则咨询公司提供补充信息的价值为:

$$EMV^*(后)-EMV^*(先)=28.08-34.15=-6.07(万元)$$

由此可知,提高决策期望收益值-6.07 万元(即降低了 6.07 万元),需要花费信息费 0.1 万元,这种花费很不可取,所以不应该购买这一情报。

四、非确定型决策方法

某些待决策的事项存在着几种可能出现的状态,但没有充分的资料来确定每一种自然状态发生的概率,对这类问题所进行的决策称为非确定型决策。

进行非确定型决策时,由于决策者对各种自然状态发生的概率无法知道,因此,决策者就要凭自己的知识、智慧、经验乃至个性特点人为地设定一些决策原则。而这类决策由于决策者的思考原则不一样,也就出现了不同的决策方法,通常有以下四种原则:

(一)乐观原则

持乐观原则的决策者,对未来前景比较乐观,认为决策事项有较大的成功把握,也愿意承担一定的风险去争取最大的收益。

这种决策方法也称大中取大收益值法。选择过程是首先从每个方案中选择一个最大收益值,然后从这些最大收益值中选择一个最大值,这个最大值所对应的方案就为最优方案。

【例 12-12】 某企业拟生产一种产品,由于缺乏资料,企业对这种产品的市场需求量只能大致估计为四种情况:较高、一般、较低和很低。而对这四种自然状况发生的概率却无法预测。现有四个可行方案,各方案的损益如表 12-10 所示,试对其进行决策。

表 12-10　乐观原则下的方案选择

方案	各种自然状况下的年损益值(万元)				最大收益值(万元)
	较　高	一　般	较　低	很　低	
A	600	400	-100	-350	600
B	850	420	-150	-400	850*
C	300	200	50	-100	300
D	400	250	90	50	400

解:现采用乐观原则,各方案的最大收益值如表 12-10 中“最大收益值”一栏所示,其中 B 方案的 850 万元为最大最大收益值,故最优方案选择 B 方案。

(二)悲观原则

持悲观原则的决策者,对未来事件结果估计比较保守。力求在不利的情况下,寻求较好方案，即从坏处着眼，向好处努力。

这种决策方法也称小中取大收益值法。即先找出各方案中的最小收益值，然后从最小收益值中选择最大收益值的方案为最优方案。

【例 12－13】 延用例 12－12 资料。

解：现采用悲观原则，各方案的最小收益值如表 12－11 中“最小收益值”一栏所示，则其中 D 方案的 50 万元为最大最小收益值，故最优方案选择 D 方案。

表 12－11　　悲观原则下的方案选择

方案	各种自然状况下的年损益值(万元)				最小收益值(万元)
	较　高	一　般	较　低	很　低	
A	600	400	－100	－350	－350
B	850	420	－150	－400	－400
C	300	200	50	－100	－100
D	400	250	90	50	50*

(三)折中原则

持折中原则的决策者，力求稳中求发展，既不过于乐观也不过于悲观，致力寻求一个较稳妥的方案。该方法首先考虑每一方案的最大损益值和最小损益值，然后采用一个系数对最大值和最小值进行折中调整，算出它们的调整损益值，最后以调整损益值 *EMV* 最大的方案为最优方案。

$$EMV=a\times 最大损益值+(1-a)\times 最小损益值$$

式中，a 为乐观系数，其值为 0～1。通常由决策者根据对获得最大收益值的可能性来进行估计。

【例 12－14】 延用例 12－12 资料。

解：采用折中原则，若 $a=0.7$，则：

$(EMV)_A=0.7\times600+(1-0.7)\times(-350)=315$(万元)

$(EMV)_B=0.7\times850+(1-0.7)\times(-400)=475$(万元)

$(EMV)_C=0.7\times300+(1-0.7)\times(-100)=180$(万元)

$(EMV)_D=0.7\times400+(1-0.7)\times50=295$(万元)

故选择 B 方案为最优方案。

(四)最小后悔值原则

在任何一种自然状况下，都会有一个方案损益值最大，如果在这种自然状态下，决策者没有选择这一方案，就会感到后悔。每种自然状况下，各方案的损益值与最大损益值之差就称为后悔值或机会损失。

这种方法又称大中取小后悔值法，它是先确定各方案的最大后悔值，然后选择这些最大后悔值中的最小值所对应的方案为最优方案。

【例 12－15】 延用例 12－12 资料。

解：采用最小后悔值原则，各方案的最大后悔值如表 12－12“最大后悔值”一栏所示，则其中 A 方案的最大后悔值 400 万元为最小，故 A 方案为最优方案。

表 12—12 最小后悔值原则下的方案选择

方案	各种自然状况下的年损益值(万元)				最大后悔值(万元)
	较 高	一 般	较 低	很 低	
A	600 (250)	400 (20)	−100 (190)	−350 (400)	400*
B	850 (0)	420 (0)	−150 (240)	−400 (450)	450
C	300 (550)	200 (220)	50 (40)	−100 (150)	550
D	400 (450)	250 (170)	90 (0)	50 (0)	450

上述四种决策原则各有优劣，在经营决策中，要因时因事而异。同样的决策事项，由于采用不同的原则，决策的结果往往不一样，可见其主观影响因素很大，因此，在实际经营决策中，要尽量根据资料分析，估计出各种自然状态的概率，从而将其转化为风险型决策较好。

第四节 计算机辅助决策

一、计算机在经营决策中的作用

现代企业的规模日趋庞大、结构复杂、功能综合，经营环境更为瞬息万变，影响因素众多，这给企业的经营决策带来了一些新的特点，这些特点大大地增加了企业经营决策的难度。

(1)复杂性。企业经营决策所处理的事项一般都是多目标、多变量、多约束条件，它们之间既相互联系又相互矛盾，使决策工作变得极其复杂。

(2)及时性。在经营决策的过程中，需涉及大量信息的接收、传递、提取、加工处理以及输出等。这些工作都必须在一定的时间内及时、迅速地完成，否则时过境迁，坐失良机。只有在时效范围内作出的正确决策才有意义。

(3)随机性。企业经营决策有程序性决策和非程序性决策。程序性决策有部分变量是确定型的，但大多情况都具有随机性变量，非程序性决策则完全是随机性的，难以有统计规律和概率可以寻找。因此，各种决策条件可能形成大量的各种组合。

(4)不可试验性。大多数科学技术问题可以通过重复试验，鉴别各种不同方案的优劣。但企业经营决策绝大多数不能试验，或者试验的代价过于昂贵。

近几十年来，决策科学和电子计算机技术的突飞猛进，使人们有可能利用电子计算机来协助决策者进行信息的加工处理辅助决策，但还不可能完全代替决策者决策。

为了模拟现代企业的经营过程，往往需要建立非常复杂的模型和进行大量的运算，而电子计算机的大容量存储信息和高速运算的高超能力就为模拟现代企业极其复杂的经营过程提供了可能。通过模拟可以在极短的时间内，把本来不可试验的企业经营过程重复试验千万次，每次都可随机地改变各变量的数值，揭示变量间的内在关系，并且计算机还能自动地比较各种不同方案在不同环境和条件下可能得到的结果，为决策者提供非常有用的信息。

二、计算机模拟决策的方法

对于程序性决策，可以利用计算机管理信息系统(MIS)，它能随时提供经营决策所需的各种信息，并能按一定的数字模型和程序处理各种数据，得出决策者所需要的结果，这是企业经营决策十分有效的现代化手段。

非程序决策则须应用计算机决策支持系统(DSS)，它是管理信息系统的高级阶段，它能帮助企业决策者处理非程序问题的决策，并能自动生成所需的程序。决策支持系统一般是由决策者、模型、计算机、连接决策者和计算机的信息交流手段以及数据库五个部分组成的人机对话系统。它能回答决策者提出"如果……将会怎样"的问题。决策支持系统在一些发达国家的企业使用结果表明，它可明显提高决策的质量和效率，取得良好的经济效果。

计算机模拟方法有以下三种：

(1)模拟式模拟。用模拟电子计算机进行模拟称为模拟式模拟。这种方法能模拟系统各变量之间复杂的非线性关系和各参量迅速变化的情况。因此，常用于特别复杂的系统模拟或用于自动化生产系统的操作人员的实时模拟，其缺点是计算机的专用性比较强，精确度比较低。

(2)数字式模拟。用数字电子计算机进行模拟称为数字式模拟。它适合于离散的信息和随机过程的模拟，对于连续变量可以通过采样和量化将其变成离散量进行数字式模拟。由于数字式模拟可在通用的数字计算机上进行，因而具有高精度、无漂移、有判决功能的优点。

(3)模拟—数字混合式模拟。同时使用连续变量和离散变量的模拟，称为混合式模拟。它通过模做变换和数准变换将模拟式设备和数字式设备连接起来。例如，可通过模做变换将原来是连续量的物理量(温度、速度等)变换成离散量。由于混合式模拟具有前述两种方法的优点，因而得到了更为广泛的应用。

三、计算机模拟决策的步骤

在企业经营决策系统中，利用电子计算机模拟决策的步骤大致如图 12—5 所示。

(一)提出问题

企业的决策者必须视觉敏锐、深谋远虑，善于及时发现和提出企业经营中必须要解决的问题。

(二)确定目标

通过系统的调查研究，从总体和长远的观点来确定经营决策的目标。目标要具体、明确，并可衡量。对于那些复杂、重大的经营问题往往不止一个目标。如果属于多目标决策的问题，则应根据各个目标在系统中所处的地位，分清主次。

(三)收集信息，分析环境

经营决策的科学性建立在各种信息资料的完备和可靠的基础上。在完备准确信息的基础上要对实现目标的系统环境进行分析，确定有关的约束条件，并区分哪些因素是可以控制的，哪些因素是不可控制的。

(四)建立模型

模拟模型不是真实世界的简单"模仿"，它是真实世界复杂现象的高度抽象和概括。经营决策的模型应当反映系统中各种变量相互间的关系和在一定条件下运动变化的规律。

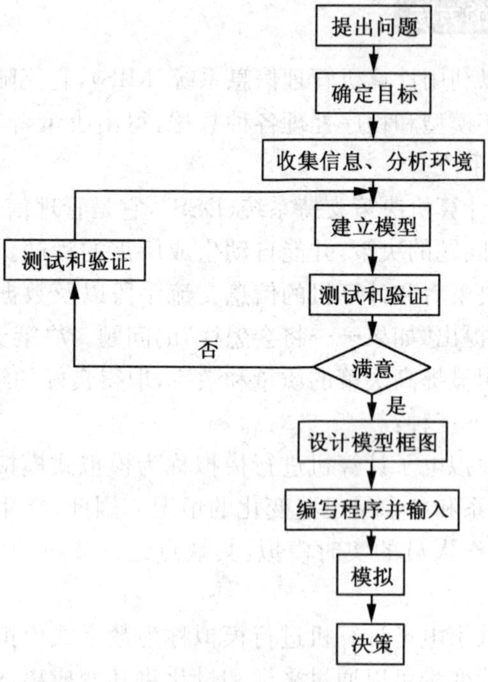

图 12—5 电子计算机模拟决策的步骤

(五)对模型进行测试和验证

模型终究只是模型,它与真实世界之间必然存在差异,这种差异会不同程度地导致模型失真而使决策发生偏差。因此,建模后要利用过去的统计资料,对模型进行测试、验证和修正。如此反复多次,直到得出比较满意的模型为止。

(六)设计模拟框图

模拟模型确定后,要根据决策目标和系统特点设计出模拟框图。设计框图的方法有两种:一是定时模拟法,即按固定的时间长度对系统进行观察记录和统计各项参数的变化示意图;二是事件模拟法,即按事件的逻辑关系建立系统的模拟框图,并且只在系统状态发生变化时才进行各项参数的观察记录和统计。但两种方法都是从记录到的参数变化中去揭示各变量间的关系和内在规律。

(七)编写程序

根据模拟框图,用专用的计算机语言或通用的计算机高级语言编写程序,经调试并修改后即可输入计算机。

(八)计算机模拟

将各种不同方案的变量,按规定的程序输入计算机。计算机按程序运算后显示出模拟结果,取得一个满意解。

(九)决策

由企业经营决策者分析模拟结果并综合考虑其他非定量因素,最后作出经营决策。

思考与练习

1. 常用的企业管理决策方法有哪些?

2. 某企业生产一种产品，市场预测结果表明有三种可能：销路好，销路一般，销路差。备选方案有三个：一是扩建，二是技术改造，三是维持现状。扩建需投资 25 万元，技术改造需投资 15 万元。各方案在不同自然状态下的损益值如下表所示。

决策损益表

方案损益概率	扩　建	技术改造	维持现状
销路好			
销路一般			
销路差			

(1)试用乐观决策法、悲观决策法、最大最小后悔值法进行决策。

(2)若知销路好的概率为 0.5，销路一般的概率为 0.3，销路差的概率为 0.2，试用决策树法进行决策。

3. A 企业销售某产品，销售单价为 19 元，全年固定总成本为 5 000 元，单位变动成本为 15 元，2014 年销售量为 10 000 件。如要在 2015 年实现利润比上年提高 10%，A 企业可采取哪些措施？

技能训练

1. 以小组为单位交流自己印象最深刻的一次决策。

2. 为自己小组所设立的模拟公司的一个项目进行决策，并进行班级交流。

第十三章

现代企业管理战略分析方法

• 关键词汇

战略事业单位　问题型业务　瘦狗型业务　明星型业务　现金牛型业务

企业管理战略分析就是为了服务于企业的战略制定而对企业所面临的内外环境的变化进行分析，即了解以下内容：企业环境在发生哪些变化？这些变化将给企业战略制定带来怎样的影响？通用的战略分析方法有 PESTEL 分析法、SWOT 分析法、BCG 矩阵分析法和波特五力分析模型。波特五力分析模型即行业竞争结构分析，在第四章已经介绍，这里重点介绍其他三种方法。

第一节　PESTEL 分析法

一、PESTEL 分析法的概念

PESTEL 分析模型又称大环境分析，是分析宏观环境的有效工具，不仅能够分析外部环境，而且能够识别一切对企业有冲击作用的力量。它是调查企业外部影响因素的方法，其每一个字母代表一个因素，可以分为 6 大因素：

(1)政治因素(Political Factors)，是指对企业经营活动具有实际与潜在影响的政治力量和有关的政策、法律及法规等因素。

(2)经济因素(Economic Factors)，是指企业外部的经济结构、产业布局、资源状况、经济发展水平以及未来的经济走势等。

(3)社会因素(Social Factors)，是指企业所在社会中成员的历史发展、文化传统、价值观念、教育水平以及风俗习惯等因素。

(4)技术因素(Technological Factors)，不仅包括那些引起革命性变化的发明，还包括与企业生产有关的新技术、新工艺、新材料的出现和发展趋势以及应用前景。

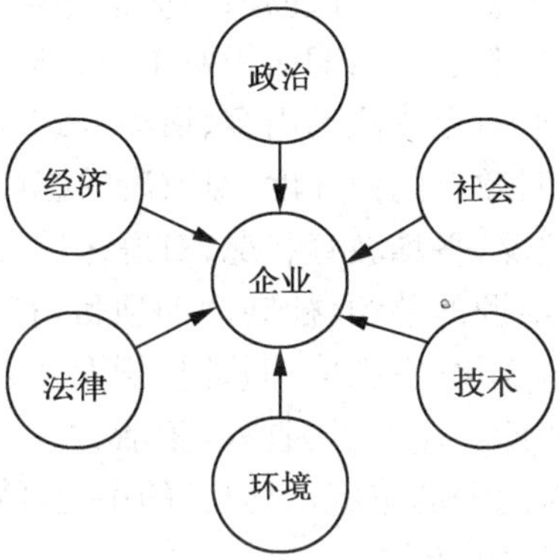

图 13－1　PESTEL 分析法

(5)环境因素(Environmental Factors),即一个企业的活动、产品或服务中能与环境发生相互作用的要素。

(6)法律因素(Legal Factors),即企业外部的法律、法规、司法状况和公民法律意识所组成的综合系统。

一般是通过这六个因素来分析企业集团所面临的状况。

二、PESTEL 分析法的内容

(一)政治环境因素

政治环境包括一个国家的社会制度,执政党的性质,政府的方针、政策、法令等。不同的国家有着不同的社会性质,不同的社会制度对企业经营活动有着不同的限制和要求, 即使社会制度相同的同一国家,在不同时期,由于执政党的不同,其政府的方针特点、政策倾向对企业经营活动的态度和影响也是不断变化的。

关键的政治环境因素包括:政府的管制、政府采购规模和政策、特种关税、财政和货币政策的变化、特殊的地方及行业规定、进出口鼓励或限制政策、与他国的政治交往、政府的预算规模、执政党性质、政治体制、经济体制、税法、各种政治行动委员会、专利及知识产权保护法律、环境保护法、产业政策、投资政策、国防开支水平、政府补贴水平、反垄断法规、民众参与政治行为的意愿及态度,等等。

(二)经济因素

经济环境主要包括宏观和微观两个方面的内容。宏观经济环境主要是指一个国家的人口数量及其增长趋势,国民收入、国民生产总值及其变化情况以及通过这些指标能够反映的国民经济发展水平和发展速度;微观经济环境主要指企业所在地区或所服务地区的消费者的收入水平、消费偏好、储蓄情况、就业程度等因素。这些因素直接决定着企业目前及未来的市场大小。

关键的经济因素包括:GDP 及其增长率、产业状况、可支配的收入水平、利率规模、消费模式、劳动生产率水平、进出口因素、地区收入、消费习惯、劳动力及资本输出、居民的消费趋向、通货膨胀率、货币市场利率、汇率、贷款的可得性、居民消费(储蓄)倾向、消费模式、失业趋势、证券市场状况、外国经济状况、价格波动、货币与财政政策,等等。

(三)社会文化因素

社会文化环境包括一个国家或地区的居民受教育程度和文化水平、宗教信仰、风俗习惯、审美观点、价值观念等。文化水平会影响居民的需求层次和结构；宗教信仰和风俗习惯会禁止或抵制某些经济活动的进行；价值观念会影响居民对企业目标、企业活动以及企业存在本身的认可与否；审美观点则会影响人们对企业活动内容、活动方式以及活动成果的态度。

关键的社会文化因素包括：对政府的信任度，对政府的态度，对工作的态度，对道德的关切状况，种族平等状况，节育措施状况，平均教育状况，对退休的态度，对质量的态度，对闲暇的态度，对服务的态度，污染控制，对能源的节约，社会活动项目，社会责任，对职业的态度，对权威的态度，城市、城镇和农村的人口变化，宗教信仰状况，妇女生育率，人口结构比例，性别比例，性别角色，社会保障计划，人口预期寿命，人均收入，生活方式，节育措施状况，平均教育状况，对退休的态度，对质量的态度，对闲暇的态度，对服务的态度，特殊利益集团数量，结婚数，离婚数，人口出生（死亡）率，人口迁进（出）率。

（四）技术因素

技术环境主要考察与企业所处领域的活动直接相关的技术手段的发展变化，还应及时了解：国家对科技开发的投资和支持重点是什么？技术领域发展动态和研究开发费用总额如何？技术转移和技术商品化速度快慢？专利及其保护情况？企业在生产经营中使用了哪些技术？这些技术对企业的重要程度如何？外购的原材料和零部件包含哪些技术？这些外部技术中哪些是至关重要的？为什么？企业是否可以持续利用这些外部技术？这些技术最近的发展动向如何？哪些企业掌握最新的技术动态？这些技术在未来可能会发生哪些变化？企业对以往的关键技术曾进行过哪些投资？企业的技术水平和竞争对手相比如何？企业及其竞争对手在产品的开发和设计、工艺革新和生产等方面进行了哪些投资？外界对各公司的技术水平的主观评价如何？企业的产品成本和增值结构是什么？企业的现有技术有哪些能应用？利用程度如何？企业实现目前的经营目标需要拥有哪些技术资源？公司的技术对企业竞争地位的影响如何？是否影响企业的经营战略？

（五）环境因素

面对低碳经济时代的来临，企业要高度重视经营过程中的环境问题，要关注企业所处行业与相关行业发展趋势，相对地位，如：是处于起步阶段还是摸索阶段或者落后阶段？对相关行业影响如何？对非产业环境影响（自然环境、道德标准）怎样？媒体关注程度如何？以及可持续发展空间（气候、能源、资源、循环）状况，全球相关行业发展的模式、趋势、影响，等等。

（六）法律因素

关注世界性公约、条款，基本法（宪法、民法），劳动保护法，公司法和合同法，行业竞争法，环境保护法，消费者权益保护法，行业公约等对企业经营的影响。

第二节　SWOT 分析法

一、SWOT 模型的概念

SWOT 分析法也称道斯矩阵，是由美国旧金山大学的管理学教授韦里克在 20 世纪 80 年代初提出、由麦肯锡咨询公司应用推广的，经常被企业用于分析竞争对手、制定战略。其目的在于识别企业所处的优势和劣势以及商业环境中的应对挑战或机遇利用的相关程度及企业应对这些问题的能力的大小。

现代战略规划分析中，SWOT 分析是一个众所周知的工具，它涵盖了分析企业的优势

(Strength)、劣势(Weakness)、机会(Opportunity)和威胁(Threats)。因此,SWOT 分析实际上是将对企业内外部条件各方面内容进行综合和概括,进而分析企业的优劣势、面临的机会和威胁。通过 SWOT 分析,可以有效帮助企业把资源和行动聚集在自己的强项和有最多机会的地方。

通常 SWOT 分析考虑的因素如表 13－1 所示。

表 13－1　　SWOT 分析

	企业的外部威胁(T)与机会(O)
外部环境	市场是增长还是萎缩? 同行业竞争者竞争力变化态势及其对本企业的利(弊)? 是否可能有新的竞争者进入本行业? 产业政策变化情况及其对企业的利(弊)? 是否受到不利的商业循环周期影响? 是否有新型替代产品出现? 是否有可能进入新的市场或开拓潜在市场? 进行纵向或横向联合的可能性多大? 顾客、供应商讨价还价能力如何? 其他外部环境是否发生了对本企业有利(弊)的变化? 顾客对企业及其产品的看法如何? 企业的内部优势(S)与劣势(W)
内部环境	企业自身竞争能力如何? 企业的各种职能是否协调及有效率? 企业的产品成本优势如何? 企业的新产品开发能力如何? 企业的生产设备状况如何? 企业管理状况和管理人员水平如何? 企业人力资源状况如何? 企业营销能力如何? 其他优劣势?

SWOT 分析提供了四种战略,即 SO 战略、WO 战略、ST 战略和 WT 战略。

SO 战略就是发挥企业内部优势而去利用企业外部机会的战略。例如,一个在新能源利用方面技术雄厚(内在优势)的企业面对低碳经济的到来(外在机会),应该采取 SO 战略去开拓这一国际市场。

WO 战略的目标是通过利用外部机会来弥补内部弱点。有的企业有外部机会,但一些内部弱点妨碍着它利用这些外部机会。例如,一个面对计算机服务需求增长的企业(外在机会),却十分缺乏技术专家(内在劣势),那就应该采用 WO 战略培养或者聘用技术专家,或购入一个高技术的计算机公司。

ST 战略就是利用企业的优势,去避免或减轻外部威胁的影响。例如,中国奶业整体面对三聚氰胺问题时,有的企业因为长期讲究质量,市场得到迅猛增长。

WT 战略是一种旨在减少内部弱点的同时回避外部环境威胁的战略。例如,一个商品质量差(内在劣势)、供应渠道不可靠(外在威胁)的企业应该采取 WT 战略,强化企业管理,提高产品质量,稳定供应渠道,或走联合、合并之路以谋生存和发展。

上述分析可综合为 SWOT 矩阵,如表 13－2 所示。

表 13－2 **SWOT 矩阵**

	内部优势(S) ①…,… ②…,… ③…,…	内部劣势(W) ①…,… ②…,… ③…,…
外部机会(O) ①…,… ②…,…	SO 战略 依靠内部优势 利用外部机会	WO 战略 利用外部机会 克服内部弱点
外部威胁(T) ①…,… ②…,…	ST 战略 依靠内部优势 回避外部威胁	WT 战略 减少内部弱点 回避外部威胁

SWOT 的优劣势分析主要是着眼于企业自身的实力及其与竞争对手的比较，而机会和威胁分析将注意力放在外部环境的变化及对企业潜在影响上。

环境的机会和威胁分析是指企业战略制定外部环境中能加强和阻碍企业战略成功的因素。企业的优势或劣势则可以有多种理解。企业优势可以指一个企业超越其竞争对手的能力，这种能力有助于实现企业的主要目标——盈利；竞争优势也可以指消费者眼中一个企业或其产品有别于其竞争对手的任何优越之处，它可以是产品线的宽度、产品的大小、质量、可靠性、适用性、风格和形象以及服务的及时、态度的热情等。总之，作为一个整体，企业优势来源十分广泛，所以，在做优劣势分析时必须从整个价值链的每个环节上，将企业与竞争对手作详细的对比，如产品是否新颖、制造工艺是否复杂、销售渠道是否畅通，以及价格是否具有竞争性等。影响企业竞争优势的持续时间，主要是三个关键因素：建立这种优势要多长时间？能够获得的优势有多大？竞争对手作出有力反应需要多长时间？

二、SWOT 分析的步骤

第一，确认企业的战略目标。

第二，分析企业外部环境，列出企业战略面对的外部机会(O)或威胁(T)。

第三，分析企业内部条件，列出企业战略面对的内部优势(S)或劣势(W)。

第四，根据企业资源组合情况，确认企业的关键能力和关键限制。

表 13－3 **SWOT 分析要素**

潜在资源力量	潜在资源弱点	公司潜在机会	外部潜在威胁
·有力的战略 ·有利的金融环境 ·有利的品牌形象和美誉 ·被广泛认可的市场领导地位 ·专利技术 ·成本优势 ·强势广告 ·产品创新技能 ·优质客户服务 ·优秀产品质量 ·战略联盟与并购	·没有明确的战略导向 ·陈旧的设备 ·超额负债与恐怖的资产负债表 ·超越竞争对手的高额成本 ·缺少关键技能和资格能力 ·利润的损失部分 ·内在的运作困境 ·落后的研发能力 ·过分狭窄的产品组合 ·市场规划能力的缺乏	·服务独特的客户群体 ·新的地理区域的扩张 ·产品组合的扩张 ·核心技能向的产品组合的转化 ·垂直整合的战略形式 ·分享竞争对手的市场资源 ·竞争对手的支持 ·战略联盟与并购带来的超额覆盖 ·新技术开发通路 ·品牌形象拓展的通路	·强势竞争者的进入 ·替代品引起的销售下降 ·市场增长的减缓 ·交换率和贸易政策的不利转换 ·由新规则引起的成本增加 ·商业周期的影响 ·客户和供应商的杠杆作用的加强 ·销费者购买需求的下降 ·人口与环境的变化

第五，按照通用矩阵或类似的方式打分评价，把识别出的所有优势和劣势分成两组，分别为与行业中潜在的机会有关以及与潜在的威胁有关。

第六，将结果在 SWOT 分析图上定位（如图 13－2 所示）。

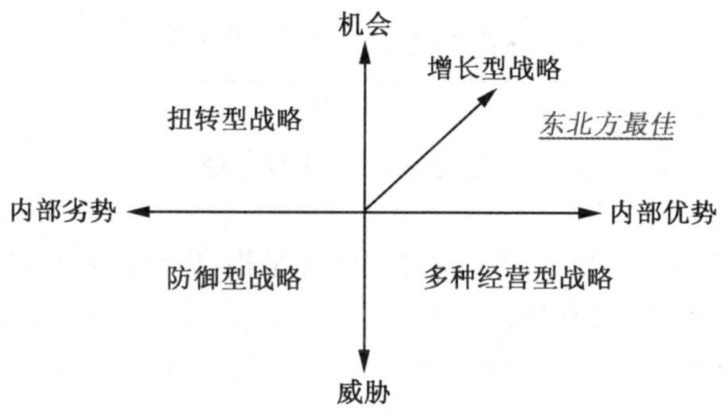

图 13－2　SWOT 分析图

或者用 SWOT 分析表所分析的优势和劣势按机会和威胁分别填入表格，作出相应的应对，譬如，或者利用，或者改进，或者监视，或者消除，最后构建本企业的 SWOT 矩阵。

图 13－3　SWOT 矩阵

第三节　BCG 矩阵分析法

一、BCG 矩阵的概念

波士顿矩阵（BCG）又称市场增长率，相对市场份额矩阵、波士顿咨询集团法、四象限分析法、产品系列结构管理法等，前者是制定企业整体战略最流行的方法之一，它是由波士顿咨询集团（Boston Consulting Group，BCG）在 20 世纪 70 年代初开发的。

BCG 矩阵将企业的每一个战略事业单位（SBU）标在一个以市场增长率为纵轴、占有的市场份额为横轴的二维矩阵图上，从而识别哪个 SBU 提供高额的潜在收益，以及哪个 SBU 是企业资源的消耗。这样就把企业的整个市场分成四块，如图 13－4 所示。

BCG 矩阵的发明者、波士顿公司的创立者布鲁斯认为："公司若要取得成功，就必须拥有增长率和市场份额各不相同的产品组合。组合的构成取决于现金流量的平衡。"因此，BCG 矩阵的实质是通过业务的优化组合实现企业的现金流量平衡。

BCG 矩阵区分出 4 种业务组合：

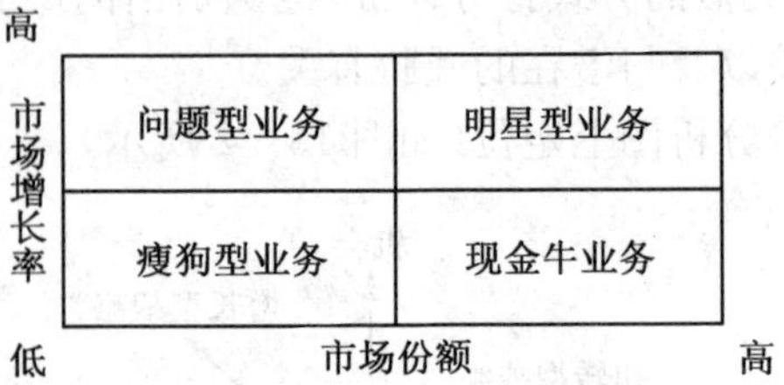

图 13—4 波士顿矩阵

(1)问题型业务(Question Marks)。问题型业务是指高增长、低市场份额的业务。处在这个区域内的是一些投机性产品,带有较大的风险。这些产品可能利润率很高,但占有的市场份额很小。这往往是一个企业的新业务,为发展问题业务,企业必须建立工厂,增加设备和人员,以便跟上迅速发展的市场,并超越竞争对手,这就意味着大量的资金投入。“问题”非常贴切地描述了企业对待这类业务的态度,因为这时企业必须慎重回答“是否继续投资并发展该业务”的问题。只有那些符合企业发展长远目标、企业具有资源优势、能够增强企业核心竞争力的业务才能得到肯定的回答。得到肯定回答的问题型业务适合于采用战略框架中提到的增长战略,目的是扩大 SBU 的市场份额,甚至不惜放弃近期收入来达到这一目标,因为问题型业务要发展成为明星型业务,其市场份额必须有较大的增长。得到否定回答的问题型业务则适合采用收缩战略。

(2)明星型业务(Stars,指高增长、高市场份额)。明星型业务区域中的产品处于快速增长的市场并且占有支配地位的市场份额,但是否会产生正现金流量则取决于新工厂、设备和产品开发对投资的需要量。明星型业务是由问题型业务继续投资发展起来的,可以视为高速成长市场中的领导者,它将成为公司未来的现金牛业务。但这并不意味着明星业务一定可以给企业带来源源不断的现金流,因为市场还在高速成长,企业必须继续投资,以保持与市场同步增长,并击退竞争对手。企业如果没有明星业务,就失去了希望,但群星闪烁也可能会闪花企业高层管理者的眼睛,导致作出错误的决策。这时必须具备识别“行星”和“恒星”的能力,将企业有限的资源投入在能够发展成为现金牛的恒星上。同样,明星型业务要发展成为现金牛业务适合于采用增长战略。

(3)现金牛业务(Cash Cows,指低增长、高市场份额)。现金牛业务区域中的产品产生大量的现金,但未来的增长前途是有限的。这是成熟市场中的领导者,它是企业现金的来源。由于市场已经成熟,企业不必大量投资来扩展市场规模,同时作为市场中的领导者,该业务享有规模经济和高边际利润的优势,因而给企业带来大量现金流。企业往往用现金牛业务来支持其他三种需大量现金的业务。现金牛业务适合采用战略框架中提到的稳定战略,目的是保持 SBU 的市场份额。

(4)瘦狗型业务(Dogs,指低增长、低市场份额)。瘦狗型业务领域中的产品既不能产生大量的现金,也不需要投入大量现金,这些产品没有希望改进其绩效,一般情况下,这类业务常常是微利甚至是亏损的。瘦狗型业务通常要占用很多资源,如资金、管理部门的时间等,多数时候是得不偿失的。瘦狗型业务适合采用战略框架中提到的收缩战略,目的在于出售或清算业务,以便把资源转移到更有利的领域。

BCG 矩阵的精髓在于把战略规划与资本预算紧密结合,把一个复杂的企业行为用两个重要的衡量指标来分为 4 种类型,用 4 个相对简单的分析来应对复杂的战略问题。该矩阵帮助多种经营的公司确定哪些产品宜于投资,宜于操纵哪些产品以获取利润,宜于从业务组合中剔除哪些产品，从而使业务组合达到最佳经营成效。

BCG 模型的基本假设是，市场份额能导致利润，暗合成本领先战略，它认为规模优势很重要，因为市场份额大的公司不仅获得了更多的收入，还实现了更高的单位运营利润。

二、BCG 矩阵的特点及应规避的路线

（一）BCG 矩阵的特点

BCG 矩阵之所以得到广泛认可和采用，主要是基于以下特点：

（1）BCG 矩阵将企业处于不同经营状况的业务单元整合到一个矩阵中，有助于战略分析简单明了。它帮助决策者较容易地注意到企业的现金流动、投资特性及市场需求，便于企业决策者综合考察各个业务单元在企业内部和外部的地位，并据此作出资源配置及战略决策。

（2）BCG 矩阵考察各个业务单元在市场竞争中地位状况的指标是相对市场份额。这样有助于企业与居于市场统治地位的本行业领先企业进行比较，认清企业在竞争中的地位，找出自己与领先企业的差距。

（3）处于 BCG 矩阵不同象限的业务单元之间存在着相互转换和相互作用的关系。产品在 BCG 矩阵中的位置会随着时间的推移而发生变化。通常的演变顺序是按逆时针方向，即“瘦狗—问题—明星—金牛—瘦狗”，也有按顺时针方向变动的。具体的演变方向取决于两个因素：一是企业能否顺应产品生命周期和市场要求的变化而调整企业的业务组合；二是不同业务单元能否在市场竞争中取胜而增强自己的市场地位。

（4）BCG 矩阵指出了产品组合发展策略，在具体应用时要注意选择产品发展的正确演变路线，从而避免选择失败路线。

根据 BCG 矩阵，理想的企业战略路线是将“金牛”赚来的钱，部分投资在原来的业务单元上，部分投资在“问题”业务单元上，促进“问题”业务单元向“明星”业务单元转变，同时也要保证“明星”业务单元向“金牛”业务单元转变，如图 13－5 所示。

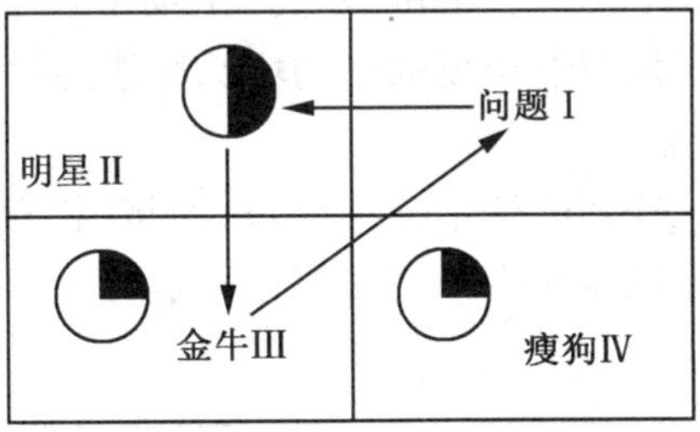

图 13－5　成功的转变路线

（二）BCG 矩阵应规避的路线

企业应规避三条失败的路线（如图 13－6 所示）：

（1）企业把从“金牛”赚来的钱全部投资在该业务单元上，以致没有剩余资金对“问题”业务单元投资，结果使得“问题”业务单元逐渐转变成了“瘦狗”业务单元，企业失去未来的赚钱机会。

（2）企业对竞争对手重视不足，在本企业核心竞争产品市场地位并未完全得到巩固时就过早地转向开发其他产品，结果大大削弱了自己的竞争地位，使得对手能够在高增长的市场上增加市场份额，结果造成在“明星”业务单元的投资不足，使“明星”业务单元变成了“问题”业务单元，进而变成“瘦狗”业务单元。

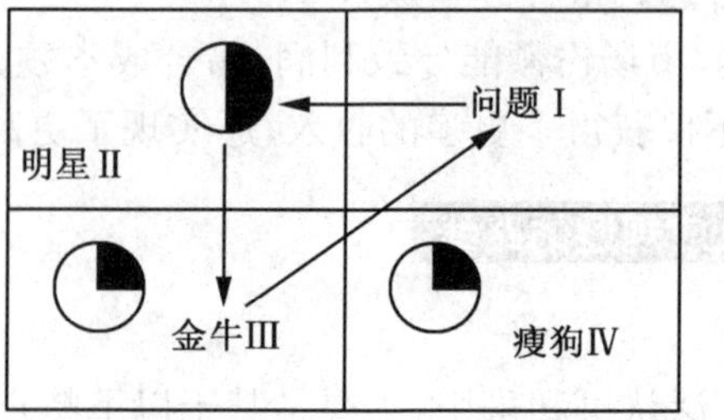

图 13－6 失败的转变路线

(3)企业过分依赖“金牛”业务单元,结果没有顾及全盘,导致战略失败。

三、BCG 矩阵的应用

(一)BCG 矩阵的主要步骤

应用 BCG 矩阵主要包括以下步骤:

(1)评价各个战略事业单位的前景。BCG 是用“市场增长率”指标来表示各个战略事业单位的发展前景,相关数据可以从企业的经营分析系统中提取。

(2)评价各个战略事业单位的竞争地位。BCG 是用“相对市场份额”指标来表示各个战略事业单位的竞争力。相关数据需要做市场调查才能得到,其计算公式是把本企业该战略事业单位的收益除以其最大竞争对手的收益。

(3)表明各个战略事业单位在 BCG 矩阵图上的位置。具体方法是以业务在二维坐标上的坐标点为圆心画一个圆圈,以圆圈的大小来表示企业每项业务的销售额。

至此,企业可以基本判断自己的业务组合是否健康。一个失衡的业务组合就是有太多的瘦狗类或问题类业务或太少的明星类和金牛类业务。

(4)确定纵坐标“市场增长率”的一个标准线,将“市场增长率”划分为高、低两个区域。标准线的确定方法有两种:一是把该行业市场的平均增长率作为界分点;二是把多种产品的市场增长率(加权)平均值作为界分点。

(5)确定横坐标“相对市场份额”的一个标准线,从而将“相对市场份额”划分为高、低两个区域。简单的区分方法是:高市场份额意味着该项业务是所在行业的领导者的市场份额,反之则是低市场份额(如图 13－7 所示)。

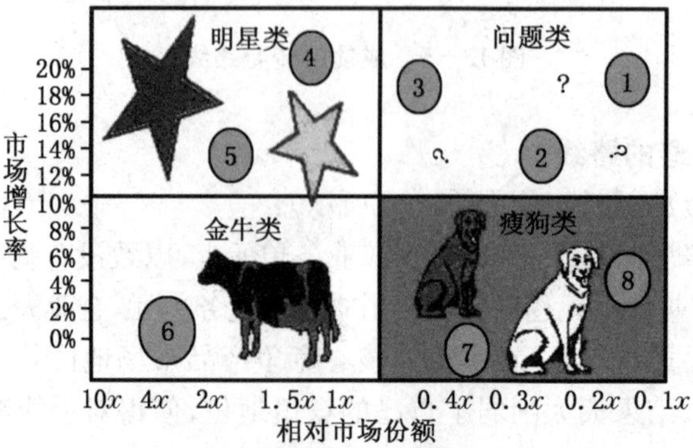

图 13－7 波士顿矩阵图示

(二)BCG 矩阵的基本应用法则

按照波士顿矩阵的原理,产品市场占有率越高,创造利润的能力越大;另一方面,销售增长率越高,为了维持其增长及扩大市场占有率所需的资金也越多。这样可以使企业的产品结构实现产品互相支持,资金良性循环的局面。按照产品在象限内的位置及移动趋势的划分,形成了波士顿咨询集团法的基本应用法则。

第一法则:成功的月牙环。在企业所从事的事业领域内各种产品的分布若显示月牙环形,这是成功企业的象征,因为盈利大的产品不止一个,而且这些产品的销售收入都比较大,还有不少明星产品。问题产品和瘦狗产品的销售量都很少。若产品结构显示散乱分布,说明其事业内的产品结构未规划好,企业业绩必然较差。这时就应区别不同产品,采用不同策略。

第二法则:黑球失败法则。如果在第四象限内一个产品都没有,或者即使有,其销售收入也几乎近于零,可用一个大黑球表示。该种状况显示企业没有任何盈利大的产品,说明应当对现有产品结构进行撤退、缩小的战略调整,考虑向其他事业渗透,开发新的事业。

第三法则:西北方向大吉。一个企业的产品在四个象限中的分布越是集中于西北方向,则显示该企业的产品结构中明星产品越多,越有发展潜力;相反,产品的分布越是集中在东南角,说明瘦狗类产品数量大,该企业产品结构衰退,经营不成功。

第四法则:踊跃移动速度法则。从每个产品的发展过程及趋势看,产品的销售增长率越高,为维持其持续增长所需的资金量也相对越高;而市场占有率越大,创造利润的能力也越大,持续时间也相对长一些。按正常趋势,问题产品经明星产品最后进入现金牛产品阶段,标志着该产品从纯资金耗费到为企业创造效益的发展过程,但是这一趋势移动速度的快慢也影响着其所能提供的收益的大小。

如果某一产品从问题产品(包括从瘦狗产品)变成现金牛产品的移动速度太快,说明其在高投资与高利润率的明星区域的时间很短,因此对企业提供利润的可能性及持续时间都不会太长,总的贡献也不会太大;但是相反,如果产品发展速度太慢,在某一象限内停留时间过长,则该产品也会很快被淘汰。

在波士顿矩阵方法的应用中,企业经营者的任务,是通过四象限法的分析,掌握产品结构的现状及预测未来市场的变化,进而有效、合理地分配企业经营资源。在产品结构调整中,企业的经营者不是在产品到了瘦狗阶段才考虑如何撤退,而应在现金牛阶段时就考虑如何使产品造成的损失最小而收益最大。

思考与练习

1. 常用的企业管理战略分析方法有哪些?它们各有哪些特点?
2. SWOT 分析方法有哪些步骤?

技能训练

1. 以小组为单位到网上收集若干采用 SWOT 分析法或者 BCG 矩阵分析法的例子。
2. 为自己小组所设立的模拟公司的一个项目分别采用 SWOT 模型和 BCG 模型进行战略分析。

第十四章

现代企业管理预测方法

• 关键词汇

预测　长期预测　中期预测　短期预测　定量预测　定性预测　静态预测　动态预测　购买者意图调查法　销售人员意见综合法　市场试销法　专家评估预测法　德尔菲预测法　时间序列预测方法　简单平均法　移动平均法　指数平滑法　回归分析预测方法　马尔科夫预测方法

第一节　预测概述

一、预测的概念和特点

(一)预测的概念

预测是指根据客观事物的发展趋势和变化规律，对特定对象未来发展的趋势或状态作出科学的推测与判断，或者说是对将要发生的或不明确的事务的未来状况进行估计和推测。预测是一种科学活动，预测对象是具体的、特定的，科学的预测是定性分析和定量分析相结合的结果。

企业管理预测是指对涉及商品生产、流通、销售的多种因素的未来变化趋势或状态进行的科学推测与判断，这样将有利于企业资源的合理配置。

(二)预测的特点

(1)预测工作的超前性，即预测对象是事物的未来状况。

(2)预测信息的可测性，即预测的结果应是可量化的指标。

(3)预测内容的时空性。由于预测的对象都是在一定的时空里发生与发展的，对所预测的未来信息只能通过一定的时间与空间的特征反映出来并加以测度。

(4)预测结果的近似性。预测对象未来发展趋势影响因素的复杂性必然导致预测者对预测对象及其所处环境认识有局限性、预测模型不精确，所以其结果也只能是近似的。

二、预测的内容及分类

(一)预测内容

1. 从市场供应的趋势来预测

(1)生产能力趋势预测。生产能力趋势预测主要有生产规模的扩张能力预测、生产要素供应预测、交通运输与货物调配能力预测，以及通信与信息收集、传输及处理能力预测等。

(2)商品竞争力趋势预测。在进行产品所处生命周期的预测、产品成本与价格的趋势预测、技术开发与产品开发趋势预测和政策环境预测的基础上对竞争力影响趋势作出预测。

(3)企业经济效益预测。通常包括预期产值、利润、投资回收期、净现值和内部收益率等财务指标，它为市场经营决策目标的确定提供了可靠的依据。

(4)企业社会生态效益预测。这是对市场供应的社会效益、生态效益作出的估计。

2. 从市场需求的趋势来预测

(1)人口趋势预测。主要涉及人口增长趋势、人口结构趋势，特别是不同区域市场的人口密度、人口层次分布和人口就业趋势等方面的内容。

(2)商品需求结构趋势预测。包括对需求商品的比例结构及需求量的预测，对可能开发的新商品或替代商品的需求预测，消费者对商品新品种、新性能、新款式需求的预测等内容。

(3)商品价格趋势预测。主要包括原有商品价格因供求关系变动或其他因素导致的变动趋势预测、各种生产要素价格变动趋势的预测、竞争产品或替代产品价格变动趋势预测等。

(4)社会购买力趋势预测。社会购买力就是消费者可以直接用于消费的实际支付能力。社会购买力趋势预测就是对社会实际购买力及其投向的变化趋势作出科学的预测。

(5)消费者需求偏好预测。主要包括对商品品名、包装、品牌偏好的预测，消费者群体对消费者个体需求偏好的影响的预测等内容。

(二)预测分类

根据研究对象的预测目标和特征的不同以及不同的标准，预测可以有不同的分类，但其基本的要求就是对某个预测对象的未来发展变化趋势作出尽可能准确的解释。

1. 按预测的时间长短分类

(1)长期预测，是指预测期为 5 年以上的预测，是制订 10 年计划、长远计划的依据。

(2)中期预测，是对预测期为 1～5 年的事物发展前景的预测，是制订 5 年计划的依据。

(3)短期预测，是预测期为 3 个月到 1 年的预测，是制订年度计划和季度计划的依据。

(4)近期预测，即以周、旬、月、季为时间单位的预测，是制订明确规定近期经济活动短期任务发展的依据。

2. 按预测结果的不同分类

(1)定量预测。定量预测主要以历史统计资料和信息为依据，遵循事物发展变化的规律，运用统计方法并建立数学模型，对预测对象未来发展前景进行科学的定量分析，也称模型预测。

(2)定性预测。进行定性预测主要依靠对历史资料的分析和对未来条件的研究，准确程度主要取决于预测者的经验、理论水平、业务水平和分析判断能力。它是基于事实与经验的分析判断，无需依据系统的历史数据建立数学模型，也称评估预测。

3. 按预测活动的空间范围分类

(1)宏观预测,是对整个国家或部门、地区的发展前景进行的预测。

(2)中观预测,是指地区性市场预测,介于宏观预测与微观预测之间。中观市场预测与中观经济预测紧密相关,是对部门经济或地区经济活动与发展前景的趋势预测,如部门或地区的产业结构、经济规模、经济效益等。

(3)微观预测,是对企业内部各项发展指标进行预测,是企业制定生产经营决策、编制和检查计划的依据。

4. 按预测对象的商品层次分类

(1)单项商品预测。即对某种具体商品的市场状态与趋势的预测,还可分解和具体化为对各单项商品中不同品牌、规格、质量、价格的商品需求量与销售量,以及效益指标等进行具体的预测。

(2)同类商品预测。从大的方面上,可以分为生产资料类预测与生活资料类预测。而生活资料类又可细分为食品类、衣着类、日用品类、家电类等,总之这类预测是对同类商品的市场需求量或销售量的预测。

(3)目标市场预测。根据不同消费群体的需求划分目标市场,从而对不同目标市场所作的预测。

(4)市场供需总量预测。这包括市场总的商品需求量预测与总的商品供给量预测。

5. 按预测时态的不同分类

(1)静态预测,是指不含时间变动因素,根据事物在同一时期的因果关系进行的预测。

(2)动态预测,是指含时间变动因素,根据事物发展的历史和现状,对其未来发展前景做出的预测。

第二节 企业管理常用预测方法

一、定性预测法

定性预测法也称为直观判断法,它主要依靠预测人员所掌握的信息、经验和综合判断能力,预测市场未来的状况和发展趋势。这种预测方法简单易行,特别适用于那些难以获取全面的资料进行统计分析的问题。因此,定性预测方法在市场预测中得到广泛的应用。定性预测方法一般包括:购买者意图调查法、销售人员意见综合法、市场试销法和专家意见法等。

(一)购买者意图调查法

购买者意图调查是在一组规定的条件下预测购买者可能买什么。如果购买者有清楚的意图,愿付诸实施,并能告诉访问者,则这种调查就显得特别有价值。该方法一般适用于对工业产品、耐用消费品、要求有先行计划的产品采购和新产品的需求调查。

(二)销售人员意见综合法

当不能访问购买者时,可通过它的销售代表来对产品的未来需求进行估计,因为销售代表对市场发展趋势可能比其他人更具敏锐性。由于销售代表可能是有偏见的观察者,因此,企业要作些调整,也要向销售代表提供帮助和激励,促使他们作出较客观的估计。

(三)市场试销法

在购买者并无具体购买计划或其购买意向变化无常，并且专家们也难以估计的情况下，可直接进行市场试销。直接的市场试销特别适用于对新产品的销售预测或为产品建立新的营销渠道的预测。

二、专家评估预测法和德尔菲预测法

(一)专家评估预测法

1. 专家评估预测法的含义

专家评估预测法，又称启发预测法，是以专家为索取信息的对象，依靠专家群体的经验、智慧，通过思考、分析、判断，把各位专家对预测对象的未来发展变化趋势的预测意见进行汇总，然后进行数学平均处理并根据实际工作中的情况进行修正，最终取得预测结果的方法。它也是定性预测法。

2. 专家评估预测法的特点

专家评估预测法有四大特点：(1)已形成一整套如何有效组织专家，充分利用专家的创造性思维进行预测评估的基本理论和科学方法；(2)充分发挥专家的集体智慧和集体效应；(3)使质的分析数量化，预测结果具有数理统计特性，更趋于严谨性、科学性；(4)即使缺乏统计数据和原始资料，也可以通过专家的共同努力，取得很好的结果。

3. 专家评估预测法的具体操作步骤

(1)组成专家预测小组对预测对象进行定性分析。

(2)将定性分析的结果进行定量化，形成预测的结果。首先，计算方案的期望值，方案的期望值等于各种可能自然状态的主观概率与状态值乘积之和；然后，将与预测有关的人员进行分类，并计算出各类综合期望值，一般用加权平均统计法或算术平均法；最后，进一步向有关人员反馈信息，经酝酿讨论，确定更趋于合理的预测结果。

4. 专家评估预测法的操作处理过程例示

【例 14—1】 某摩托车厂为确定摩托车的销售预测值，要求经理和业务科、计划科、财务科以及摩托车商品部的销售员均作出季度销售预测。运用专家意见汇总预测法进行预测值定量综合分析，三位经理、各管理单位、五位销售员各自的分析如表 14—1～表 14—3 所示。

表 14—1　　三位经理的预测值

经理	销售额状态	估计值	概率	期望值	权数
A	最高销售额 最可能销售额 最低销售额	160 140 100	0.3 0.5 0.2	160×0.3+140×0.5+100×0.2=138	0.5
B	最高销售额 最可能销售额 最低销售额	170 150 120	0.3 0.5 0.2	150	0.33
C	最高销售额 最可能销售额 最低销售额	150 130 100	0.3 0.5 0.2	130	0.17

表 14—2 各管理单位的预测值

经理	销售额状态	估计值	概率	期望值	权数
业务	最高销售额 最可能销售额 最低销售额	160 150 120	0.3 0.5 0.2	147	0.5
计划	最高销售额 最可能销售额 最低销售额	150 120 100	0.3 0.5 0.2	125	0.25
财务	最高销售额 最可能销售额 最低销售额	140 120 100	0.3 0.5 0.2	122	0.25

表 14—3 五位销售员的预测值

销售员	销售额状态	估计值	概率	期望值	权数
A	最高销售额 最可能销售额 最低销售额	100 80 60	0.3 0.5 0.2	82	0.2
B	最高销售额 最可能销售额 最低销售额	100 80 70	0.3 0.5 0.2	84	0.2
C	最高销售额 最可能销售额 最低销售额	110 90 70	0.3 0.5 0.2	92	0.2
D	最高销售额 最可能销售额 最低销售额	120 100 70	0.3 0.5 0.2	100	0.2
E	最高销售额 最可能销售额 最低销售额	100 90 70	0.3 0.5 0.2	89	0.2

按照专家意见汇总预测法的操作处理步骤，定量化计算如下：

第一步：计算出各方案的期望值，见表 14—1～表 14—3。

第二步：按具体情况给予预测方案期望值不同的权数，并按下述公式采用加权平均数进行综合。

$$\hat{y}_j = \sum_{i=1}^{n} \hat{y}_i w_i \, (0 \leqslant w_i \leqslant 1, \sum_{i=1}^{n} w_i = 1)$$

$$\hat{y}_j = \frac{\sum_{i=1}^{n} \hat{y}_i w_i}{\sum_{i=1}^{n} w_i} \, (w_i \geqslant 0)$$

其中，$\hat{y}_j$ 代表 j 类预测人员的综合预测值；$\hat{y}_i$ 代表 j 类人员中第 i 位的方案期望值；w_i 是 j 类人员中第 i 位方案期望值的比重或权数；n 是 j 类人员含有的人数总量。

从各表中所置的权数，可以计算出各类的综合预测值。

当预测人员为经理类，即 $j=1$ 时，可以得到：

$\hat{y}_1=138\times0.5+150\times0.33+130\times0.17=140.67$（万元）

按照上述计算公式，同样可得：当预测人员为管理单位类，即 $j=2$ 时，$\hat{y}_2=135.25$ 万元；当预测人员为销售员类，即 $j=3$ 时，$\hat{y}_3=89.4$ 万元。

第三步：综合上三类综合预测值。根据实际情况分别予以经理、管理单位、销售员方案的权数为 3、2、1，则企业的预测值为：$\dfrac{140.67\times3+135.25\times2+89.4\times1}{3+2+1}=130.32$（万元）。

（二）德尔菲预测法

1. 德尔菲预测法的含义及特点

德尔菲预测法是在专家意见汇总预测法的基础上发展起来的一种直观预测方法。德尔菲法是采用函询调查，对与所预测问题有关的领域的专家分别提出问题，然后将他们回答的意见加以综合、整理、反馈，这样经过多次反复循环，最后得到一个比较一致而且可靠性也较大的意见。较之一般的专家意见汇总法，德尔菲法还具有匿名性、反馈性和数理性三个特点。

2. 德尔菲预测法的程序

（1）确定预测的主题，归纳预测的事件。

（2）组成专家小组。按照课题的大小和涉及面的宽窄以及所需知识范围，确定专家，一般不超过 20 人。

（3）向所有专家提出所要预测的问题及有关要求，并附上有关这个问题的所有背景材料，同时请专家提出还需要的材料。然后，由专家做书面答复。

（4）各个专家根据他们所收到的材料，提出自己的预测意见，并说明自己是怎样利用这些材料并提出预测值的。

（5）将各位专家第一次判断意见汇总，列成图表，进行对比，再分发给各位专家，让专家比较自己同他人的不同意见，修改自己的意见和判断。也可以把各位专家的意见加以整理，或请身份更高的其他专家加以评论，然后把这些意见再分送给各位专家，以便他们参考后修改自己的意见。

（6）将所有专家的修改意见收集、汇总，再次分发给各位专家，以便做第二次修改。逐轮收集意见并为专家反馈信息是德尔菲法的主要环节。收集意见和信息反馈一般要经过三四轮。在向专家进行反馈的时候，只给出各种意见，但并不说明发表各种意见的专家的具体姓名。这一过程重复进行，直到每一个专家不再改变自己的意见为止。

（7）确定预测值，得出预测结论。这是德尔菲法最重要的阶段。对预测事件完成或发生时间，大多采用数理统计方法进行收敛处理，采用中位数法。中位数是指将各专家对预测目标的预测数值按大小顺序进行排列，选择属于中间位置的那个数表示数据集中的一种特征数。若预测数列个数为奇时，取最中间那个数；若是偶数，则取中间两个数的算术平均值。中位数代表专家预测意见的平均值，一般以它作为预测结果。

3. 德尔菲预测法的处理过程例示

【例 14－2】 用德尔菲预测法预测某款式春装投放市场后的年销售量。现选择了 9 位专家，他们分别进行了三次分析预测，第三次分析预测的结果如表 14－4 所示。

表 14—4　　某款式春装年销售量专家预测分析　　单位：件

专家小组		1	2	3	4	5	6	7	8	9	合计	平均值
第三次判断	最高销售量	900	900	700	860	600	1 000	800	700	700	7 160	796
	最可能销售量	600	770	600	600	500	800	600	600	500	5 570	619
	最低销售量	480	500	400	450	220	600	440	400	330	3 820	424

以下采用两种方法处理数据。

第一种：用算术平均法求预测值。其公式为：

$$\hat{y}=\frac{\sum x}{n}$$

其中：$\sum x$ 为专家判断数据的合计数；n 是专家人数；$\hat{y}$ 为平均数。将表 14—4 中第三次判断的数据代入公式，得：

最高销售量 $=\frac{7\ 160}{7}=796$（件）

最可能销售量 $=\frac{5\ 570}{9}=619$（件）

最低销售量 $=\frac{3\ 820}{9}=424$（件）

分别给予最高销售量、最可能销售量、最低销售量的权数比为 0.3、0.5、0.2，则：

综合预测值 $=796\times0.3+619\times0.5+424\times0.2=633$（件）

即年销售量为 633 件。

第二种：用中位数求预测值。其公式为：

$$m_a=\frac{n+1}{2}$$

其中，m_a 为中位数的项数；n 是中位数的数据个数。

在表 14—4 中，将第三次判断的数据按其数值大小排列。

最高销售量为 1 000，900，860，800，700，600，则：

$m_a=\frac{6+1}{2}=3.5$

即中位数介于第三项和第四项之间，为：

中位数 $=\frac{860+800}{2}=830$

同理，按照这种方法可以求得最可能销售量的中位数为 685，最低销售量的中位数为 460。

运用上述同样的概率（权数），确定综合预测值为 684 件（$830\times0.3+685\times0.5+460\times0.2$）。即这种款式的春装在市场的年销售量为 684 件。

三、时间序列预测法

时间序列预测法是以研究对象历史上的一系列已知数据为基础，分析并找出事物随时间发展的规律，用数学模型去描述研究对象随时间变化的发展规律，并根据模型预测事物的未来发展状况的定量分析预测方法。它是市场预测方法中一种常用的定量分析方法。正确应用时间序列分析法进行市场预测应注意三点：一是数据的完整性，二是数据资料的可比性，三是数据资料的一致性。时间序列预测法具代表性的有：简单平均法、移动平均法和指数平滑法。

(一)简单平均法

简单平均法是把已有的全部统计数字加以平均，以此推算事物未来发展趋势，它适用于销售量变化不大的稳定状态。

$$x_{N+1}=\frac{\sum_{t=1}^{N}X_t}{N}$$

式中，x_{N+1}为需预测的 $N+1$ 期值；X_t 为第 t 期实际值；N 为资料期数。

【例 14—3】 已知某厂 2006～2014 年的产值如表 14—5 所示，试预测 2015 年该厂的产值。

表 14—5 **某厂 2006～2014 年的产值** 单位：万元

2006 年	2007 年	2008 年	2009 年	2010 年	2011 年	2012 年	2013 年	2014 年	2015 年
1 200	1 180	1 300	1 080	1 240	1 280	1 160	1 040	1 260	?

$$解：x_{N+1}=\frac{\sum_{t=1}^{N}X_t}{N}$$

$$=\frac{1\,200+1\,180+1\,300+1\,080+1\,240+1\,280+1\,160+1\,040+1\,260}{9}$$

$$\approx 1\,193(万元)$$

由此可预计该厂 2015 年产值为 1 193 万元。

(二)移动平均法

移动平均法是将观察期的数据按时间先后顺序排列，然后由远及近，以一定的跨越期进行移动平均，求得平均值。移动平均法不仅仅是移动着求时间序列中一定数量数据的平均值构成新时间序列，而且能够较好地修匀时间序列。这里介绍简单的一次移动平均法。

先给出一次移动平均值的计算公式：

$$M_t^{(1)}=\frac{x_t+x_{t-1}+\cdots+x_t-n+1}{n}$$

可以随意取一个 n 值，如 8，就容易推导出一次移动平均值的简便递推公式：

$$M_t^{(1)}=M_{t-1}{}^{(1)}+\frac{x_t-x_{t-n+1}}{n}$$

一次移动平均值应置于跨越期的中间位置上，即$\left(\frac{n+1}{2}\right)$的位置上。若跨越期是奇数，如 $n=7$，则应置于$\left(\frac{7+1}{2}=4\right)$的位置上，即第一个移动平均值 $M_7^{(1)}$ 应置于 x_4 的水平线上，其他以此顺推；若跨越期为偶数，如 $n=8$，则应置于$\left(\frac{8+1}{2}=4.5\right)$的位置上，即第一个平均值 $M_8^{(1)}$ 应置于 x_4 与 x_5 中间的位置上。例 14—4 为一次移动平均法的预测步骤。

【例 14—4】 我国 1975～1995 年的发电总量如表 14—6 所示，请用一次移动平均法预测

1996 年的发电总量。

表 14—6　　我国历年发电总量的一次移动平均值　　单位：亿千瓦时

观察期	观察值 x_t	$n=7$ 时 $M_t^{(1)}$	趋势变动值	平均趋势变动值	$n=9$ 时 $M_t^{(1)}$	趋势变动值	平均趋势变动值
1975	676						
1976	825						
1977	774						
1978	716	924.86					
1979	940	1 046.00	121.14		1 076.00		
1980	1 159	1 166.43	120.43		1 186.44	112.44	
1981	1 384	1 297.00	130.57		1 312.33	125.89	
1982	1 524	1 474.43	177.43	146.84	1 452.00	139.67	
1983	1 668	1 630.29	155.86	155.98	1 620.67	168.67	
1984	1 668	1 783.86	153.57	166.08	1 801.33	180.66	154.05
1985	1 958	1 952.71	168.86	176.16	1 960.89	159.56	160.77
1986	2 031	2 137.86	185.15	177.73	2 125.56	164.67	168.25
1987	2 234	2 329.00	191.14	185.73	2 283.89	158.33	175.85
1988	2 566	2 530.14	201.14	195.14	2 460.44	176.55	
1989	2 820	2 718.57	188.43	227.47	2 633.33	172.89	
1990	3 006	2 930.43	211.86		2 826.56	193.23	
1991	3 093	3 149.86	219.43		3 034.67	288.11	
1992	3 277	3 370.00	220.14				
1993	3 514						
1994	3 770						
1995	4 107						

解：第一步，先取 $n=7$，计算移动平均值。

$$M_7^{(1)}=\frac{676+825+774+716+940+1\,159+1\,384}{7}=924.86\text{(亿千瓦时)}$$

$$M_8^{(1)}=M_7^{(1)}+\frac{x_8-x_1}{7}=942.86+\frac{1\,524-676}{7}=1\,046.00\text{(亿千瓦时)}$$

同理，可算出 $M_9^{(1)}=1\,166.43$(亿千瓦时)

……

依此类推。第一个 $M_7^{(1)}$ 应置于 $\frac{7+1}{2}=4$ 的位置上，即在 1978 年水平上。

取 $n=9$ 时，

$$M_9^{(1)}=\frac{676+825+774+716+940+1\,159+1\,384+1\,524+1\,668}{9}=1\,076.00\text{(亿千瓦时)}$$

同理可算得，$M_{10}^{(1)}=1\ 186.44$，$M_{11}^{(1)}=1\ 312.33$（亿千瓦时）

……

依此类推。第一个 $M_9^{(1)}$ 应置于 $\frac{9+1}{2}=5$ 的位置上，即在 1979 年水平上。

第二步：计算趋势变动值。当年的趋势变动值是它当年的移动平均值与上年的移动平均值之差。

所以，当 $n=7$ 时，1979 年的趋势变动值为：1 046.00－924.86＝121.14。1980 年的趋势变动值为：1 166.43－1 046.00＝120.43……依此类推。

如果时间序列比较平稳，就可以用最近的一次移动平均值作为下一时期的预测值。

（三）指数平滑法

指数平滑法实质上是加权平均法的一种特殊形式。其公式为：

$$F_{10} \quad 或 \quad F_t=ax_{t-1}+(1-a)F_{t-1}$$

式中，F_t 为第 t 期预测值；F_{t-1} 为第 $t-1$ 期的预测值；x_{t-1} 为第 $t-1$ 期的实际值；a 为平滑系数（$0\leqslant a\leqslant 1$）。

【例 14－3（续）】 沿用例 14－3 资料，$a=0.2$，试用指数平滑法预测该厂 2015 年的产值。

解：当没有初始预测值时取 $x_1=F_1$，则

$F_2=F_1+0.2\times(x_1-F_1)=F_1=1\ 200$（万元）

$F_3=F_2+0.2\times(x_2-F_2)=1\ 200+0.2\times(1\ 180-1\ 200)=1\ 196$（万元）

$F_4=F_3+0.2\times(x_3-F_3)=1\ 196+0.2\times(1\ 300-1\ 196)=1\ 216.8$（万元）

同理，可求得 $F_5=1\ 189.4$ 万元，$F_6=1\ 199.5$ 万元，$F_7=1\ 215.6$ 万元，$F_8=1\ 204.5$ 万元，$F_9=1\ 171.6$ 万元，$F_{10}=1\ 189.3$ 万元。F_{10} 即为 2015 年预测产值。

四、回归分析预测法

回归分析预测法就是从各种经济现象之间的相互关系出发，通过分析结果变量和原因变量之间存在的相互依存、相互制约的统计因果关系和影响程度，根据原因变量的变化去预测结果变量可能发生的变化的方法。

回归分析预测法的步骤是：先凭借个人的经验、知识和判断能力，对市场预测问题在质的分析基础上，明确预测对象的因变量及其影响因素的诸多自变量；然后根据变量间的因果关系的类型，选择数学模型，经过计算求出回归参数，并建立预测模型；再对回归预测模型的可信程度进行统计检验，估计预测值的置信区间；最后利用所建立的模型对市场经济活动的某一过程进行分析、预测和控制。这里主要以简单的一元线性回归分析法为例进行介绍。

一元线性回归分析法是将一个变量与另一变量（如时间）之间的对应关系，用一条直线来模拟，建立回归方程，并以此作为依据进行预测的一种方法。其公式为：

$$x_1=F_1\,y=a+bx$$

式中，y 为预测对象的预测值；x 为影响因素；a、b 为回归系数，且

$$a=\frac{\sum y_i-b\sum x_i}{N},b=\frac{N\sum x_iy_i-\sum x_i\cdot\sum y_i}{N\sum x_i^2-(\sum x_i)^2}$$

式中，x_i 为影响因素的已往实际值；y_i 为预测对象的实际值；N 为已往资料期数。

若 x 是时间变量，则可采用对称时序，使 $\sum x=0$，a、b 的计算公式则简化如下：

$$a=\frac{\sum y_i}{n},b=\frac{\sum x_i y_i}{\sum x_i^2}$$

【例 14—3(续)】 沿用例 14—3 资料,用回归分析预测法预测该厂 2015 年的产值。

解:列表计算(如表 14—7 所示,表中 x 对称时序)。则:

$$a=\frac{\sum y_i}{N}=\frac{10\ 740}{9}=1\ 193.33,b=\frac{\sum x_i y_i}{\sum x_i^2}=\frac{-260}{60}=-4.33$$

$$y_{2015}=1\ 193.33-4.33\times 5=1\ 171.68$$

表 14—7 回归分析法计算

N	y_i	x_i	x_i^2	$x_i y_i$
2006	1 200	−4	16	−4 800
2007	1 180	−3	9	−3 540
2008	1 300	−2	7	−2 600
2009	1 080	−1	1	−1 080
2010	1 240	0	0	0
2011	1 280	1	1	1 280
2012	1 160	2	4	2 320
2013	1 040	3	9	3 120
2014	1 260	4	16	5 040

可见,该厂 2015 年产值为 1 171.68 万元。

五、马尔科夫预测法

马尔科夫预测法是应用概率论中的马尔科夫理论对现实生活中的某些经济现象进行预测,指导人们进行决策的一种经济预测方法。这里介绍马尔科夫预测中最重要的一种——市场占有率预测。

马尔科夫预测的基本原理是本期市场占有率仅取决于上期市场占有率与转移概率。假设有三家企业生产同种产品,它们在市场上的现时占有份额是:

$$S_0=(p_1^{(0)},p_2^{(0)},p_3^{(0)})$$

市场占有转移概率矩阵是:

$$P=\begin{pmatrix} p_{11} & p_{12} & p_{13} \\ p_{21} & p_{22} & p_{23} \\ p_{31} & p_{32} & p_{33} \end{pmatrix}$$

p_{11},p_{22},p_{33} 中表示各家企业保留上期顾客的概率,其他数值代表两种含义。比如,对 p_{13} 来说,第一种含义是第一家企业失去的顾客转移到第二家企业的概率,第二种含义是第二家企业由第一家企业转来的顾客的概率。

已知本期的市场占有率,预测下期的市场占有率为:

$$S^1=[p_1^{(0)},p_2^{(0)},p_3^{(0)}]\begin{pmatrix} p_{11} & p_{12} & p_{13} \\ p_{21} & p_{22} & p_{23} \\ p_{31} & p_{32} & p_{33} \end{pmatrix}$$

也可以预测第 k 期的市场占有率,即:

$$S^k=[p_1^{(k)},p_2^{(k)},p_3^{(k)}]=[p_1^{(0)},p_2^{(0)},p_3^{(0)}]\begin{pmatrix}p_{11} & p_{12} & p_{13}\\ p_{21} & p_{22} & p_{23}\\ p_{31} & p_{32} & p_{33}\end{pmatrix}^k=S^0P^k$$

【例 14—5】 A、B、C 三家企业生产同一种产品，现有10 000户用户，假设在这此期间无新用户加入也无老用户退出，只有用户转移。已知 3 月份 A 企业有用户5 000户，B 企业有用户4 000户，C 企业有用户1 000户。由于受价格、产品质量、服务质量等因素的影响，三家企业的市场占有率会发生变化，即 4 月份订购户会发生变化。4 月份顾客流动转移情况如表 14—8 所示。要求：预测 4 月份各企业的市场占有率。

表 14—8　　A、B、C 三家企业 4 月份顾客流动转移情况　　单位：户

	A	B	C	合　计
A	4 000	500	500	5 000
B	200	3 000	800	4 000
C	100	100	800	1 000
合　计	4 300	3 600	2 100	10 000

解：A、B、C 三家企业 3 月份的市场占有率为 $S^0=(0.5,0.4,0.1)$，由表 14—8 可知，4 月份 A、B、C 企业的顾客分别是 4 300、3 600、2 100 户。表 14—8 中第一行表明 3 月份购买 A 企业产品的顾客，4 月份仍有 4 000 户购买 A 企业产品，各有 500 户的顾客转移购买 B 和 C 企业的产品。表的第二行、第三行依此类推。于是得到转移概率如下：

$$p_{11}=\frac{4\ 000}{5\ 000}=0.8,p_{12}=0.1,p_{13}=0.1$$

$$p_{21}=\frac{200}{4\ 000}=0.05,p_{22}=0.75,p_{23}=0.2$$

$$p_{31}=\frac{100}{1\ 000}=0.1,p_{32}=0.1,p_{33}=0.8$$

状态转移矩阵为：

$$P=\begin{bmatrix}0.8 & 0.1 & 0.1\\ 0.05 & 0.75 & 0.2\\ 0.1 & 0.1 & 0.8\end{bmatrix}$$

则 5 月份的市场占有率为：

$$S^2=S^0P^2=(0.5,0.4,0.1)\begin{bmatrix}0.8 & 0.1 & 0.1\\ 0.05 & 0.75 & 0.2\\ 0.1 & 0.1 & 0.8\end{bmatrix}^2=(0.383,0.334,0.283)$$

即 5 月份的市场占有率为：A 企业占 38.3%，B 企业占 33.4%，C 企业占 28.3%。

设 $U=(u_1,u_2,u_3)$，根据正规概率矩阵的性质，有

$$\begin{cases}UP=U\\ \sum_{i=1}^{3}u_i=1\end{cases}$$

于是得到线性方程组：

$$\begin{cases}0.8u_1+0.5u_2+0.1u_3=u_1\\0.1u_1+0.75u_2+0.1u_3=u_2\\0.1u_1+0.2u_2+0.8u_3=u_3\\u_1+u_2+u_3=1\end{cases}$$

解得：$u_1=0.286$，$u_2=0.286$，$u_3=0.429$。于是得到终极用户的市场占有率为：A企业占28.6%，B企业占28.6%，C企业占42.9%。

思考与练习

1. 常用的企业管理预测方法有哪些？

2. 达东公司想进入某市空调市场，因此想获知该市2015年可能的空调销量，已知某市2006～2014年的空调销售量如下表所示，试用两种以上的方法预测2015年该市的空调销量。

某市2006～2014年的产值 单位：万台

2006年	2007年	2008年	2009年	2010年	2011年	2012年	2013年	2014年	2015年
152	128	136	108	149	208	160	104	169	?

技能训练

1. 以小组为单位收集网上若干企业的预测案例，并进行讨论。

2. 以自己小组所设立模拟公司的一个项目为例，运用多种方法进行预测，并进行班级交流。

第四篇

现代企业管理专题

第十五章

现代服务企业管理

· 关键词汇

服务的不可感知性　服务异质性　服务不可分割性　服务产品　顾客利益
基本服务组合　服务递送体系　有形展示　服务质量标准跟进　服务过程分析

第一节　服务概述

一、服务及服务企业管理

(一)服务的含义

学术界关于服务的解释很多,但都包含一个共同的方面,那就是强调服务的无形性以及生产和消费的同时进行。比如:服务是行动、流程和绩效;服务是具有或多或少无形性特征的一项活动或一系列活动,它通常但并非一定是发生在顾客和服务雇员和(或)物质资源或商品和(或)服务供应商系统之间的交互活动,它为顾客提出的问题提供解决方案;服务是一种顾客作为共同生产者的、随时间消逝的无形的经历。另外,服务和服务贸易类型也不尽相同,按照世界贸易组织统计和信息系统局(SISD)提供的国际服务贸易分类表,将服务类型分为11大类:商业服务、通信服务、建筑以及有关工程服务、销售服务、教育服务、环境服务、金融服务、健康与社会服务、与旅游有关的服务、娱乐/文化与体育服务、运输服务。现代社会服务和服务企业在国民经济经济中占有越来越大的分量,而在发达国家显得尤为突出。

(二)服务企业管理的含义

服务企业是指具有一定设备或工具,为社会生产和生活提供各种或简单服务或复杂服务的企业。服务企业管理就是管理者通过计划、组织、领导、控制等职能,对服务企业的资源进行有效配置以实现企业预期目标的管理过程。由于服务内容繁杂,企业组织类型繁多,服务企业必须根据自身的特点有针对性地进行管理。本章旨在介绍服务企业管理的基本知识。

(三)服务企业管理的三要素

1. 人员管理

在服务企业管理中,人的重要性是非常明显的。服务企业中的人是服务产品的一个重要组成部分,他们承担着表现企业服务及最终销售服务的任务。因此,企业管理者必须重视各部门人员之间的合作。从管理角度看,企业必须重视对雇员的甄选、训练、激励和控制。此外,由于受相关群体的影响,某一顾客对企业服务的认识和评价也容易左右其顾客的认识。因此,企业在注重搞好对内部人员管理的同时,还应加强对顾客的管理。

2. 过程

服务企业的所有工作活动是一个整体过程。这一过程包括某一服务交付给顾客的程序、任务、日程、结构、活动和日常工作,也包括顾客参与和雇员判断的政策决定。鉴于服务的特点,企业将过程管理当作一个独立的活动是提高服务质量的前提条件。企业在考察过程的作用时,应特别注重对整个服务营销过程的各个环节要素的分析,并认真协调好这些要素之间的关系。

3. 顾客服务

(1)如何理解顾客服务?在服务市场竞争越来越激烈的情况下,强调顾客服务更有利于使本企业的服务在同行业中形成明显的判别优势。企业对顾客服务的理解应从构成顾客服务的各要素中去认识。构成顾客服务的要素主要有:

①服务交易前的要素,包括撰写服务任务书和顾客服务政策;顾客对企业任务书和政策理解分析;撰写顾客服务的目标;支持服务目标的过程;服务目标的人员和组织结构;技术保证;对服务质量的承诺;信息的有效运用。

②交易过程中的要素,包括管理需求模式;安排交易的时机;服务水平;系统的准确性;配套服务;环境因素;财务;演示;提供方便。

③交易后的要素,包括对售后服务再承诺;投诉处理;恢复服务计划;服务质量稽查;制定服务蓝图;减少邮购的担忧;交叉销售;直接营销;安排“忠诚”俱乐部;在需求不旺时安排恰当的促销。

(2)制定顾客服务战略。制定顾客服务的战略由四个步骤构成:一是认清服务的任务,这个任务反映在企业服务书中;二是确定顾客服务的目的,这需要企业营销人员对交易的全过程加以通盘考虑,包括理解顾客的价值观及其成本构成,并制定出一个优于竞争者的有效的提议;三是确定顾客服务战略,如识别细分的服务市场、识别最重要的服务和顾客群、把服务目标优先化、制订一系列服务计划;四是组织实施顾客服务战略,以有利于服务企业有效地形成整体营销组合战略。

二、服务的分类

美国哈佛大学的托马斯根据服务是由人员提供还是由设备提供将服务分为以人员服务为主和以技术、设备服务为主(如图 15－1 所示)。

美国的蔡斯根据顾客和服务体系的接触程度将服务分成接触程度高和接触程度低两类。前者包括:纯服务体系,如保健中心、学校、私人服务等;混合服务体系,如银行储蓄所、邮政所等;准制造体系,如电脑公司总部等。后者是指制造业也提供了很多服务,但它们的接触程度都相对更低。高接触服务中,顾客参与服务生产过程,对服务需求时间、内容、质量影响较大,低接触服务中顾客与服务提供者之间交往较少,对服务过程和质量影响较小。

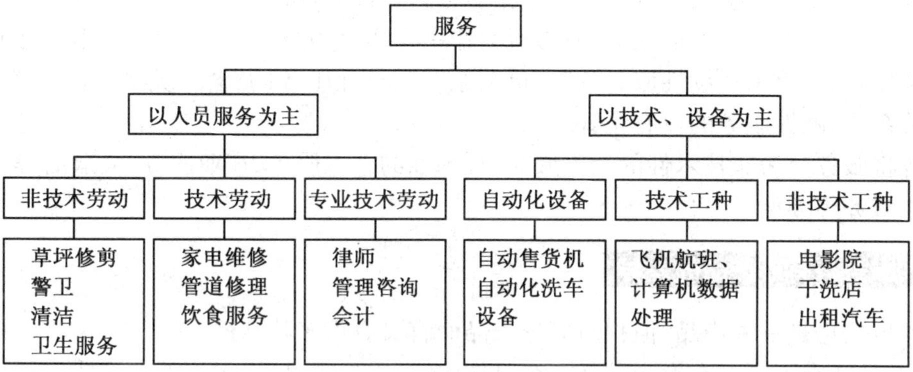

图 15—1　服务分类

施曼纳采用劳动密集程度和顾客与服务人员相互交往程度及服务定制化程度二维模型对服务进行分类(如表 15—1 所示)。

表 15—1　施曼纳的服务分类结构

		相互交往和定制化程度	
		低	高
劳动密集程度	低	服务工厂 民航客机 汽车货运公司 旅馆 度假村	服务车间 医院 汽车维修站 其他维修服务 餐馆
	高	大众化服务 零售企业 批发企业 商业银行的零售性服务	专业服务 医生 律师 会计师 建筑设计师

戴维斯采用服务工作的性质和提供服务的方式二维模型将服务分为四类(如表 15—2 所示)。

表 15—2　戴维斯的服务分类

		服务工作的性质	
		一般性	知识性
提供服务的方式	集中	服务工厂 (Service Factory)	服务车间 (Service Shop)
	分离	综合服务 (Service Stores)	综合性专业服务 (Service Complexes)

洛伍劳克采用六种不同方法对服务进行分类,分别是服务对象、行为性质、关系模式、互动

频率、定制化程度和需求波动程度。如根据服务行为性质,可分为有形行为作用在人身上的服务、无形行为作用在人身上的服务、有形行为作用在物上的服务、无形行为作用在物上的服务;根据关系模式,可分为持续性服务的"会员关系"、间歇性服务的"会员关系"、持续性服务的没有正式关系、间歇性服务的没有正式关系。

薛普将服务分为非技术性的个人服务、技术性的个人服务、产业服务、大众消费者服务、高科技产业服务等类型。

三、服务与有形产品的差异

服务虽然也是一种产品,但相对有形产品而言又有许多特殊性。

(1)产品特点不同。有形产品是一个具体的、可以看得见、摸得着的有形体,而服务则是买卖双方的行为过程,顾客对企业提供的服务质量事先难以判断或感知,只有凭借服务的硬件设施的展示或媒体信息的传播等途径来进行粗略的评价。

(2)顾客参与生产过程的程度不同。有形产品的生产过程,几乎不牵涉到顾客的参与问题;而服务的生产过程与消费过程是统一的,也就是说,顾客始终都参与服务的生产过程,这就使得服务企业在管理服务产出的同时,必须花更多的精力来管理好顾客的服务"消费"。

(3)相对于有形产品而言,人的作用在服务的过程中显得尤为重要。事实上,人(这里的人,既包含服务的供应者,也包含顾客)的因素已构成服务产品质量好坏的一个重要方面。所以人也成了服务的一部分。

(4)服务质量的标准难以把握。服务质量的好坏很难用一个统一的固定的标准来衡量。如果要完善自身的服务质量,除了参考同业的既定做法外,及时了解顾客需求、调查顾客的满意度也是服务工作的一个重要方面。

(5)服务是无法贮存和"运输"的。服务产品的生产和消费的同时性决定了服务不像有形产品那样可以随时停留、层层批发,而必须根据服务自身的特点,适时、适地及时准确地完成服务的过程,否则,就会给服务企业造成巨大的损失。

四、服务市场细分

服务企业的经营决策也必须对服务市场进行细分,进而确定本企业的市场定位。细分市场是按照一定的方法来分割一个市场的动态过程。根据服务市场的特点,其细分方法更侧重于从以下两个方面来考虑:

(一)按顾客自身的特征因素细分

(1)按人口和社会经济因素细分,如老年服务、幼儿服务等。

(2)按顾客的心理因素细分,如情感型服务、实用型服务等。

(3)按顾客所处的市场地理因素细分,如西方服务、东方服务等。

(二)按顾客对服务及服务企业的反应细分

1. 按顾客的利益细分

不同顾客接受服务所期望从中得到的利益有差异。以银行业为例,有的顾客喜欢选择信誉好的大银行,以期获得安全、全面的服务;有的顾客在存款时,喜欢选择利率高的银行,而不太注重其他条件,以期追求更多利息回报等。那么,银行则可以根据自身的条件,选择一个或两个细分市场进入,提供有特色的服务。

2. 按顾客的使用频率细分

在服务市场上，可以根据顾客使用服务的频率将顾客划分成经常使用者、一般使用者、较少使用者和不使用者。

3. 根据顾客对促销的反应细分

促销活动由人员推销、营业推广、广告以及公共关系等多方面构成，由于它们各自有着不同的特点和效果，顾客对它们的反应是不同的。这种不同容易促成不同服务偏好群体的形成，服务企业可以选择一个或几个群体作为细分市场，进而确定目标市场。

4. 按服务要素细分

根据顾客对企业服务的反应，即通过了解顾客对企业服务产品中不同要素的看法及反应来细分市场，会有助于企业进行服务定位，设计出合理的服务营销组合。利用服务要素细分市场要认真考虑三大问题：(1)是否存在相同或类似的顾客需求群，并且对这些需求群能否进行有效的归类？(2)服务企业自身能否针对上述需求群体提供有明显差异的服务？(3)企业的所有服务是否都要保持在同一水平上？研究者认为顾客和供应商对某种服务要素重要性的感知是不同的，特别是在销售服务、电话订单、问讯、订货的方便程度、服务人员的技术能力等方面存在着较大差异。所以，服务企业通过测定顾客对不同服务要素的看法，能更好地选定细分市场，满足顾客的需求。

当然企业进行服务市场细分时，最好能交叉地、有选择、有重点地对上述方法组合，使细分出来的市场更加明确、具体，更加有利于企业选定目标市场。

五、服务市场定位

现代市场营销理论中有关市场定位的基本原理及方法对于服务市场来讲具有重要的参考价值。市场定位是建立在市场细分的基础上的，就其本质来讲主要是指企业根据顾客对产品的一种或数种属性的重视程度而给企业产品确定一定的市场位置的过程。服务市场定位也不例外，不过基于服务及其营销特点的差异，在具体做法及原则上会有独特之处。

(一)差异化是服务市场定位的中心

市场定位为服务差异化提供了机会，而差异化则是服务市场定位的中心。事实上，任何一家服务企业所提供的服务在顾客心中都留下了一定的形象，从而左右着顾客的购买决策。服务企业的服务留在顾客中的形象可能是不经意的，也可以是企业精心策划定位的。作为后者，其最终目的是提供差异化的服务，使之区别于或优于同业竞争者。那么，如何提供这种有区别的或优异的差别服务呢？迈克尔·波特提出的价值链模型认为，服务企业价值链上的活动可根据服务业的特点划分成两个方面，即基本活动(进出货物、资金管理、营销及后勤活动)和支持性活动(企业的硬件设施、人力资源管理、技术开发等)。显然，企业的支持性活动只有融于基本活动才能使企业提供好的服务效果。服务企业通过对价值链的分析，应当清楚要从哪些方面下手，建立起与同业竞争者的差别优势。对内来说，通过有效的市场定位活动，企业可以获得低成本的优势；对外来说，通过这一活动，可以在公众心目中建立起明显的服务差异化优势。

(二)服务市场定位的基本原则

服务企业创造差异化优势，确立自身的市场位置，树立企业形象的基本原则有：

1. 重要程度高

服务企业所确定的差异是顾客非常关心的，对于满足顾客的消费需求至关重要。

2. 明显性

企业推出的服务与竞争对手相比具有明显的差异。假如竞争对手经过市场细分后所得出的目标市场与本企业相同或接近时，不推出有明显差异的服务是很难树立企业的服务形象的。

3. 可传达性

企业所突出的服务的差异性是企业能够有能力传播并“运送”出去，而顾客也很容易理解并接受。

4. 专有性

企业所推出的有差别的服务在一定时期内不易被竞争对手复制。

5. 可支付性

站在顾客的角度看，顾客认为服务企业的服务的确差异明显，并认为应该支付这种由服务的差异所引起的额外的差异价格。这一点是十分重要的，服务企业在进行定位时，如不慎重考虑目标市场顾客的可支付性，则它所推出的差别服务及由此而制定的差别价格是单方面的，从而服务的价值也难以实现。

6. 营利性

企业创造的有差异的服务能够给自己带来更多的利润。

(三)服务定位时服务特征数量的选择

任何一种服务都包含着众多的特征，而差异明显的特征更有利于将服务区分开来。问题在于：服务企业在进行市场定位时，是推出服务的某一个特征数量还是多个特征数量呢？在具体做法上，有人喜欢突出服务的某一特征，认为大力推广这一特征，企业做起来相对简单，而且容易在目标顾客心目中形成领导者地位形象；也有人爱好突出服务的多个特征，并认为这更容易创造出更多的市场机会，而且不容易被竞争对手仿效。企业的定位战略必须考虑顾客对市场服务的现有感觉，识别并确定哪些是竞争对手还没有推出的、顾客尚未被满足的、急需满足的服务需求。

伊森伍德和马赫简根据服务的不可感知性、异质性及不可分割性三方面特征提出了服务市场定位的不同选择。

1. 服务的不可感知性

服务的不可感知性即服务的无形性这一特征，是服务不同于那些可以物理识别、触摸和明显比较的有形产品的一个重要因素。换言之，服务在大多数情况下都是无形的，人们不能凭触觉或视觉来感觉它的存在；不仅在出售前，服务难以被感知，而且顾客在得到服务后，有时也很难立即觉察到它的存在；顾客在购买享用服务时，更多地依赖先前的经验。

1981年，西斯母提出了“不同类型产品评估差异序列理论”，指出大多数个人消费品及产业用品都属于可感知性较强的产品，这使得顾客比较容易判别并作出购买决策。与此相反，绝大多数服务是不可感知的。顾客对它们的特性很难评价，只是建立在对服务企业信任的基础上，并希望服务或相信服务能实现自己所预期的目标。服务的不可感知性为人们从另一个角度来审视它与有形商品的差别提供了一个途径。尽管服务是难以感知的，但经过服务企业的市场定位，可以使服务的这种无形性变得具体化。它可以通过发挥有形展示(Physical Evidence)的作用使顾客感知到服务利益的潜在性。例如，一个设计合理、清洁美观的游泳池就能让顾客感受到这项服务的潜在利益。一家酒店，在顾客用餐时配备消毒筷子等，能让顾客感受到服务的不同利益的存在，并对企业经营的服务形成深刻、具体的印象。可见，在竞争中突出服务的“物理”表面特征，对定位起着十分重要的作用。因此，企业使服务的这种“不可感知性”通过“物征化”后，能够有效地加深顾客对服务的印象。

2. 服务的异质性

服务是经常变动的，具有异质性特征。这一特点不仅相对于有形产品是这样，而且是构成区分同一服务产品质量水平的显著标志。服务业是以"人"为中心的行业，不同的人由于受自身的职业、教育程度、性格、业务水平、敬业精神、职业道德等多个因素的影响，提供同一项服务内容会产生差异。可见，服务的这种异质性特征在很大程度上有赖于企业员工在生产服务时的投入程度。比如，一家审计事务所，它是直接与各种企业、政府机构以及个人打交道的。事务所里每个员工所提供的服务受其自身素质的影响而存在一定的差别，这直接影响各种不同类型的顾客对事务所的整体评价。有时，在服务过程中，由于个别员工的失误，也会影响顾客对企业的服务质量水平的评价。麦当劳公司充分认识到这一问题的重要性，建立了麦当劳汉堡包大学，员工在那里得到严格的培训，并使之在同行业中显现出明显的差别。

3. 服务的不可分割性

服务还具有不可分割的特征，有的有形商品从其生产到最终消费要经过很长时间，跨越很多的中间环节和空间距离。服务则不同，它的生产过程和消费过程基本上是同时进行的，即服务在生产的同时，也是被消费的时候，生产和消费不可分离。服务本身不是一个有形的具体的物品，从它的产生来看是一连串的活动过程，因此，服务过程中消费与生产必须直接发生联系，生产过程也就是消费过程。从市场定位的角度看，企业服务人员应充分了解服务的这一特点，尽可能做到为群体服务。因为有时为一个消费者所提供的服务与为一群体所提供的服务是一样多，这样服务企业就可以降低单位产品生产成本，提高服务效率。

第二节　服务市场营销组合

一、服务市场营销组合的构成要素

营销组合是执行并实现服务企业营销定位的关键所在。传统意义上的营销组合主要由企业可以自由控制的市场手段构成，即产品、定价、分销和促销。根据服务营销的特点，国外营销理论研究者主张再增加 3 个因素，即人员（People）、过程（Processes）和顾客服务（Customer Service）。因此，服务营销组合应由上述七大要素构成，服务企业应尽力使这些元素有机地组合起来，以服务质量为依托，做到一致性、整体性协调，要素之间产生相互支撑的杠杆作用，从而尽可能适应企业的内部环境和外部环境，实现企业的营销目的。服务营销组合各要素之间的关系参见图 15－2。

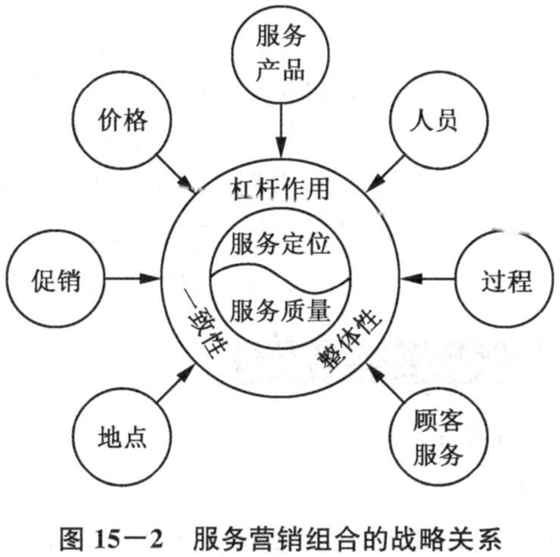

图 15－2　服务营销组合的战略关系

二、服务产品

(一)服务产品

服务产品较之有形产品具有显著的特点,即顾客购买服务产品的过程实际上是感知服务的过程。这就使得企业所出售的服务与顾客所感知的服务会有差异,服务企业应把这两者统一起来做好营销工作。服务产品的内涵可从以下四个方面来理解:

1. 顾客利益

顾客利益是指顾客在购买服务的过程中,追求的并非服务本身,而是这种服务所带来的利益或好处。

2. 服务观念

服务观念是指服务企业基于顾客的追求而提供的普遍化利益,它所要回答的基本问题是:(1)企业从事的是什么样的业务?(2)企业所要提供的,能满足顾客的哪些需求?

3. 基本服务组合

基本服务组合建立在服务观念的基础上,又称服务出售物,它由一系列无形和有形的要素构成,能够满足顾客的一系列需求,并且决定顾客究竟能从企业那里得到什么。

4. 服务递送体系

服务递送体系是服务的产销统一过程,这一过程包含三要素,即服务的易接近、顾客与企业的服务交换过程和顾客参与,这三方面构成了服务递送系统。

(二)服务品牌的确立

对于服务企业来说,服务品牌是展示服务产品及服务企业很好的“窗口”,其基本职能就是把服务企业及其产品与其他企业的产品区分开来。服务的无形性给服务人员进行品牌推广带来较大挑战,服务企业应当充分利用各种中介,比如企业硬件标记、印刷媒体、电视媒体、电台、流动媒体、职工服饰等多种影响因素将服务品牌提供给目标市场顾客或广大公众。众多因素中,品牌的名称和品牌的树立是两个至关重要的因素。

名称是服务品牌的核心,一个好的名称能让顾客联想起服务所能带来的利益或好处,有助于顾客购买行为的决策。理想的品牌名称应具备四个特征:独特性、恰当性、便于记忆、灵活性(即所命名的服务要能适应企业服务及企业业务的变化,一个有效的品牌应能容纳这种改变)。比如,IBM 和 AT&T 公司都是花了很长时间才确立了简化名称的品牌形象。

服务品牌的树立要做好三点:(1)重视调查,比如调查企业现有品牌的含义是什么,它与主要竞争对手相比有何区别,服务概念、质量、价值对品牌含义有何影响等;(2)关注并纠正品牌的不足;(3)把品牌的树立与企业员工紧密联系在一起,向市场传播品牌最强有力的媒体是企业员工自身,员工的一言一行都能强烈地影响着服务品牌,因此,企业应强化对员工的品牌参与和融合的意识,使每位员工关心并培育品牌;善于总结,企业必须善于及时总结品牌的得失,使品牌在市场中保持良好的形象,以保持顾客对企业服务的高度信任。

三、服务营销组合中服务特征对定价的影响

服务定价是营销组合中各要素的集中反映,科学合理的定价既能给企业带来营业收入,也有助于企业树立良好服务形象。

服务定价要遵循定价的基本原理,但也要兼顾服务特征对服务定价的影响。

(一)服务的不可感知性对定价的影响

服务是不可感知的、无形的,这使得顾客在购买服务时,难以客观地、准确地检查无形无质的服务。顾客在判断价格是否合理时,更多的是受服务产品中实体要素的影响,从而形成自己对服务"价值"的认识,并把这种价值同价格相联系,确认是否"物"有所值。因此,服务企业定价时应主要考虑顾客对服务价值的认识,实物成分越高,定价就更倾向于使用成本导向定价方式;反之,实物成分越低,则更多采用顾客需求导向定价,即使定价游离一定的标准,因而,服务产品价格的变动幅度一般要比有形产品的定价弹性大。

(二)服务的不可贮存性对定价的影响

服务容易消失,对于企业来说,定价决策不当就很容易造成浪费。对此,服务企业必须适时使用优惠价及降价等方式,以充分利用服务的生产能力,采用边际定价是常用的手段。当然,经常采用这种方式容易强化顾客的等待降价的心理,因此,企业应当做好提前预约服务,并对提前预约服务的顾客给予价格上的优惠。

(三)服务的同质性对定价的影响

如果服务是同质的,那么企业价格竞争就会非常激烈,而在大多数情况下,服务的差异性很大,因而,同种类型的服务,其价格差异就十分明显。

(四)服务的不可分割性对定价的影响

服务的不可分割性使得顾客必须定时、定点去消费服务,这很容易加剧企业之间的竞争,从而影响企业的服务定价。

四、服务分销

服务分销涉及两个关键问题,即为目标顾客提供服务时所选用的位置和渠道,包括服务企业应在什么地方提供服务以及如何将服务交付给顾客。

(一)位置

位置是服务企业及其员工为顾客提供服务、进行经营的地方。对于服务来说,位置的重要性取决于买卖间相互作用的类型和程度。企业与顾客之间的相互作用有如下情况:顾客寻找服务企业;服务企业寻找顾客;服务买卖双方在随手可及的范围内交易。

一般来说,当顾客寻找企业时,地理位置就变得十分重要,如餐饮业等;当服务企业寻找顾客时,如果顾客在足够近的地方能得到高质量的服务,地理位置就不太重要;而当服务企业和顾客在很方便的范围内就可以交易时,地理位置就不重要。比如,校园网、互联网的使用者就不关心服务供应者的实际位置在何处。

(二)渠道

服务渠道是指服务从生产者到达消费者过程中所涉及的交付机构或有关人员。服务渠道存在三种类型的参与者,即服务的提供者、中间商、顾客。在服务市场上,服务的渠道受其特点影响,主要有四种类型,如图 15—3 所示。

从图 15—3 可以看出,尽管人们经常认为服务渠道以直销最常见,而且很短,但在服务的分销过程中也包含了一个或一个以上的中介机构,有些中介机构承担了所有权风险,有的是承担所有权转移的中介角色(如采购),有些是担当实体移动(如运输)等。因此,尽管服务是无形的和不可分割的,并且直接销售也是非常合适的渠道,但服务还是可以由许多其他渠道来承担它的分销。

一个服务企业在对待位置和渠道的选择上主要有赖于目标市场的特殊需求和服务本身的特

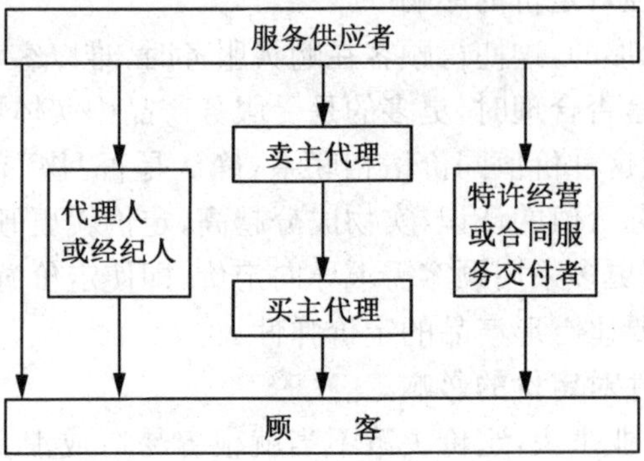

图 15－3　服务分销渠道类型

点，其他如技术也可以影响企业在什么地方和以何种方式交付服务，从而影响企业的分销决策。

五、服务营销组合中的促销

促销对于服务及服务企业在市场上的推广作用至关重要，它增强了服务的重要性，并增加了服务的有形性，能帮助顾客更好地认识、评价企业的服务。服务促销组合主要包括广告、人员推销、营业推广、公共关系、口头传播以及直接邮递等方面。

（一）服务促销的任务

（1）辨别目标公众，即要求企业清楚地说明促销行动将要面对的目标公众。

（2）确定促销的具体目标。促销目标受三大因素（告知、说服和提醒）影响，具体包括以下主要目标：加强服务定位；开发和提高品牌及其形象；告知顾客服务以及其有关表征的信息；说服顾客购买；提醒顾客关注服务或想到服务的好处。

（3）开发信息，主要考虑的因素是：信息的内容，即将要说什么；信息的结构，即传播的逻辑顺序；信息传播的风格；谁来制造信息。

（4）选择促销组合，要考虑的因素有：服务的关键特征、服务的类别以及服务的竞争性和部门限制等。

（二）服务促销组合的原则

乔治和贝里总结了促销组合的六大原则：

（1）提供有形线索。服务在感觉上是无形的，顾客购买的是一种利益过程而非物体。企业利用促销因素可以为顾客提供服务的有形线索。

（2）让服务得到了解。

（3）保持传播的连续性。如果促销组合出现中断，那就不利于企业集中体现服务的差异性和中心内容。

（4）兑现企业的服务承诺。

（5）加强口头传播的重要作用。

（6）保持与雇员的直接沟通。

上述六大原则基本上适用于大多数行业的服务，然而，由于很多服务无法确定明确的标准，因此，企业具体的促销应在保持原则性时作灵活变通。

（三）服务广告媒体的选择

服务广告媒体主要包括电视、广播、影院、报纸、杂志、直接邮递、电话等。每一个媒体都有它的优点和不足，企业在选择广告媒体时主要考虑下列因素：媒体所具有的特征，包括媒体传播的数量及传播质量；媒体的气氛，指那些确保媒体加强了企业所希望表达形象的东西；具体媒体的覆盖率；具体媒体费用。

(四)服务企业人员推销的作用

由于"人"成为服务的一部分，因此，顾客所得到的服务与服务推销人员有着密切的且不断发展的关系。相比促销的其他因素而言，人员推销有特别的优势和作用：直接与顾客打交道；人员推销在服务的销售过程中起着销售、服务和监督的三重功能的作用；便于提供配套服务。

服务人员不仅能介绍服务、销售服务，而且由于直接与顾客打交道，更容易收集顾客信息，发现尚未满足的需求，提供与服务相配套的东西，销售多种企业服务。

正由于人员推销在服务的推广过程中意义重大，所以，营销理论工作者还突出地将"口头传播"作为促销的一大要素。

至于促销的其他要素或内容，在企业市场营销章节中已有介绍，它们对服务营销同样也适用。

第三节　服务的有形展示和服务质量管理

服务本身是无形的，是顾客难以感知的。而服务企业又必须让自己的服务给顾客留下深刻的印象。这就必须依靠与服务有关的介质来展示，给顾客一个思维和行动的线索，一些有形的东西，比如服务工具、设备、员工形象、信息资料、相关顾客、服务价格等都能给潜在的、现实的顾客以一个很好的线索。

一、有形展示的类型

理论界从不同的角度对有形展示进行了分类，这里介绍从物质环境、信息沟通和价格三个要素类型来分析有形展示的理论(如图 15－4 所示)。

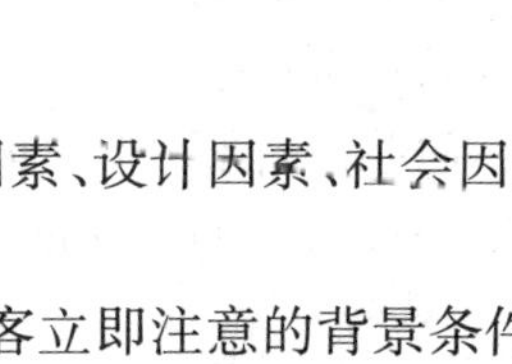

图 15－4　有形展示的因素

(一)有形展示的物质环境

物质环境可分为三大类：周边因素、设计因素、社会因素。

1. 周边因素

周边因素是指那些不易引起顾客立即注意的背景条件，如空气的温湿度、通风情况、噪音、气氛、整洁度等。这些因素的存在尽管不会使顾客感到特别的兴奋和惊喜，然而缺少它们的存在，就立刻会引起顾客的格外关注。因此，它们通常也被顾客认为是构成服务产品内涵的必要组成部分。

2. 设计因素

它是顾客最容易感觉到的受刺激的因素，如建筑、颜色、材料、结构形状、风格等美学因素，陈设、标识、舒适等功能因素。这些因素有助于改善服务的包装,使服务产品的功能更加鲜明。

3. 社会因素

社会因素主要是指环境中人的因素,包括外部公众和内部员工的数量、外貌和行为。

(二)有形展示的信息沟通

信息沟通是有形展示的又一种有效形式。企业通过各种媒体的有效传播,能给顾客传送明快的服务线索,这更有助于加强企业的营销战略。

(三)价格

价格的高低同样也给顾客提供了服务的线索,它既能展示无形的服务,也能展示"饱满"的服务。顾客往往根据企业制定的价格线索,以期望或评价企业服务所具有的价值。

二、有形展示的作用

服务企业通过有形展示,使服务产品有形化、具体化。具体来说,有形展示有以下作用:

第一,通过感官刺激,让顾客感受到服务将给自己带来的益处。

第二,正确引导顾客对服务产品的期望。有形展示能够将顾客对服务的期望值与服务产品的利益较好地联系起来,使顾客对企业的服务有一个较为合理的期望。

第三,影响顾客对服务产品的第一印象。

第四,容易使顾客产生对服务的"优质"感觉。有形展示犹如产品的包装,而好的有形展示就能体现服务的高贵,使顾客产生对服务的"优质"感觉。

第五,约束并协助对员工的培训。既然服务通过有形展示让外界初步认识了企业的服务,那么,对企业内部的员工而言,必须在实质上与有形展示相一致。因此,企业可利用有形展示所突出的服务的特点和优点,来约束和培训企业员工。

三、有形展示的管理

服务之所以重视有形展示,是因为它具有不可感知的特性,因此对有形展示的管理也必须从这一特点出发进行管理。

首先,让服务有形化。使服务的内容尽可能地附着在某个(些)物上,许多有形产品都需要一个好的包装来展现,更何况无形的服务。

其次,让顾客在心理上更容易把握服务:

(1)将服务与顾客易于接受的有形物联系在一起。有形展示越容易被顾客接受,服务的销售就越容易。企业在运用这种方法时应注意:用来展示的有形物在顾客看来很重要,并且这些物体在该服务中也是顾客所需要的一部分;确保有形展示所暗示的承诺,使其不失信于顾客。

(2)将重点放在发展并维持企业与顾客的关系上。利用有形展示的最终目的是建立企业与顾客的长期利益关系,鼓励顾客去寻找和认同服务企业中的人或人群或组织,而不是认同单个的服务本身。即要突出有形展示给企业带来的整体的、长期的利益。

四、服务质量的概念

服务的特殊性决定顾客的感性认识在服务管理中起着巨大的作用,以至于服务质量的高低并非完全由企业决定,而与顾客的感受有很大的关系。研究者认为服务质量是由期望服务与认识服务两者的差距决定的,并认为服务质量除了服务认识与服务结果外,还应包括服务过程,这样才能让顾客满意。对服务质量的理解要把握四点:(1)服务质量不是事先能确定的精确、可衡量的变量;(2)服务过程中与顾客的交往会产生各种可能的变化;(3)对服务质量的感受取决于顾客预期和实际服务过程之间的比较;(4)顾客购买服务,不仅需要服务产出的结果,也需要接受服务过程中的体验感受。通常,人们认为服务质量主要包括技术质量和职能质量两个方面。所谓技术质量,是指服务过程的结果,即顾客从服务中所得到的东西,这一层次的质量,顾客容易感知和评价;所谓职能质量,是指顾客需要考虑他们是如何得到服务的,这部分质量难以被顾客进行客观的评价,而更多地取决于顾客的主观感受。

五、服务质量的测定

服务质量的测定长期以来困惑着人们。美国学者白瑞及巴拉苏罗门、西斯姆等所提出的服务质量模型基本上解决了这一难题。他们认为,评价服务质量主要从以下五个方面着手:

(一)可感知性

服务是否通过有形展示被感知的程度,是评判服务质量的一个依据。它从两个方面影响顾客对服务质量的认识:一是有形的东西提供了有关服务质量的线索;二是它们也直接影响顾客对服务质量的感知。

(二)可靠性

可靠性是企业切实完成所承诺的服务。一个可靠性差的企业,则其服务质量在顾客心目中难以提高。

(三)响应性

响应性是指企业能及时、有效地为顾客提供服务。因此,一个企业能否树立顾客需求中心的观念及服务的传递效率也能反映出该项服务质量的好坏。

(四)保证性

保证性是指雇员的知识水平、礼貌和传达信任的能力,这些能增强顾客对企业服务质量的信心和安全感。

(五)同情心

同情心是指企业要切实关心顾客,了解顾客的需求并予以满足,使整个服务过程变得富有"人情味"。

根据上述五个方面的因素,通过设计问卷调查、顾客打分的方式来测量服务质量。具体来讲,问卷包含两个对应的部分,一是用来测量顾客对服务的期望,二是用来测量顾客对服务质量的实际感受。两部分都包括对上述五个因素的回答。在问卷中,每个因素都具体化为4~5个问题由被访者回答,两者之差就是在这一方面企业服务质量的分数,用等式表示为:

服务质量分数=顾客实际感受分数－顾客期望分数

这样,整个企业的服务质量水平只需计算平均服务质量分数。

六、提高服务质量的方法

提高服务质量不仅是事后总结的问题,而且应当从服务交易前、交易过程中以及交易结束后的各环节进行检查和控制。这里介绍两种用来提高服务质量的方法。

(一)标准跟进法

标准跟进法是指企业将自己的产品或服务和市场营销过程等与市场上主要的尤其是最好的竞争对手的标准进行比较,在比较和检验的基础上,逐步提高自身水平的一种方法。服务企业在运用这一方法时,要从以下三个方面着手:

第一，在策略上，应当把自身的营销策略与成功企业的营销策略进行比较，对比它们在目标市场策略、营销组合策略等方面的异同，从中总结经验，制定出新的、符合自身条件和市场需要的策略。

第二，在具体竞争中，要集中了解竞争对手是如何降低竞争成本而又提高竞争差异的。

第三，在职能管理上，要根据竞争者的做法，重新评价有关职能部门在整个企业中的作用。

(二)蓝图技巧法

蓝图技巧法又称服务过程分析法，是指企业通过分解组织系统和结构，鉴别顾客同服务人员的接触点，并从这些接触点出发来改善服务质量的一种方法。蓝图技巧法包括四个步骤：第一，描绘服务的所有成分，使得服务过程能够清楚、客观地展现出来；第二，找出在服务过程中容易出现的失败点；第三，制定执行标准和规则，以充分体现服务的质量标准；第四，提供顾客看得见的服务展示，并把每个展示看成企业与顾客的服务接触点。在每一个接触点，雇员都会向顾客提供不同的服务职能质量和服务技术质量，而这种差异性将影响顾客对整个服务质量水平的评价。

此外，作为提高服务质量的其他方法，企业也可以从降低顾客“质量风险”的顾虑着手，因为顾客在消费服务前，经常会担心所期望的服务质量与实际感受的服务质量相差太大。从这个角度来看，企业可以采取的方法有：集中强调服务质量，建立以质量为中心的企业文化，促使管理的中下层人员自觉地为提高服务质量做贡献；加强雇员培训；在广告宣传中突出强调服务质量；用好营业推广方法，刺激顾客消费；善于用好顾客的口头传播作用，使顾客减少疑虑，“最好的广告莫过于满意的顾客”。

思考与练习

1. 服务与有形产品的差异是如何影响其市场营销的？
2. 服务市场营销组合包括哪些要素？
3. 服务产品的特征对定价有何影响？分析不同类别服务的定价是否不同。
4. 有形展示包括哪些类型？它们对服务企业管理有何作用？
5. 服务质量管理有哪些要求？

技能训练

1. 以小组为单位观察一个服务企业的管理状况，并结合所学理论对其管理进行评价，并在班级交流。
2. 以小组为单位收集若干国家有关服务企业的政策并进行讨论。
3. 回忆自己经历过的最满意和最不满意的服务，并与其他同学进行交流。

案例讨论与分析

联合包裹速递公司的精细管理

联合包裹速递公司(UPS)雇用了15万名员工，平均每天将900万个包裹发送到美国各地和180个国家。为了实现公司宗旨——“在邮运业中办理最快捷的运送”，UPS管理当局系统地培训员工，使他们以尽可能高的效率从事工作。这里以送货司机的工作为例，介绍UPS的管理风格。

UPS的工业工程师对每一位司机的行驶路线进行了长时间研究，并对每种送货、暂停和取货活动都设立了标准。这些工程师记录了红灯、通行、按门铃、穿院子、上楼梯、中间休息喝咖啡的时间，甚至上厕所的时间，将这些数据输入计算机，从而给出每一位司机每天工作的详细时间标准。

为了完成每天取送130件包裹的目标，司机必须严格遵循工程师设定的程序。当接近发送站时，他们松开安全带，按喇叭，关发动机，拉起紧急制动，把变速器推到1档上，为送货车完毕的启动离开做好准备，这一系列动作严丝合缝。然后，司机下车，右臂夹着文件夹，左手拿着包裹，右手拿着车钥匙。他们看一眼包裹上的地址并记在脑子里，然后以每秒3英尺的速度快步跑到顾客的门前，先敲一下门以免浪费时间找门铃。送完货后，他们回到卡车上的路途中完成登录工作。

这种刻板的时间表看起来是不是有些繁琐？也许是，它真能带来高效率吗？毫无疑问！生产率专家公认，UPS是世界上效率最高的公司之一。举例来说，联邦捷运公司平均每人每天不过取送80件包裹，而UPS却是130件。这种在提高效率方面的不懈努力，对UPS的净利润产生了积极的影响，为公司带来了丰厚的利润。

思考与讨论：

1. 运用所学理论，结合你接受邮递企业服务的实际，谈谈你对UPS管理的看法。
2. 假设USP想为其服务定高于同行的服务价位，你认为顾客会接受吗？为什么？

第十六章

现代企业领导理论与艺术

• 关键词汇

领导特质理论　领导风格　通路—目标理论　领导生命周期理论　领导方格图理论

第一节　领导概述

一、领导的概念

领导在日常生活中是对担任一定职务的人的总称，在企业管理中则从更广泛的视角对领导进行界定。

罗宾斯认为，领导是一种影响一个群体实现目标的能力，是影响的艺术或过程，以便一群人能心甘情愿地奋斗，并朝向某种组织目标。凌文铨指出，领导是指在特定团体中占据首长职位者有目的地对团体成员施加影响力的过程。伯恩斯对领导的定义是："领袖劝导追随者为某些目标而奋斗，而这些目标体现了领袖及其追随者共同的价值观和动机、愿望和需求、抱负和理想。"约翰·科特强调领导主要处理变化的问题，领导者通过开发未来前景而确定前进的方向，然后他们把这种前景与他人进行交流，并激励其他人克服障碍达到这一目的。郭毅主张领导从根本上讲是一种影响力，是一种追随关系，是追随者使一个人成了领导者。领导既存在于组织中也存在于群体中，既存在于正式组织中也存在于非正式组织中。

综上所述，领导是团体在追求目标实现过程中，领导者在相应环境下为实现目标对其他团体成员所进行的廓清方向、施加影响、激发动机的活动和过程。它强调了领导的四个要素，即领导者、追随者、环境、目标。

在企业管理中，领导的作用体现在：在决策过程中廓清方向，起指向和决断的作用；在团体体系中起权衡和调动的作用；在团体行为方面发挥激励与协调的作用。

二、领导的类型

领导活动及现象的广泛性、复杂性决定了对领导类型划分的多角度。

（一）根据领导服务领域的不同分类

（1）服务于上层建筑领域的政治领导，他们善于协调各阶层、各团体、各部门的观点和利益，能始终率领群众朝着正确的政治方向前进；

（2）服务于经济基础领域的业务领导，他们一般都是既专又博的业务通才；

（3）服务于国家公共事务的行政领导，他们擅长执行，有权通过计划、法律、政策、银行、税收、经济杠杆、价值规律等一系列手段，对业务实行控制和管理；

（4）发挥专家智囊团作用的学术领导，时代发展要求团体用“谋”“断”分离的领导集体取代过去“多谋善断”的个体领导者。

（二）根据领导风格的差异分类

尼尔·戈尔曼提出六种基本的领导风格：

（1）远见型领导风格。要求领导者动员团体成员为一个共同的想法和目标而共同努力，同时，领导者为每一位组织成员具体采用什么样的方法和手段来实现目标留下了充分的余地，也就是说，在确定完成工作和任务的计划、方法、技术和途径上，员工都有相当的选择机会。

（2）关系型领导风格。即以人为中心，领导者十分关注员工的需求是否得到满足，他们会努力搞好与同事和下属员工的关系，并总是毫无例外地运用漂亮的词汇对员工进行赞扬，以期在团体中营造一种“乡村俱乐部式”的和谐氛围。

（3）民主型领导风格。其核心在于通过团体成员的共同参与而达成一致。在这种领导风格下，领导者将下属视为与己平等的人，给予他们足够的尊重，善于倾听别人的意见，重要决策主要由组织成员集体讨论、共同决定，领导者主要采取鼓励与协助的态度，并要求下属员工积极参与决策。

（4）教练型领导风格。这种类型的领导者通过积极培养和发展人才来增强团体能力。他们会帮助下属员工确定自己的优点、缺点、职业性向，并且将这些与员工的个人志向和职业发展联系起来，并为员工的长期学习和发展积极创造机会和环境。

（5）示范型领导风格。这种类型的领导者期望通过自己的示范效应带动组织中其他成员改善绩效。他们往往追求完美，树立极高的绩效标准并且会带头做出榜样。

（6）命令型领导风格。即以领导者为中心，领导者往往单独作出决策，工作内容、资源的分配及组合大多由领导者决定，而且，领导者往往要求下属员工立即服从，快速行动，且不折不扣地依从。

（三）根据领导方式的不同分类

怀特和李皮特认为有以下三种领导类型：

（1）权威式领导，也称“独裁式”的领导。此类领导者几乎决定所有的政策、计划及具体的方法、技术和步骤，并要求下属不折不扣地依从。

（2）参与式领导。在参与式领导者管理的团队中，主要政策由组织成员集体讨论、共同决定，领导者采取鼓励与协助的态度，并要求下属员工积极参与决策；在确定完成工作和任务的计划、方法、技术和途径上，组织成员也有相当多的选择机会。参与式领导方式按照下属及员工的参与程度，又可分为咨询式、共识式、民主式三种不同的类型。

（3）放任式领导。此类领导者喜欢松散的管理方式，极少运用手中的权力，他们几乎把所有的决策权都完全下放，并鼓励下属独立行事。他们只为组织成员提供决策和完成任务所必需的信息、资料、资源和条件，提供一些咨询，并充当组织与外部环境的联系人。

(四)根据领导战略思想的不同分类

(1)冒险型,他们是创新者,能开拓和领导新的企业或机构经历诞生、初创和早期发展阶段,并且往往首创前所未有的产品或服务。

(2)守成型,他们是有条不紊的耕耘者。他们使企业从初创步走向成年,其领导作风的特点是稳定,并且对企业的发展方向有清楚的认识。

(3)改革型,他们往往能从崩溃的边缘把企业挽救回来,能将注意力聚焦在该舍弃什么、补充什么。他们不断探究面对的问题并谨慎作出抉择。

(4)善后型,他们在企业"气数已尽,无力回天"时承认失败并具体实施企业的关闭、合并或清算,在此过程中具有顾及所有受影响各方利益的能力。

(五)根据领导驱动部下行为途径的不同分类

(1)交易型领导,指在领导者与部下之间存在一种契约式的交换。领导者用报酬、奖励、晋升、荣誉等换取部下的服从和相应行为。交易型领导的主要特征有:权宜奖励,即视部下的努力、业绩、表现及拟完成的目标给予奖励;积极的例外管理,即对偏离规范的行为进行监督检查,加以矫正;消极的例外管理,即对不符合规范的行为仅仅加以干涉,而不作指正;放任性,即放弃责任,避免作出决定。

(2)转化型领导,即通过激励下属,帮助下属解决疑虑,廓清认识,从而获取部下的积极性和创造性。转化型领导的主要特征有:超凡的领导,即向部下提供观念,解释任务的意义,引发自豪感,获得尊重和信任;鼓励,即激起部下较高的期望,用工作意义激励员工工作;智力激荡,即不断用新观念、新手段和新方法对部下进行挑战;个性化关怀,即给部下以个别的关心,区别对待每一个下属,给予培育指导。

第二节 领导理论

一、领导特质理论

早期的领导理论研究更多关注领导者所具有的与普通人不同的人格特质,以期找出理想的领导者所必备的特质,并以此为基础来选拔、培养领导。

伯德把智力、主动、幽默感和外向视为领导的一般特质。

斯托格迪尔认为,成功领导者不同于被领导者的特质是:才智、强烈的责任心、完成任务的内驱力、坚持追求目标的性格、独创精神、自信心、合作性、敢于承担责任、能忍受挫折、善于社交并有说服能力、具有处理事务的能力。

契塞尔认为对领导有效性最为有效的因素有:推理能力、职业成就动机、智力、自我实现动机、自我督导和决策。

鲍莫尔认为企业领导人应具备十大条件:合作精神、决策能力、组织能力、精于授权、善于应变、敢于创新、勇于负责、敢担风险、尊重他人、品德高尚。

日本研究认可的有效领导包括两方面:品德和能力。品德方面是指使命感、责任感、信任感、积极性、忠诚老实、进取心、忍耐性、公平、热情、勇气。能力方面是指思维决定、规划、判断、创造、洞察、劝说、理解人、解决问题、培养下属、调动积极性。

二、菲德勒模式

(一)影响领导效果的情境因素

菲德勒指出,一个人领导的领导效果如何,除了取决于他本人的领导形态以外,还取决于他所处的情境的顺利与不顺利程度。他发现,影响领导效果的情境因素有三个:

1. 领导者与被领导者的关系

这一因素以好(+)、不好或坏(-)为指标。所谓好坏,是指领导人受其团体成员所喜爱、信任、乐意服从的程度。这可用社会关系测量法或团体气氛量表加以测量。

2. 工作结构

这一因素以明确(+)、不明确(-)为指标。测量的方法是由精通业务的评判员从以下几个方面进行评定:(1)工作目标的明确度,即团体的每一个人是否了解工作所需要的条件是什么;(2)通往目标途径的多样性,即是否有实现目标的多种途径;(3)解决方案的特殊性,即是否有独特的处理问题的正确解决方案;(4)决策的可验证性(即决策的可信性),也就是说,一旦决定了作业方针,团体成员是否清楚地知道这是正确的。

3. 领导人职权或拥有法定权利

这一因素以强(+)、弱(-)为指标,主要指领导人的职位有多少权力,他有无雇用、辞聘、奖惩被领导者的权力;他所担当的职位是长期的还是短期的,期限有多长;上级和组织是否支持他等。测量方法是请有经验的评判者根据标准问卷进行评定。

(二)领导形态与情境顺利程度的交互作用

三种情境因素可以各取两个维度,它们的组合就构成八种情境类型,如表16—1所示。

表16—1　　八种情境类型

情　境	1	2	3	4	5	6	7	8
领导者与被领导者的关系	好	好	好	好	差	差	差	差
工作结构	明确	明确	不明确	不明确	明确	明确	不明确	不明确
领导者职权	强	弱	强	弱	强	弱	强	弱

菲德勒认为,在三种情境因素中,领导者与被领导者之间的关系最为重要,它重于工作结构和职权。因此,在三种情境组合时,首先应看领导者与被领导者的关系是好还是差,再看其他两个因素。这样,在上述八种类型的情境中,情境1是最有利的领导情境;情境2和情境3是比较有利的情境;情境4和情境5是中等水平的情境;情境6和情境7是不太有利的情境;情境8是最不利的情境。

三、通路—目标理论

通路—目标理论是1971年由加拿大多伦多大学教授豪斯(R. J. House)提出的。1970年,伊万斯(M. G. Evans)把伏如姆的期望理论应用于领导研究。豪斯把伊万斯的研究加以延伸,又把期望理论与俄亥俄州立大学的领导行为二因素理论(关心人和工作)结合起来,发展为通路—目标理论(Path Goal Theories)。

豪斯等人认为,领导是一种激励部下的过程。领导者的责任就是通过明确指出如何实现工作目标的途径来帮助部下并为部下扫清通向目标的各种障碍,从而使部下能顺利达到目标。

为此，领导方式只有适合于不同的部下和环境时，才是有效的。

通路—目标理论是动机期望理论的发展。期望理论认为，一个人被激励的过程受效价（目标价值）和期望值（对实现目标的可行性认识或估计）的影响。根据这种观点，通路—目标理论认为，一个领导者要能激励部下，必须解决三个问题：一是使部下了解实现目标的意义，增加目标的效价；二是提高部下对实现目标可能性的认识，即提高部下对实现目标的期望值，要帮助部下明确自己所扮演的角色，即领导者应该阐明要求部下做什么，同时帮助部下掌握实现目标的方法，使其明确通向目标的途径；三是要使部下在工作中（即在实现目标的过程中）得到满足，以刺激他们的工作动机。

一个领导者如何才能达到上述目的呢？通路—目标理论认为，必须根据部下的状况和环境，采取不同的领导方式。部下的状况主要是指部下的人格特性，包括能力、经验、控制点、需要等。环境因素，包括任务的结构特性、组织的权力系统和工作群体等。

俄亥俄学派认为，高工作高关心的领导行为组合是最有效的领导方式。但通路—目标理论的研究表明，有效的领导行为组合要视情境因素而定，而不是固定不变的。

不同的部下具有不同的人格特性，从而要求不同的领导方式。比如，甲是一个崇拜权威主义者，乙是一个喜欢交往的人。如果领导者是一个低工作和低关心的人，则甲和乙都很难受到激励。如果甲的领导是一个高工作低关心者（指导型领导），而乙的领导是一个高关心低工作者（支持型领导），则这两个人都可能受到最佳激励，从而使他们能实现目标。对于能力强或经验丰富的部下，指导型领导可能是多余的。但对于外控型部下（依赖别人的人），则对指导型的领导者比较满意；而内控型部下（相信自己能掌握命运的人），则对参与型的领导者更为满意。

通路—目标理论还认为，领导方式也要根据任务性质等环境因素而定。在工作性质和任务不明确的情况下，部下不知如何干才好时，他们希望有一个高工作的领导（指导型领导），帮助他们对工作和任务作出明确的规定和安排，使其掌握解决问题的方法，以便扫清实现目标道路上的障碍。相反，在工作性质和内容已经很明确，部下也知道如何干的情况下，他们希望有一个高关心的领导（支持型领导）来关心部下，使个人的需要得到满足，以便受到激励而去实现自己预定的目标。在这种情境下，任何过度而不必要的指挥或强制性命令都会降低部下的满意程度。此外，当工作群体内部存在激烈的冲突时，指导型领导可能更为有效。

许多研究支持通路—目标理论。例如，米尔斯和佩蒂（Mills and Petty，1977）发现，高关心的领导通常使部下的满意度较高。而高工作低关心的领导，往往引起部下紧张。唐尼、谢里登和斯罗克姆（Downey，Sheridan and Slocum，1975，1976）等研究指出：高关心的领导对于严密组织了的高度结构化和工作任务明确的情境是有益的，而对不好的情境则是不利的。

米切尔（Mitchell，1979）在总结了前人的研究后指出：高关心领导行为与部下的满意度成正比，这得到许多研究的验证。但通路—目标理论关于高工作的领导行为的预言，并未完全得到一致性的结果。这可能是由于领导行为的测定方式以及工作结构的测量尺度不完善所致，故尚需进一步探讨。

四、领导生命周期理论

生理周期理论认为，有效领导方式与被领导者的成熟度之间并不是直线关系而是一种曲线关系。当被领导者由不成熟趋于成熟，有效的领导行为应该按下列顺序变化：高工作—低关心→高工作—高关心→低工作—高关心→低工作—低关心（如图 16—1 所示）。

由图 16—1 可以看出，当被领导者很不成熟时，采用高工作—低关心的专制型领导方式最

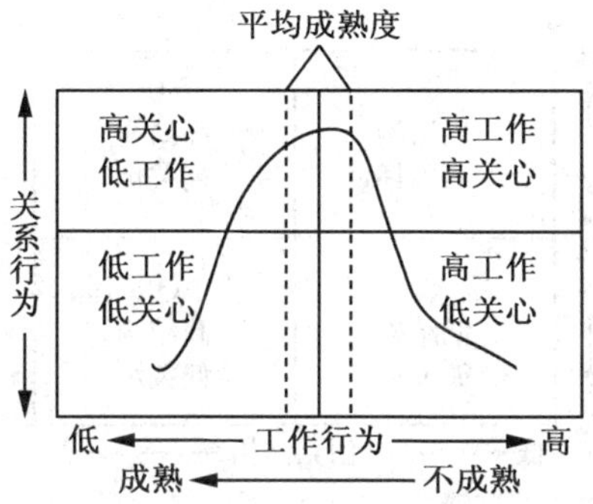

图 16－1　有效的领导方式

有效；当被领导者不太成熟时，采用高工作—高关心的说服教育型领导方式最合适；当被领导者比较成熟时，采用高关心—低工作的参与型领导方式最有效；当被领导者的成熟度相当高时，采用低工作—低关心的授权型领导方式最合适。

领导生命周期理论把领导行为与被领导者的成熟度结合起来考察，可以说也是一种情境理论。但是，这个理论只考虑被领导者成熟度这一个情境因素，似乎过于简单。它的有效领导模式只是一种理论概括，尚未得到实证性研究的验证。这种理论概括是否与实际情况相符，还值得研究。

五、领导四分图理论

领导者的领导方式和领导作风是领导行为的具体表现，而领导方式和领导作风的系统知识，构成领导行为理论。前期研究领导行为理论的代表人物是美国俄亥俄州立大学工商企业研究所教授斯多基尔、弗莱希曼等人。他们在第二次世界大战后，对领导效能进行了大量研究。一开始，他们列举了一千多种刻画领导行为的因素，通过筛选，最后确定两种最基本的因素："创立结构"(Initiating Structure)与"关怀体谅"(Consideration)。

创立结构是指把重点放在完成组织绩效上的领导行为。例如，把任务规定得很明确，组织的条理分明，任务委派职责明确，并使用职权与奖赏去监督和促使绩效目标的实现。这种领导行为也被形象地称为"抓组织"。

关怀体谅指信任尊重下级，关怀下级个人福利与需要，上下级沟通对话并鼓励下级积极参与决策的制定，这种重视下级及人际关系的领导行为也被称为"关心人"。

这两种因素虽有一定关联，但却是基本分开的、独立的。研究又发现，领导行为不过是上述两种因素的具体组合，可以用两度空间分出四种行为类型(如图 16－2 所示)。

图 16－2 中两个维度分别代表创立结构和关怀体谅。由此，领导者的行为和风格特征可有四种典型组合：

(1)低结构—低关怀。这种领导行为对抓组织和关心人都不尽心，领导的有效性最差。

(2)低结构—高关怀。这种领导行为关心领导者与下属之间的合作，重视互相信任和互相尊重的群体气氛，而把完成工作任务、实现组织目标放在次要位置，与下级人际关系好，但容易引起上级不满。

(3)高结构—低关怀。这种领导行为对完成工作、任务实现组织目标最为关心，对下属的疾苦关心不够，上级领导满意，但容易引起下级不满。

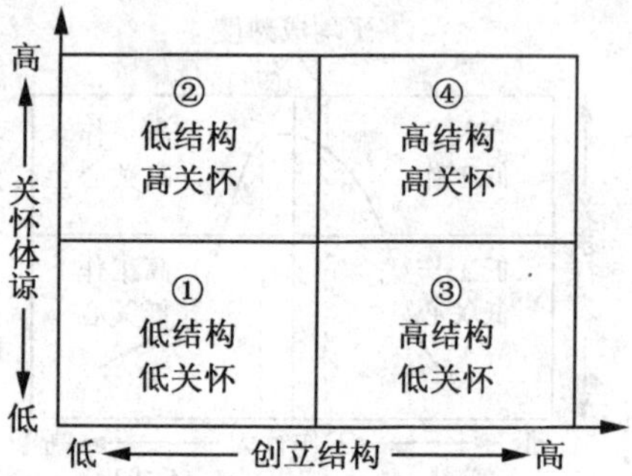

图 16－2 领导四分图

(4)高结构—高关怀。这种领导行为对工作和下属都很关心，即保证完成任务和实现组织目标，又满足下属合理需要，上级领导和下级部属都满意。

“四分图理论”的提出者认为，一位两方面都高的领导者，其工作效率与领导的有效性必然较高。然而，双高假说并未获得进一步研究的支持，关怀和结构都可以是成功的原因，两者一起也能导致成功，但有时两者都不能。因此，四种领导行为哪种好、哪种差，不能仅从理论上一概而论，要根据具体实际情况而定。

六、领导方格图理论

领导方格图(见图 16－3)理论是由美国德克萨斯大学教授、行为学家布莱克和莫顿在 1964 年出版的《管理方格》一书中提出的。这一理论实际是领导四分图理论的进一步发展。

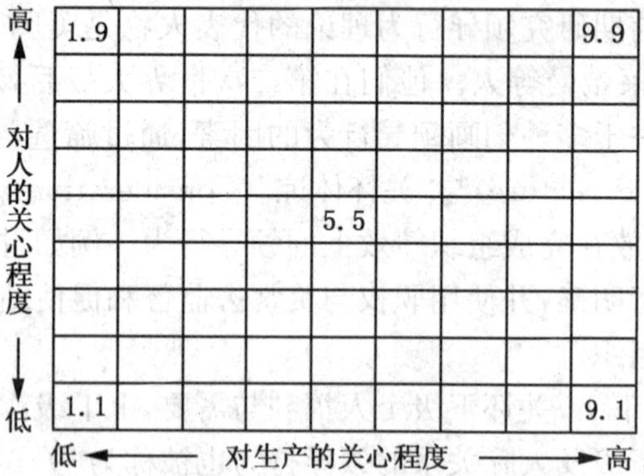

图 16－3 领导方格图

领导方格图由纵、横两个坐标组成，纵坐标代表关心人的程度，横坐标代表关心生产的程度。每坐标划分为九等，依序代表各自的行为程度等级。纵向等级和横向等级互相垂直交叉，可得 81 个小方格，代表 81 种领导行为方式。每一种领导行为方式都由不同等级程度的关心人和关心生产的两种基本因素组成。其中有五种典型的组合，表示五种典型的领导行为方式。

(1)1.1 型方式：表示对人和生产(工作)都极不关心。这种方式的领导者只尽最小的努力做一些维持自己职务的工作，用最低限度来完成组织工作和维系组织成员，因而被称为“贫乏型管理”。当下属人员的素质都很高，全部为自我实现型的高成熟度的成员时，此种领导方式是可行的,即所谓的"无为而治"。

(2)9.1 型方式:表示对工作极为关心,但忽略对人的关心。这种领导者拥有很大的权力,强调有效地控制下属,努力完成各项工作,因而被称为"独裁的、重任务型的管理"或"权威型管理"。

(3)1.9 型方式:表示领导者对人极为关心,重视搞好人际间的关系,力图建立一种舒适、友好的组织氛围,但却忽略工作的进行和效果,因而被称为"乡村俱乐部型管理"。

(4)5.5 型方式:表示既对工作关心,也对人关心,两者兼而顾之。但是这种领导者往往缺乏进取心,乐意维持现状,因而被称为"中庸型的管理"。

(5)9.9 型方式:表示对工作和人都极为关心。这种领导者能使组织目标与个人的需求最有效地结合起来,既高度重视组织的各项工作,又能通过激励、沟通等手段,使群体在相互信任、尊重的基础上合作,下属人员共同参与管理,从而获得高的工作效率。这种领导方式被称为"团队型管理"。

上述五种典型的领导方式,仅是理论上的描述,现实生活中的领导方式五花八门、丰富多彩,如此典型的方式还是较少的。不过,这一理论能够为领导行为提供分析比较,评价借鉴,以及正确实施的依据。布莱克和莫顿认为,在对生产的关心和对人的关心这两个因素之间,并没有必然的冲突。他们通过一系列方面的比较,认为 9.9 定向方式最有利于企业的绩效。所以,企业领导者应客观地分析企业内外的各种情况,把自己的领导方式改造成为 9.9 理想型管理方式,以达到最高的效率。

管理方格图理论的创立者的可贵之处在于非常注重理论在实践中的运用。他们根据自己从事组织开发的经验,总结出向 9.9 管理方式发展的五个阶段的培训模式,具体内容如下:

第一阶段,组织每个人都卷入方格学习,并用它来分析、评价自己的管理风格。

第二阶段,进行班组建设,以健全的协作文化取代陈旧的传统和习惯,确立优秀的目标,增强各人在职位行为中的客观性等。

第三阶段,群体间关系的开发,利用一种系统性的构架来分析群体间的协调问题,恰当地利用好群体间的对抗以从中发现组织中存在的管理问题,以便不断地改进群体协作关系,推动工作进展。

第四阶段,设计理想的战略组织模型,确定组织目标、基本对策和实施步骤,以此作为公司的基本纲领和日常运作基础。

第五阶段,研究现有组织,找出目前营运方法与理想战略模型间的差距,明确改进措施和方向,以利最终进入 9.9 理想模式中。

七、PM 型领导理论

美国学者卡特莱特和赞特曾经提出的领导方式有三种类型:一是目标达成型,即执行任务为主的领导方式,简称 P(Performance-Directed)型;二是团体维持型,即以维持团体关系为主的领导方式,简称 M(Maintenance-Directed)型;三是两者兼备,称为 PM 型。

后来,日本大阪大学的心理学教授三隅二不二根据这一原理于 1958 年创立了 PM 领导类型理论,如图 16—4 所示,在世界上产生了较大的影响。他把一个群体的职能分为两种:一是群体目标达成职能;二是维持强化群体的职能。据此,他将领导方式分为两个基本类型:一类是以完成群体目标为主的领导方式,用字母 P 来表示,简称 P 型领导方式;一类是以维持群体关系为主的领导方式,用字母 M 来表示,简称 M 型领导方式。这两种类型又可组合成四种领导方式,见图16－4。

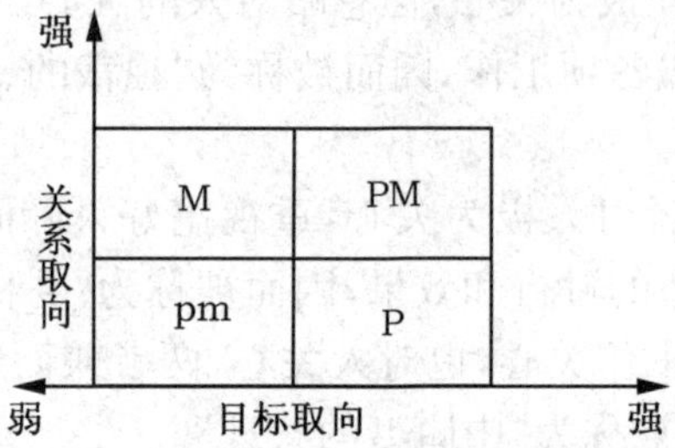

图16－4　PM领导类型

(1)P型。以执行任务、履行职责为主,将成员的注意力引向工作目标。

(2)M型。以维持和谐愉快的团体关系为主,注重调节成员间的纠纷和对下属的激励。

(3)PM型。两者并重,既要努力实现组织的生产目标,又关心人员的需求。

(4)pm型。两者均弱,既不履行职责,不关注目标,又不维持集体团结,不注重调节人际关系。

为了在实践中运用PM领导类型理论,三隅二不二还设计了一套用以分析领导类型、评价领导工作优劣的调查表,如表16－2所示。

表16－2　　领导类型、领导工作调查

领导行为类型	生产量	对领导者信任程度	团结力
PM型	最高	最高	最高
P型	中间	第二位	第三位
M型	中间	第三位	第二位
pm型	最低	最低	最低

第三节　领导方法与艺术

一、领导方法与艺术的理论依据

领导的方法与艺术,是指人们的一般认识方法和工作方法在领导工作中的具体运用。领导方法不科学,工作任务就无法完成。对于这个问题,毛泽东作了一个形象的比喻,他说"我们不但要提出任务,而且要解决完成任务的方法问题。我们的任务是过河,但是没有桥或没有船就不能过,不解决桥或船的问题,过河就是一句空话。不解决方法问题,任务也只是瞎说一顿。"古今中外的优秀领导者,都有自己的一套领导方法和艺术。因此,必须了解领导方法和艺术的理论依据。

(一)领导观念二八律

事实充分说明,在社会发展的人群中,总是有人先知先觉,有人后知后觉,有人不知不觉。先知先觉者挑重担,后知后觉者跟着干,不知不觉者旁边看。国内外不少企业做过这样的统计分析,就人们完成工作的数量和质量来看,不是平均分配,而是符合"二八分布"。就是说,对于一个历史时期或一项重大工作而言，80%的工作是由20%的人完成的，其余20%的工作是由80%的人去完成。正因为如此，领导者的责任就在于识别事业的开拓者，支持生活的拼搏者，奖励工作的先进者，保护改革的追求者，这些人都属于这20%的人群。领导者的观念应当是极大地激励20%的先行者，以此带动80%的后来人，从而出色地完成领导任务。

（二）领导方法二八律

在领导的工作实践中，还会发现这样的情况，即时间在工作中的分布也不均匀，就工作的重要程度来说，领导者往往是用20%的时间完成80%的重要任务，余下的80%的时间处理其余的20%的工作。

占领导工作80%的重要任务是指科学决策与科学用人，但只需占用全部领导工作20%左右的时间。关键是这段时间要集中，不要被分散；要专心不要被干扰；要连续不要被中断，否则难以收到实效。要保证这20%的宝贵时间的高效利用，就要考虑每天当中至少有1个小时，每周当中至少有半天，每月当中至少有1天作为领导者处理要事、专门思考时间，这样，三者时间相加恰好是领导工作时间的20%，使之能集中精力专心思考，从而有效地完成80%的工作量。这就是领导方法二八律。

二、领导择事的方法与艺术

作为企业领导者，首先要解决的一个问题就是必须把在自己面前的千头万绪的事情理一理，看看哪些是应该花大力气抓好的主要工作，哪些是要有一定时间保证的日常工作，从而既能抓住关键、突出重点，又能统筹兼顾、照顾一般，收到事半功倍的效果。

（一）企业领导者的主要职能和日常工作

1. 企业领导者的主要职能

（1）制定企业经营战略。这是领导者要抓的头等大事。因为经营战略指明了企业持续发展的根本大计，为企业职工提供了统一行动的共同纲领，它使职工从企业的美好前景中看到自己的前途和工作的意义，从而形成高涨的热情和创造力的强大动力源。

（2）进行组织设计。“组织”是企业管理的一项基本职能，是有效管理的重要手段，是实现企业经营战略的组织保证。如果只抓经营战略，而不管组织是否科学合理、精干高效，那么经营战略是难以贯彻实施的。所以，抓好企业组织设计工作是领导者的一件大事。

（3）建设班子，选用干部。建设一个事业心强、团结一致、懂经营、会管理、具有战略眼光、在职工中有威望的领导班子；建立一支战斗力强、能与人合作的干部队伍，是决定企业成败的大事。而经营战略要靠人来制定和执行，组织更是由人组成的，所以，选用干部的职能是与战略、组织密切相关的职能，领导者应把它作为大事抓好。

（4）培育优良的企业文化。企业文化是指企业职工有关创造物质财富和处理基本社会关系所持有的价值观，如产品创新意识、质量意识、效益意识等物质财富创造方面的价值观，以及承担社会责任的观念、为顾客提供优质服务的观念、对竞争对手树立双赢的观念、内部职工讲团结协作的观念等处理基本社会关系的价值观。

（5）处理重要社会关系。良好的社会关系对于企业的生存和发展有着重要作用。建立、维持和发展企业的社会关系，包括企业同大众传媒、社会公众、顾客、协作者和竞争者，以及与国家经济管理部门等多方面的社会关系。

（6）临机处理重大危机事件。企业外部环境发生急剧变化、资源短缺、交通受阻、需求锐减、国家产业政策调整等，这些都会使企业面临危机。企业领导者要根据经验和预测，对于各种可能发生的危机事件，要提前做好应急方案，当事件发生时，要临危不惧、采取果断措施，最大限度地减少企业损失。

2. 企业领导者的日常工作

(1)日常行政事务。企业领导者的日常行政事务主要是处理那些有制度规定、有计划安排的常规性工作。例如，向上级汇报工作，批阅文件报告，参加各种例会，检查计划执行情况，进行工作总结等。

(2)学习。学习应视为领导者的一项工作，而且应作为日常工作来安排，长年不断，要在自己的工作日程表上，给学习安排好一定比例的时间。有的专业知识，需要深入钻研，这就需要制订学习计划，并进行自我检查和总结。

(3)经常性调查研究。企业领导者应随时掌握企业内外环境发展变化的动态。例如，要定期访问一些重点用户、收集竞争对手的有关资料、到生产现场巡视检查、定期组织各类座谈会、通过谈心家访了解职工情况等。调查研究工作应作为企业领导者的一项日常工作，并强调经常化、制度化。

(4)日常思想工作。解决职工产生的各种思想问题，看似简单，几句话就能解决，但是职工的思想问题解决了、心情舒畅了，由此而焕发的工作热情难以估量。同时对于改善人际关系，加强干群感情，促进企业文化建设都有着重要作用。

(二)正确处理主要职能和日常工作的关系

(1)克服“事必躬亲”的小生产领导观念和“大包大揽”的落后领导方式，不做“费力不讨好”的工作。事必躬亲、大包大揽，既破坏了分工协作关系，使下级有职无权、形同虚设，挫伤下级积极性，也使领导者陷入永远也干不完的事务堆中，实属“费力不讨好”。

(2)集中时间和精力抓好决定企业成败的大事，避免“拾了芝麻，丢了西瓜”的失误。著名管理学家德鲁克根据那些成功企业家的经验指出，对企业最高领导者来说，关系企业全局的事，抓好一件不算少；枝节的事情，办上几百件，也往往徒劳无功。

(3)科学合理安排好日常工作，不要忽视关键性日常作业活动。日常工作是使主要职能得以落实的保证，所以不能把日常工作和主要职能截然分开。例如，广告设计本是销售部门负责的日常工作，但是如果它影响了新产品进入市场，企业领导者就不能不管了。

(三)合理授权

1. 授权的含义及必要性

授权是指上级领导者把本属于自己的一部分权力授给下级，指明工作目的和要求，并为其提供必要的条件，放手让下级努力完成工作任务的一种领导方法。授权关系中，授权者对下级保留有指挥、监督与考核的权力，被授权者则对上级负有报告情况和完成任务的责任。

领导者在发生以下情况时，就应该考虑授权：(1)调查研究和制订战略计划的时间感到不够；(2)办公时间内几乎都是处理例行公事；(3)没有较长的整块时间可以利用，总是被下属的请示打搅；(4)下级干部的工作负荷不足；等等。

2. 授权的原则

(1)授权留责。领导者对下级授权后，依然要承担一定的责任。这是因为下级犯了严重过失，一般反映出授权者授权时存在着某种问题(如任人唯亲)。“士卒犯罪，过及主帅”乃是一般的常识。

(2)因事择人，以能授权。这就是根据被授权者的能力大小和知识水平的高低授权。所以在授权之前，应对被授权者进行严密的岗位考察，或在实践中考察，最后作出决定。

(3)权责明确。授权者在授权时要向被授权者明确所授工作职务的目标、责任和权力等，不能含糊不清，否则其职务形同虚设，被授权者在工作中将无所适从，甚至会争功诿过，领导者也会失去考核的依据。

(4)不可越级授权。越级授权必然造成中间领导层的被动，增加管理层次和部门间的矛盾，如果认为中间一层领导职务是多余的，则应加以撤销。

(5)适当授权。领导者必须分清哪些权力可以往下授，哪些权力应当保留，如果把应该保留的权力也往下授，那就是过度授权，等于放弃职务，使管理失控，给企业造成损失。

(6)支持被授权者的工作。授权者与被授权者之间应建立相互依赖的关系，才能使授权顺利有效；否则，上级对下级事事过问，而下级对上级怀有戒心，不敢放开手脚工作，那就无所谓授权了。

(7)适当控制。授权以后，对下级的工作要进行适当的控制，为此，在授权之前，应建立一套健全的控制制度，如制定工作标准，明确信息传递路线和报告制度，定期评价下级的工作绩效等。

(8)重点在于推动下级行使职权，下级接受授权后，应充分行使职权。对于工作搞得好的人，上级可以不断委以新的职权，而对于不负责任、未能行使职权的人，应逐步收回职权，应鼓励下级发扬敢做、敢负责的精神，这是授权能否取得成效的关键。

三、领导用人的方法与艺术

(一)识别干部的方法与艺术

1. 历史借鉴

李悝的“识人五视”。居视其所亲，就是看他平时生活起居亲近哪些人；富视其所与，就是看他富裕时如何花钱；达视其所举，就是看他有权势时推举重用什么样的人；穷视其所不为，就是看他在交厄运时能否坚持信念，不拿原则做交易；贪视其所不取，就是看他处于贫困境地时能否洁身自好，不取不义之财。

诸葛亮的“知人之道七观”。“向之以是非而观其志”，是指通过对一些大是大非问题的态度以了解他的志向信仰；“穷之以辞辩而观其变”，是就一些问题跟他辩论以了解他的观点的应变能力；“咨之以计谋而观其识”，请他对某些难题出谋划策以了解其学识才华；“告之以祸难而观其勇”，看他在困难祸害面前能否知难而上勇挑重担；“醉之以酒而观其性”，把他灌醉以显露其本性；“临之以利而观其廉”，观察他在金钱财富面前能否保持廉洁；“期之以事而观其信”，看他对接受委托的事能否守信用、按期完成。

《吕氏春秋·六验》云：“喜”，验其节制能力，不得意忘形；“乐”，验其癖性爱好，不玩物丧志；“怒”，验其控制能力，不失去理智；“惧”，验其能否勇于负责；“哀”，验其是否悲观失望；“苦”，验其能否吃苦耐劳。

2. 多方位了解

(1)查人事档案与看当前表现相结合。人是会变的，不能用老眼光看人，重点应放在看当前表现上。

(2)正面了解与侧面了解相结合。

(3)听原单位介绍与实际工作考核相结合。

(4)了解家庭成员的影响。

(二)择选干部的方法与艺术

1. 一次性选拔方法

这种方法较多适用于向社会公开招聘,张榜招贤,广泛网罗人才,通过层层筛选,择优录用。招聘公告的内容包括:选拔职位;选拔条件和任职资格;选择程序(报告、笔试面试、考察任用三阶段);报名时间、地点及要求;考试内容及时间。

2. 模拟性考察方法

(1)篮子试验法。主试者发给被试者一篮子公文,有电报、电话记录、请示报告、上级指令等企业主管经常遇到的问题。这些公文有轻重缓急之分,有的需要亲自处理,有的可以授权下级办理,也有的必须请示上级决定。要求被试者在限定时间内处理完毕。通过试验,可以看出被试者是否能抓住关键问题有条不紊地处理和合理授权,还是事无巨细、一人包揽;处理问题是否果断妥当,便于下级贯彻执行,以及是否有越权之嫌,会引起上级不满等。

(2)无领导小组讨论法。将几名被试者组成一个小组,不明确谁是主持人,让他们讨论某一企业管理问题。主试者根据讨论进展情况,随时发出新的信息,从中观察被试者的应变能力。在紧张的气氛和较大的压力下,有的可能手足无措,有的则头脑清醒,应付自如。在讨论过程中,会自然形成能驾驭整个小组达成一致决议的领导者,也会发现那种夸夸其谈不着边际的人,缺乏主见随风摇摆的人,以及孤陋寡闻说不出看法的人。谁优谁劣,一目了然。

3. 系统考核提拔的方法

这种方法适用于单位内部提升主管人员。系统考核是指定期进行,上下结合,定性与定量分析相结合等诸多方面。这种方法有利于提高干部选拔中的科学性、准确性,防止出现埋没人才和任人唯亲的现象。

(三)使用干部的方法与艺术

1. 量才使用

考虑到管理的系统性和人才的多样性,只有按职能相称原则把人才放到适当的位置上,才能发挥个人最大的作用并形成整体最佳的合力。能级相称原则是领导科学的黄金原则。

2. 扬长避短

扬长避短是指在安排工作岗位时要发挥其长处,做到"智者用其谋,愚者用其力,勇者用其威,怯者用其慎"。如让外向型人才做公关策划、经营销售工作,内向型人才做资料分析、调查研究工作,敏于思考的人做战略谋划类工作,扎实肯干的人做现场生产指挥工作等。

3. 让人说心里话

领导者要开创事业,必须克服自身的弱点(如爱听顺耳之言),让人敢说心里话,从中吸取有用的东西,尽快体现在工作中。这样,牢骚就会得到正常的意识或建议所代替,上下级关系就会得到大大改善,形成一个良好的组织气氛。领导者如果听不到一点不同的声音,这种状态就潜伏着巨大的危险。因此,明智的领导者应鼓励下级讲真话。

4. 使用与培养相结合

在激烈竞争的时代,企业拥有人才比拥有资金更宝贵。国外有的企业明确规定,部门领导人没有培养出合格的接班人以前,不得晋升;有的企业规定,每个管理者均有在两年内培养出两个接班候选人的义务,以便本人随时调任他职。这些有战略眼光的做法,很值得我们借鉴。

在具体培养方法上,主要有两条途径:一是教育训练,除接受工商管理课程培训外,组织专题讨论会、情景模拟训练、角色扮演、案例分析等都是有效的方法;二是实践锻炼、职务轮换。这是被许多企业确认的好办法,它有助于加强团结协作的组织气氛。此外,助理制也是近年来很多企业采用的办法。

5. 不宜重用的人

除思想政治品质恶劣和没有原则的老好人不能重用之外，实践中还有以下八种人不宜重用：(1)长时期什么工作都学不会干不好的人；(2)专挑别人毛病，自己又不干实事的人；(3)拨弄是非、搞小动作的人；(4)个人利益第一，稍有不满就消极怠工的人，这种人没有事业心和责任感；(5)以自己为中心，很难合作共事的；(6)嫉妒心理极强的人；(7)两面三刀，阳奉阴违的人；(8)阿谀奉承，吹吹拍拍的人，这是对事业危害最大的人。

四、领导社交的方法与艺术

企业社交是一项实践战略经营目标、谋求发展的管理活动，它通过有计划的、长期的社交活动，为企业创造宽松、和谐的外部环境，因此，在开展企业社交活动时，要着眼于未来，注重长远利益，绝不可急功近利。

(一)讲究社交礼仪

1. 要有与自己身份相称的礼仪礼节

(1)社交礼仪礼节，要符合国家法律、法令和有关政策。现在有的企业热衷于请客、送礼、行贿，有的甚至用金钱、美女等手段来为企业找靠山，为产品找销路，这是不可取的，用这种方法编结的"关系网"，只能受益一时，最终关系是不稳固的。

(2)社交礼仪礼节，要遵守职业道德。礼仪礼节是道德的外在表现。企业领导者的职业感情、职业意志、职业理想如何，职工会通过对领导者的观察来上行下效。企业在对外交往、对外推销自己的产品时，同时也体现了企业领导者的为人。

(3)社交礼仪礼节要尊重自己与他人。社交中要尊重他人，不论对方高贵贫贱，在人格上应人人平等。只有尊重他人，自我尊重才能维护，只有尊重群众的利益，人的自我尊严才会充实。比如做错了一件事，说一声"这是我的主意，是我错了"，这丝毫不会影响领导者的形象，人们反而会认为你是一个勇于负责的人。

2. 常用的礼仪礼节

(1)服饰仪表。领导者应注意自己的服饰打扮，外在仪表，给人留下好的第一印象。在社交中，领导者不论穿什么衣服，梳什么发式，外表怎样装饰，都应该清洁、整齐、庄重、自然，与身份相适应。

(2)言谈举止。领导者的一言一语(语气、腔调、态度)、一举一动(身姿、表情、动作)都应该给人一种亲切、诚实、可靠的感觉。总之，在人面前不要目无一切，行为放肆，粗言俗语、不拘礼节、滑头滑脑。

3. 日常交往的礼仪礼节

(1)问候。即问寒问暖，表示关心。熟人、朋友见面应致以问候，不相识的人经人介绍后，也应表示礼节性的问候。见面时，通常是微笑、点头、握手或说几句问候话。在任何情况下，都不可以冷淡麻木，冷落对方。

(2)握手。握手不仅表示问候，也表示一种保证、信赖和契约，握手时要注视对方眼睛，握手的力量、姿态与时间的长短表示出握手人的不同态度和思想感情。

(3)双方在分手离开时，应互相告别。在微笑、握手的同时，道声"再见"或"欢迎再来"，告别时的神态、表情、语气应表现出相应的真情。

4. 公务活动的礼仪礼节

(1)迎来送往。对因公办事的客人,应做好迎接和送别工作,接待工作要热情周到、耐心、有级别、待遇,要按有关规定办理。要使客人来得高兴,住得舒适,工作顺利,走得平安,乐意和企业建立起良好的工作关系,促进企业的发展。

(2)会见会谈。对待来访客人,领导者可以根据具体情况安排会见会谈。会谈时要尊重对方,以礼相待,充分倾听对方意见,不同意对方意见时,要心平气和地摆事实、讲道理以说服对方。遵守时间,准时赴约,是社交中非常重要的礼节和规矩,早到和迟到都是失礼的。会谈时不要频频看表,以免被认为"逐客"。

(3)参加会议。领导者参加社会上的一些会议,也需要注意一些礼仪礼节,如座席如何安排、是否发言、发言顺序等。发言在内容、形式、气氛上要与该会议的宗旨相协调,切不可"扫兴",出现尴尬局面。

(二)注意树立领导形象

1. 形象定位

形象定位是指领导者应在公众心目中寻找和确定一个适当的位置。形象定位,首先要全面地了解自身的情况,并对自己的重要特点、风格、专长、能力等进行提炼概括,这是形象定位的基础,抓住了特点,不必面面俱到。人们宁愿接受一个特点(优点)为主,同时又有某些无伤大局缺点的形象,却不愿或不相信一个十全十美的形象,所以领导者应敢于向公众讲出自己的缺点和短处,使形象真实可信。

其次要全面地了解公众的情况,尤其是了解他们的心理需求,以便使形象与他们的心理需要相接近。人们只是接受那些他们愿意接受的东西,所以,领导者必须通过对对方的了解来为自己在对方心里寻找并确定一个适当的位置。

2. 本体塑造

(1)努力做好本职工作,创造政绩。努力做好领导工作,取得实实在在的政绩,这是领导者树立良好形象、讲究领导方法与艺术的根本表现。如果领导者只说不做,工作数十年政绩平平,那他的形象是无论如何也树立不起来的。

(2)有诚实的作风,报喜也报忧。领导者有长处也有短处,无需隐瞒欺骗,对于工作中的不足之处,如实地讲出来,并欢迎公众提意见以利改进。敢于尊重事实、揭露问题,正是领导者宽广胸怀、有勇气、有信心、有能力的表现。

(3)提高自身的修养。这是指自身素质的锻炼和培养,以及所达到的水平,包括政治思想、道德品质、学识技术等方面。具有良好的修养,是领导形象的基础,关系到社交活动的成功与否。

(4)培养高雅的礼节。礼仪礼节反映出一个人的学识、修养、品格、风度,是一个人文明程度的标志之一。领导者在社交活动中,要特别注意礼仪礼节,防止失礼失态,影响自身形象和企业的声望。

3. 形象推出

领导者形象塑造,只有通过传播从而在公众心目中留下深刻印象,才能达到树立形象的目的。只干不说或只说不干都树立不了好的形象。正确的做法是"用90%去做好,用10%去说好"。

(三)善于与人交谈

企业的一切社交活动,无论是国际谈判、首脑会议、文艺交流,还是商贸洽谈,记者采访、学术讨论,同事朋友谈话等,都离不开交谈。与人交谈是人们传播信息和情感,增长知识才干,增进了解和友谊的重要手段，建立良好人际的重要方法。通常应讲究以下礼仪：

1. 心要诚恳

在与人交谈时，首要的是以诚感人。只有真诚，才能让人抛开猜忌，互相信任；才能不搞那些虚假周旋的应酬，才能使对方一见如故，产生谈得来的好感。

2. 话要实说

只有说实实在在的话，不虚伪做作，才能使交谈深入下去。如果夸夸其谈，心里想的是另外一套，一旦被对方发觉，就会遭到厌恶，破坏双方的友谊。

3. 谈要灵巧

交谈时讲究的技巧有：一要有必要的寒暄，说好第一句话，这是成功的一半，是深谈的基础。二要态度谦虚、亲切自然，交谈中不要胡乱恭维，不要转弯抹角，不要自我吹嘘，否则容易使对方产生反感。三要神情专注，目视对方，侧耳细听。四要作情绪交流，要适当地使用一些语气词进行反馈，如用"啊""是啊""那太好了"等来烘托、渲染谈话气氛。

4. 面带微笑

面带微笑的交谈，可使听者感到亲切和信任，活跃交谈气氛。通过微笑，可以显示一个人的思想、性格和感情。它往往在一瞬间就能与对方有效沟通，融洽关系，达成领导目标。

五、提高领导效率的方法与艺术

提高领导工作效率，要求学会正确认识和安排自己的时间，科学有效地利用时间；要尽可能减少不必要的会议，尽可能开有效的会议；要掌握说服的方法与技巧，提高领导效能。

(一)运用时间的方法与艺术

1. A、B、C 时间管理分类法

这种方法对领导者来说尤为重要。因为他们大多面临纷繁复杂的工作，他们拥有的时间与他们要做的工作来比，实在是太少了，所以，他们必须对工作进行分类，把有限的时间花在关键的工作上，以获得最大的效果。具体做法如下：

(1)分析自己要做的工作。对每项工作逐次提出三个问题：能否取消这项工作？能否与其他的工作合并？能否简化它？然后再把那些必须做的工作分成 A、B、C 三类。A 类占全部工作的 20%～30%，完成与否会产生影响全局的后果；B 类占工作的 30%～40%，无严重后果；C 类占工作的 40%～50%，后果微小。一般来说，处理 A 类工作应占全部工作时间的 60%～80%。

(2)判断 A 类工作的方法。A 类工作应具备"四性"：①有效性，是指是否具备促进、限制工作效果的因素；②关键性，是对全面的影响程度；③重要性，是对目标的贡献程度；④迫切性，是指时间上的刻不容缓。

(3)确定 ABC 类工作的进行顺序。A 类工作中有好几件，仍有个顺序问题。因此，决定工作顺序的原则，一是要摆脱长官意志和事情先后顺序的干扰，客观地确定它们的重要性与迫切性。二是要摆脱昨天，着重于今天，每做一件事，先要问"这件事现在做还有价值吗"。三是要着重于机会，而非着重于困难。四是对采取的方法，应力求它的有效性和创造性，而非安全性和简易性。

2. 集中使用时间法

(1)要有挤"整块"时间的工夫。有效的领导工作需要有较多的"整块"时间思考问题。时间在领导工作中的分布是不均匀的，80%的重要工作，只需领导工作时间的 20%，这就要求时间要集中，不要被分散，要连续，不要中断。

(2)在“生物钟”最佳时间集中做最重要的事。每个人都有自己体内生物钟运动的规律，在精力最充沛的时间去做最重要的工作，效率会最高，对那些不太重要的工作，可以放在精力差的时间去做，这样，时间就得到了合理的利用。

3. 专心致志利用时间

时间的集中，有量的集中和质的集中，而质的集中更为重要，它会收到预想不到的效果。所谓质的集中，就是要提高自己的注意力，使注意力高度集中是个复杂的问题，要沉下心来，对工作有浓厚的兴趣，对工作有紧迫感，严格规定完成的期限和适当的休息也有助于提高集中力。凡是有成就的人，工作和学习时总是注意力高度集中，达到如痴如醉的程度。

4. 时间管理记录统计法

这是避免浪费时间的有效方法。它是把自己浪费的时间如实记录下来，经过分析，从中找出浪费时间的因素，从而制定消除这些因素的措施，具体做法是：

(1)记录。把每天各项工作消耗时间的情况真实、准确地记录下来。

(2)统计。对时间消耗的统计情况进行统计分类，统计出各占用的时间多少。

(3)分析。主要分析这几个问题：哪些事是根本不该做的？哪些事是属于本职工作以外的？哪些事属于时间安排不合理的？哪些属于工作方式不恰当的？如此等等。

(4)重新制定工作时间表。时间表中应列出要做的主要工作、各项工作的先后顺序以及完成的最后期限。

(二)开会的方法与艺术

1. 要有正确的会风

端正的会风主要包括以下几个方面：(1)没有准备的会不开；(2)可开可不开的会不开；(3)没有明确议题的会不开；(4)与会无关的人不参加；(5)准时开会，不迁就迟到的人；(6)不作离题的或重复性的发言；(7)不受外界干扰，专心致志开好会；(8)不开铺张浪费的会；(9)不延长会议时间；(10)不要议而不决；(11)应由集体决定的事，不能个人作决定。

2. 有效会议的模式

这里介绍一个解决问题的会议模式，一般要经过以下八个步骤：(1)形势，即明确当前的形势，以及有些什么重要事件。(2)提问，如：当前形势中哪些是有利的事？是否有改进的事？(3)难题，如：当前形势中的主要难题是什么？(4)找出各种可能的解决方案。(5)寻求最好的解决方案。(6)方案如何实施？何时、何地、何人执行？可能出现的结果是什么？(7)评价，包括：何时检查结果？(8)追踪检查，由谁负责追踪检查并报告检查的结果。包括：会议的讨论达到了什么成果？下一步是什么？什么时候进行？按照这个模式，一个解决问题的会议肯定是有效率的。

3. 行之有效的经验

(1)自始至终牢记会议的目的。

(2)掌握讨论问题的逻辑过程。会议讨论的每个问题，一般应经过导入、讨论、结论、总结四个阶段。

(3)有效选择会议方式，包括通过式、选择式、拼合式、折中式、综合式等。

(4)在讨论大家不经常接触的问题时，要由那些掌握情况的人员把有关知识、情况、资料等加以介绍，使大家有所了解，在这个基础上再进行讨论，才能达到预期目的。

(5)要在充分发表意见后作结论。

(6)养成准时开会和开短会的习惯。

(7)掌握与会者的生理和心理规律。会议往往会受与会者生理和心理的影响,要注意研究吸引大家注意力的因素,要考虑会议气氛对会议成败的影响。

(8)要作出明确的决议。经过讨论,以后要做什么、怎样做、谁负责、何时完成等,都要明确地作出决定,形成会议纪要,发给有关人员作为执行和检查的依据。

(9)要尽量减少会议,计算会议成本。日本一家公司确定了会议的成本,让与会者都知道开会本身就是在"投资",会议效果不佳,企业就要赔本。

会议成本＝2×(每小时平均工资×3)×开会人数×开会时间＋会议实际费用

式中,2 为常数,表示参加会议后经常性的工作就会中断,所以造成的损失应该估计进去。

思考与练习

1. 领导理论有哪些？其主要内容分别是什么？
2. 你是如何理解领导方法与艺术的理论依据的？

技能训练

1. 以小组为单位,请小组成员对每一个组员进行领导风格评价。
2. 收集网上若干领导的资料,对他们的领导风格进行评价。

案例讨论与分析

春翔建材研究所的两任所长

春翔建材研究所是国家某协会下属研究所,主要承接国家下达的研究任务,近年来随着市场需求的增多,研究所也经常承担企业的科研课题。所里拥有雄厚的科研实力,多数员工具有较高的学历和职称,且有较丰富的研究经历,并且都比较热爱自己的研究。

刘所长于 2000 年到春翔建材研究所任所长。刘所长业务水平很高,也很热心所务,所里的大小事情都亲自过问,事事走在人先,还为所里争取到了几个有市场潜力的项目。然而,刘所长在所里的人际关系却并不很好,到 2003 年时几乎是因为人际关系太紧张不得不调离春翔建材研究所。

方所长是刘所长的后任,业务水平也很高,但他对所务并不亲力亲为,而是放手让所里的其他领导甚至研究人员自己决定,方所长更多的时间是被各种场合请去开会、讲课,虽然方所长任内并没有给所里争取到很多项目,但他在任上却是上下喜欢,据说很有可能晋升。

思考与讨论:

1. 比较春翔建材研究所两任所长的领导风格,运用领导理论进行评价。
2. 结合案例及你接触或观察到的现实,你认为领导成功的因素有哪些？

参考文献

1. [美]彼德·德鲁克:《卓有成效管理者的实践》,机械工业出版社 2012 年版。

2. [美]彼德·德鲁克:《管理:使命、责任、实务(使命篇)》,机械工业出版社 2009 年版。

3. [美]菲利普·科特勒,凯文·莱恩·凯勒:《营销管理》(第 14 版),中国人民大学出版社 2012 年版。

4. [美]哈罗德·孔茨,海茵茨·韦里克:《管理学:国际化与领导力的视角》(第 9 版),中国人民大学出版社 2014 年版。

5. [美]加里·德斯勒:《人力资源管理》(第 12 版),中国人民大学出版社 2012 年版。

6. [美]弗雷德·R. 戴维:《战略管理(概念与案例)》(第 13 版全球版),中国人民大学出版社 2012 年版。

7. [美]杰伊·海泽,巴里·伦德尔:《运作管理》(第 10 版),中国人民大学 2012 年版。

8. [美]克里斯托弗·洛夫洛克,约亨·沃茨:《服务营销》(第 6 版),中国人民大学出版社 2010 年版。

9. [美]迈克尔·波特:《竞争优势》,华夏出版社 1997 年版。

10. 朱南:《现代企业管理实用方法》,西南财经大学出版社 2006 年版。

11. 大连理工大学中国管理案例共享中心案例库。

12. 清华大学经济管理学院中国工商管理案例中心案例库。